Krisenmanagement für Gesundheitseinrichtungen

Andreas Frodl

Krisenmanagement für Gesundheitseinrichtungen

Vorbeugung und Stabilität im Umgang mit Risiken und Krisen

Andreas Frodl
Erding, Deutschland

ISBN 978-3-658-36373-4   ISBN 978-3-658-36374-1   (eBook)
https://doi.org/10.1007/978-3-658-36374-1

Die Deutsche Nationalbibliothek verzeichnet diese Publikation in der Deutschen Nationalbibliografie; detaillierte bibliografische Daten sind im Internet über http://dnb.d-nb.de abrufbar.

Planung/Lektorat: Margit Schlomski
Springer Gabler ist ein Imprint der eingetragenen Gesellschaft Springer Fachmedien Wiesbaden GmbH und ist ein Teil von Springer Nature.
Die Anschrift der Gesellschaft ist: Abraham-Lincoln-Str. 46, 65189 Wiesbaden, Germany

Vorwort

Nach der Krise ist vor der Krise! Egal ob Pandemie, ärztliche Kunstfehler, Hackerangriffe, Naturkatastrophen, Fachpersonalmangel oder wirtschaftliche Probleme: Gesundheitseinrichtungen sind im Grunde genommen permanent Risiken ausgesetzt, die sie in große Schwierigkeiten stürzen oder gar in Existenznöte bringen können. Die Eintrittswahrscheinlichkeiten von Schadensereignissen mögen noch so gering sein, völlig auszuschließen sind diese nie. Die Erfahrung lehrt leider, dass auch unrealistisch erscheinende Bedrohungsszenarien Wirklichkeit werden können und nie für möglich gehaltene Krisensituationen tatsächlich eintreten. Daher ist es wichtig, während einer Ausnahmesituation für Stabilität zu sorgen, um die Folgen weitgehend abzumildern. Dazu gehören nicht nur geprüfte Feuerlöscher und gekennzeichnete Fluchtwege, sondern etwa auch die Sicherstellung einer ausreichenden Liquidität und eine vertrauensfördernde Krisenkommunikation.

Das Stabilitätsmanagement ist jedoch darüber hinaus eine Daueraufgabe und beginnt bereits früher, sozusagen im Vorfeld einer Krise, um deren Folgen möglichst abzuwenden oder es gar nicht erst soweit kommen zu lassen. Es geht somit über das eigentliche Krisenmanagement hinaus und trägt mit seinen Vorkehrungen dazu bei, im Falle des Eintritts einer Krisensituation möglichst gut vorbereitet zu sein, diese gut zu bewältigen und – auch unter gegebenenfalls veränderten Bedingungen – stabile Verhältnisse für das Fortbestehen und den neuen betrieblichen Alltag einer Gesundheitseinrichtung zu schaffen.

Anhand von 10 Leitfragen und daraus abgeleiteten Kapiteln werden das Krisen- und Stabilitätsmanagement für Gesundheitseinrichtungen vorgestellt und anhand von zahlreichen Beispielen, Tabellen und Grafiken konkrete Handlungsanleitungen dazu aufgezeigt.

Für den „Schnellzugriff" enthält ein Glossar am Ende des Buches Kurz-
beschreibungen wichtiger Fachbegriffe des Krisen-, Risiko- und Stabilitätsmanagements.

Jedes Kapitel schließt mit einer Zusammenfassung sowie mit weiterführenden
Literaturhinweisen ab.

Erding   Dr. Andreas Frodl
im September 2021

Inhaltsverzeichnis

Abkürzungsverzeichnis

ÄApprO	Approbationsordnung für Ärzte
ÄLRD	Ärztliche Leiter Rettungsdienst
ÄZQ	Ärztliches Zentrum für Qualität in der Medizin
ADKA	Bundesverband Deutscher Krankenhausapotheker e. V.
AGGB	Arbeitsgruppe Gesundheitlicher Bevölkerungsschutz
AKNZ	Akademie für Krisenmanagement, Notfallplanung und Zivilschutz
AktG	Aktiengesetz
AMG	Arzneimittelgesetz
Amp.	Ampulle
AMVerkRV	Verordnung über apothekenpflichtige und freiverkäufliche Arznei-mittel
AMVV	Arzneimittelverschreibungsverordnung
ApBetrO	Apothekenbetriebsordnung
ApoG	Apothekengesetz
ArbSchG	Arbeitsschutzgesetz
ArbStättV	Arbeitsstättenverordnung
ArbZG	Arbeitszeitgesetz
ASB	Arbeiter-Samariter-Bund e. V.
ASiG	Arbeitssicherheitsgesetz
ASR	Technische Regeln für Arbeitsstätten
ATF	Analytische Task Force
B3S	Branchenspezifischer Sicherheitsstandard
BÄK	Bundesärztekammer
BAND	Bundesvereinigung der Arbeitsgemeinschaften der Notärzte Deutschlands e. V.
BayKSG	Bayerisches Katastrophenschutzgesetz
BBK	Bundesamt für Bevölkerungsschutz und Katastrophenhilfe
BCM	Business Continuity Management
BDPK	Bundesverband Deutscher Privatkliniken e. V.

BDSG   Bundesdatenschutzgesetz
BEM   Betriebliches Eingliederungsmanagement
BEMA   Bewertungsmaßstab zahnärztlicher Leistungen
BetrSichV   Betriebssicherheitsverordnung
BetrVG   Betriebsverfassungsgesetz
BfArM   Bundesinstitut für Arzneimittel und Medizinprodukte
BFS   Bank für Sozialwirtschaft
BfV   Bundesamt für Verfassungsschutz
BGB   Bürgerliches Gesetzbuch
BGF   Betriebliche Gesundheitsförderung
BGM   Betriebliches Gesundheitsmanagement
BHKG   Gesetz über den Brandschutz, die Hilfeleistung und den
                        Katastrophenschutz
BHP   Behandlungsplätze
BIA   Business Impact Analysis
BioStoffV   Biostoffverordnung
BMI   Bundesministerium des Innern
BOS   Behörden und Organisationen mit Sicherheitsaufgaben
BPR   Business Process Reengineering
BRK   Bayerisches Rotes Kreuz
BSI   Bundesamt für Sicherheit in der Informationstechnik
BSIG   BSI-Gesetz
BSI-KritisV   BSI-Kritisverordnung
BtMG   Betäubungsmittelgesetz
BtMVV   Betäubungsmittel-Verschreibungsverordnung
bvfa   Bundesverband Technischer Brandschutz
CBNRE-Lagen   Chemische, biologische, nukleare, radiologische und explosive
                        Gefahren und Unfälle und deren Abwehr
CBRN   chemisch, biologisch, radiologisch und nuklear
CEO   Chief Executive Officer
Ch.   Charge
ChemG   Chemikaliengesetz
CIMIC- HAD   Civil Military Cooperation in Humanitarian Assistance and Disaster
                        Response
CISM   Critical Incident Stress Management
CIRS   Critical Incident Reporting-System
CMS   Compliance-Management-System
CRW   Crew-Resource-Management
DAKEP   Deutsche Arbeitsgemeinschaft Krankenhaus-Einsatzplan
DBR   Deckungsbeitragsrechnung
DGHM   Deutsche Gesellschaft für Hygiene und Mikrobiologie
DGUV   Deutsche Gesetzliche Unfallversicherung

DHPol	Deutsche Hochschule der Polizei
DIN	Deutsches Institut für Normung e. V.
DKG	Deutsche Krankenhausgesellschaft e. V.
DKI	Deutsches Krankenhausinstitut e. V.
DPR	Deutscher Pflegerat e. V.
DRG	Diagnosis Related Groups
DRK	Deutsches Rotes Kreuz e. V.
DSGVO	Datenschutz-Grundverordnung
EBM	Einheitlicher Bewertungsmaßstab
ECDC	European Centre for Disease Prevention and Control
EFQM	Europäische Stiftung für Qualitätsmanagement
EPA	Europäisches Praxisassessment
EÜR	Einnahme-Überschuss-Rechnung
FB PSNV	Fachberater PSNV
Fraunhofer-SIT	Fraunhofer-Institut für Sichere Informationstechnologie
FüAss PSNV	PSNV-Führungsassistent
G-BA	Gemeinsamer Bundesausschuss
GefStoffV	Gefahrstoffverordnung
GKV	Gesetzliche Krankenversicherung
GMLZ	Gemeinsames Melde- und Lagezentrum von Bund und Ländern
GOÄ	Gebührenordnung für Ärzte
GOZ	Gebührenordnung für Zahnärzte
HBKG	Hessisches Brand- und Katastrophenschutzgesetz
HEAT	Hostile Environment Awareness Training
HeilM-RL	Heilmittel-Richtlinie
HGB	Handelsgesetzbuch
HPCM	Health Process Continuity Management
HPIA	Health Process Impact Analyse
HUS	hämolytisch-urämisches Syndrom
IfSG	Infektionsschutzgesetz
IGeL	Individuelle Gesundheitsleistungen
InEK	Institut für das Entgeltsystem im Krankenhaus
InsO	Insolvenzordnung
IQMP	Institut für Qualitätsmanagement im Gesundheitswesen
ISM	Informationssicherheitsmanagement
IT	Informationstechnologie
ITSABV	ITS-Arzneimittelbevorratungsverordnung
ITSCM	IT-Service Continuity Management
IuK	Information und Kommunikation
i.v.	intravenös
IVENA	Interdisziplinärer Versorgungsnachweis
JArbSchG	Jugendarbeitsschutzgesetz

KAEP   Krankenhausalarm- und -einsatzplan
KaVoMa   Katastrophenvorsorge und Katastrophenmanagement
KBV   Kassenärztliche Bundesvereinigung
KDA   Kuratorium Deutsche Altershilfe
kDL   kritische Dienstleistungen
KHBV   Krankenhaus-Buchführungsverordnung
KHG   Krankenhausfinanzierungsgesetz
KHSFV   Krankenhausstrukturfonds-Verordnung
KIT   Kriseninterventionsteam
KLR   Kosten- und Leistungsrechnung
KQM-RL   Qualitätsmanagement-Richtlinie Krankenhäuser
KRINKO   Kommission für Krankenhaushygiene und Infektionsprävention
KRITIS   Kritische Infrastrukturen
KSchG   Kündigungsschutzgesetz
KTQ   Kooperation für Transparenz und Qualität im Gesundheitswesen
Kug   Kurzarbeitergeld
KVN   Kassenärztliche Vereinigung Niedersachen
KVP   Kontinuierlicher Verbesserungsprozess
LasthandhabV   Lastenhandhabungsverordnung
LKHG BW   Landeskrankenhausgesetz Baden-Württemberg
LNA   Leitender Notarzt
L PSNV   Leiter PSNV
LSM   Lebensrettende Sofortmaßnahmen
LÜKEX   Länder- und Ressortübergreifende Krisenmanagementübung
                (Exercise)
MANV   Massenanfall von Verletzten
MCP   Metoclopramidhydrochlorid
MIND   Minimaler Notarzt Datensatz
MedFAngAusbV   Verordnung über die Berufsausbildung zum Medizinischen Fachan-
                gestellten/zur Medizinischen Fachangestellten
MedHygV   Bayerische Medizinhygieneverordnung
MERS-CoV   Middle-East-Respiratory-Syndrome-Coronavirus
MoWaS   Modulares Warnsystem
MPBetrV   Medizinprodukte-Betreiberverordnung
MPDG   Medizinprodukterecht-Durchführungsgesetz
MPSV   Medizinprodukte-Sicherheitsplanverordnung
MRSA   Multiresistenter Staphylococcus aureus
MTA   Maximal tolerierbare Ausfallzeit
MTN   Maximal tolerierbare Notbetriebszeit
MTW   Maximal tolerierbare Wiederherstellungszeit
MVZ   Medizinisches Versorgungszentrum
MWBO   (Muster-)Weiterbildungsordnung

NaCl	Natriumchlorid
NOAH	Koordinierungsstelle Nachsorge, Opfer- und Angehörigenhilfe
NRGS	Nationale Reserve Gesundheitsschutz
NWA	Nutzwertanalyse
ÖGD	Öffentlicher Gesundheitsdienst
OK	Organisierte Kriminalität
PACS	Picture Archiving and Communication System
PBV	Pflege-Buchführungsverordnung
PDCA	Plan, Do, Check, Act
PDSG	Patientendaten-Schutz-Gesetz
PKV	Private Krankenversicherung
PTBS	Posttraumatische Belastungsstörung
PSA	Persönliche Schutzausrüstung
PSNV-B	Psychosoziale Notfallversorgung für Betroffene
PSVN-E	Psychosoziale Notfallversorgung für Einsatzkräfte
QEP	Qualität und Entwicklung in Praxen
QM	Qualitätsmanagement
QM-RL	Qualitätsmanagement- Richtlinie
QMS	Qualitätsmanagementsystem
RET	Rational-Emotive Therapy
RiKrIT	Risikoanalyse Krankenhaus-IT
RKI	Robert Koch Institut
RMS	Risikomanagementsystem
SAE	Stäbe für außergewöhnliche Ereignisse
SARS-CoV	Severe-Acute-Respiratory-Syndrome-Coronavirus
SbE	Stressbearbeitung nach belastenden Ereignissen
S/E	Senden und Empfangen
SGB	Sozialgesetzbuch
SH	Spontanhelfende
SMS	Sicherheitsmanagementsystem
St./Stck.	Stück
StrlSchG	Strahlenschutzgesetz
StrlSchV	Strahlenschutzverordnung
THW	Technisches Hilfswerk
TQM	Total Quality Management
TRBA	Technische Regeln beim Umgang mit biologischen Arbeitsstoffen
ÜMANV	Überregionale Hilfeleistung beim Massenanfall von Verletzten
ukb	Unfallkrankenhaus Berlin
USV	Unterbrechungsfreie Stromversorgung
VAH	Verbund für Angewandte Hygiene e. V.
vS/E	vorlagenerstellendes Senden und Empfangen
VVB	Verordnung über die Verhütung von Bränden

WAZ   Wiederanlaufzeit
WHO   Weltgesundheitsorganisation
ZPO   Zivilprozessordnung
ZSH   Zivilschutz-Hubschrauber
ZSKG   Zivilschutz- und Katastrophenhilfegesetz
ZVK   Zentralvenöse Kathederisierung

Stabilität und Sicherheit: Worauf kommt es an, um Risiken und Krisen erfolgreich zu widerstehen?

1.1 Bedrohungen für Gesundheitseinrichtungen

Gesundheitseinrichtungen sind vielfältigen Bedrohungen und Gefährdungen ausgesetzt: Kriminelle Handlungen, Pandemien, Fahrlässigkeiten, ärztliche Kunstfehler, technisches Versagen, Naturkatastrophen, Fachpersonalmangel oder wirtschaftliche Probleme können sie in große Schwierigkeiten stürzen oder gar in Existenznöte bringen. Obwohl die Eintrittswahrscheinlichkeiten von Schadensereignissen oft geradezu verschwindend gering sind, bleibt ein Restrisiko, das nie völlig auszuschließen ist. Auch völlig unrealistisch erscheinende Bedrohungsszenarien können Wirklichkeit werden und nie für möglich gehaltene Krisensituationen tatsächlich eintreten.

Ein Blick auf die Einrichtungszahlen zeigt, dass die potenzielle Angriffsfläche für Gefährdungen und Bedrohungen beeindruckende Ausmaße aufweist: So gab es beispielsweise 2018 1925 Krankenhäuser mit 19,4 Mio. Patienten und 1,25 Mio. Beschäftigten im ärztlichen und nichtärztlichen Dienst (vgl. Statistisches Bundesamt, 2020a, S. 1), 101.472 haus- und fachärztliche sowie psychologisch-psychotherapeutische Praxen, 3173 Medizinische Versorgungszentren (MVZ) (vgl. Statistisches Bundesamt, 2020b, S. 1), 50.022 niedergelassene Zahnärztinnen und Zahnärzte in eigener Zahnarztpraxis (vgl. Statistisches Bundesamt, 2020c, S. 1) und ca. 15.000 Pflegeheime (vgl. Statistisches Bundesamt, 2020d, S. 1). Insgesamt waren 2018 ca. 4,1 Mio. Beschäftigte (auf der Basis von Vollzeitäquivalenten) im Gesundheitswesen tätig (vgl. Statistisches Bundesamt, 2020e, S. 1).

Kriminelle Bedrohungen durch **Cyber-Sicherheitsvorfälle** können in Gesundheitseinrichtungen zu mehrfachen Schadensszenarien führen:

A. Frodl, *Krisenmanagement für Gesundheitseinrichtungen*, https://doi.org/10.1007/978-3-658-36374-1_1

- **Eigenschäden:** Kosten, die durch Betriebsbeeinträchtigungen bzw. -unterbrechungen der Gesundheitseinrichtung entstehen, wenn z. B. Behandlungsleistungen in Folge eines Cyber-Angriffs nicht länger aufrechterhalten werden können, oder die durch Forensik und Wiederherstellung zustande kommen.
- **Reputationsschäden:** Ergeben sich, wenn in Folge eines Angriffs das Ansehen der Gesundheitsorganisation sinkt, Patienten abwandern, neu in Werbung, Patientenbindung und Image investiert werden muss und so wirtschaftliche Nachteile entstehen.
- **Fremdschäden:** Treten auf, wenn gesetzliche, vertragliche oder anderweitige Verpflichtungen gegenüber Dritten aufgrund eines Vorfalls nicht oder nicht vollständig erfüllt werden können, wobei insbesondere bei Kritischen Infrastrukturen des Gesundheitswesens die Schäden potenziell sehr hoch sein können (vgl. Bundesamt für Sicherheit in der Informationstechnik, 2019, S. 8).

Beispiel

Als zentraler IT Dienstleister für seine Einrichtungen (Krankenhäuser, Gästehäuser, Gastronomie, angeschlossene Arztpraxen, etc.) wurde der regionale Dachverband eines deutschlandweit aktiven Wohlfahrtsverbandes in der Nacht des Wochenendes 13./14.07.2019 Opfer eines Ransomware-Angriffs, was zur Folge hatte, dass über 20 Gesundheitseinrichtungen, darunter mehrere Krankenhäuser, in Rheinland-Pfalz und im Saarland ihren IT-Betrieb einstellen und Notfallpläne aktivieren mussten. Die Schadsoftware hatte Server und Datenbanken verschlüsselt und die Bereinigungsarbeiten waren auch drei Wochen nach dem Angriff noch nicht abgeschlossen (vgl. Bundesamt für Sicherheit in der Informationstechnik, 2019, S. 12). ◀

Wirtschaftliche Bedrohungen können in **Insolvenzverfahren** enden, die sich beispielsweise in 2016 unter anderem gegen 15 Krankenhäuser, 16 Hausarztpraxen, 31 Facharztpraxen sowie 54 Zahnarztpraxen richteten. 28 Verfahren wurden mangels Masse abgewiesen, was erfolgt, wenn das Vermögen des Schuldners voraussichtlich nicht ausreicht, um die Verfahrenskosten zu begleichen und dem Schuldner die Stundung der Verfahrenskosten nicht bewilligt wird. 3007 Mitarbeiter waren insgesamt im Gesundheitswesen 2016 von den Insolvenzverfahren betroffen und voraussichtliche Forderungen in Höhe von 259,4 Mio. EUR aufgelaufen. Davon entfielen 134,8 Mio. EUR auf Krankenhäuser, 51,7 Mio. EUR auf Facharztpraxen, 29,4 Mio. EUR auf Zahnarztpraxen und 12,8 Mio. EUR bei Hausarztpraxen (vgl. Wallenfels, 2017, S. 1).

Patientenvorwürfe und drohende Schadensersatzforderungen kommen jährlich bei etwa 11.000 vermuteten **Behandlungsfehlern** vor, die durch die Gutachterkommissionen und Schlichtungsstellen bei den Ärztekammern im Hinblick auf die Arzthaftung bewertet werden (siehe Tab. 1.1).

Insgesamt wurden 2019 durch die Gutachterkommissionen und Schlichtungsstellen bei den Ärztekammern 6412 Sachentscheidungen getroffen, bei denen in 29

Tab. 1.1 Häufigste Patientenvorwürfe nach Teilbereichen ärztlicher Tätigkeit (vgl. Bundesärztekammer, 2020, S. 4)

Teilbereich	2018	2019
Therapie operativ, Durchführung	2.818	2.988
Diagnostik, bildgebende Verfahren	953	1.031
Diagnostik, Anamnese/Untersuchung	866	831
Indikation	600	714
Therapie, Pharmaka	544	678
Aufklärung, Risiko	600	629
Therapie postoperative Maßnahmen	564	571
Diagnostik Labor/Zusatzuntersuchungen	468	472
Therapie, konservativ	373	403
Therapie postoperativ, Infektion	243	262

Tab. 1.2 Brandstatistik Krankenhäuser 2013–2019 (vgl. Bundesverband Technischer Brandschutz, 2020a, S. 3 ff.)

Jahr	Anzahl Brände	Verletzte	Tote
2019	51	111	7
2018	45	50	4
2017	24	37	1
2016	7	43	2
2015	6	11	1
2014	7	9	3
2013	40	28	5

Fällen Risikoaufklärungsmangel bejaht wurden, in 359 Fällen Behandlungsfehler/ Risikoaufklärungsmangel bejaht und Kausalität verneint wurden, sowie in 1568 Fällen Behandlungsfehler/Risikoaufklärungsmangel und Kausalität bejaht wurden. Davon entstanden in 17 Fällen ein geringfügiger Schaden, in 684 Fällen war der Schaden passager leicht/mittel, in 179 Fällen passager schwer. 460 Fälle führten zu leichten/mittleren und 141 Fälle zu schweren Dauerschäden. 87 Fälle führten zum Tod der Patienten. Die Zahl der Antragsgegner bei den Sachentscheidungen (maximal vier je Begutachtungsverfahren) betrug im Krankenhausbereich 5518 und im niedergelassenen Bereich (Praxis, MVZ) 1797 (vgl. Bundesärztekammer, 2020, S. 5 ff.).

Die Gefahr durch **Brandkatastrophen** wird anhand der Statistik des Bundesverbands Technischer Brandschutz (bvfa) deutlich. Er führt in seiner Brandstatistik in den Jahren 2013–2019 140 Krankenhausbrände in Deutschland auf, bei denen 289 Verletzte und 23 Tote zu verzeichnen waren (siehe Tab. 1.2). Neben der Brandursache und Angaben über die Opfer sind in der Statistik auch die betroffene Klinik bzw. das Krankenhaus und teilweise der geschätzte Sachschaden benannt.

Tab. 1.3 Brandstatistik
Soziale Einrichtungen 2013–
2019 (vgl. Bundesverband
Technischer Brandschutz,
2020b, S. 5 ff.)

Jahr	Anzahl Brände	Verletzte	Tote
2019	128	216	14
2018	137	257	15
2017	98	158	5
2016	111	251	15
2015	111	331	15
2014	66	163	11
2013	83	182	8

In Pflegeeinrichtungen (Altenheime, Seniorenwohnheime, Seniorenwohnanlagen, Pflegeheime, Pflegezentren) gab es im vergleichbaren Zeitraum sogar 743 Brände mit 1558 Verletzten und 83 Toten (siehe Tab. 1.3).

Über **Diebstähle** in Gesundheitseinrichtungen gibt es keine bundesweiten Kriminalitätsstatistiken. Krankenhäuser, Praxen oder Pflegeheime sind für Patienten, Bewohner und deren Besucher in der Regel öffentlich zugänglich und befinden sich häufig in unübersichtlichen Gebäudekomplexen, was die Gefahr von Raub und anderen kriminellen Handlungen erhöht.

Beispiel

Erhebungen der Bundesländer belegen, welches Ausmaß die Straftaten erreichen: So wurden beispielsweise im Jahr 2017 im bevölkerungsreichsten Bundesland Nordrhein-Westfalen laut Landeskriminalamt (LKA) fast 6500 Diebstahlsfälle mit einem Schaden von 3,5 Mio. EUR in Krankenhäusern registriert. In hessischen Krankenhäusern entstand 2017 durch Diebstahl ein Gesamtschaden von knapp 1,8 Mio. EUR. In Baden-Württemberg hatte die Schadenssumme 2017 einen Höchststand von nahezu 2,75 Mio. EUR erreicht bei knapp unter 3000 Fällen, wobei es 2013 noch 1,8 Mio. EUR waren und die Zahl der Fälle, in die auch Arztpraxen einbezogen sind, bei 3200 lag (vgl. Handelsblatt, 2019, S. 1). ◄

Die zahlreichen Schadensfälle zeigen, dass in Gesundheitseinrichtungen aus zunächst abstrakten Bedrohungen und Gefährdungen tatsächliche Risiken und Krisensituationen entstehen, die zu beträchtlichen Personen- und Sachschäden führen, was leider keine Fiktion, sondern Realität ist. Begreift man Krisen als Normalzustand aufgrund permanenter Bedrohungen, so stellt sich die Frage, wie sie eintreffen und wie mit ihnen in Gesundheitseinrichtungen umgegangen wird (vgl. Thießen, 2014, S. 6).

1.2   Grundzüge des Krisen- und Stabilitätsmanagements

Während die Begriffe Gefährdung und Bedrohung oft gleichgesetzt werden und sich darunter die Möglichkeit verstehen lässt, dass in einer Gesundheitseinrichtung aus einer Gefahr ein Ereignis mit einer bestimmten Intensität erwächst, das Schaden an einem Schutzgut verursachen kann (vgl. Bundesamt für Bevölkerungsschutz und Katastrophenhilfe, 2019, S. 24), ist der Begriff der Krise differenzierter zu betrachten.

Eine Krise stellt zunächst ein schwerwiegendes Problem in einer Gesundheitseinrichtung dar, für das eine Lösung gefunden werden muss. Insbesondere länger andauernde Krisen werden deshalb als besonders herausfordernd und anstrengend erlebt, weil sie häufig **folgende Merkmale** aufweisen:

- **unerwartetes Eintreten:** häufig außerhalb des üblichen Planungs- und Erwartungshorizonts;
- **(existenz-)bedrohendes Ereignis:** weitreichende problematische Folgen, die einzelne Menschen, Organisationen oder ganze Gesellschaften gefährden können;
- **Zeitdruck:** keine Zeit, um den Verlauf vollständig zu analysieren und alle möglichen Reaktionen zu kalkulieren;
- **unklare Lagen:** Entscheidungsnotwendigkeiten auf Basis unvollständiger Informationen;
- **hohe Ambiguität:** schwere Aushaltbarkeit unvorhersehbare Entwicklungen, fehlende objektive Sicherheit, multikausale und multifaktorielle Zusammenhänge, die oft erst nach einer Krise vollständig verstanden und durchdrungen werden können (vgl. Ostermann, 2020, S. A 1271).

Sie ist eine Abweichung von der Normalsituation, die mit den üblichen Strukturen allein nicht mehr bewältigt werden kann und deshalb besondere Organisationsmaßnahmen greifen müssen, um den Normalzustand wiederherzustellen, was unabhängig vom Auslöser einer Krise alle Anstrengungen zum Ziel haben. Dazu umfasst das **Krisenmanagement** als systematischer Umgang mit Krisensituationen konzeptionelle und organisatorische sowie operative Fallmaßnahmen, die insgesamt eine schnellstmögliche Rückkehr in den Normalzustand erreichen sollen (vgl. Trauboth, 2016, S. 21 ff.).

Die Entwicklung vom Normalzustand zur sicherheitsrelevanten Krise durchläuft dabei häufig mehrere Phasen (siehe Tab. 1.4).

Krisen entwickeln sich jedoch nicht immer schematisch, und auch das Tempo ihrer Entstehung ist höchst unterschiedlich: Während sich beispielsweise eine Pandemie durch den Grad der Ausbreitung in anderen Ländern in der Regel frühzeitig abzeichnet, kann ein Feuer innerhalb kurzer Zeit ein Patientenzimmer, eine Station oder ein Gebäude in Brand setzen, mit unmittelbarer Gefahr für Leib und Leben. In diesem Fall wird die Gesundheitseinrichtung direkt in eine akute Krisensituation versetzt,

Tab. 1.4 Phasen der Entwicklung einer Krise (in Anlehnung an Trauboth, 2016, S. 25)

Phase	Beschreibung				
	Anzeichen	Bedrohung	Handlungsspiel-räume	Entscheidungs-optionen	Zeitdruck
Potentielle Krise	besorgnis-erregende Ent-wicklungen mit Krisen-potential werden fest-gestellt	Gefahr ist noch nicht konkret	Handlungsspiel-räume sind groß	Entscheidungs-optionen sind vorhanden	es herrscht noch kein Zeitdruck
Latente Krise	deutliche Warnsignale erkennbar	Gefahr ist konkreter	Handlungsspiel-räume sind noch relativ groß	Entscheidungs-optionen sind noch vorhanden	Zeitdruck wächst
Akute Krise	Krise ist ein-getreten	Notlage, Katastrophe	Schnelle Handlungen sind erforderlich	Entscheidungs-optionen nehmen ab	es herrscht hoher Zeit-druck

was Sofortmaßnahmen erforderlich macht und die Führungsprozesse des Krisen-managements auslöst:

- Ad-hoc: Rettungs-, Evakuierungs- und/oder Räumungsmaßnahmen,
- Erstversorgung von Opfern,
- Erfassung der Gefahren- und Schadenslage,
- Analyse der Ereignisse,
- Bewertung der weiteren Entwicklung,
- Entscheidung über mögliche Alternativplanungen zur Krisenbehebung,
- Umsetzung der Planungen,
- Kontrolle des Umsetzungserfolgs,
- Rückkehr zur Normalsituation/Fortsetzung des Betriebs unter veränderten Bedingungen.

Ein kleines Feuer, zumal früh erkannt, lässt sich rasch löschen und der Schaden hält sich in Grenzen. Somit stellt sich die Frage, ab welchem Zeitpunkt eine Krise beginnt und sie als potentielle Krise identifizierbar ist. Per Definition setzt zu diesem Zeitpunkt auch erst das Krisenmanagement ein. Es wirkt somit nur im Hinblick auf die Auswirkungen einer Krise präventiv im Sinne von Schadensbegrenzung und der Bereithaltung einer Organisation für die krisenbedingte Ausnahmesituation.

Damit es möglichst gar nicht so weit kommt, ist eine Befassung mit den Risiken einer Gesundheitseinrichtung erforderlich. Es handelt sich dabei um Kombinationen aus der Eintrittswahrscheinlichkeit von Ereignissen und dessen negativen Folgen für die Gesundheitseinrichtung. Hierzu stellt das **Risikomanagement** ein kontinuierlich ablaufendes, systematisches Verfahren der Einrichtung zum zielgerichteten Umgang mit Risiken dar, das die Analyse und Bewertung von Risiken sowie die Planung und Umsetzung von Maßnahmen insbesondere zur Risikovermeidung/-minimierung und -akzeptanz beinhaltet (vgl. Bundesamt für Bevölkerungsschutz und Katastrophenhilfe, 2019, S. 45 f.). Auf die Risikoidentifizierung und -erfassung durch Frühwarnsysteme bzw. eine Risikoinventur, auf die Risikobewertung sowie auf die Risikominderung beispielsweise durch Versicherungen, Abwälzung, Kontrollmaßnahmen etc. wir an anderer Stelle noch ausführlich eingegangen (siehe Kap. 4).

Das **Stabilitätsmanagement** ist umfassender angelegt, baut auf dem Risikomanagement auf, versucht bei eingetretener Ausnahmesituation diese durch das Krisenmanagement zu bewältigen und ist jedoch darüber hinaus eine Daueraufgabe, die bereits früher beginnt, sozusagen im Vorfeld einer Krise, um deren Folgen möglichst abzuwenden oder es gar nicht erst soweit kommen zu lassen. Es geht somit über das eigentliche Krisenmanagement hinaus und trägt mit seinen Vorkehrungen dazu bei, im Falle des Eintritts einer Krisensituation möglichst gut vorbereitet zu sein, diese gut zu bewältigen und – auch unter gegebenenfalls veränderten Bedingungen – stabile Verhältnisse für das Fortbestehen und den neuen betrieblichen Alltag einer Gesundheitseinrichtung zu schaffen.

▶ **Definition** Als „stabiler" Zustand wird, vereinfacht gesagt, die Lage eines dynamischen Systems bezeichnet, in der Störungen nicht zu gravierenden Abweichungen von der ursprünglichen Position führen. Dementsprechend kann das **Stabilitätsmanagement** als die Summe der festgelegten Aktivitäten, Instrumente und Methoden beschrieben werden, mit denen die Leitungsebene der Gesundheitseinrichtung die auf Stabilität und damit Kontinuität und Sicherheit ausgerichteten Aufgaben und Maßnahmen nachvollziehbar lenkt und damit plant, einsetzt, durchführt, überwacht und verbessert (vgl. Bundesamt für Sicherheit in der Informationstechnik, 2017, S. 15).

Das Krisenmanagement ist irgendwann beendet, das Stabilitätsmanagement hingegen nicht.

Für dauerhafte betriebliche Stabilität zu sorgen ist eine Führungsaufgabe, die zahlreiche Faktoren berücksichtigen muss, wie beispielsweise

- die organisatorische Kontinuität durch eine widerstandsfähige Aufbau- und Ablauforganisation;
- den richtigen Einsatz betriebswirtschaftlicher Instrumente zur Schaffung von Kosten- und Umsatzstabilität;

- ein vorbeugendes Risikomanagement, um Risiken frühzeitig zu erkennen und zu bewältigen;
- eine Mut, Hoffnung und Zuversicht vermittelnde Führung in Krisenzeiten;
- die Berücksichtigung einschlägiger Gesetze und Verordnungen zum Schutz der Patienten, der Einrichtung und der Beschäftigten;
- die Vorsorge bei Finanzen und Liquidität, um einer drohenden Insolvenz vorzubeugen;
- eine zielgruppengenaue Krisenkommunikation mit der erforderlichen Information von Behörden und Organisationen mit Sicherheitsaufgaben, Patienten, Beschäftigten, Eigentümern, Trägern, Kontroll- und Aufsichtsbehörden;
- die Sicherstellung von medizinischen und pflegerischen Leistungen auch unter erschwerten Bedingungen;
- eine gezielte Aus- und Weiterbildung der Beschäftigten im Risiko- und Krisenmanagement sowie
- die ausreichende Bevorratung und Lagerhaltung notwendiger Vorratsmengen an medizinischen Materialien (siehe Abb. 1.1).

Für Stabilität in einer Gesundheitseinrichtung sorgen nicht nur geordnete Prozesse und Organisationsstrukturen oder ein Business Continuity Management nach ISO 22301, sondern vielmehr auch die Sicherstellung medizinischer und pflegerischer Qualität. Sie

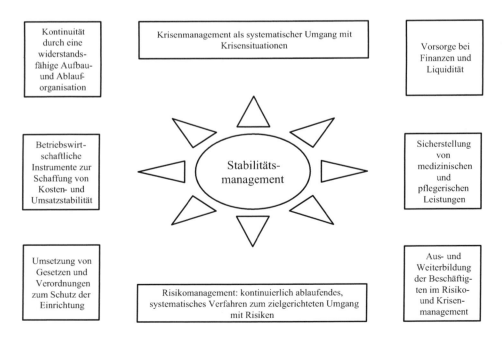

Abb. 1.1 Wichtige Faktoren des Stabilitätsmanagements

ist ein zentraler Baustein in der Leistungserstellung einer Gesundheitseinrichtung. Denn die meisten Krisensituationen und damit Instabilitäten haben ihre Ursache in leichten oder groben Fahrlässigkeiten und sind somit durch menschliches Versagen herbeigeführt.

Beispiel

Nach dem Bürgerliches Gesetzbuch 2002 handelt fahrlässig, wer die im Verkehr erforderliche Sorgfalt außer Acht lässt (§ 276 BGB). Die Fahrlässigkeit setzt Voraussehbarkeit und Vermeidbarkeit des rechtswidrigen Erfolgs voraus. Zu unterscheiden sind die bewusste und unbewusste Fahrlässigkeit sowie nach den Fahrlässigkeitsgraden die einfache Fahrlässigkeit und die grobe Fahrlässigkeit (Nichtbeachtung dessen, was jedem einleuchten muss). Strafrechtlich ist sie die nichtgewollte Verwirklichung eines Straftatbestandes, falls damit der Täter die ihm mögliche und zumutbare Sorgfalt außer Acht gelassen hat und den nach dem Gesetz erforderlichen Erfolg hätte voraussehen können: Unbewusste Fahrlässigkeit, wenn der Täter den voraussehbaren Erfolg nicht bedacht hat, bewusste Fahrlässigkeit, wenn er den Erfolg zwar als möglich vorausgesehen, aber darauf vertraut hat, dass er nicht eintreten werde. Die Abgrenzung zum bedingten Vorsatz ist oft schwierig (vgl. Berwanger & Wagner, 2018, S. 1). ◀

Mängel im Verantwortungsbewusstsein, in der Wahrnehmung, in der internen Kommunikation, in der Ausbildung oder in der Kontrolle lassen aus einem oft zunächst kleinen Ereignis ein größeres Unglück entstehen, wobei dies häufig nicht auf die Nachlässigkeit eines Einzelnen zurückzuführen ist, sondern auf menschliches Versagen im System und damit auf ein Systemversagen (vgl. Trauboth, 2016, S. 23).

Allerdings ist nicht jede Störung auch gleichzeitig ein Notfall. Im betrieblichen Alltag von Gesundheitseinrichtungen gibt es nahezu täglich Vorfälle, die nicht wie eine Krise oder gar Katastrophe eine Stabsorganisation und Maßnahmen für Großschadenslagen erforderlich machen. In der Praxis ist daher eine wirksame Abgrenzung nötig, auch um die notwendigen Ressourcen auf die wesentlichen Vorkommnisse zu konzentrieren (siehe Tab. 1.5).

Das Stabilitätsmanagement baut auf den wichtigen organisatorischen Maßnahmen wie eine in den allgemeinen Betriebsablauf der Gesundheitseinrichtung integrierte Störungsbehebung und ein wirksames Krisenmanagement auf, mit dem Ziel, auch in diesen Ausnahmesituationen für die nötige Kontinuität und Sicherheit zu sorgen. Es lenkt zugleich aber auch die Aufmerksamkeit auf die nötigen Vorkehrungen zur Verhinderung von Störungen, Notfällen oder gar Krisen.

Im Katastrophenfall wird das betriebliche Krisenmanagement einer Gesundheitseinrichtung vom behördlichen **Katastrophenmanagement** überlagert, dessen Art, Umfang und Dauer sich nur schwer prognostizieren lassen. Es ist dem internen Krisenmanagement gewissermaßen vorgeschaltet und unterscheidet sich üblicherweise auch hinsichtlich der Ziele, die beispielsweise den Bevölkerungsschutz im Vordergrund sehen,

Tab. 1.5 Sicherheitsrelevante Abweichungen im betrieblichen Alltag von Gesundheitseinrichtungen

Abweichungsart	Beschreibung	Schaden	Bewältigung
Störung	Situation, in der Prozesse oder Ressourcen in der Gesundheitseinrichtung nicht wie vorgesehen funktionieren	Gering und ist im Verhältnis zum Gesamtjahresergebnis zu vernachlässigen oder beeinträchtigt die Aufgabenerfüllung nur unwesentlich	Wird durch die im allgemeinen Betriebsablauf der Gesundheitseinrichtung integrierte Störungsbehebung beseitigt
Notfall	Schadensereignis, bei dem die Verfügbarkeit der entsprechenden Prozesse oder Ressourcen innerhalb einer geforderten Zeit nicht wiederhergestellt werden kann und die den Einrichtungsbetrieb stark beeinträchtigt	Hoher bis sehr hoher Schaden, der sich schwerwiegend auf das Gesamtjahresergebnis oder die Aufgabenerfüllung der Gesundheitseinrichtung auswirkt	Kann nicht mehr im allgemeinen Betriebsablauf abgewickelt werden und erfordert eine gesonderte Organisation zur Bewältigung
Krise	Abweichung von der Normalsituation, die mit den üblichen Strukturen allein nicht mehr zu bewältigen ist und bei der die Existenz der Gesundheitseinrichtung oder das Leben und die Gesundheit von Personen gefährdet sein können	Hoher bis sehr hoher Schaden, der sich zumindest schwerwiegend auf das Gesamtjahresergebnis oder die Aufgabenerfüllung der Gesundheitseinrichtung auswirkt und existenzgefährdend sein kann	Über Notfallablaufpläne hinausgehendes stabsorganisatorisches Krisenmanagement mit Rahmenanweisungen und -bedingungen
Katastrophe	Großschadensereignis, das zeitlich und örtlich kaum begrenzbar ist, großflächige Auswirkungen hat und die Existenz der Gesundheitseinrichtung oder das Leben und die Gesundheit von Personen gefährdet	Sehr hohe, signifikante Personen- und/oder Sachschäden, deren Behebung erheblichen Zeitbedarf und umfangreiche Mittel erfordern	Kann nicht durch die Gesundheitseinrichtung alleine bewältigt werden und macht Maßnahmen des überbehördlichen Katastrophenschutzes erforderlich

während die Gesundheitseinrichtung auch ihre Erhaltung und störungsfreie Abläufe im Blick haben muss. Dadurch kann sich der einrichtungsindividuelle Handlungsspielraum verringern und Entscheidungen des internen Krisenmanagements können nur innerhalb bestimmter Lösungskorridore getroffen werden. Auch können vertikale und horizontale Koordinationsdefizite zwischen den einzelnen Behörden die Anpassung an das übergeordnete Katastrophenmanagement erschweren (vgl. Grün, 2020, S. 344 ff.). Anhand der Abgrenzung zwischen Notfall- und Katastrophenmedizin werden nicht nur organisatorische und logistische Unterschiede, sondern auch unterschiedliche medizinische Verfahrensweisen im Katastrophenfall deutlich: Die Notfallmedizin befasst sich mit der sachgerechten Behandlung drohender oder eingetretener medizinischer Notfälle mit der Aufrechterhaltung oder Wiederherstellung von Vitalfunktionen und Transportfähigkeit im klinischen Bereich (Notfallpatienten) oder präklinischen Bereich (Rettungsdienst), wobei die zu erbringende Leistung ausschließlich von der Schwere der Erkrankung oder des Traumas bestimmt wird. Die Katastrophenmedizin als Teil des Bevölkerungsschutzes hat als Basis gesundheitlich Geschädigten auch dann nach besten Kräften zu helfen, wenn die Zahl der Opfer es nicht erlaubt. Ziel ist es, einer möglichst großen Anzahl von Betroffenen die bestmögliche Hilfe zu leisten (utilitaristischer Ansatz) und baldmöglichst zur individualmedizinischen Versorgung zurückzukehren. Dabei erfolgt die medizinische Hilfe grundsätzlich nach den Regeln der Notfallmedizin, ist jedoch meist durch äußere Umstände zu Verzicht und zeitlichem Hinausschieben bestimmter Maßnahmen gezwungen und muss dies unter Wahrung des für den Einzelnen Günstigsten im Gesamtgefüge der Hilfemaßnahmen berücksichtigen (vgl. Sefrin, 2010, S. 4).

Katastrophen- und Krisenmanagement haben jedoch auch Gemeinsamkeiten: So lassen sich für den Katastrophenfall aus Sicht des betrieblichen Krisenmanagements einige allgemeine Handlungsmaximen ableiten (siehe Tab. 1.6).

1.3   Unsicherheit reduzieren – Sicherheit erzeugen

Sicherheit ist ein wesentliches Merkmal von Stabilität: Unsichere Prozesse und Funktionalitäten wirken auf einen Zustand störend und erzeugen Instabilität. Stabilität hingegen erzeugt Sicherheit: Zuverlässig und stabil arbeitende Systeme leisten einen wesentlichen Beitrag für eine sichere Arbeitsumgebung in einer Gesundheitseinrichtung.

Statisch betrachtet lässt sich Sicherheit als hundertprozentige Wahrscheinlichkeit beschreiben, dass ein Ereignis genauso eintritt, wie es vorher prognostiziert wurde. Sicherheit wird hierbei der technischen Zuverlässigkeit gleichgesetzt, dass geforderte Funktionen in einer Gesundheitseinrichtung ausfallfrei ausgeführt werden und dabei keine Schädigungen von Personen, der Umwelt oder Sachwerten auftreten. In einer dynamischen Sichtweise wird Sicherheit als Systemeigenschaft einer Gesundheitseinrichtung verstanden, die fortlaufend durch das Zusammenwirken von Regeln, Strukturen, Prozessen und operativen Handlungen durch die Beschäftigten erzeugt wird und Anforderungen, die innerhalb der Einrichtung entstehen und die von außerhalb auf die Einrichtung einwirken, bewältigt (vgl. Ritz, 2015, S. 2 ff.).

Der betriebliche Alltag in Gesundheitseinrichtungen ist geprägt von zu treffenden Entscheidungen. Die Auswahl unter Alternativen, deren Bewertung und die letztendliche

Tab. 1.6 Handlungsmaximen für das Krisenmanagement im Katastrophenfall (vgl. Grün, 2020, S. 345 ff.)

Handlungsfeld	Erläuterung
Chancenpotenzial	Krisen decken als Stresstests Schwachstellen auf und fungieren nicht selten als Innovationstreiber
Exit-Planung	Frühzeitig sind Überlegungen zum Post-Krisenstatus anzustellen; eine Alternativenplanung dient als Orientierungsrahmen für Maßnahmen im Übergang vom Krisenmodus zur Normalisierung
Führungsstärke	Da für langwierige Abstimmungsprozesse in der Regel die Zeit fehlt, ist Geschlossenheit des Auftritts nach innen und außen durch Zentralisierung der Willensbildung zu zeigen; oft sind Entscheidungen von großer Tragweite rasch zu treffen und auch gegen Widerstände durchzusetzen
Krisenkommunikation	Um Glaubwürdigkeit, Konsistenz, Kompetenz und Orientierung zu vermitteln, ist Krisenkommunikation Chefsache
Prioritätensetzung	Da Entscheidungen unter Unsicherheit und Zeitdruck getroffen werden müssen, sind vordringliche Aufgaben zuerst zu erledigen und danach Zweitrangiges
Schnelligkeit	Schnelles Handeln geht notfalls zulasten der Perfektion; für Notfallmaßnahmen gilt Schnelligkeit ohne Einschränkungen und unbürokratisches Handeln
Steuerung auf Sicht	Bei anhaltender Unsicherheit über den weiteren Verlauf einer Krise sind Ziele und Maßnahmen mit einem kurzen Zeithorizont und schnellem Feedback zu präferieren

Zustimmung zur besten Alternative ist allgegenwärtig und ein immer wiederkehrender Prozess. Jede Mitarbeiterin und jeder Mitarbeiter in Gesundheitseinrichtungen muss in den jeweiligen Arbeitsbereichen Entscheidungen treffen, auf der Station, im OP, im Behandlungszimmer, an der Rezeption, im Labor, in der Direktion. Um Sicherheit und damit Stabilität durch eine gute pflegerische und medizinische Behandlungsqualität zu erreichen, sind in Gesundheitseinrichtungen viele Prozesse, Abläufe und Vorgänge geregelt. Dies geschieht durch externe Vorgaben in Form von Gesetzen und Vorgaben (siehe Kap. 3), aber auch durch interne **Regelwerke** mit Arbeitsanweisungen, Ablaufplänen und Anleitungen (siehe Tab. 1.7).

Regelwerke stellen die fixierte Ordnung einer Gesundheitseinrichtung dar, haben den Zweck die Erfordernisse der Behandlungs-, Pflege- und Geschäftstätigkeit zu erfüllen und stellen sicher, dass die Prozesse sowie die damit verbundenen Verantwortlichkeiten, Kompetenzen, Aufgaben und Kommunikationswege aufeinander abgestimmt sowie klar definiert sind. Sicherheit und Stabilität wird zudem dadurch erzeugt, dass die Prozesse nach den dokumentierten Regelungen erfolgen und diese für jeden zugänglich und transparent dargelegt werden (vgl. Frodl, 2019, S. 1). Regelwerke reduzieren zwar den individuellen Entscheidungsspielraum, geben in kritischen Situationen im Idealfall

Tab. 1.7   Beispiele für Regelungsinstrumente in Gesundheitseinrichtungen

Regelungsinstrument	Beschreibung
Betriebsanleitung	Anweisung und Beschreibung zum Betrieb, zur Bedienung und/oder zur Wartung von medizintechnischen Vorrichtungen
Dienst- oder Arbeitsanweisung	Einrichtungsübergreifende Anweisung, die alle Beschäftigten betrifft
Formular	Organisatorisches Hilfsmittel zur Unterstützung der Abläufe in der Gesundheitseinrichtung
Mitteilung	Information für Beschäftigte und/oder Patienten
Prozessdarstellung	Verbale oder grafische Beschreibung von stellenüber-greifenden Abläufen, die sich auch auf die gesamte Gesundheitseinrichtung erstrecken können
Systembeschreibung	Verbale oder grafische Darstellung von informations- oder kommunikationstechnischen Systemfunktionen, von kompletten medizinischen Arbeitssystemen oder der Konfiguration/Koordination einzelner Systemelemente
Stellenbeschreibung	Darstellung und Anweisung, die den Aufgabenbereich einer Stelle betrifft

jedoch klare Verhaltensanweisungen, was im Hinblick auf die Frage, wie zu handeln ist, Sicherheit erzeugt. Denn schließlich ist für Diskussionen und langes Abwägen in medizinischen Notsituationen oft keine Zeit.

Beispiel

Nach der Richtlinie über grundsätzliche Anforderungen an ein einrichtungsinternes Qualitätsmanagement für Vertragsärztinnen und Vertragsärzte, Vertragspsycho-therapeutinnen und Vertragspsychotherapeuten, medizinische Versorgungszentren, Vertragszahnärztinnen und Vertragszahnärzte sowie zugelassene Krankenhäuser (Qualitätsmanagement- Richtlinie/QM-RL) des Gemeinsamen Bundesausschusses (G-BA) ist beispielsweise zu regeln, dass bei operativen Eingriffen, die unter Beteiligung von zwei oder mehr Ärztinnen bzw. Ärzten oder die unter Sedierung erfolgen, OP-Checklisten eingesetzt werden. Diese OP-Checklisten sollen

- einrichtungsspezifisch entwickelt und genutzt werden,
- alle am Eingriff Beteiligten einbeziehen,
- auf die Erkennung und Vermeidung unerwünschter Ereignisse und Risiken aus-gerichtet sein, wie z. B. Patienten-, Eingriffs- und Seitenverwechslungen und schwerwiegende Komplikationen sowie
- Fragen zum Vorhandensein und zur Funktion des erforderlichen Equipments beinhalten (vgl. Kassenärztliche Bundesvereinigung, 2016, S. A 2282). ◄

Regelwerke in Gesundheitseinrichtungen können vieles regeln, jedoch nicht alles. Mögen die Regelungsbreite (Zahl der zu regelnden Bereiche) und die Regelungstiefe (Detaillierungsgrad) noch so weit gefasst sein, jegliche mögliche Entscheidungssituation können sie nicht abdecken. Von der Sicherheit und Unsicherheit bei **Entscheidungen** sind nicht nur die Führungskräfte einer Gesundheitseinrichtung als Entscheidungsträger und somit auch nicht nur Klinikdirektoren, Chirurgen, Zahnärzte, oder Krankenhausmanager betroffen, sondern die Beschäftigten auf allen Ebenen. Unabhängig von Hierarchie und organisatorischer Einordnung sind direkte Auswirkungen möglich, und im Vergleich zu beispielsweise produzierenden Unternehmen ist Stabilität und Sicherheit bei dieser Aufgabe im Gesundheitswesen nicht weniger wichtig, da dabei stets das Patientenwohl zu berücksichtigen ist. Während in der Regel davon ausgegangen wird, dass Risiko und Tragweite von Entscheidungen mit aufsteigender Führungshierarchie zunehmen, so gilt für Gesundheitseinrichtungen nicht unbedingt, dass beispielsweise in den unteren Ebenen nur tragbare Entscheidungsrisiken mit hoher Eintrittswahrscheinlichkeit, aber begrenzter Schadenshöhe und auf der Führungsebene Risiken mit erheblicher Tragweite, geringer Eintrittswahrscheinlichkeit, aber existenzbedrohender Schadenshöhe vorkommen. Oftmals ist auch nicht die Wahl einer bestimmten Alternative, sondern die Unterlassung einer Handlung als Entscheidungsergebnis anzusehen. So kann ein übersehener Fehler in der Pflege oder eine Unterlassung aufgrund eines fehlerhaften Befundes gravierende Auswirkungen für die betroffenen Patienten haben.

Eine Entscheidung stellt somit nur im Idealfall eine bewusste Wahl zwischen zwei oder mehreren Alternativen anhand bestimmter Entscheidungskriterien oder Präferenzen dar. Unter Stabilitäts- und Sicherheitsgesichtspunkten sind insbesondere die möglichen Folgen von Entscheidungen von wesentlicher Bedeutung, die die Möglichkeit bieten, die Güte einer Entscheidung zu einem späteren Zeitpunkt zu messen oder aus einer Fehleinschätzung zu lernen. Für das Anstreben der absoluten Verlässlichkeit und Richtigkeit einer Entscheidung. verfügen die Entscheidungsträger in Gesundheitseinrichtungen nicht immer über die vollständige Information alle potenziell entscheidungsrelevanten Faktoren betreffend. Entscheidungen werden umso leichter getroffen, je größer die Sicherheit erscheint, und mit dem Ausmaß der Unsicherheit nehmen auch die Schwierigkeiten von Entscheidungen zu, da ihre Folgen oft nicht absehbar sind (siehe Tab. 1.8).

Die Sicherheit nimmt in der Regel zu, je mehr Informationen zur Entscheidungsfindung vorliegen. Soll beispielsweise eine Entscheidung zwischen zwei alternativen Behandlungsmaßnahmen getroffen werden, bei denen sich bei der ersten als mögliche Nebenwirkung ein steigender, gleichbleibender oder aber auch sinkender Blutzuckerwert ergeben kann und bei der zweiten nur gleichbleibende Blutzuckerwerte zu erwarten sind, so würde bei einer pessimistischen Entscheidung die zweite Alternative bevorzugt, da sie zumindest einen stabilen Blutzuckerwert garantiert. Die optimistische Entscheidung würde zugunsten der ersten Alternative ausfallen, da sie auch die Möglichkeit einer Blutzuckersenkung einschließt. Je sicherer davon ausgegangen werden kann, dass bei der ersten Alternative keine Blutzuckererhöhung zu erwarten ist, desto eher wird

Tab. 1.8 Sicherheit und Unsicherheit bei Entscheidungen in Gesundheitseinrichtungen

Entscheidungssituation	Beschreibung	
Völlige Sicherheit	Eher die Ausnahme: In den seltensten Fällen lassen sich sämtliche Konsequenzen aus einer Handlung voraussagen; Annahme, dass alle denkbaren Folgen einer Handlung im Voraus bekannt sind, ist unrealistisch; ein theoretisches Restrisiko lässt sich kaum ausschließen	
Mit Risiko behaftete Sicherheit	Eintrittswahrscheinlichkeiten sind beispielsweise durch Berechnung ermittelbar oder lassen sich aus Vergangenheitswerten ableiten; mehrpersonale Entscheidungsprozesse tragen zur Risikominimierung bei, indem Informationen und Kenntnisse über mögliche Auswirkungen von Entscheidungsalternativen durch die Einbeziehung mehrerer Experten, Gutachter bzw. Entscheidungsträger in die Entscheidung einfließen	
Unsicherheit	Mit Unsicherheit behaftete Entscheidungen kommen häufiger vor; die Auswirkungen einer Entscheidung und/oder deren Eintrittswahrscheinlichkeiten können in der Regel nicht mit völliger Sicherheit vorausgesagt werden	
Ungewissheit	Mögliche Auswirkungen sind bekannt, aber nicht die jeweiligen Eintrittswahrscheinlichkeiten; pessimistische und optimistische Handlungsalternativen lassen sich in dieser Situation auswählen	
	Maximin-Entscheidung (pessimistisch)	Vergleich der einzelnen Entscheidungsalternativen anhand der ungünstigsten Auswirkungen
	Maximax-Entscheidung (optimistisch)	Vergleich der einzelnen Entscheidungsalternativen anhand der günstigsten Auswirkungen

sie favorisiert und damit die Risikobereitschaft für eine Entscheidung zu ihren Gunsten steigen.

Zur Reduzierung von Unsicherheit trägt auch die systematische Befassung mit dem Thema Sicherheit im Rahmen eines Sicherheitsmanagements bei. Ein **Sicherheitsmanagementsystem** (SMS) legt fest, mit welchen Instrumenten und Methoden die Leitungsebene der Gesundheitseinrichtung die auf Sicherheit ausgerichteten Aufgaben und Aktivitäten nachvollziehbar lenkt und damit plant, einsetzt, durchführt, überwacht und verbessert. Es umfasst als grundlegenden Elemente die Managementprinzipien, die Ressourcen, die Mitarbeiter und den Sicherheitsprozess, der die Leitlinie zur Sicherheit, in der die Sicherheitsziele und die Strategie zu ihrer Umsetzung dokumentiert sind, das Sicherheitskonzept und die Sicherheitsorganisation beinhaltet (vgl. Bundesamt für Sicherheit in der Informationstechnik, 2017, S. 15). Um den latenten Bedrohungen für Patienten, Mitarbeiter, Existenz, Handlungsfähigkeit und Image einer Gesundheitseinrichtung entgegenzuwirken, lässt sich das SMS folgendermaßen aufbauen:

- **Sicherheits-, Kontinuitäts- und Risikopolitik der Einrichtung:** Ist abgeleitet von der Einrichtungspolitik bzw. der strategischen Positionierung der Gesundheitseinrichtung, stellt dar, welche Bedeutung das Sicherheitsmanagement für die Einrichtung hat, beinhaltet Hinweise auf externe sicherheitsrelevante Anforderungen durch einschlägige Rechtsgrundlagen und gibt einen Überblick über Vorgehensweise und Verantwortlichkeiten im SMS.
- **Sicherheitsziele und –anforderungen:** Klassifizierung der Behandlungs-, Pflege- und Supportprozesse der Einrichtung; Durchführung von Schutzbedarfsanalysen und Prozesseinflussanalysen (Business Impact Analysis – BIA) zur Folgenabschätzung von Sicherheitsverletzungen; Definition des Mindestbetriebs bei Notfällen, Krisen, Katastrophen; Ableitung der Schutzobjekte und der Sicherheitsanforderungen; Umwandlung der Sicherheitsanforderungen unter Berücksichtigung von Bedrohungen und Eintrittswahrscheinlichkeiten in Sicherheitsmerkmale für das jeweilige Schutzobjekt.
- **Sicherheitsarchitektur:** Beschreibt die prinzipiellen Sicherheitsanforderungen und Bedrohungen, die Sicherheitsstrategie und –prinzipien sowie die generellen Sicherheitselemente, die zur Umsetzung der Sicherheitsanforderungen und zum Schutz vor Bedrohungen vorhanden sind (Notfallpläne, Anwendungsarchitekturen, Systemarchitekturen etc.).
- **Sicherheitsrichtlinien:** Einrichtungsübergreifende Richtlinien, die festlegen, wie Alarmierungs- und Notfallpläne, Berechtigungskonzepte, Zugangsregelungen etc. strukturiert sind.
- **Sicherheitskonzepte:** Bilden die Vorgaben der Sicherheitsrichtlinien auf die jeweiligen Prozesse und Ressourcen der Gesundheitseinrichtung ab.
- **Sicherheitsmaßnahmen:** Realisierung der Sicherheitskonzepte, deren Umsetzung und Nachweisführung.

Im Sicherheitsmanagementprozess schließlich wird beschrieben, wie das SMS einer Gesundheitseinrichtung geplant, aufgebaut und in die Aufbau- und Ablauforganisation integriert wird. Zur Weiterentwicklung des SMS sind das Controlling, das Reporting, die Auswertung von Vorfällen, die Sensibilisierung der Beschäftigten, mögliche Veränderungen von externen Rahmenbedingungen, die regelmäßige Überprüfung des Reifegrads des SMS etc. im Sinne eines Regelkreises zu berücksichtigen (vgl. Müller, 2015, S. 29 ff.).

Literatur

Berwanger, J. & Wagner, F. (2018). Fahrlässigkeit. In: Gablers Wirtschaftslexikon. https://wirtschaftslexikon.gabler.de/definition/fahrlaessigkeit-34383/version-257886. Wiesbaden: Springer Fachmedien. Zugegriffen: 16.08.2020.

Bürgerliches Gesetzbuch (BGB) in der Fassung der Bekanntmachung vom 2. Januar 2002 (BGBl. I S. 42, 2909; 2003 I S. 738), zuletzt durch Artikel 1 des Gesetzes vom 12. Juni 2020 (BGBl. I S. 1245) geändert.

Bundesärztekammer (Hrsg.) (2020). Statistische Erhebung der Gutachterkommissionen und Schlichtungsstellen für das Statistikjahr 2019. Berlin.

Bundesamt für Bevölkerungsschutz und Katastrophenhilfe – BBK (Hrsg.) (2019). BBK-Glossar – Ausgewählte zentrale Begriffe des Bevölkerungsschutzes. 2. Auflg. Stand: Juni 2019. Bonn.

Bundesamt für Sicherheit in der Informationstechnik – BSI (Hrsg.) (2019). Ransomware - Bedrohungslage, Prävention & Reaktion 2019. Bonn.

Bundesamt für Sicherheit in der Informationstechnik – BSI (Hrsg.) (2017). BSI-Standard 200–1 – Managementsysteme für Informationssicherheit (ISMS). Version 1.0. Bonn.

Bundesverband Technischer Brandschutz – bvfa (Hrsg.) (2020a). Brände in Krankenhäusern ab 2013 (Deutschland)- bvfa-Statistik. Stand: 11. Aug. 2020. Würzburg.

Bundesverband Technischer Brandschutz – bvfa (Hrsg.) (2020b). Brände in Sozialen Einrichtungen - bvfa-Statistik. Stand: 19. Juli 2020. Würzburg.

Frodl, A. (2019). Betriebshandbuch für Gesundheitseinrichtungen – Leitfaden für das Regelwerk von Gesundheitsbetrieben. Wiesbaden: Springer Gabler/Springer Fachmedien.

Grün, O. (2020). Krisenmanagement im Katastrophenfall – Handlungsempfehlungen für Unternehmen. In: Zeitschrift Führung + Organisation – zfo. 89. Jahrg. Heft 6/2020. Stuttgart: Schäffer/Poeschel- Verlag. S. 344–348.

Handelsblatt GmbH (Hrsg.) (2019). Kriminalität - Diebe erbeuten in deutschen Krankenhäusern Millionen. Handelsblatt Online-Ausgabe vom 09.02.2019. https://www.handelsblatt.com/politik/deutschland/kriminalitaet-diebe-erbeuten-in-deutschen-krankenhaeusern-millionen/23960694.html?ticket=ST-9060868-Qd7cqvry2A4UI1kXMh1w-ap5. Düsseldorf. Zugegriffen: 16.08.2020.

Kassenärztliche Bundesvereinigung – KBV (Hrsg.) (2016). Bekanntmachung – Beschluss des Gemeinsamen Bundesausschusses über eine Qualitätsmanagement-Richtlinie. In: Deutsches Ärzteblatt. Jg. 113. Heft 49. Berlin: Deutscher Ärzteverlag. S. A 2281–A 2286.

Müller, K. R. (2015). Handbuch Unternehmenssicherheit – Umfassendes Sicherheits-, Kontinuitäts- und Risiskomanagement mit System. 3. Auflg. Wiesbaden: Springer Fachmedien/Springer Vieweg.

Ostermann, S. (2020). Krisenmanagement – Führen in Pandemiezeiten. In: Deutsches Ärzteblatt. Jg. 117. Heft 25. Berlin: Deutscher Ärzteverlag. S. A 1270–A 1271.

Ritz, F. (2015). Betriebliches Sicherheitsmanagement – Aufbau und Entwicklung widerstandsfähiger Arbeitssysteme. Stuttgart: Schäffer-Poeschel Verlag.

Sefrin, P. (2010). Abgrenzung Notfallmedizin - Katastrophenmedizin. In: Luiz, T.; Lackner, C.; Peter, H. & Schmidt, J. (Hrsg.). Medizinische Gefahrenabwehr – Notfallmanagement, Organisation, Rechtsgrundlagen. München: Elsevier/Urban & Fischer. S. 4–5.

Statistisches Bundesamt – Destatis (Hrsg.) (2020a). Gesundheit – Krankenhäuser. https://www.destatis.de/DE/Themen/Gesellschaft-Umwelt/Gesundheit/Krankenhaeuser/_inhalt.html. Wiesbaden. Zugegriffen: 15.08.2020.

Statistisches Bundesamt – Destatis (Hrsg.) (2020b). Gesundheit – Ärztliche bzw. psychotherapeutisch geleitete ambulante Gesundheitseinrichtungen. http://www.gbe-bund.de/oowa921-install/servlet/oowa/aw92/dboowasys921.xwdevkit/xwd_init?gbe.isgbetol/xs_start_neu/&p_aid=i&p_aid=93366835&nummer=861&p_sprache=D&p_indsp=-&p_aid=83328825. Wiesbaden. Zugegriffen: 15.08.2020.

Statistisches Bundesamt – Destatis (Hrsg.) (2020c). Gesundheit – Zahnärztinnen und Zahnärzte. http://www.gbe-bund.de/oowa921-install/servlet/oowa/aw92/dboowasys921.xwdevkit/xwd_init?gbe.isgbetol/xs_start_neu/&p_aid=i&p_aid=93366835&nummer=99&p_sprache=D&p_indsp=-&p_aid=71685176. Wiesbaden. Zugegriffen: 15.08.2020.

Statistisches Bundesamt – Destatis (Hrsg.) (2020d). Gesundheit – Pflegeheime. http://www.gbe-bund.de/oowa921-install/servlet/oowa/aw92/dboowasys921.xwdevkit/xwd_init?gbe.isgbetol/xs_start_neu/&p_aid=i&p_aid=93366835&nummer=397&p_sprache=D&p_indsp=-&p_aid=57193508. Wiesbaden. Zugegriffen: 15.08.2020.
Statistisches Bundesamt – Destatis (Hrsg.) (2020e). Gesundheit – Gesundheitspersonal. http://www.gbe-bund.de/oowa921-install/servlet/oowa/aw92/dboowasys921.xwdevkit/xwd_init?gbe.isgbetol/xs_start_neu/&p_aid=i&p_aid=93366835&nummer=65&p_sprache=D&p_indsp=-&p_aid=69734715. Wiesbaden. Zugegriffen: 15.08.2020.
Thießen, A. (2014). Krisenmanagement. In: Thießen, A. (Hrsg.). Handbuch Krisenmanagement. 2. Auflg. Wiesbaden. Springer Fachmedien. S. 3–20.
Trauboth, J. (2016). Grundlagen für professionelles Krisenmanagement in einer sich verändernden Welt. In: Trauboth, J. (Hrsg.). Krisenmanagement in Unternehmen und öffentlichen Einrichtungen – Professionelle Prävention und Reaktion bei sicherheitsrelevanten Bedrohungen von innen und außen. Stuttgart: Richard Boorberg Verlag. S. 21–47.
Wallenfells, M. (2017). Insolvenzen – 2016 Anstieg der Verfahren im Gesundheitswesen. In: Ärzte Zeitung online. https://www.aerztezeitung.de/Wirtschaft/2016-Anstieg-der-Verfahren-im-Gesundheitswesen-309853.html. Berlin: Springer Medizin Verlag. Zugegriffen: 15.08.2020.

Führung in Krisenzeiten: Wie lassen sich Nervosität vermeiden und Zuversicht vermitteln?

2.1 Grundlagen der Führung in Krisensituationen

Krisen in Gesundheitseinrichtungen lassen sich kaum von einer Person bewältigen. Je nach Ausmaß der Gefährdung oder Schadenslage sind dazu selbst in einer Arzt- oder Zahnarztpraxis neben dem Praxisinhaber bzw. der Praxisinhaberin weitere Personen nötig, die unterstützen oder zumindest beratend zur Seite stehen. In größeren Gesundheitseinrichtungen ist üblicherweise der Einsatz von Krisenstäben notwendig, weshalb die Führung in Krisensituationen häufig auch als **Stabsarbeit** bezeichnet wird, da Stäbe oft die höchste Instanz in Führungssystemen zur Gefahrenabwehr und zum Krisenmanagement sind. Weil sie häufig auch organisatorisch als wichtiges Mittel gelten, um ein Schadensereignis abzuwenden bzw. eine Krise in den Griff zu bekommen, haben sie deshalb eine besondere Stellung inne. Entsprechend groß ist die Verantwortung für die Angehörigen von Krisenstäben, was an der Erwartung der verantwortlichen Träger einer Gesundheitseinrichtung, der Patienten, der Beschäftigten und der Öffentlichkeit liegt, die sich auf die Leistungsfähigkeit des Stabes verlassen, die sich aber auch aus dem eigenen Erfolgsanspruch ergeben kann. Es wird davon ausgegangen, dass eine Krise bewältigt werden kann, und ein Scheitern würde nicht akzeptiert. Das Versagen eines Krisenstabes wird nicht selten mit dem Versagen der Eigentümer, Mandatsträger, Aufsichtsgremien oder anderen für die Gesundheitseinrichtung Verantwortlichen gleichgesetzt, zumal sich aufgrund der zunehmenden Risikominimierung in einer vollkaskoorientierten Öffentlichkeit immer höhere Anforderungen an die Gefahrenabwehr ergeben. Ein möglichst hohes Zuverlässigkeitsniveau und Kriseninformationen möglichst live sind das Ergebnis einer steigenden Erwartungshaltung, die durch eine erhöhte öffentliche Aufmerksamkeit in den digitalen und klassischen Medien gefördert wird und die dadurch Erfolgsmaßstäbe für die Krisenbewältigung sowie die daran beteiligten Führungskräfte setzt (vgl. Gißler, 2019, S. 19 f.).

A. Frodl, *Krisenmanagement für Gesundheitseinrichtungen*, https://doi.org/10.1007/978-3-658-36374-1_2

Stäbe werden in der Form temporärer Unterstützung auf Führungsebenen gebildet, auf denen die Führung so umfangreiche Anforderungen an die Entscheidungsebene stellt, dass diese die Aufgabe weder überblicken noch bewältigen kann. Dies ist regelmäßig der Fall, wenn erhöhter Koordinationsbedarf besteht, weil besonders viel Personal oder Technik eingesetzt wird, Zuständigkeitsgrenzen überschritten werden, das Informationsaufkommen für eine Person zu hoch ist, Expertenwissen schnell und effizient zusammengetragen werden muss, lokale Ressourcen nicht ausreichen und ortsübergreifend organisiert werden müssen sowie aufgrund der Menge der eingesetzten Ressourcen und der Vielzahl beteiligter Stellen eine einheitliche Führung notwendig ist (vgl. Hofinger & Heimann, 2016, S. 4 f.). ◄

Aber nicht nur in Krisenzeiten, sondern sowohl im Klinik- als auch im Praxisalltag besteht ein großer Teil der täglichen Aufgabenbewältigung von Führungskräften im Gesundheitswesen nicht aus der Arbeit am und mit dem Patienten, sondern auch aus der Anleitung und Führung von Mitarbeitenden. Mit einem Team, das sich aus Individuen mit unterschiedlichen Kompetenzen und Charakteren zusammensetzt, werden die täglich anfallenden medizinischen und pflegerischen Arbeiten bewältigt oder auch Arbeitsabläufe an sich ständig ändernde Anforderungen im Gesundheitsbetrieb angepasst. Diese vielfältigen Herausforderungen benötigen nicht nur eine fundierte medizinische Fachausbildung, sondern auch wirksame Führungswerkzeuge und die Entwicklung persönlicher Führungskompetenzen. Gerade in Krisensituationen ist es besonders wichtig, auf entsprechende Führungserfahrung zurückgreifen und wirksamen Führungsmechanismen vertrauen zu können.

Auch das Thema Führung selbst kann zu einer **Führungskrise** führen und damit zum Problem werden: Nicht wenige Schwierigkeiten, in die eine Gesundheitseinrichtung geraten kann, haben ihre Ursachen in einer fehlerhaften Führung der Mitarbeitenden, da Führungsprobleme oft negative Auswirkungen auf das Image der Einrichtung, das Betriebsklima, die Arbeitsmoral, die Fluktuation und das Fehlzeitverhalten der Mitarbeitenden haben. Überforderte Vorgesetzte, das Fehlen eines klaren, einheitlichen, für die Mitarbeitenden nachvollziehbaren Führungsstils, persönlich und destruktiv wirkender Tadel, fehlende Anerkennung für gute Leistungen, das Ausbleiben regelmäßiger Feedbackgespräche, negative Menschenbilder, Misstrauen, Zurückhaltung wichtiger Informationen, nicht klar und uneindeutig formulierte Zielvereinbarungen und vieles anderes mehr tragen auch im Gesundheitswesen zu Führungsproblemen bei. Diese sind oft jedoch nicht nur verhaltens-, sondern auch organisationsbedingt und beispielsweise auf fehlende Aufgabenabgrenzungen und Stellenbeschreibungen zurückzuführen, was eine eindeutige Zuordnung von Aufgaben, Befugnissen und Verantwortungen behindert und eine straffe, konfliktfreie und wirkungsvolle Führung erschwert. Gerade das Gesundheitswesen erfordert jedoch auf Grund seiner patientenorientierten, komplexen Aufgaben den vollen Einsatz der dort arbeitenden Menschen. Dadurch bleibt häufig wenig Zeit, sich mit Führungsproblemen sowie Fragen der Mitarbeiterführung auseinander zu setzen.

Ist eine Krisensituation eingetreten, ergeben sich mehrere **Führungsdimensionen**. Dazu zählen:

- **die betriebliche Führung der Gesundheitseinrichtung:** Steuerung und Lenkung von Einrichtungen unterschiedlicher Größenordnung oder Teilen davon unter erschwerten Bedingungen (Sofortmaßnahmen, Umsetzung von Notfallplänen, Krisenkommunikation, Durchführung von Krisensitzungen, Sicherstellung personeller und finanzieller Ressourcen, Mindestbevorratung medizinischer Verbrauchsmaterialien etc.);
- **die personelle Führung der Mitarbeiterinnen und Mitarbeiter:** Prozess der steuernden Einflussnahme auf ihr Verhalten zum Zweck der Krisenbewältigung (alle Aktivitäten, die im Umgang mit ihnen verwirklicht werden, um sie im Sinne der Aufgabenerfüllung zu beeinflussen: Aufgabenverteilung, Festlegen von Prioritäten, Setzen von Terminen, Entscheidungen bei Unklarheiten etc.);
- **die Führung der Patientinnen und Patienten:** Versorgung, Orientierung, Hilfestellung und Zuwendung in der Krisensituation (Evakuierung, Räumung, Überzeugung von notwendigen Maßnahmen, Umgang mit Konflikten, Überbringen negativer Botschaften etc.).

Die in Normalsituationen vorkommende und im Wesentlichen auf unterschiedlichen Aufgabenstellungen beruhende Unterscheidung in Einrichtungsführung einerseits und Personalführung andererseits, ist in Krisensituationen in der Regel nicht mehr anzutreffen, denn die erfolgreiche Führung einer Gesundheitseinrichtung aus einer Krise ist stark mit der Führung der Beschäftigten und der Patienten verbunden. Da die Mitarbeiter und Mitarbeiterinnen einen wesentlichen Teil der Leistungsfähigkeit ausmachen, sind sie das oft entscheidende Potential für die Bewältigung der Krise. Demzufolge hängt eine erfolgreiche Krisenbewältigung wesentlich von der Motivation der Beschäftigten, ihrer Einsatzbereitschaft und Arbeitsqualität unter extremen Bedingungen ab. Ein wesentliches Ziel der Führung in Krisensituationen ist es daher, durch die Erweckung von Teamgeist gemeinsam mit den anvertrauten Menschen durch Schadensbegrenzung und –behebung für den Erfolg und damit die Erhaltung der Werte der Gesundheitseinrichtung zu arbeiten.

Führung in Krisensituationen vollzieht sich zudem

- direkt, durch den persönlichen Austausch mit Austausch mit Behörden und Organisationen mit Sicherheitsaufgaben (BOS), Angehörigen von Krisenstäben, Mitarbeiterinnen und Mitarbeitern, Patienten etc.;
- indirekt, durch das Setzen von Führungsstrukturen und Rahmenbedingungen, beispielsweise für die Kommunikation und Arbeit im Krisenstab;
- institutionell, beispielsweise in der Leitung von Krisenstäben;
- funktional, mit Führungstätigkeiten und –prozessen wie anordnen, koordinieren, bewerten, entscheiden;

- operativ, in der Einsatzleitung oder der Leitung von Arbeitsgruppen während des Krisengeschehens;
- strategisch, bei der Entwicklung von Konzeptionen und Bewältigungsstrategien für künftige Krisensituationen.

Die Führung in Krisensituationen kann in größeren Gesundheitseinrichtungen entsprechend arbeitsteilig organisiert sein oder, da im Gesundheitswesen die weitaus größere Zahl der Einrichtungen deutlich kleinere Strukturen aufweist, sich beispielsweise bei einer Zahnarztpraxis in Personalunion vollziehen, denn der Praxisinhaber bzw. die Praxisinhaberin leitet gleichzeitig das Krisenmanagement, steht in der Regel im direkten Vorgesetztenverhältnis zu den in der Praxis Beschäftigten und vereinigt somit die aufgezeigten Führungsdimensionen auf sich.

Geht man der Frage nach, auf welchen **Führungstheorien** das Krisenmanagement beruht, so stößt man zunächst auf die „klassische" Einteilung in intrinsische, extrinsische, situative und systemische Ansätze (siehe Tab. 2.1).

Tab. 2.1 Führungstheorien als Basis des Krisenmanagements

Führungstheorien	Beschreibung
Intrinsischer Ansatz	Führungserfolg von Krisenführungskräften beruht auf ihrer Persönlichkeit, ihrer Qualifikation, ihrem Engagement und ihren Eigenschaften; Motivationsfähigkeit, Fachkompetenz und Auftreten werden als persönliche Eigenschaften häufig genannt, wenn es darum geht, erfolgreiche Krisenmanager von weniger erfolgreichen zu unterscheiden oder überhaupt zu identifizieren, wer sich als Führungskraft in Krisensituationen im besonderen Maße eignet
Extrinsischer Ansatz	Stellt weniger die Persönlichkeit der Krisenführungskraft, als vielmehr die Art und Weise des Umgangs mit den Geführten, die sich daraus ergebenden Interaktionen sowie die Einflussfaktoren der Führung in den Mittelpunkt
Situativer Ansatz	Versteht Führung in Krisensituationen mehrdimensional und versucht weniger die Führungskraft, als vielmehr den Geführten und das zu sehen, was alles auf ihn einwirkt, um letztendlich daraus Rückschlüsse für ein erfolgreiches Führungsverhalten ziehen zu können; Führungserfolg stellt sich dann ein, wenn möglichst situativ geführt, das heißt mit einem auf die jeweilige Führungssituation angemessenen Führungsverhalten reagiert wird
Systemischer Ansatz	Geht davon aus, dass die Führungskraft in der Krisensituation nur ein Einflussfaktor ist, der auf die Geführten einwirkt, dass ihre direkten Einwirkungsmöglichkeiten daher eher begrenzt erscheinen und dass die Orientierung an einer Vielzahl vernetzter Subsysteme vielmehr einen wesentlich größeren Einfluss auf die Geführten hat; Krise ist als ungeordnetes, chaotisches System anzusehen, in dem eine Vielzahl von Handlungen, Wirkungen und Folgewirkungen vielfältige Rückkopplungen und sich selbst verstärkende Mechanismen erzeugt

Im Krisenmanagement muss im Rahmen intrinsischer Führungstheorien zwischen einem Charisma und damit einem auf überzeugenden, motivationssteigernden Persönlichkeitseigenschaften basierenden Führungsverhalten in Bezug auf die Patientenführung einerseits und die Mitarbeiterführung andererseits unterschieden werden: Ein charismatischer Mediziner ist nicht zwangsläufig auch als Krisenmanager in Leitungsfunktionen erfolgreich, was gleichermaßen auch umgekehrt gilt.

Der intrinsische Ansatz kann jedoch nicht nur für die Führungskraft im Krisenmanagement als Grundlage ihres Verhaltens herangezogen werden, sondern auch für die Mitarbeitenden, wenn man annimmt, dass sie auch geführt werden wollen. Ihre Bereitschaft, sich führen zu lassen, ist gerade in Krisensituationen von grundlegender Bedeutung, denn sie erfordern in der Regel gemeinsame, aufeinander abgestimmte Handlungen von mehreren Beteiligten, die es zu koordinieren gilt. Diese Koordinationsfunktion kann als wichtige Führungsaufgabe im Krisenfall angesehen werden, die in Bezug auf einen konkreten, oft akuten Handlungsbedarf dem Streben der einzelnen Mitarbeitenden nach individueller Selbstbestimmung nur wenig Raum lässt, ja mitunter auch keinen Spielraum lassen darf, wenn es beispielsweise um kurzfristig zu treffende Entscheidungen in Gefahrenlagen geht.

Im Rahmen des extrinsischen Ansatzes wird in erster Linie von den Wechselwirkungen zwischen zahlreichen Führungsfaktoren ausgegangen, sodass die sich gegenseitig beeinflussenden Interaktionen zwischen den Angehörigen des Krisenteams und der Führungskraft sowie die jeweiligen konkreten Führungssituationen zu berücksichtigen sind.

Auch die situativen Führungstheorien zählen zum extrinsischen Führungsansatz, da sie weniger die Persönlichkeit der Führungskraft, als vielmehr die durch die Krisenereignisse gekennzeichnete Führungssituation und deren Einflussfaktoren auf die Führung in den Mittelpunkt stellen. Die Führung wird somit mehrdimensional verstanden und versucht weniger die Führungskraft, als vielmehr die Geführten und das zu sehen, was alles in der Krisensituation auf sie einwirkt, um letztendlich daraus Rückschlüsse für ein erfolgreiches Führungsverhalten ziehen zu können. Zeitdruck, Gefahrensituationen, Schadenslagen und vieles mehr wirken auf die Mitarbeitenden im Krisenteam ein, und die sie führenden Vorgesetzten sind aus dieser Sichtweise ebenfalls nur ein weiterer Einflussfaktor. Nach diesem Ansatz stellt sich der Führungserfolg insbesondere dann ein, wenn möglichst situativ geführt, das heißt mit einem auf die jeweilige Krisenlage angemessenen Führungsverhalten reagiert wird. Das erfordert von der Führungskraft nicht nur eine große Flexibilität, sondern auch die Beherrschung unterschiedlicher Führungsstile, die es je nach Situation anzuwenden gilt. Zu den bekanntesten Theorien zählt in diesem Zusammenhang das Konstrukt von P. Hersey und K. Blanchard, das zwischen einem aufgabenorientierten und einem beziehungsorientierten Führungsstil unterscheidet:

- aufgabenbezogen: klare Anweisungen und Ergebniserwartungen;
- beziehungsorientiert: bestmögliche Unterstützung, Lob, enge Kontakte (vgl. Hersey & Blanchard, 1993, S. 14 ff.).

In der Praxis bewegt sich der jeweils anzuwendende situative Führungsstil zwischen diesen beiden extremen Ausprägungen und orientiert sich zudem an der unterschiedlichen sachlichen und psychologischen Reife der Mitarbeitenden, die bei einem hohe Reifegrad Verantwortung anstreben sowie Engagement und Motivation bei der Krisenbewältigung zeigen.

Bei den systemischen Führungstheorien ist der Krisenmanager nicht mehr „Macher", sondern eher „Förderer" von Selbstorganisations-, Kommunikations- und Kooperationsprozessen. In einer Krise ist dies sicherlich als nicht unproblematisch anzusehen, da sich die Umsetzung der Sichtweise und Denkinstrumente der Systemtheorie aufgrund des kausales Denkens und gelernter Wahrnehmungsmuster schwierig gestalten dürfte. Doch letztendlich ist auch die Führung eines Teams in Krisensituationen in vernetzten Zusammenhängen zu sehen, deren Berücksichtigung aufgrund ihrer Komplexität für die jeweilige Führungskraft in der ohnehin oft unüberschaubaren Lage als zusätzliche Herausforderung darstellt.

Um der Frage nachzugehen, welche Rolle das Thema Motivation im Kontext von Führung in Krisensituationen spielt, ist ein Blick auf die allgemein bekannten **Motivationstheorien** hilfreich. Sie gehen weitgehend davon aus, dass das menschliche Verhalten zunächst von eigenen Antrieben geprägt ist. Nach der Bedürfnishierarchie von A. Maslow (1908–1979) sucht der Mensch zunächst seine Primärbedürfnisse (physiologische Bedürfnisse wie Essen, Trinken, Schlafen etc.) zu befriedigen und wendet sich danach den Sekundärbedürfnissen zu, wobei er in folgender Reihenfolge zunächst Sicherheitsbedürfnisse, auf der nächsten Stufe soziale Bedürfnisse, danach Wertschätzung und schließlich auf der höchsten Stufe seine Selbstverwirklichung zu erreichen versucht, sodass die Motivation zur Mitarbeit an der Bewältigung einer Krise letztendlich auf den höheren Stufen anzusiedeln ist. Die Zweifaktorentheorie der Arbeitszufriedenheit von F. Herzberg (1923–2000) geht davon aus, dass es einerseits so genannte Motivatoren gibt, wie beispielsweise Leistung, Anerkennung, Verantwortung etc., die sich auf den Tätigkeitsinhalt im Krisenmanagement beziehen und die Zufriedenheit erzeugen und andererseits so genannte Hygienefaktoren (Rand- und Folgebedingungen der Tätigkeit, beispielsweise Anerkennung, Führungsstil, Unterstützung etc.), die Unzufriedenheit vermeiden. Folgt man der X–Y-Theorie nach D. McGregor (1906–1964), so gibt es zwei Arten von Mitarbeitenden, die auch in einer Krisensituation entweder antriebslos, träge sind und Anweisungen, Lob bzw. Bestrafung und damit einen eher autoritären Führungsstil erwarten (X-Theorie) oder sie sind engagiert, interessiert, übernehmen aktiv Verantwortung und erwarten ein eher kooperatives Führungsverhalten (Y-Theorie). Die Anreiz-Beitrags-Theorie von J. March (1928–2018) und H. Simon (1916–2001) geht davon aus, dass die Mitarbeitenden im Krisenteam Anreize empfangen (Erfolgsmeldungen, Belobigungen, Dank von Betroffenen etc.) und dass sie dafür gewisse Beiträge (beispielsweise Einsatz und Engagement) erbringen. Auf der Grundlage dieser Theorien unterscheidet die neuere Motivationsforschung nach J. Barbuto und R. Scholl zwischen intrinsischer Motivation, die durch die Sinnhaftigkeit der Krisenbewältigungsaufgabe, die damit verbundene Herausforderung oder durch die einhergehende Selbstverwirklichung gekennzeichnet ist, und extrinsischer Motivation, bei der die Erwartung von Vorteilen und die Vermeidung von Nachteilen im Vordergrund steht (vgl. Barbuto & Scholl, 1998, S. 1012 ff.). Somit ist die Bewältigung der extremen Lage und dadurch anderen Menschen zu helfen sicherlich als eine der wesentlichen intrinsischen Motivationsquellen in einer Krise anzusehen, während die Führungskräfte im Krisenmanagement nach dieser Theorie hauptsächlich die extrinsischen Motivationsquellen durch Unterstützung, Erwartungsgestaltungen und Anerkennung verstärken können.

Die **Legitimation** der Führungsfunktion in Krisensituationen setzt sich unter anderem zusammen aus der durch Aufsichtsorgane erteilten Berechtigung und aus der dadurch allerseits akzeptierten Position und Aufgabenstellung der Führungskraft in der Organisationsstruktur. Sie kann darüber hinaus einen Qualifikations- und Informationsvorsprung aufgrund von Kenntnissen und Erfahrungen besitzen, über die die Mitarbeitenden im Krisenteam nicht in gleichem Umfang verfügen. Auch die Verfügungsberechtigung über notwendige Ressourcen, Sicherheitsnetzwerke, bestimmte Rettungs- und Notfalltechnologien, oder auch die Steuerung von Entscheidungsprozessen zählen dazu.

Bei konstruktiver Ausübung der Führungsfunktion im Krisenmanagement gibt es beim konsensorientierten, vorantreibenden, gemeinschaftsfördernden Einsatz keine Besiegten, Gedemütigten oder Verlierer. Es finden Überzeugungsarbeit und die Suche nach Lösungen statt. Die Führungskräfte müssen ihre durch die Organisationsstruktur legitimierte Position und Aufgabenstellung dazu nutzen, durch vertrauens- und respektvollem Umgang miteinander die richtigen Grundlagen zu schaffen, die Weichen bestmöglich zu stellen und den Einsatz des Krisenteams in die geeignete Richtung zu steuern.

2.2 Notwendige Führungskompetenzen und -qualifikationen

Bei ca. 4,1 Mio. Beschäftigten im Gesundheitswesen (im Jahre 2018 auf der Basis von Vollzeitäquivalenten, vgl. Statistisches Bundesamt, 2020, S. 1) und einer direkten Führungsspanne von durchschnittlich 7–10 Mitarbeiterinnen und Mitarbeitern, lässt sich eine Zahl zwischen 410.000 und 586.000 Führungskräfte für das gesamte Gesundheitswesen ermitteln, die je nach Anzahl der Hierarchieebenen in den einzelnen Gesundheitseinrichtungen durchaus noch höher liegen dürfte. Ihre Führungsfunktion erstreckt sich nicht nur auf den Normalbetrieb, sondern auch auf unterschiedliche mögliche Krisensituationen, wie beispielsweise

- Pandemien,
- Cyber-Attacken,
- drohende Insolvenzen,
- Behandlungsfehler,
- Brandkatastrophen

und vieles andere mehr.

Als Führungskräfte im Gesundheitswesen sind sie mehr als in allen anderen Berufszweigen zunächst Experten ihrer jeweiligen Fachdisziplin. Bereits gängige Funktionsbezeichnungen wie „Pflegedienstleitung (PDL)", „Oberarzt" oder „Ersthelferin" deuten darauf hin, dass die Ausübung der Leitungsfunktion im Gesundheitswesen auch immer mit einer medizinischen und/oder pflegerischen Ausbildung bzw. Spezialisierung verbunden ist, wenn man von Managementfunktionen, beispielsweise in einer Klinikverwaltung, einmal absieht. Auf medizinische Notfälle werden sie im Rahmen ihrer Ausbildung vorbereitet.

> **Beispiel**
>
> Die ärztliche Ausbildung umfasst eine Ausbildung in erster Hilfe (vgl. § 1 ÄApprO). Sie soll durch theoretischen Unterricht und praktische Unterweisungen gründliches Wissen und praktisches Können in erster Hilfe vermitteln. Die Teilnahme an einer Ausbildung in erster Hilfe ist bei der Meldung zum Ersten Abschnitt der Ärztlichen Prüfung nachzuweisen (vgl. § 5 ÄApprO). In der Notfallmedizin sind im Rahmen der Zulassung zum Zweiten Abschnitt der Ärztlichen Prüfung Leistungsnachweise zu erbringen (vgl. § 27 ÄApprO). ◄

Üblicherweise erhalten sie erst in der spezialisierten Weiterbildung im Rahmen der Vermittlung von Kognitiver Kompetenz, Methoden und Handlungskompetenz erforderliche Kenntnisse, Erfahrungen und Fähigkeiten im Umgang mit Krisen, besonderen Gefahrenlagen, Risikomanagement, Pandemieplanung und Katastrophenschutz. So umfasst beispielsweise die Weiterbildung zur Fachärztin/zum Facharzt für Öffentliches Gesundheitswesen entsprechende Inhalte (siehe Tab. 2.2).

Die in der Führungstheorie häufig anzutreffende Unterscheidung zwischen der Leitungs- und der Führungsfunktion ist eng mit der Frage nach der **Führungskompetenz** verknüpft.

- **Leitungsfunktion::** Ergibt sich aus der hierarchischen Position der Führungskraft im Krisenmanagement und damit aus dem Vorgesetztenverhältnis, dessen Rechte und Pflichten mit dieser aufbauorganisatorischen Stelle verbunden sind.
- **Führungsfunktion::** Ergibt sich erst, wenn die gezielte Beeinflussung auf die Geführten mit dem Zweck einer Zielerreichung erfolgt und wenn diese auch durch beabsichtigte Verhaltensänderungen die Führungsrolle anerkennen und akzeptieren.

> **Beispiel**
>
> Einsatzleitungen in Großschadenslagen sind beispielsweise im Katastrophenschutzrecht der Bundesländer geregelt: Die Katastrophenschutzbehörde soll für die Wahrnehmung ihrer Aufgaben am Schadensort eine den Einsatz dort leitende Person (Örtlicher Einsatzleiter) bestellen. Diese leitet im Rahmen des Auftrags und der Weisungen der

Tab. 2.2 Beispiele für krisenrelevante Inhalte der Weiterbildung zur Fachärztin/zum Facharzt für Öffentliches Gesundheitswesen. (vgl. (Muster-)Weiterbildungsordnung 2018 (MWBO 2018) der Bundesärztekammer, S. 228 ff.)

Kognitive und Methodenkompetenz – Kenntnisse	Handlungskompetenz – Erfahrungen und Fähigkeiten
Zusammenarbeit und Kommunikation mit politischen Vertretern und zivilgesellschaftlichen Institutionen	Beratung und Unterstützung von politischen Vertretern und zivilgesellschaftlichen Institutionen zu gesundheitspolitischen Fragestellungen (Gesundheitsplanung, -sicherung, -schutz, besondere Gefährdungslagen) sowie bei der Risikokommunikation
Verhütung und Bekämpfung von Infektionskrankheiten	Beratung, Vorbeugung, Surveillance, Risikobewertung und Durchführung von Maßnahmen zur Reduktion übertragbarer Erkrankungen bei Einzelnen und von Bevölkerungsgruppen
Umweltbedingte gesundheitliche Belastungen und Schädigungen	Risikoanalyse, -bewertung, -kommunikation und -management umweltbedingter gesundheitlicher Belastungen
Krisenmanagement, Notfallplanung und Risikokommunikation	Maßnahmen zum Schutz der Gesundheit der Bevölkerung bei Großschadensereignissen
	Aufstellung von Alarmplänen im Infektionsschutz
Bestellung, Aufgaben und Zusammensetzung einer Hygienekommission	Durchführung der infektionshygienischen Überwachung und Gefährdungsanalyse mit Beratung, Bewertung und Überprüfung der hygienischen Standards in medizinischen Einrichtungen und Gemeinschaftseinrichtung
	Ausbruchs- und Krisenmanagement einschließlich Moderation und Kommunikation

Katastrophenschutzbehörde alle Einsatzmaßnahmen vor Ort und kann allen eingesetzten Kräften Weisungen erteilen. Die Katastrophenschutzbehörde soll vorab fachlich geeignete Personen als Örtliche Einsatzleiter benennen (vgl. § 6 BayKSG). ◄

Der Begriff der Führungskompetenz beschreibt darüber hinausgehend eher persönliche Eigenschaften, die Fähigkeit zu Transfer- und Adaptionsleistungen, um die Führungsqualifikationen richtig anzuwenden. Unabhängig von der aufbauorganisatorisch verankerten Leitungsfunktion kann die Führungskraft im Krisenmanagement ihre vorgesehene Führungsfunktion somit nur dann ausfüllen, wenn ihre Führungsrolle auch Anerkennung und Akzeptanz bei den ihr für die Krisenarbeit unterstellten Mitarbeitenden findet. Es reicht somit nicht aus, die Führungsrolle übertragen zu bekommen, sondern sie muss auch mit Führungskompetenz, der Anwendung geeigneter Führungsstile und Vorbildfunktionen ausgefüllt werden.

Hinzukommt, dass sich die Führungsfunktion mit zunehmender Führungsverantwortung ändert: Je höher die Führungsebene angesiedelt ist, desto mehr wird die jeweilige Führungsrolle von Managementaufgaben, wie strategische Planungen, Grundsatzentscheidungen, Rahmenkonzeptionen und der Schaffung von Strukturen dominiert. So unterscheidet sich die Führungsrolle in einem Katastrophenlagezentrum von der eines Truppführers vor Ort zumindest im Hinblick auf die Art der Führungsaufgaben, wobei sich hinsichtlich der Führungsfunktion in der direkten Mitarbeiterführung allerdings keine Unterschiede ergeben. In kleinen Gesundheitseinrichtungen wie beispielsweise einer Zahnarztpraxis hat der Zahnarzt als Praxisinhaber und –leiter hingegen eine umfassendere Führungsrolle inne, da er im Hinblick auf die Krisensituation in der Regel alle wichtigen Entscheidungen selbst treffen muss.

Im militärischen Bereich ist die Verknüpfung von gesundheitsfachlicher Expertise und Vorgesetztenfunktion klar und eindeutig geregelt: Ein Stabsarzt im Range eines Hauptmanns kann als Arzt in einer Sanitätsstaffel tätig sein und gleichzeitig die Leitungs- und Führungsfunktion über die der Staffel bzw. Kompanie angehörigen Sanitätssoldatinnen und -soldaten ausüben.

Somit gibt es im Gesundheitswesen eine Besonderheit, die die Rolle seiner Führungskräfte von anderen Branchen unterscheidet: Neben ihrer Führungsfunktion beispielsweise als Leitender Oberarzt oder Pflegeleiterin haben sie alle auch eine medizinische bzw. pflegerische Funktion gegenüber den Patienten inne. Weder das eine, noch das andere darf in einer Krisensituation vernachlässigt werden, sodass die besondere Herausforderung darin besteht, sowohl die Rolle als Führungskraft, als auch die patientenorientierte medizinisch, pflegerische Rolle möglichst vollständig und gleichzeitig auszufüllen.

In schwierigen Lagen und belastenden Situationen gewinnt der Begriff Leadership an Bedeutung, der die erstrebenswerte Eigenschaft von Führungskräften beschreibt, in Extremsituationen über das Planen, Organisieren und Kontrollieren hinaus in der Lage zu sein, mit Kreativität und Innovation, zu motivieren und zu inspirieren. Leadership steht somit für eine auf Charisma und Visionen beruhende, mitreißende Führerschaft, die Sinnerfüllung, Mut und Zuversicht vermittelt.

In Krisensituationen werden jedoch beide Führungstypen benötigt, die einerseits ordnende, bisweilen auch verwaltende Funktionen übernehmen und andererseits ihre Mitarbeitenden auf die Bewältigung der Situation einschwören können. Wie stark die medizinische Fachkompetenz einerseits und die Vorgesetzteneignung andererseits ausgeprägt sein müssen, hängt von der jeweiligen Leitungsfunktion, der Führungssituation und der aufbauorganisatorischen Position im Krisengeschehen ab. Letztendlich wird sich nicht eindeutig bestimmen lassen, in welchem prozentualen Verhältnis sie zueinander stehen oder wann sie etwa genau gleichgewichtig austariert sein müssen.

Im Hinblick auf die Erfordernisse einer Krisensituation ist es ferner wichtig, dass die Führungsrolle möglichst klar abgegrenzt ist. Dazu gehört es zu definieren, welche Aufgaben, Kompetenzen, Verantwortlichkeiten etc. der Leitungsstelle zugeordnet sind, um Überschneidungen, Kompetenzgerangel oder auch ein „Führungsvakuum" zu vermeiden.

Zur **Führungskompetenz** für Führungskräfte in Krisensituationen zählt daher auch die Ausstattung der entsprechenden Leitungsstelle mit Aufgaben, Verantwortung und Berechtigungen:

- **Anordnungsbefugnis:** Begründet das Vorgesetzten-Untergebenen-Verhältnis und somit beispielsweise das Recht im Krisenteam Weisungen erteilen zu dürfen.
- **Aufgaben:** Verpflichtung zur Vornahme bestimmter, der Leitungsstelle zugewiesener Verrichtungen, wie beispielsweise die Koordination des Krisenmanagements.
- **Entscheidungsbefugnis:** Beinhaltet das Recht, bestimmte Entscheidungen treffen zu können, ohne etwa bei Aufsichtsgremien rückfragen zu müssen. Dazu gehört beispielsweise die Verfügung über einsatznotwendige, kostenpflichtige Leistungen.
- **Informationsbefugnis:** Beinhaltet den Anspruch auf den Bezug krisenrelevanter, einsatzwichtiger Informationen.
- **Verpflichtungsbefugnis:** Umfasst das Recht, die Gesundheitseinrichtung im Krisenfall rechtskräftig nach außen vertreten zu können (auch: Unterschriftsvollmacht).
- **Verfügungsbefugnis:** Begründet das Recht auf Verfügung über Sachen und Werte der Gesundheitsbeinrichtung im Krisenfall.

Hinzukommen die der Leitungsstelle jeweils zugeordneten Mitarbeitenden und die Sachmittel. Zu den zuzuordnenden Sachmitteln zählen Basissachmittel, die üblicherweise zur Aufgabenerledigung im Krisenfall benötigt werden (beispielsweise Schutzausrüstung, Einsatzzentrale, Kommunikationssysteme etc.), entlastende Sachmittel, die bei der Aufgabenerledigung entlasten, ohne sie jedoch davon zu befreien (beispielsweise Einsatzplaner, Berechnungssysteme für Krisenszenarien etc.) sowie automatische Sachmittel, die sie von der Aufgabenerledigung befreien, ohne jedoch deswegen Kontrollfunktionen und Verantwortung abzugeben (beispielsweise digitale Einsatzleitsysteme etc.).

Der Aufgabenträger einer Leitungsstelle im Krisenfall und Gesundheitseinrichtungen kann eine Führungskraft allein sein, aber auch mehrere Führungskräfte (beispielsweise kollektives „Krisenführungsteam"). Zur Erfüllung von Aufgaben im Krisenfall benötigen die Führungskräfte bestimmte Qualifikationen, die in einer Stellenbeschreibung dokumentiert sein sollten. Darin sind insbesondere die Kenntnisse, Fähigkeiten und Fertigkeiten, Erfahrungen und erforderlichen Kapazitäten für die Ausübung der Funktion festzuhalten.

Auf die Führung in Krisensituationen sind medizinische und pflegerische Fachkräfte häufig nur unzureichend vorbereitet. Oft wird ihnen diese Aufgabe übertragen, ohne dass sie sich vorher in der Führungsrolle hätten üben und in dieser Erfahrung sammeln können. Da das Krisenmanagement komplexe Vorgänge umfasst, ist allerdings eine **Führungsqualifikation** und somit eine Vorbereitung darauf durch Seminare, Schulungs- und Trainingsmaßnahmen mehr als notwendig. Sie stellt die Gesamtheit von Fähigkeiten, Fertigkeiten, Kenntnissen und Eigenschaften dar, die eine Führungskraft aufweisen sollte, um positive Ergebnisse im Rahmen ihrer Führungsaufgaben im Krisenmanagement zu erzielen. So gibt es beispielsweise Empfehlungen von der Bundesärztekammer (BÄK) zur Fortbildung zum Leitenden Notarzt (LNA) und Empfehlungen der Bundesvereinigung der Arbeitsgemeinschaften der Notärzte Deutschlands e. V. (BAND) zur Fortbildung des Leitenden Notarztes (siehe Tab. 2.3).

Zur Kursstruktur zum Aufbauseminar Leitender Notarzt – Qualifikationsseminar für LNA gibt es folgende Themenempfehlung (vgl. Bundesärztekammer, 2011, S. 5):

- CBNRE-Lagen (Chemische, biologische, nukleare, radiologische und explosive Gefahren und Unfälle und deren Abwehr);
- Großveranstaltungen;
- Kooperation mit Spezialeinsatzkräften der Polizei;
- spezielle Einsatzanlagen;
- Großschadenslage in medizinischen und sozialen Einrichtungen;
- Länderübergreifende Kooperation bei Großschadensfällen (z. B. ÜMANV, Medical Task Force);
- Rechtsfragen für den LNA;
- spezielle Einsatzlage Großbrand;
- Regionale Konzepte (Bergrettung, Seenotfall, Tunnelrettung).

Neben diesen speziellen Anforderungen für die Tätigkeit als LNA gibt es allgemeine Qualifikationsnotwendigkeiten, wie sie beispielsweise die Bundesärztekammer (BÄK) in ihrem Curriculum Ärztliche Führung definiert hat (siehe Tab. 2.4). Führen ist demnach als hochkomplexe Qualifikation anzusehen, die sich aus unterschiedlichen Kompetenzen und aus verschiedenen inhaltlichen Bereichen und Ebenen zusammensetzt. Die ärztliche Führung bezieht Autorität aus der medizinisch-fachlichen Qualifikation als Arzt bzw. Ärztin. Sie ist eine eigenständige Fachlichkeit, die aus den Fertigkeiten, Fähigkeiten und Wissensinhalten zur Führung in (komplexen) Organisationen besteht und um die die Arztrolle erweitert werden muss (vgl. Bundesärztekammer, 2007, S. 21).

Unter **Führungserfahrung** im Krisenmanagement wird in der Regel zunächst der Zeitraum verstanden, den eine Führungskraft in Krisensituationen verbracht hat. Allerdings wird dabei deutlich, dass der so gefasste Begriff der Führungserfahrung alleine zu ungenau ist, da die Erfahrungsinhalte nicht definiert sind. Der Begriff der Führungserfahrung ist somit unmittelbar mit der Art und Weise der konkreten Führungstätigkeiten im Rahmen des Krisenmanagements verknüpft:

- Anzahl direkt unterstellter Angehöriger des Krisenteams,
- Anzahl von Führungsfunktionen im Krisenmanagement,
- Ausmaß der zu bewältigenden Krisensituationen,
- Homogenität der Angehörigen des Krisenteams,
- Unterschiedlichkeit der Führungsfunktionen,
- Umfang der Führungsverantwortung,
- Verschiedenartigkeit der Aufgabengebiete im Krisenmanagement,
- Verschiedenartigkeit der zu bewältigenden Krisenarten,

Tab. 2.3 Bildungsinhalte des Seminars Leitender Notarzt – Qualifikationsseminar zum LNA/ modifizierter Gegenstandskatalog der BAND (vgl. Bundesärztekammer, 2011, S. 3 ff.)

Inhalte		Fortbildungsart
Medizinische Fortbildung	Sichtungskategorien, Sichtungsprobleme	Vortrag
	Einsatztaktik bei besonderen Einsatzlagen, z. B. Amok, Terror	Vortrag
	Sichtung und medizinische Erstversorgung	Praktika (in Gruppen)
	Sichtung und medizinische Gesamtversorgung	Praktika (in Gruppen)
Einsatztaktik und Rechtsgrundlagen	Gesetzliche Grundlagen – Recht in der Notfallmedizin	Vortrag
	Konzepte für LNA-Gruppen	Vortrag
	Gesetzliche Grundlagen und Struktur des Katastrophenschutzes	Vortrag
	Schnelleinsatzgruppen (SEG) – Aufgaben und Konzepte	Vortrag
	Gesetzliche Grundlagen des Rettungsdienstes, Mitwirkung der Hilfsorganisation und Dritter	Vortrag
	Aufbau und Struktur einer Einsatzleitung Rettungsdienst	Vortrag
	Gesetzliche Grundlagen und Aufgaben der Feuerwehr, Zuständigkeiten in einer gemeinsamen Einsatzleitung	Vortrag
	Kooperation bei besonderen Lagen, Erwartungen an den LNA	Vortrag
	Gesetzliche Grundlagen und Aufgaben der Polizei, Zuständigkeiten in einer gemeinsamen Einsatzleitung	Vortrag
	Grundlagen der Führungslehre	Vortrag
	Aufbau und Struktur einer gemeinsamen Einsatzleitung, Stellung, Kompetenzen, Einordnung und Aufgaben des LNA	Vortrag
	Gefährdung an Einsatzstellen	Vortrag
	Lagebeurteilung (medizinisch)	Vortrag
	Lagebewältigung (medizinisch)	Vortrag
	Erfahrungsberichte LNA-Einsatz	Vortrag
	Medizinische Dokumentation durch den LNA	Vortrag

(Fortsetzung)

Tab. 2.3 (Fortsetzung)

Inhalte		Fortbildungsart
Technische Fortbildung	Technische Rettungsmittel	Demonstrationen
	Gefahrenabwehr, Schutzmöglichkeiten	Demonstrationen
	Kommunikationskonzepte, Kommunikationsmittel, Kommunikationswege	Vortrag
Übungen	Funkübung, Kommunikation mit der Einsatz-leitung	Praktika (in Gruppen)
	Planspiel MANV (Massenanfall von Verletzten/Erkrankten)	Planspiel/Plan-übung

- Zeitliche Dauer von Führungsfunktionen im Krisenmanagement insgesamt,
- Zeitliche Dauer einzelner Führungsfunktionen.

2.3   Führungstechniken und –instrumente für das Risiko- und Krisenmanagement

Im Krisenfall ist es für die Führungskraft wichtig zu wissen, dass für die zielgerichtete Einwirkung auf das Verhalten des Krisenteams nicht nur deren Einsatzwille und Fähig-keiten im Vordergrund stehen, sondern dass einerseits die eigenen Einstellungen dabei eine bedeutende Rolle spielen und andererseits auch die menschlichen Beziehungen, in deren Rahmen sich das Einsatzverhalten vollzieht: Je überzeugender, glaubhafter, authentischer und vorbildlicher das Führungsverhalten der Führungskraft auf die Geführten wirkt, desto eher werden die Mitarbeitenden oder Patienten bereit sein, in einer Krisensituation in deren Führungsfähigkeit, Notfallmaßnahmen und Zielsetzungen zu vertrauen.

Daher muss die Führungskraft auch die organisatorischen Rahmenbedingungen, in denen sich der Kriseneinsatz vollzieht, berücksichtigen, insbesondere die Strukturen, Kommunikationswege und Rituale. So kann beispielsweise direkte, persönliche Kommunikation zu besseren Ergebnissen führen, als unvollständige Informationen aus zweiter Hand. Zu ihren Aufgaben gehört es, dies zu erkennen, zu berücksichtigen und für die eigenen Führungszwecke zu nutzen.

Beispiel

Durch Krisen werden Anforderungen an Führungskräfte verändert, unabhängig davon, ob sie beispielsweise als Ärztliche Direktorin einer Klinik, pflegerische Stationsleitung, Praxisinhaber oder Leiterin der Codierfachkräfte für Mitarbeitende und ein reibungsloses Tagesgeschäft verantwortlich sind. Etablierte Routinen und Vorgehensweisen auch im Führungsverhalten und die eigenen bewährten Führungs- und Fachkompetenzen verlieren gegenüber der Fähigkeit zu Krisenmanagement an

Tab. 2.4 Qualifikationsschwerpunkte des Curriculums Ärztliche Führung (vgl. Bundesärzte-kammer, 2007, S. 26 ff.)

Qualifikationsschwerpunkt	Qualifikationsinhalte	Einzelne Inhalte
Führen im Gesundheits-wesen	Entwicklungen in der Medizin	Medizinisch-technischer Fortschritt (High-Tech-Medizin); Evidenzbasierte Medizin/Leitlinien; Multiprofessionelle Versorgungsformen; Kommunikations- und Informationstechnologie: Telematik und Telemedizin
	Gesundheitspolitische Entwicklungen	Aufgaben, Ziele und Zuständigkeiten der Player im Gesundheitssystem; Formen und Strategien politischer Steuerung; Krankenhausplanung; Sektorüber-greifende Versorgungsperspektive
	Gesundheitsöko-nomische Faktoren	Bedeutung von Wettbewerbselementen; Rationalisierung und Rationierung; Finanzierungs- und Abrechnungssysteme
	Soziokulturelle und gesellschaftliche Aspekte	Versorgungsbedarf durch demo-grafischen Wandel; Verständnis von Gesundheit/Krankheit; Selbstverständ-nis von Patienten; Selbstverständnis der selbstverwalteten Ärzteschaft/Leitbild im Wandel; Internationalisierung der Gesundheitsversorgung
	Rechtliche Rahmen-bedingungen	Arztrecht; Sozialrecht; Arbeitsrecht; EU-Recht
Führen in Einrichtungen der medizinischen Versorgung	Führungstheorien/-stile/-konzepte	Definition von Führung; Ver-haltenstheoretische Ansätze; Situationstheoretische Ansätze; Inter-aktionstheorien; Lösungsorientierte Führung; Faktorenmodelle; Management-by-Konzepte; Neuere Ansätze (z. B. werteorientiertes Führen)
	Organisations-theoretische Grund-lagen	Überblick über die theoretischen Ansätze; Organisationsformen (Aufbau- und Ablauforganisation); Organisations-wandel; Spezifika von Gesundheitsein-richtungen
	Führungsqualität	Führungsgrundsätze und Führungskultur; Führungsziele; Führung als Gegenstand in Qualitätsmanagementsystemen und Zertifizierungsverfahren; Führungsauf-gaben
	Strategische Planung	Vision; Ziele; Strategiebildung; Geschäftsfeldentwicklung

(Fortsetzung)

Tab. 2.4 (Fortsetzung)

Qualifikationsschwerpunkt	Qualifikationsinhalte	Einzelne Inhalte
	Betriebswirtschaftliche Unternehmensführung	Bilanzierung; Gewinn- und Verlustrechnung; Kosten- und Leistungsrechnung (-arten-, -stellen-, -trägerrechnung)
	Operative Planung und Kontrolle	Change Management; Qualitätsmanagement; Risiko- und Fehlermanagement; Medizincontrolling; Zentrenbildung und Vernetzung; Prozessoptimierung; Wissensmanagement; Öffentlichkeitsarbeit, Marketing, Umgang mit Medien
	Führungsinstrumente	Benchmarking; Qualitätsindikatoren; Exzellenzkriterien; Balanced Scorecard; „Return of Leadership" – ROL (= Methode zur Bewertung der Leistung der Unternehmensführung); Management Audit; Organisationsdiagnose durch Befragungen; Betriebliches Vorschlagswesen; Projektmanagement; weitere Managementinstrumente
	Fallbeispiele	Konkrete Führungssituationen aus der täglichen Praxis
Führen von Mitarbeitern und im Team	Ärztliche Führungsmodelle	Kollegiale Führung; Führen ärztlicher Mitarbeiter; Führen in der „Sandwichposition"; Führen im interdisziplinären Kontext; Führen im berufsgruppenübergreifenden Kontext
	Der Arzt als Führungskraft	Ethik in der ärztlichen Führung; Inter- und Intra-Rollenkonflikte
	Interaktion, Kommunikation und Moderation	Kommunikationstheoretische Grundlagen; Konfliktmanagement; Gesprächsführung; Moderation
	Motivationstheorie	Kognitive Wahltheorien; Neurobiologische Motivationstheorie; Selbstregulationstheorien; Bedürfnisspannungs-Theorien
	Personalmanagement	Personalauswahl und –einarbeitung; Personalentwicklung; Personalführung und -beurteilung
	Beziehungsmanagement	Gestaltung eines leistungsförderlichen Arbeitsklimas; Interaktion; Bewältigung von Führungsproblemen

(Fortsetzung)

Tab. 2.4 (Fortsetzung)

Qualifikationsschwerpunkt	Qualifikationsinhalte	Einzelne Inhalte
	Führungsinstrumente	Mitarbeitergespräche (Jahresgespräche, Konfliktgespräche u. a.); Teamentwicklung; Gruppenbezogene Kommunikationsmethoden; Zielvereinbarung; Delegation; Potenzialanalysen; Leistungsbeurteilung; Empowerment; Feedback; Motivationsmethoden/-techniken; Arbeitsplatzgestaltung; Berichterstellung
	Fallbeispiele	Konkrete Führungssituationen aus der täglichen Praxis
Selbstmanagement	Selbstreflexion	Grundhaltung/Überzeugung/Werte; Mentale Modelle/Leitbilder/Menschenbild; Sprachkompetenz/Kommunikationsfähigkeit; Kooperations- und Teamfähigkeit; Kritikfähigkeit (aktiv/passiv); Konfliktfähigkeit (aktiv/passiv); Motivation (aktiv/passiv); Empathie; Spezifische Führungseigenschaften; Vorbildfunktion als Führungskraft
	Führungsinstrumente	Selbstorganisation und Zeitmanagement; Coaching; Supervision
	Führungserfahrungen	Typische Führungsherausforderungen; Individuelle Fallbeispiele der Teilnehmer; Fallbeispiele/Führungserfahrungen der Dozenten
	Persönliche Karriereplanung	Work-Life Balance; Berufliche und persönliche Ziele, Wünsche und Visionen; Persönliches Führungskonzept

Bedeutung, sodass eigene Führungsschwächen in Krisenzeiten sichtbarer werden. So sollen Führungskräfte den Beschäftigten Orientierung bieten, obwohl sie selbst nicht vor Unsicherheiten gefeit sind. Zudem verändern sich in Krisensituationen die Bedürfnisse der Mitarbeitenden zum Teil unberechenbar. Beispielsweise besteht oft ein erhöhtes Kommunikationsbedürfnis, obwohl nicht die Zeit dafür vorhanden ist, und nicht selten treten unter dem Druck von Krisen bereits seit langem bestehende Konflikte deutlicher hervor. Daher sind neben Belastbarkeit und Fachkompetenz zwei weitere Kompetenzen erfolgskritisch anzusehen: Wahrhaftigkeit und Begeisterungsfähigkeit. Sie beeinflussen unmittelbar, wie gut es den Führungskräften in Gesundheitseinrichtungen unter Krisenbedingungen gelingt, die Beschäftigten (weiterhin) mitzunehmen und zu gewünschtem Verhalten zu motivieren (vgl. Ostermann, 2020, S. A 1270). ◄

Auch im Krisenmanagement ergeben sich grundlegende Einflüsse aus den zwischen-menschlichen Beziehungen, worauf Forschungsergebnisse der Organisationspsycho-logie hinweisen. Insofern ist es wichtig, dass die Führungskraft dazu beiträgt, diese Beziehungen durch Hilfsbereitschaft, Verständnis und Toleranz zu prägen, damit sich daraus auch in extremen Situationen und unter besonderen Umständen ein positives Klima der Zusammenarbeit entwickeln kann. Die von den Angehörigen des Krisenteams individuell empfundene Qualität der Zusammenarbeit ist für deren Motivation neben der Sinnhaftigkeit von Nothilfe von wesentlicher Bedeutung. Sie richten bewusst oder unbewusst ihr Verhalten auch an der Art und Weise des Zusammenwirkens aus, passen sich an oder widersetzen sich. So können eine gute Zusammenarbeit, Kameradschaft, Vertrauen und Hilfsbereitschaft auch unter Krisenbedingungen zu erhöhter Motivation und damit zu besseren Ergebnissen beitragen. Oft sind sie wesentliche Voraussetzungen für eine erfolgreiche Krisenbewältigung und sind genauso wichtig, wie Anerkennung und Sinnvermittlung durch die Führungskräfte im Krisenmanagement. Auch der **Team-spirit** gewinnt in diesem Zusammenhang an Bedeutung, da sich alle Angehörigen des Krisenteams idealerweise der Gruppe angehörig fühlen, in der sie eine bestimmte Rolle wahrnehmen, die von allen anderen Gruppenmitgliedern akzeptiert wird. Diese Gruppe stellt das Team dar und die Führungskraft ist Teil dieses Gruppengefüges, wobei sich die Gruppenmitglieder mit ihrer Arbeit, mit den Aufgaben zur Krisenbewältigung und darüber letztendlich mit ihrer Führungskraft identifizieren.

Ein gutes Verhältnis untereinander und zu den Führungskräften ist für den Leistungswillen der Mitarbeitenden, für ihre Bereitschaft, die volle Leistungsfähig-keit für die Krisenbewältigung einzusetzen mindestens ebenso wichtig wie die äußeren Bedingungen. Dabei ist nicht nur die Vermeidung von Konflikten von wesentlicher Bedeutung, sondern vielmehr der richtige Umgang mit ihnen, sodass sie nicht mehr zu Eskalation und Verlust wertvoller Zeit im Krisengeschehen führen. Das Zusammen-wirken ist durch die Führungskräfte durchaus beeinflussbar, mit den gewünschten Resultaten innerhalb eines gewissen Rahmens veränderbar und durch gezielte Inter-ventionen nach den Vorstellungen der Leitung verbesserungsfähig, wobei immer auch unerwünschte Nebenfolgen der Einflussnahme nicht gänzlich auszuschließen sind. Somit ist zu berücksichtigen, dass es im Krisenmanagement auf das Zusammenspiel zahl-reicher Faktoren zur Erreichung der angestrebten Krisenbewältigung ankommt, wozu beitragen können die Klarheit der Aufgaben, die Vermeidung von autoritärem Führungs-verhalten, die Vermeidung eines Klimas des Misstrauens, die Eigenverantwortung der Mitarbeitenden sowie die Vermeidung von schlecht kommunizierten Top-down-Ent-scheidungen.

Gerade in Krisensituationen steht das leitende Personal in Gesundheitseinrichtungen im Focus und damit unter „Beobachtung". Ihr Verhalten und damit das, was sie tun oder lassen, wird von ihrem Arbeitsumfeld, den Mitarbeitenden und Patienten genau registriert und insofern muss eine Führungskraft in ihrer **Vorbildfunktion** damit rechnen, das ihr Verhalten bewusst oder unbewusst nachgeahmt wird und sich andere damit oder sogar mit ihrer Person identifizieren. Für die Führungskraft bedeutet dies zum einen, sich gerade in Krisensituationen der Verantwortung als Vorbild und des möglichen Nacheiferns des eigenen Verhaltens durch Andere bewusst zu sein und andererseits, die Vorbildfunktion aber auch gezielt für positive Verhaltensbeeinflussungen bei Mitarbeitern und Patienten nutzen zu können. Von großer Bedeutung ist die Vorbildfunktion insbesondere im Krisenmanagement, da sich positives Verhalten verstärken kann, wenn die Führungskräfte als Vorbild vorangehen. Sie sind zur Krisenbewältigung auf die Unterstützung, Kooperation und das Mitwirken Aller angewiesen, denn ein gewünschtes Verhalten lässt sich nicht immer erzwingen. Somit ist die Vorbildfunktion ein wichtiger Erfolgsfaktor, der mitbestimmt, ob alle Beteiligten mitziehen und die Krisenbewältigung gelingt.

Orientierung über Werte und Prinzipien im Krisenmanagement geben auch Leitbilder, mithilfe derer sich die einzelnen Mitarbeiter und Mitarbeiterinnen, aber auch die Führungskraft selbst in ihrer Vorbildfunktion zurechtfinden können. Das Leitbild gibt als dokumentierter Handlungsrahmen Selbstverständnis, Grundprinzipen und gemeinsame Ziele wieder sowie den Handlungsrahmen für alle medizinische und pflegende Hilfeleistungen. Die Führungskräfte tragen wesentlich dazu bei, dass Leitbilder ihre Funktion erfüllen. Wenn sie selbst Elemente des Leitbildes offen ablehnen, sich nicht daran halten oder das Leitbild als unrealistisches Idealbild kritisieren, besteht die Gefahr, dass ihr in dieser Hinsicht negatives Vorbild ungewünschte Nachahmung findet.

Beispiel

Auszug aus dem Leitsatz und Leitbild des Deutschen Roten Kreuzes (vgl. Deutsches Rotes Kreuz, 2020, S. 1):

Wir vom Roten Kreuz sind Teil einer weltweiten Gemeinschaft von Menschen in der internationalen Rotkreuz- und Rothalbmondbewegung, die Opfern von Konflikten und Katastrophen sowie anderen hilfsbedürftigen Menschen unterschiedslos Hilfe gewährt, allein nach dem Maß ihrer Not. Im Zeichen der Menschlichkeit setzen wir uns für das Leben, die Gesundheit, das Wohlergehen, den Schutz, das friedliche Zusammenleben und die Würde aller Menschen ein.

Der hilfebedürftige Mensch: Wir schützen und helfen dort, wo menschliches Leiden zu verhüten und zu lindern ist.

Die unparteiliche Hilfeleistung: Alle Hilfebedürftigen haben den gleichen Anspruch auf Hilfe, ohne Ansehen der Nationalität, der Rasse, der Religion, des Geschlechts, der sozialen Stellung oder der politischen Überzeugung. Wir setzen die verfügbaren Mittel allein nach dem Maß der Not und der Dringlichkeit der Hilfe ein. Unsere freiwillige Hilfeleistung soll die Selbsthilfekräfte der Hilfebedürftigen wiederherstellen. ◄

Auch im Krisenmanagement prägen Führungskräfte im Gesundheitswesen durch ihr Verhalten bewusst oder unbewusst ihren eigenen **Führungsstil** aufgrund der Art und Weise ihres Umgangs mit den Angehörigen des Krisenteams und bringen durch wiederkehrende Verhaltensmuster in gewisser Weise auch die innerer Haltung und Einstellung, ihren Charakter, ihre Denkweise, aber auch ihren Anstand und ihr Benehmen in der Krisensituation zum Ausdruck. Je nachdem, ob sie dabei mehr mit den Mitteln der Autorität, des Drucks und Zwangs oder mehr mit den Mitteln der Überzeugung, der Kooperation und Partizipation am Führungsprozess vorgeht, wendet sie einen unterschiedlichen Führungsstil an.

Die Frage nach dem optimalen Führungsstil in Krisensituationen und damit die Neigung zu einem eher kooperativen oder autoritären Führungsverhalten ist von dem vielfältigen Beziehungsgefüge abhängig und von der großen Anzahl von Anforderungen und Erwartungen, mit denen die Führungskraft konfrontiert ist. Einerseits werden von ihr Ergebnisse erwartet, andererseits gibt es häufig auch bei den Angehörigen des Krisenteams keine einheitlichen Vorstellungen, wie viel Konsensfähigkeit, Kooperationsbereitschaft oder Integrationsfähigkeit sie von ihrem Vorgesetzten erwarten. Das autoritäre Führungsverhalten hat die Vorteile, dass Verantwortung klar geregelt ist und schnelle Handlungsfähigkeit bei medizinischen und anderen Notsituationen gegeben ist. In kritischen, lebensbedrohlichen Lagen können schnelle Entscheidungen getroffen werden und bei unübersichtlichen Lagen ist eine straffe Führung möglich. Zudem sind die Kompetenzen übersichtlich und gute Kontrollmöglichkeiten gegeben. Unklare Zuständigkeiten werden vermieden und deutliche Anweisungen reduzieren Unsicherheiten und Verzögerungen. Nachteilig wirkt sich hierbei das dadurch möglicherweise angespannte Arbeitsklima aus, das sich auf die Angehörigen des Krisenteams und gegebenenfalls auch auf den Umgang mit den Patienten überträgt. Die Mitarbeiter und Mitarbeiterinnen im Krisenteam verhalten sich eher passiv, angepasst und unselbständig, Lösungen werden daher oft kritiklos übernommen und eigene Kreativität und Lösungsvorschläge unterdrückt. Sie werden möglicherweise demotiviert und sehen keine Notwendigkeit, sich eigene Gedanken zu machen und selbst initiativ zu werden. Ihre Fähigkeiten im Krisenmanagement werden daher nicht erkannt, da die Führungskraft alles selbst entscheidet, wodurch die Gefahr von Überforderung und Fehlern steigt. Kooperatives Führungsverhalten stärkt das Zusammengehörigkeitsgefühl im Krisenteam, reduziert das Risiko von einsamen Fehlentscheidungen und die aktive Mitarbeit sowie die Motivation werden gefördert, weil Ideen und Vorschläge ernst genommen werden. Allerdings entsteht die Gefahr, unklarer Entscheidungen, wenn schnelle Handlungsfähigkeit bei Notfällen erforderlich ist. Auch kann die Konsensfindung zu lange dauern, die Durchsetzungsfähigkeitdurch mangelnde Disziplin leiden, und notwendige Entscheidungen werden unter Umständen zu lange aufgeschoben.

Obwohl auch in Krisensituationen die Praktizierung eines kooperativen Führungsverhaltens bevorzugt werden sollte, ist es durchaus denkbar, dass bei einzelnen Angehörigen des Krisenteams vorhandene Bedürfnisse nach Orientierungsmöglichkeiten und Leitung am besten durch eher autoritäre Elemente Rechnung getragen wird. In der Praxis hat sich daher häufig ein mehrdimensionaler Führungsstil mit einer situationsbezogenen Führung bewährt, in der die jeweils notwendigen Stilelemente angewendet werden. Mehrdimensionale Führungsstile stellen nicht nur ein hauptsächliches Orientierungsmerkmal in den Vordergrund, sondern beziehen zwei oder mehrere Ausprägungsrichtungen in das Führungsverhalten mit ein, die zwischen dem autoritären und dem kooperativen Ausprägung Abstufungen einführen, welche als Führungsstile in Abhängigkeit von der Führungskraft, dem Krisenteam und der jeweiligen Führungssituation ausgewählt werden. Ein Einsatzleiter oder eine Einsatzleiterin führt beispielsweise

- autokratisch: sie entscheiden allein, ordnen an und sanktionieren Verhaltensabweichungen;
- autoritär: sie entscheiden allein und ordnen an;
- hierarchisch: sie entscheiden allein und kommunizieren nur über die Führungsebenen;
- patriarchalisch: sie ordnen an und begründen ihre Entscheidung;
- beratend: sie schlagen Ideen vor, gestatten Fragen und entscheiden;
- partizipativ: sie zeigen das Problem auf, lassen Lösungen vorschlagen und entscheiden;
- konsultativ: sie entscheiden vorläufig, holen Meinungen ein und entscheiden dann endgültig;
- delegativ: sie zeigen das Problem auf, legen den Entscheidungsspielraum fest und lassen das Krisenteam entscheiden;
- demokratisch: sie lassen entscheiden und koordinieren nur;
- im Laisser-faire-Stil: sie treffen keine Entscheidungen und überlassen das Krisenteam der Selbstverwaltung (vgl. Steyrer, 1996, S. 203 f.).

Anhand der Merkmale Aufgabenorientierung bzw. Sachrationalität einerseits und Mitarbeiterorientierung bzw. Sozioemotionalität andererseits lassen sich auf der Basis dieser Abstufungen verschiedene Muster des Führungsverhaltens ableiten (siehe Tab. 2.5).

Somit erscheint unter den mehrdimensionalen Führungsstilen der Situative Führungsstil als besonders Erfolg versprechend, nach dem sich der Führungserfolg insbesondere dann einstellt, wenn möglichst situativ geführt, das heißt mit einem auf die jeweilige Führungssituation angemessenen Führungsverhalten reagiert wird. Das erfordert von der Führungskraft im Krisenmanagement nicht nur eine große Flexibilität, sondern auch die Beherrschung der unterschiedlichen Ausprägungen, die es je nach Führungssituation anzuwenden gilt. Daher gibt es für das Krisenmanagement nicht ein alleiniges Führungsverhalten mit Erfolgsgarantie, zumal Führungserfolge sich nicht eindeutig messbar einem bestimmten Verhalten zuordnen lassen. Dazu sind sie von zu vielen Einflussfaktoren auf die jeweilige Krisen- und Führungssituation abhängig. Auch sollte selbst unter extremen Bedingungen und einem großen Handlungsdruck das wichtige Austauschverhältnis zwischen Führungskraft und den Angehörigen des Krisenteams aus acht gelassen und so gut es geht versucht werden, den Sinn und die Bedeutung der gemeinsamen Ziele und Ideale zu vermitteln. Besonders wichtig ist dabei die Vermittlung von Vertrauen und Wertschätzung, die die Basis für Motivation, Sinnhaftigkeit, positive Einstellung und Identifikation mit der Herausforderung und der Krisenbewältigung darstellen. Häufig wird ein Führungsstil, bei dem Durchsetzungs-

Tab. 2.5 Mögliche Muster des Führungsverhaltens im Krisenmanagement (vgl. Schreyögg & Koch, 2010, S. 255 ff.)

| | | Mitarbeiterorientierung bzw. Sozioemotionalität | |
		Hoch	Niedrig
Aufgaben-orientierung bzw. Sachrationalität	Hoch	Erfolgversprechendes Führungs-verhalten, da sowohl die konsequente Zielerreichung als auch die kooperative Ein-beziehung des Krisenteams maximierend verfolgt werden	Die Aufgabenerfüllung steht absolut im Vordergrund, was sich negativ auf die Arbeits-atmosphäre im Krisenteam und auf die Motivation auswirken kann
	Niedrig	Zwischenmenschlichen Beziehungen und positive Arbeitsatmosphäre im Krisen-team stehen absolut im Vorder-grund, was sich negativ auf die Aufgabenerfüllung auswirken kann	Mit dem Laisser-Faire-Führungsstil vergleichbar, da weder auf die Interessen des Krisenteams eingegangen, noch die Aufgabenerfüllung von der Führungskraft verfolgt wird

fähigkeit im Vordergrund steht, von der Allgemeinheit in Krisenfällen als positiv erachtet. Konsensfähigkeit gilt hingegen häufig als schwach und wird nicht selten mit Führungslosigkeit gleichgesetzt. Gerade im Hinblick auf die Bewältigung einer Krise ist die Fähigkeit zur Kooperation jedoch von elementarer Bedeutung, denn nicht immer hat die Person, die über die Führungsfunktion verfügt, als Einzige auch den Überblick und kennt die richtigen Lösungen.

Die **Delegation** ist eine Schlüsseltätigkeit jeder Führungskraft im Krisenmanagement und eine Möglichkeit, Zeit einzusparen. Dabei werden für Routineaufgaben, aber auch anspruchsvolle Tätigkeiten Entscheidungsfreiheit und Verantwortung konsequent auf Angehörige des Krisenteams übertragen, unter Berücksichtigung klarer Abgrenzung von Kompetenz und Verantwortung der übertragenen Aufgabenbereiche, um mögliche Konflikte zu vermeiden. Unter Anwendung dieses Prinzips überträgt die Führungskraft eine Aufgabe, die sie vorher selbst durchgeführt hat, wobei sie dabei nicht jeden einzelnen Arbeitsvorgang kontrolliert, sondern sich nur stichprobenartige Kontrollen vorbehält. Ihre Vorteile liegen in der Entlastung, dem Gewinn zusätzlicher Zeit für wichtige Aufgaben, der verstärkten Nutzung der Fachkenntnisse und Erfahrungen der Angehörigen des Krisen-teams, auf die delegiert wird, ihrem Beitrag zur Förderung und Entwicklung von Initiative, Selbständigkeit und Kompetenz sowie in der positiven Auswirkung auf die Leistungs-motivation. Für eine erfolgreiche Delegation ist beispielsweise zu klären, um welche Auf-gabe es sich handelt, wer sie durchführen soll, wie sie durchzuführen ist und bis wann die Aufgabe erledigt sein soll. Damit ist im Grunde genommen bei jeder Aufgabe zu ent-scheiden, ob sie von der Führungskraft erledigt werden muss oder, ob sie nicht ebenso gut oder sogar besser von Anderen erledigt werden kann. Dabei ist jedoch auch eine zumindest stichprobenartige Überwachung der Ergebnisse, Aufgaben und Termine erforderlich.

Tab. 2.6 Eisenhower-Methode als Delegationsprinzip im Krisenmanagement

		Dringlichkeit	
		Hoch	gering
Wichtigkeit	hoch	Sofortige persönliche Erledigung: Aufgaben mit hoher Wichtigkeit und hoher Dringlichkeit	Können warten: Aufgaben mit hoher Wichtigkeit und geringer Dringlichkeit
	gering	Eignen sich gut für die Delegation: Aufgaben mit geringer Wichtigkeit, aber hoher Dringlichkeit	Darauf kann im Krisenfall verzichtet werden: Aufgaben mit geringer Wichtigkeit und geringer Dringlichkeit

Die Delegierbarkeit von Aufgaben im Krisenmanagement kann pragmatisch durch die bekannte, nach dem ehemaligen amerikanischen Präsidenten D. D. Eisenhower (1890–1969) benannte Methode geklärt werden, die eine Prioritätensetzung nach Dringlichkeit und Wichtigkeit der jeweiligen Aufgabe beinhaltet (siehe Tab. 2.6).

Eine Form der Delegation ist das **Ausnahmeprinzip**, das dadurch geprägt ist, dass die Führungskraft auch im Krisenmanagement nur bei unvorhergesehenen Ausnahmesituationen und in ungewöhnlichen Fällen eingreift, sodass sich im Normalfall die Verantwortung alleine bei den mit der Aufgabe betrauten Angehörigen des Krisenteams befindet. Dies setzt zum einen das Vertrauen in die Aufgabenlösung durch die Mitarbeiter und Mitarbeiterinnen voraus, bedeutet zugleich aber auch ein Kontrollieren der Aufgabenwahrnehmung durch die Führungskraft. Im Idealfall ist kein Eingriff notwendig, und um ein allzu häufiges Eingreifen zu vermeiden, lassen sich regelmäßige Berichterstattungen über Ergebnisse und Zielerreichungen an die Führungskraft sowie Toleranzgrenzen vereinbaren, deren Überschreitung ein Eingreifen der Führungskraft auslöst. Das Ausnahmeprinzip entlastet die Führungskraft im Krisenmanagement, weil die Mitarbeitenden innerhalb ihrer Kompetenzbereiche die Aufgaben selbständig wahrnehmen und den Weg der Zielerreichung flexibel festlegen können.

Als weitere Delegationsform legen Führungskräfte und Krisenteam beim Führen durch **Zielvereinbarung** gemeinsam die Ziele fest, die zu realisieren sind. Auf welchem Weg dies geschieht, können die Angehörigen des Krisenteams dabei im Rahmen ihres Aufgabenbereichs selbst entscheiden. Die Führungskraft beschränkt sich auf die Kontrolle der Zielerreichung, wozu es besonders wichtig ist, vorher die Ziele möglichst klar, exakt und realisierbar zu definieren. Auf diese Weise richtig angewandt ist es ein flexibles, im Krisenmanagement wirksames Instrument, das durch die eigenverantwortliche Zielerfüllung und Einbeziehung ihrer Interessen die Motivation der Angehörigen des Krisenteams erhöht, was sich in der Regel positiv auf die Leistungsbereitschaft auswirkt und gleichzeitig die Führungskräfte entlastet.

Die Führung durch **Ergebnisorientierung** stellt die stärker autoritäre Ausrichtung der Führung durch Zielvereinbarung dar, indem die Führungskraft die Ziele vorgibt und die Ergebnisse der Aufgabenwahrnehmung durch das Krisenteam kontrolliert. Dadurch, dass die Ziele nicht gemeinsam vereinbart werden, bringt ausschließlich die Führungs-kraft ihre Ergebnisvorstellung ein und kann entsprechend auf Ergebnisabweichungen reagieren. Aufgrund der geringeren Mitbestimmungsmöglichkeiten durch das Krisen-team im Falle der Ergebnisvorgabe und der im Vordergrund stehenden Ergebnisüber-wachung durch die Führungskraft, kann der Eindruck einer Führung durch Kontrolle statt Vertrauen entstehen, mit der Folge von Demotivation und Leistungsdruck.

Zusammenfassend lässt sich festhalten, dass sich das in Vorbildfunktion und Führungsstil sichtbar manifestierende Verhalten einer Führungskraft in Form von Kommunikation, Reaktion und Auftreten aus der inneren Haltung speist. Dem zufolge entsteht die Überzeugung, dass auch nur eine starke Führungskraft für andere Menschen da sein und über die Dauer einer Krise Gutes bewirken kann (vgl. Sommerauer & Meier, 2015, S. 19).

Literatur

Approbationsordnung für Ärzte (ÄApprO) vom 27. Juni 2002 (BGBl. I S. 2405), zuletzt durch Artikel 3 des Gesetzes vom 16. März 2020 (BGBl. I S. 497) geändert.

Barbuto, J. & Scholl, R. (1998). Motivation sources inventory: development and validation of new scales to measure an integrative taxonomy of motivation. In: Psychological Reports. 1998. Vol. 82. Thousand Oaks (US): Sage Publications. S. 1011–1022.

Bayerisches Katastrophenschutzgesetz (BayKSG) vom 24. Juli 1996 (GVBl. S. 282, BayRS 215–4–1-I), zuletzt durch § 1 Abs. 166 der Verordnung vom 26. März 2019 (GVBl. S. 98) geändert.

(Muster-)Weiterbildungsordnung 2018 (MWBO 2018) der Bundesärztekammer (Arbeitsgemein-schaft Deutscher Ärztekammern) in der Fassung vom 12./13.11.2020. Berlin.

Bundesärztekammer – BÄK (Hrsg.) (2011). Empfehlungen der Bundesärztekammer zur Quali-fikation Leitender Notarzt. Stand: 01. Apr. 2011. Berlin.

Bundesärztekammer – BÄK (Hrsg.) (2007). Curriculum Ärztliche Führung. Texte und Materialien der Bundesärztekammer zur Fortbildung und Weiterbildung. Bd. 26. Berlin.

Deutsches Rotes Kreuz e. V. – DRK (Hrsg.) (2020). Leitsatz und Leitbild. https://www.drk.de/das-drk/auftrag-ziele-aufgaben-und-selbstverstaendnis-des-drk/leitlinien/. Berlin. Zugegriffen: 11.10.2020.

Gißler, D. (2019). *Führung und Stabsarbeit trainieren*. Stuttgart: Verlag W. Kohlhammer.

Hersey, P. & Blanchard K. H. (1993). *Management of Organizational Behaviour - Utilizing Human Resources*. New Jersey (US): Prentice Hall International Editions.

Hofinger, G. & Heimann, R. (2016). Stabsarbeit – Konzept und Formen der Umsetzung. In: Hofinger, G. & Heimann, R. (Hrsg.). Handbuch Stabsarbeit – Führungs- und Krisenstäbe in Einsatzorganisationen, Behörden und Unternehmen. Berlin/Heidelberg: Springer-Verlag 2016. S. 3–9.

Ostermann, S. (2020). Krisenmanagement – Führen in Pandemiezeiten. In: Deutsches Ärzteblatt. Jg. 117. Heft 25. Berlin: Deutscher Ärzteverlag. S. A 1270 – A 1271.

Schreyögg, G. & Koch, J. (2010). *Grundlagen des Managements. Basiswissen für Studium und Praxis*. 2. Auflg. Wiesbaden Gabler Verlag/Springer Fachmedien.

Sommerauer, K. & Meier, R. (2015). *Ein guter Kapitän zeigt sich im Sturm – Krisenkompetenz für Führungskräfte.* Bern: Hogrefe-Verlag.

Statistisches Bundesamt – Destatis (Hrsg.) (2020e). Gesundheit – Gesundheitspersonal. http://www.gbe-bund.de/oowa921-install/servlet/oowa/aw92/dboowasys921.xwdevkit/xwd_init?gbe.isgbetol/xs_start_neu/&p_aid=i&p_aid=93366835&nummer=65&p_sprache=D&p_indsp=-&p_aid=69734715. Wiesbaden. Zugegriffen: 15.08.2020.

Steyrer, J. (1996). Theorien der Führung. In: Kasper, H. & Mayrhofer, W. (Hrsg.). Personalmanagement: Führung und Organisation. 2. Aufl. Wien: Ueberreuter-Verlag. S. 203–205.

Schutz durch Gesetze und Verordnungen: Welche rechtliche Grundlagen sind beim Krisen- und Stabilitätsmanagement maßgeblich?

3

3.1 Arbeitsschutz

Um Krisenfälle möglichst zu verhindern und für Stabilität im Bereich Arbeitsschutz zu sorgen, dient das **Arbeitsschutzgesetz** (ArbSchG) dazu, Sicherheit und Gesundheitsschutz der Beschäftigten bei der Arbeit durch Maßnahmen des Arbeitsschutzes zu sichern und zu verbessern (vgl. § 1 ArbSchG).

Als Maßnahmen des Arbeitsschutzes anzusehen sind Maßnahmen zur Verhütung von Unfällen bei der Arbeit und arbeitsbedingten Gesundheitsgefahren einschließlich Maßnahmen der menschengerechten Gestaltung der Arbeit (vgl. § 2 ArbSchG).

Die Gesundheitseinrichtungen sind verpflichtet, die erforderlichen Maßnahmen des Arbeitsschutzes unter Berücksichtigung der Umstände zu treffen, die Sicherheit und Gesundheit der Beschäftigten bei der Arbeit beeinflussen. Sie haben die Maßnahmen auf ihre Wirksamkeit zu überprüfen und erforderlichenfalls sich ändernden Gegebenheiten anzupassen. Dabei haben sie eine Verbesserung von Sicherheit und Gesundheitsschutz der Beschäftigten anzustreben. Zur Planung und Durchführung der Arbeitsschutzmaßnahmen haben die Gesundheitseinrichtungen unter Berücksichtigung der Art der Tätigkeiten und der Zahl der Beschäftigten für eine geeignete Organisation zu sorgen und die erforderlichen Mittel bereitzustellen sowie Vorkehrungen zu treffen, dass die Maßnahmen erforderlichenfalls bei allen Tätigkeiten und eingebunden in die betrieblichen Führungsstrukturen beachtet werden und die Beschäftigten ihren Mitwirkungspflichten nachkommen können (vgl. § 3 ArbSchG).

Bei den Arbeitsschutzmaßnahmen ist von folgenden allgemeinen Grundsätzen auszugehen:

A. Frodl, *Krisenmanagement für Gesundheitseinrichtungen,*
https://doi.org/10.1007/978-3-658-36374-1_3

- Die Arbeit ist so zu gestalten, dass eine Gefährdung für das Leben sowie die physische und die psychische Gesundheit möglichst vermieden und die verbleibende Gefährdung möglichst gering gehalten wird;
- Gefahren sind an ihrer Quelle zu bekämpfen;
- bei den Maßnahmen sind der Stand von Technik, Arbeitsmedizin und Hygiene sowie sonstige gesicherte arbeitswissenschaftliche Erkenntnisse zu berücksichtigen;
- Maßnahmen sind mit dem Ziel zu planen, Technik, Arbeitsorganisation, sonstige Arbeitsbedingungen, soziale Beziehungen und Einfluss der Umwelt auf den Arbeitsplatz sachgerecht zu verknüpfen;
- individuelle Schutzmaßnahmen sind nachrangig zu anderen Maßnahmen;
- spezielle Gefahren für besonders schutzbedürftige Beschäftigtengruppen sind zu berücksichtigen;
- den Beschäftigten sind geeignete Anweisungen zu erteilen;
- mittelbar oder unmittelbar geschlechtsspezifisch wirkende Regelungen sind nur zulässig, wenn dies aus biologischen Gründen zwingend geboten ist (vgl. § 4 ArbSchG).

In der Gesundheitseinrichtung ist durch eine Beurteilung der für die Beschäftigten mit ihrer Arbeit verbundenen Gefährdung zu ermitteln, welche Maßnahmen des Arbeitsschutzes erforderlich sind. Die Gefährdungsbeurteilung ist je nach Art der Tätigkeiten vorzunehmen. Bei gleichartigen Arbeitsbedingungen ist die Beurteilung eines Arbeitsplatzes oder einer Tätigkeit ausreichend. Eine Gefährdung kann sich insbesondere ergeben durch

- die Gestaltung und die Einrichtung der Arbeitsstätte und des Arbeitsplatzes,
- physikalische, chemische und biologische Einwirkungen,
- die Gestaltung, die Auswahl und den Einsatz von Arbeitsmitteln, insbesondere von Arbeitsstoffen, Maschinen, Geräten und Anlagen sowie den Umgang damit,
- die Gestaltung von Arbeitsverfahren, Arbeitsabläufen und Arbeitszeit und deren Zusammenwirken,
- unzureichende Qualifikation und Unterweisung der Beschäftigten,
- psychische Belastungen bei der Arbeit (vgl. § 5 ArbSchG).

Die Gesundheitseinrichtung muss über die je nach Art der Tätigkeiten und der Zahl der Beschäftigten erforderlichen Unterlagen verfügen, aus denen das Ergebnis der Gefährdungsbeurteilung, die von ihr festgelegten Maßnahmen des Arbeitsschutzes und das Ergebnis ihrer Überprüfung ersichtlich sind. Unfälle in der Einrichtung, bei denen Beschäftigte getötet oder so verletzt werden, dass sie sterben oder für mehr als drei Tage völlig oder teilweise arbeits- oder dienstunfähig werden, sind zu erfassen (vgl. § 6 ArbSchG). Bei der Übertragung von Aufgaben auf Beschäftigte ist je nach Art der Tätigkeiten zu berücksichtigen, ob die Beschäftigten befähigt sind, die für die Sicherheit und den Gesundheitsschutz bei der Aufgabenerfüllung zu beachtenden Bestimmungen und Maßnahmen einzuhalten (vgl. § 7 ArbSchG).

Ferner sind Maßnahmen zu treffen, damit nur Beschäftigte Zugang zu besonders gefährlichen Arbeitsbereichen haben, die zuvor geeignete Anweisungen erhalten haben. Es sind Vorkehrungen zu treffen, dass alle Beschäftigten, die einer unmittelbaren erheblichen Gefahr ausgesetzt sind oder sein können, möglichst frühzeitig über diese Gefahr und die getroffenen oder zu treffenden Schutzmaßnahmen unterrichtet sind. Bei unmittelbarer erheblicher Gefahr für die eigene Sicherheit oder die Sicherheit anderer Personen müssen die Beschäftigten die geeigneten Maßnahmen zur Gefahrenabwehr und Schadensbegrenzung selbst treffen können, wenn der zuständige Vorgesetzte nicht erreichbar ist; dabei sind die Kenntnisse der Beschäftigten und die vorhandenen technischen Mittel zu berücksichtigen. Den Beschäftigten dürfen aus ihrem Handeln keine Nachteile entstehen, es sei denn, sie haben vorsätzlich oder grob fahrlässig ungeeignete Maßnahmen getroffen. Auch sind Maßnahmen zu treffen, die es den Beschäftigten bei unmittelbarer erheblicher Gefahr ermöglichen, sich durch sofortiges Verlassen der Arbeitsplätze in Sicherheit zu bringen. Den Beschäftigten dürfen hierdurch keine Nachteile entstehen. Hält die unmittelbare erhebliche Gefahr an, darf der Arbeitgeber die Beschäftigten nur in besonders begründeten Ausnahmefällen auffordern, ihre Tätigkeit wieder aufzunehmen (vgl. § 9 ArbSchG).

Für den Krisenfall sind entsprechend der Art der Arbeitsstätte und der Tätigkeiten sowie der Zahl der Beschäftigten die Maßnahmen zu treffen, die zur Ersten Hilfe, Brandbekämpfung und Evakuierung der Beschäftigten erforderlich sind. Dabei hat ist der Anwesenheit anderer Personen (beispielsweise Patienten, deren Angehörige, Besucher etc.) Rechnung zu tragen. Es ist auch dafür zu sorgen, dass im Notfall die erforderlichen Verbindungen zu außerbetrieblichen Stellen, insbesondere in den Bereichen der Ersten Hilfe, der medizinischen Notversorgung, der Bergung und der Brandbekämpfung eingerichtet sind. Ferner sind diejenigen Beschäftigten zu benennen, die Aufgaben der Ersten Hilfe, Brandbekämpfung und Evakuierung der Beschäftigten übernehmen. Anzahl, Ausbildung und Ausrüstung der benannten Beschäftigten müssen in einem angemessenen Verhältnis zur Zahl der Beschäftigten und zu den bestehenden besonderen Gefahren stehen (vgl. § 10 ArbSchG). Die Gesundheitseinrichtung hat den Beschäftigten auf ihren Wunsch zu ermöglichen, sich je nach den Gefahren für ihre Sicherheit und Gesundheit bei der Arbeit regelmäßig arbeitsmedizinisch untersuchen zu lassen, es sei denn, auf Grund der Beurteilung der Arbeitsbedingungen und der getroffenen Schutzmaßnahmen ist nicht mit einem Gesundheitsschaden zu rechnen (vgl. § 11 ArbSchG).

Die Beschäftigten sind über Sicherheit und Gesundheitsschutz bei der Arbeit während ihrer Arbeitszeit ausreichend und angemessen zu unterweisen. Die Unterweisung hat Anweisungen und Erläuterungen zu umfassen, die eigens auf den Arbeitsplatz oder den Aufgabenbereich der Beschäftigten ausgerichtet sind, muss bei der Einstellung, bei Veränderungen im Aufgabenbereich, der Einführung neuer Arbeitsmittel oder einer neuen Technologie vor Aufnahme der Tätigkeit der Beschäftigten erfolgen und muss an die Gefährdungsentwicklung angepasst sein und erforderlichenfalls regelmäßig wiederholt werden (vgl. § 12 ArbSchG).

Neben der bereits im ArbSchG erwähnten Gefährdungsbeurteilung beinhaltet die **Arbeitsstättenverordnung** (ArbStättV) insbesondere die Forderung Gesundheitseinrichtungen als Arbeitsstätten so einzurichten und zu betreiben, dass Gefährdungen für die Sicherheit und die Gesundheit der Beschäftigten möglichst vermieden und verbleibende Gefährdungen möglichst gering gehalten werden (vgl. § 3a ArbStättV).

Die Arbeitsstätte ist instand zu halten und es ist dafür zu sorgen, dass festgestellte Mängel unverzüglich beseitigt werden. Können Mängel, mit denen eine unmittelbare erhebliche Gefahr verbunden ist, nicht sofort beseitigt werden, ist dafür zu sorgen, dass die gefährdeten Beschäftigten ihre Tätigkeit unverzüglich einstellen. Es ist dafür zu sorgen, dass Arbeitsstätten den hygienischen Erfordernissen entsprechend gereinigt werden. Verunreinigungen und Ablagerungen, die zu Gefährdungen führen können, sind unverzüglich zu beseitigen. Die Sicherheitseinrichtungen, insbesondere Sicherheitsbeleuchtung, Brandmelde- und Feuerlöscheinrichtungen, Signalanlagen, Notaggregate und Notschalter sowie raumlufttechnische Anlagen sind instand zu halten und in regelmäßigen Abständen auf ihre Funktionsfähigkeit prüfen zu lassen. Es ist ferner dafür zu sorgen, dass Verkehrswege, Fluchtwege und Notausgänge ständig freigehalten werden, damit sie jederzeit benutzbar sind. Es sind Vorkehrungen so zu treffen, dass die Beschäftigten bei Gefahr sich unverzüglich in Sicherheit bringen und schnell gerettet werden können. Ein Flucht- und Rettungsplan ist aufzustellen, wenn Lage, Ausdehnung und Art der Benutzung der Arbeitsstätte dies erfordern. Der Plan ist an geeigneten Stellen in der Arbeitsstätte auszulegen oder auszuhängen. In angemessenen Zeitabständen ist entsprechend diesem Plan zu üben. Beim Einrichten und Betreiben von Arbeitsstätten sind Mittel und Einrichtungen zur Ersten Hilfe zur Verfügung zu stellen und regelmäßig auf ihre Vollständigkeit und Verwendungsfähigkeit prüfen zu lassen (vgl. § 4 ArbStättV).

Die sich auf Maßnahmen im Gefahrenfall erstreckende Unterweisung muss insbesondere umfassen:

- die Bedienung von Sicherheits- und Warneinrichtungen,
- die Erste Hilfe und die dazu vorgehaltenen Mittel und Einrichtungen und
- den innerbetrieblichen Verkehr.

Sie muss sich auf Maßnahmen der Brandverhütung und Verhaltensmaßnahmen im Brandfall erstrecken, insbesondere auf die Nutzung der Fluchtwege und Notausgänge. Diejenigen Beschäftigten, die Aufgaben der Brandbekämpfung übernehmen, sind in der Bedienung der Feuerlöscheinrichtungen zu unterweisen. Die Unterweisungen müssen vor Aufnahme der Tätigkeit stattfinden. Danach sind sie mindestens jährlich zu wiederholen. Sie haben in einer für die Beschäftigten verständlichen Form und Sprache zu erfolgen. Unterweisungen sind unverzüglich zu wiederholen, wenn sich die Tätigkeiten der Beschäftigten, die Arbeitsorganisation, die Arbeits- und Fertigungsverfahren oder die Einrichtungen und Betriebsweisen in der Arbeitsstätte wesentlich verändern und die Veränderung mit zusätzlichen Gefährdungen verbunden ist (vgl. § 6 ArbStättV).

Nach dem **Arbeitssicherheitsgesetz** (ASiG) hat die Gesundheitseinrichtung Betriebsärzte und Fachkräfte für Arbeitssicherheit zu bestellen, die sie beim Arbeitsschutz und
bei der Unfallverhütung unterstützen sollen. Damit soll erreicht werden, dass

- die dem Arbeitsschutz und der Unfallverhütung dienenden Vorschriften den
  besonderen Betriebsverhältnissen entsprechend angewandt werden,
- gesicherte arbeitsmedizinische und sicherheitstechnische Erkenntnisse zur Verbesserung des Arbeitsschutzes und der Unfallverhütung verwirklicht werden können,
- die dem Arbeitsschutz und der Unfallverhütung dienenden Maßnahmen einen möglichst hohen Wirkungsgrad erreichen (vgl. § 1 ASiG).

Spezielle Regelungen, wie beispielsweise die **Lastenhandhabungsverordnung**
(LasthandhabV), sollen dazu beitragen, eine Gefährdung für Sicherheit und Gesundheit in Gesundheitseinrichtungen zu vermeiden. Sie gilt gerade bei der Bewegung
von Patienten und die manuelle Handhabung anderweitiger Lasten, die aufgrund ihrer
Merkmale oder ungünstiger ergonomischer Bedingungen für die Beschäftigten eine
Gefährdung für Sicherheit und Gesundheit, insbesondere der Lendenwirbelsäule, mit
sich bringt, wobei als manuelle Handhabung jedes Befördern oder Abstützen einer Last
durch menschliche Kraft anzusehen ist, unter anderem das Heben, Absetzen, Schieben,
Ziehen, Tragen oder Bewegen einer Last (vgl. § 1 LasthandhabV).

Gesundheitseinrichtungen haben geeignete organisatorische Maßnahmen zu treffen
oder geeignete Arbeitsmittel, insbesondere mechanische Ausrüstungen, einzusetzen,
um manuelle Handhabungen von Lasten, die für die Beschäftigten eine Gefährdung
für Sicherheit und Gesundheit, insbesondere der Lendenwirbelsäule mit sich bringen,
zu vermeiden (siehe Tab. 3.1). Können diese manuellen Handhabungen von Lasten
nicht vermieden werden, sind die Arbeitsbedingungen zu beurteilen und aufgrund der
Beurteilung geeignete Maßnahmen zu treffen, damit eine Gefährdung von Sicherheit und
Gesundheit der Beschäftigten möglichst gering gehalten wird (vgl. § 2 LasthandhabV).

Bei der Übertragung von Aufgaben der manuellen Handhabung von Lasten, die für
die Beschäftigten zu einer Gefährdung für Sicherheit und Gesundheit führen, sind die
körperliche Eignung der Beschäftigten zur Ausführung der Aufgaben zu berücksichtigen
(vgl. § 3 LasthandhabV).

Bei der nach dem ArbSchG vorgesehenen Unterweisung sind den Beschäftigten,
soweit dies möglich ist, genaue Angaben zu machen über die sachgemäße manuelle
Handhabung von Lasten und über die Gefahren, denen die Beschäftigten insbesondere
bei unsachgemäßer Ausführung der Tätigkeit ausgesetzt sind (vgl. § 4 LasthandhabV).

Auch die Schutzgesetze für bestimmte Personenkreise unter den Beschäftigten
dienen dazu Gefährdungen zu vermeiden bzw. im Gefahrenfall richtig zu reagieren.
So sind beispielsweise nach dem **Jugendarbeitsschutzgesetz** (JArbSchG) in Gesundheitseinrichtungen die Jugendlichen vor Beginn der Beschäftigung und bei wesentlicher Änderung der Arbeitsbedingungen über die Unfall- und Gesundheitsgefahren,
denen sie bei der Beschäftigung ausgesetzt sind, sowie über die Einrichtungen und

Tab. 3.1 Merkmale, aus denen sich nach der LasthandhabV eine Gefährdung von Sicherheit und Gesundheit, insbesondere der Lendenwirbelsäule, der Beschäftigten ergeben kann (vgl. Anhang LasthandhabV)

Merkmalsbereiche	Einzelmerkmale
Handzuhabende Last	ihr Gewicht, ihre Form und Größe; die Lage der Zugriffsstellen; die Schwerpunktlage und die Möglichkeit einer unvorhergesehenen Bewegung
Von den Beschäftigten zu erfüllende Arbeitsaufgabe	die erforderliche Körperhaltung oder Körperbewegung, insbesondere Drehbewegung; die Entfernung der Last vom Körper; die durch das Heben, Senken oder Tragen der Last zu überbrückende Entfernung; das Ausmaß, die Häufigkeit und die Dauer des erforderlichen Kraftaufwandes; die erforderliche persönliche Schutzausrüstung; das Arbeitstempo infolge eines nicht durch die Beschäftigten zu ändernden Arbeitsablaufs und die zur Verfügung stehende Erholungs- oder Ruhezeit
Beschaffenheit des Arbeitsplatzes und der Arbeitsumgebung	der in vertikaler Richtung zur Verfügung stehende Platz und Raum; der Höhenunterschied über verschiedene Ebenen; die Temperatur, Luftfeuchtigkeit und Luftgeschwindigkeit; die Beleuchtung; die Ebenheit, Rutschfestigkeit oder Stabilität der Standfläche und die Bekleidung, insbesondere das Schuhwerk

Maßnahmen zur Abwendung dieser Gefahren zu unterweisen. Sie sind vor der erstmaligen Beschäftigung an Maschinen oder gefährlichen Arbeitsstellen oder mit Arbeiten, bei denen sie mit gesundheitsgefährdenden Stoffen in Berührung kommen, über die besonderen Gefahren dieser Arbeiten sowie über das bei ihrer Verrichtung erforderliche Verhalten zu unterweisen. Die Unterweisungen sind in angemessenen Zeitabständen, mindestens aber halbjährlich, zu wiederholen (vgl. § 29 JArbSchG). Auch sind die Betriebsärzte und die Fachkräfte für Arbeitssicherheit an der Planung, Durchführung und Überwachung der für die Sicherheit und den Gesundheitsschutz bei der Beschäftigung Jugendlicher geltenden Vorschriften zu beteiligen.

Zur Prävention und zum Schutz vor Gefahren richtet sich das Vorschriften- und Regelwerk der **Deutschen Gesetzlichen Unfallversicherung** (DGUV) unter anderem an folgende Gesundheitseinrichtungen:

- Universitätskliniken, Krankenhäuser und Kliniken der Human- und Zahnmedizin, Psychiatrische Kliniken, Rehabilitationseinrichtungen;
- Praxen der Human- und Zahnmedizin;
- weitere Betriebe, in denen medizinische Berufe ausgeübt werden wie Physiotherapie, Podologie, Logopädie usw.;
- Einrichtungen der ambulanten Pflege und Versorgung;
- Humanmedizinische Untersuchungsämter;
- Ausbildungsstätten im Gesundheitsdienst (Krankenpflegeschulen, Schulen für RTA, MRTA, Physiotherapeuten);

- Heime und ambulante Dienste für Kinder, alte Menschen, Sterbende;
- Einrichtungen zur Rehabilitation, Eingliederung oder Wiedereingliederung von Menschen in den Arbeitsmarkt.

Ein komplexes Gefährdungs- und Belastungspotential wird beispielsweise gesehen

- im Umgang mit biologischen Arbeitsstoffen (Infektionskrankheiten),
- im Umgang mit Gefahrstoffen (Haut- und Atemwegserkrankungen),
- im Bewegen von pflegebedürftigen Patienten (Erkrankungen der Wirbelsäule),
- in der Konfrontation mit menschlichem Leid (psychische Belastungen),
- in der Differenz zwischen Erwartungen und Möglichkeiten der Arbeit,
- in Schicht und Nachtarbeit (psychosoziale Belastungen) sowie
- im Umgang mit Gewalt und Aggression (vgl. Deutsche Gesetzliche Unfallversicherung, 2020, S. 1).

So richtet beispielsweise der DGUV Grundsatz 306–001 den Fokus auf in Krisensituationen häufig vorkommende traumatische Ereignisse sowie ihre Präventions- und Rehabilitationsmaßnahmen. Sie werden als plötzlich auftretende Extremsituationen (beispielsweise Betriebsunfälle, tätliche Übergriffe, Raubüberfälle, Bedrohungen, Verkehrsunfälle, Rettungseinsätze) beschrieben, die die Konfrontation mit tatsächlichem oder drohendem Tod, ernsthaften Gesundheitsschäden oder sonstigen Gefahren für die Unversehrtheit der eigenen oder anderer Person(en) beinhalten und für die Betroffenen eine massive Beanspruchung darstellen. Als Psychotrauma wird eine psychische Verletzung, eine seelische Wunde bezeichnet, die entstehen kann, wenn Menschen eine außergewöhnliche, nicht alltägliche Belastungssituation erleben, die ihre psychischen Bewältigungsmöglichkeiten übersteigt und Betroffene dabei Angst, Hilflosigkeit und Kontrollverlust erleben.

Die erlittenen psychischen Gesundheitsschäden und deren Folgen sind mit allen geeigneten Mitteln zu beseitigen oder zu mildern. Im Fokus stehen dabei die schnelle medizinisch-psychologische Hilfe sowie die dauerhafte Wiedereingliederung. Durch frühzeitiges Erkennen relevanter Symptome, rasches Handeln und aktives Steuern der Heilbehandlung soll die Entwicklung oder Chronifizierung einer psychischen Störung verhindert und die Teilhabe gesichert werden. Dazu müssen unabhängig vom Eintritt eines traumatischen Ereignisses in Gesundheitseinrichtungen die potenzielle Gefährdung an den Arbeitsplätzen ermittelt und als Ergebnis dieser Gefährdungsbeurteilung Maßnahmen festgelegt werden, die die Eintrittswahrscheinlichkeit minimieren. Die Beschäftigten sind über die bestehenden Gefährdungen zu unterweisen und mögliche Maßnahmen können im Notfallmanagement oder in speziellen betrieblichen Konzepten festgelegt werden, für deren Umsetzung die Leitung der Gesundheitseinrichtung verantwortlich ist. Um nach einem traumatischen Ereignis dessen Folgen für die Betroffenen so gering wie möglich zu halten, ist eine wesentliche Maßnahme die psychologische Erstbetreuung durch qualifizierte Laien, die sich um die Betroffenen kümmern und die Wahrscheinlichkeit von Traumafolgestörungen verringern. Auch hier liegt die Verantwortung bei der Einrichtungsleitung. Wenn die psychologische Erstbetreuung nicht ausreicht, um das Erlebte zu verarbeiten, können betriebliche Psychologen und Psychologinnen, Betriebsärztinnen und Betriebsärzte oder Notfallpsychologinnen und Notfallpsychologen durch weitere Maßnahmen wie zum Beispiel das Screening oder die Vermittlung in therapeutische Hilfe unterstützen. Bei Bedarf erfolgen weitere Stabilisierung sowie die medizinisch-psychologische Rehabilitation und die anschließende Wiedereingliederung, welche durch den Unfallversicherungträger bedarfsorientiert festgelegt und in dessen Verantwortung realisiert werden. Im Idealfall münden diese Maßnahmen in der Wiederaufnahme der ursprünglichen oder einer anderen Tätigkeit, wobei dieser Prozess durch die Einrichtungsleitung aktiv zu begleiten ist. Als geeignetes Instrument hierbei ist das Betriebliche Eingliederungsmanagement anzusehen, in dessen Rahmen die notwendige Unterstützung und Begleitung von Betroffenen koordiniert wird (vgl. Deutsche Gesetzliche Unfallversicherung, 2017, S. 3 ff.).

3.2   Betriebssicherheit

Umfangreiche Regelungen zur Abwehr von Gefahren im Umgang mit Arbeitsmitteln in Gesundheitseinrichtungen enthält die **Betriebssicherheitsverordnung** (BetrSichV). Sie soll die Sicherheit und den Schutz der Gesundheit von Beschäftigten bei der Verwendung von Arbeitsmitteln gewährleisten (vgl. § 1 BetrSichV).

Vor der Verwendung von Arbeitsmitteln sind die auftretenden Gefährdungen zu beurteilen (Gefährdungsbeurteilung) und daraus notwendige und geeignete Schutzmaßnahmen abzuleiten (vgl. § 3 BetrSichV).

Die Arbeitsmittel dürfen erst verwendet werden, nachdem die Gesundheitseinrichtung

- eine Gefährdungsbeurteilung durchgeführt hat,
- die dabei ermittelten Schutzmaßnahmen nach dem Stand der Technik getroffen hat und
- festgestellt hat, dass die Verwendung der Arbeitsmittel nach dem Stand der Technik sicher ist.

Ergibt sich aus der Gefährdungsbeurteilung, dass Gefährdungen durch technische Schutzmaßnahmen nach dem Stand der Technik nicht oder nur unzureichend vermieden werden können, hat der Arbeitgeber geeignete organisatorische und personenbezogene Schutzmaßnahmen zu treffen. Technische Schutzmaßnahmen haben Vorrang vor organisatorischen, diese haben wiederum Vorrang vor personenbezogenen Schutzmaßnahmen. Die Verwendung persönlicher Schutzausrüstung ist für jeden Beschäftigten auf das erforderliche Minimum zu beschränken.

Auch ist dafür zu sorgen, dass Arbeitsmittel, für die Prüfungen vorgeschrieben sind, nur verwendet werden, wenn diese Prüfungen durchgeführt und dokumentiert wurden. Ferner ist die Wirksamkeit der Schutzmaßnahmen vor der erstmaligen Verwendung der Arbeitsmittel zu überprüfen und es ist dafür zu sorgen, dass Arbeitsmittel vor ihrer jeweiligen Verwendung auf offensichtliche Mängel, die die sichere Verwendung beeinträchtigen können, kontrolliert werden und dass Schutz- und Sicherheitseinrichtungen einer regelmäßigen Kontrolle ihrer Funktionsfähigkeit unterzogen werden (vgl. § 4 BetrSichV).

Die Gesundheitseinrichtung darf nur solche Arbeitsmittel zur Verfügung stellen und verwenden lassen, die unter Berücksichtigung der vorgesehenen Einsatzbedingungen bei der Verwendung sicher sind. Die Arbeitsmittel müssen

- für die Art der auszuführenden Arbeiten geeignet sein,
- den gegebenen Einsatzbedingungen und den vorhersehbaren Beanspruchungen angepasst sein und
- über die erforderlichen sicherheitsrelevanten Ausrüstungen verfügen, sodass eine Gefährdung durch ihre Verwendung so gering wie möglich gehalten wird (vgl. § 5 BetrSichV).

Es ist dafür zu sorgen, dass die Arbeitsmittel sicher verwendet und dabei die Grundsätze der Ergonomie beachtet werden. Insbesondere sind folgende Grundsätze einer menschengerechten Gestaltung der Arbeit zu berücksichtigen:

- die Arbeitsmittel einschließlich ihrer Schnittstelle zum Menschen müssen an die körperlichen Eigenschaften und die Kompetenz der Beschäftigten angepasst sein sowie biomechanische Belastungen bei der Verwendung vermieden sein. Zu berücksichtigen sind hierbei die Arbeitsumgebung, die Lage der Zugriffstellen und des Schwerpunktes des Arbeitsmittels, die erforderliche Körperhaltung, die Körperbewegung, die Entfernung zum Körper, die benötigte persönliche Schutzausrüstung sowie die psychische Belastung der Beschäftigten,
- die Beschäftigten müssen über einen ausreichenden Bewegungsfreiraum verfügen,
- es sind ein Arbeitstempo und ein Arbeitsrhythmus zu vermeiden, die zu Gefährdungen der Beschäftigten führen können,
- es sind Bedien- und Überwachungstätigkeiten zu vermeiden, die eine uneingeschränkte und dauernde Aufmerksamkeit erfordern.

Es ist dafür zu sorgen, dass vorhandene Schutzeinrichtungen und zur Verfügung gestellte persönliche Schutzausrüstungen verwendet werden, dass erforderliche Schutz- oder Sicherheitseinrichtungen funktionsfähig sind und nicht auf einfache Weise manipuliert oder umgangen werden (vgl. § 6 BetrSichV).

Die Gesundheitseinrichtung hat Instandhaltungsmaßnahmen zu treffen, damit die Arbeitsmittel während der gesamten Verwendungsdauer den für sie geltenden

Sicherheits- und Gesundheitsschutzanforderungen entsprechen und in einem sicheren Zustand erhalten werden. Dabei sind die Angaben des Herstellers zu berücksichtigen. Notwendige Instandhaltungsmaßnahmen sind unverzüglich durchzuführen und die dabei erforderlichen Schutzmaßnahmen zu treffen. Instandhaltungsmaßnahmen dürfen nur von fachkundigen, beauftragten und unterwiesenen Beschäftigten oder von sonstigen für die Durchführung der Instandhaltungsarbeiten geeigneten Auftragnehmern mit vergleichbarer Qualifikation durchgeführt werden (vgl. § 10 BetrSichV).

Die Gesundheitseinrichtung hat dafür zu sorgen, dass Beschäftigte und andere Personen bei einem Unfall oder bei einem Notfall unverzüglich gerettet und ärztlich versorgt werden können. Dies schließt die Bereitstellung geeigneter Zugänge zu den Arbeitsmitteln und in diese sowie die Bereitstellung erforderlicher Befestigungsmöglichkeiten für Rettungseinrichtungen an und in den Arbeitsmitteln ein. Im Notfall müssen Zugangssperren gefahrlos selbsttätig in einen sicheren Bereich öffnen. Ist dies nicht möglich, müssen Zugangssperren über eine Notentriegelung leicht zu öffnen sein, wobei an der Notentriegelung und an der Zugangssperre auf die noch bestehenden Gefahren besonders hingewiesen werden muss. Besteht die Möglichkeit, in ein Arbeitsmittel eingezogen zu werden, muss die Rettung eingezogener Personen möglich sein. Auch ist dafür zu sorgen, dass die notwendigen Informationen über Maßnahmen bei Notfällen zur Verfügung stehen. Die Informationen müssen auch Rettungsdiensten zur Verfügung stehen, soweit sie für Rettungseinsätze benötigt werden. Zu den Informationen zählen:

- eine Vorabmitteilung über einschlägige Gefährdungen bei der Arbeit, über Maßnahmen zur Feststellung von Gefährdungen sowie über Vorsichtsmaßregeln und Verfahren, damit die Rettungsdienste ihre eigenen Abhilfe- und Sicherheitsmaßnahmen vorbereiten können,
- Informationen über einschlägige und spezifische Gefährdungen, die bei einem Unfall oder Notfall auftreten können (vgl. § 11 BetrSichV).

Bevor Beschäftigte Arbeitsmittel erstmalig verwenden, sind ihnen ausreichende und angemessene Informationen anhand der Gefährdungsbeurteilung in einer für die Beschäftigten verständlichen Form und Sprache zur Verfügung zu stellen über

- vorhandene Gefährdungen bei der Verwendung von Arbeitsmitteln einschließlich damit verbundener Gefährdungen durch die Arbeitsumgebung,
- erforderliche Schutzmaßnahmen und Verhaltensregelungen und
- Maßnahmen bei Betriebsstörungen, Unfällen und zur Ersten Hilfe bei Notfällen.

Die Gesundheitseinrichtung hat die Beschäftigten vor Aufnahme der Verwendung von Arbeitsmitteln tätigkeitsbezogen zu unterweisen. Danach sind in regelmäßigen Abständen, mindestens jedoch einmal jährlich, weitere Unterweisungen durchzuführen. Das Datum einer jeden Unterweisung und die Namen der Unterwiesenen sind schriftlich festzuhalten (vgl. § 12 BetrSichV).

Arbeitsmittel,

- deren Sicherheit von den Montagebedingungen abhängt, sind vor der erstmaligen Verwendung von einer zur Prüfung befähigten Person prüfen zu lassen;
- die Schäden verursachenden Einflüssen ausgesetzt sind, die zu Gefährdungen der Beschäftigten führen können, sind wiederkehrend von einer zur Prüfung befähigten Person prüfen zu lassen;
- die von außergewöhnlichen Ereignissen betroffen sind, die schädigende Auswirkungen auf ihre Sicherheit haben können, durch die Beschäftigte gefährdet werden können, sind vor ihrer weiteren Verwendung einer außerordentlichen Prüfung durch eine zur Prüfung befähigte Person unterziehen zu lassen. Außergewöhnliche Ereignisse können insbesondere Unfälle, längere Zeiträume der Nichtverwendung der Arbeitsmittel oder Naturereignisse sein.

Arbeitsmittel sind nach prüfpflichtigen Änderungen vor ihrer nächsten Verwendung durch eine zur Prüfung befähigte Person prüfen zu lassen (vgl. § 14 BetrSichV).

Die BetrSichV enthält zudem zusätzliche Vorschriften für überwachungspflichtige Anlagen.

Mit der **Gefahrstoffverordnung** (GefStoffV) sollen Menschen und Umwelt vor stoffbedingten Schädigungen geschützt werden Dies gilt auch für Tätigkeiten, bei denen Beschäftigte von Gesundheitseinrichtungen Gefährdungen ihrer Gesundheit und Sicherheit durch Stoffe, Gemische oder Erzeugnisse ausgesetzt sein können oder wenn die Sicherheit und Gesundheit beispielsweise von Patienten aufgrund der Tätigkeiten gefährdet sein können (vgl. § 1 GefStoffV).

Die Einstufung der Gefahrstoffe in Gefahrenklassen gibt die Art der Gefährdung wieder (vgl. § 3 GefStoffV).

Im Rahmen einer Gefährdungsbeurteilung als Bestandteil der Beurteilung der Arbeitsbedingungen hat die Gesundheitseinrichtung festzustellen, ob die Beschäftigten Tätigkeiten mit Gefahrstoffen ausüben oder ob bei Tätigkeiten Gefahrstoffe entstehen oder freigesetzt werden können. Ist dies der Fall, so sind alle hiervon ausgehenden Gefährdungen der Gesundheit und Sicherheit der Beschäftigten unter folgenden Gesichtspunkten zu beurteilen:

- gefährliche Eigenschaften der Stoffe oder Gemische, einschließlich ihrer physikalisch-chemischen Wirkungen,
- Informationen des Lieferanten zum Gesundheitsschutz und zur Sicherheit insbesondere im Sicherheitsdatenblatt,
- Art und Ausmaß der Exposition unter Berücksichtigung aller Expositionswege,
- Möglichkeiten einer Substitution,
- Arbeitsbedingungen und Verfahren, einschließlich der Arbeitsmittel und der Gefahrstoffmenge,
- Arbeitsplatzgrenzwerte und biologische Grenzwerte,

- Wirksamkeit der ergriffenen oder zu ergreifenden Schutzmaßnahmen,
- Erkenntnisse aus arbeitsmedizinischen Vorsorgeuntersuchungen nach der Verordnung zur arbeitsmedizinischen Vorsorge.

Dazu sind die für die Gefährdungsbeurteilung notwendigen Informationen beim Lieferanten oder aus anderen, mit zumutbarem Aufwand zugänglichen Quellen zu beschaffen, wie z. B. Sicherheitsdatenblätter und die Informationen zu Stoffen oder Gemischen, für die kein Sicherheitsdatenblatt zu erstellen ist. Stoffe und Gemische, die nicht von einem Lieferanten eingestuft und gekennzeichnet worden sind, beispielsweise innerbetrieblich hergestellte Stoffe oder Gemische, sind selbst einzustufen. Zumindest aber sind die von den Stoffen oder Gemischen ausgehenden Gefährdungen der Beschäftigten zu ermitteln. Es ist festzustellen, ob die verwendeten Stoffe, Gemische und Erzeugnisse bei Tätigkeiten, auch unter Berücksichtigung verwendeter Arbeitsmittel, Verfahren und der Arbeitsumgebung sowie ihrer möglichen Wechselwirkungen, zu Brand- oder Explosionsgefährdungen führen können. Dabei ist zu beurteilen,

- ob gefährliche Mengen oder Konzentrationen von Gefahrstoffen, die zu Brand- und Explosionsgefährdungen führen können, auftreten;
- ob Zündquellen oder Bedingungen, die Brände oder Explosionen auslösen können, vorhanden sind und
- ob schädliche Auswirkungen von Bränden oder Explosionen auf die Gesundheit und Sicherheit der Beschäftigten möglich sind.

Insbesondere ist zu ermitteln, ob die Stoffe, Gemische und Erzeugnisse auf Grund ihrer Eigenschaften und der Art und Weise, wie sie am Arbeitsplatz vorhanden sind oder verwendet werden, explosionsfähige Gemische bilden können. Im Fall von nicht atmosphärischen Bedingungen sind auch die möglichen Veränderungen der für den Explosionsschutz relevanten sicherheitstechnischen Kenngrößen zu ermitteln und zu berücksichtigen. Bei der Gefährdungsbeurteilung sind ferner Tätigkeiten zu berücksichtigen, bei denen auch nach Ausschöpfung sämtlicher technischer Schutzmaßnahmen die Möglichkeit einer Gefährdung besteht. Die mit den Tätigkeiten verbundenen inhalativen, dermalen und physikalisch-chemischen Gefährdungen sind unabhängig voneinander zu beurteilen und in der Gefährdungsbeurteilung zusammenzuführen. Die Gefährdungsbeurteilung ist unabhängig von der Zahl der Beschäftigten erstmals vor Aufnahme der Tätigkeit zu dokumentieren. Bei Tätigkeiten mit geringer Gefährdung kann auf eine detaillierte Dokumentation verzichtet werden. Die Gefährdungsbeurteilung ist regelmäßig zu überprüfen und bei Bedarf zu aktualisieren. Sie ist umgehend zu aktualisieren, wenn maßgebliche Veränderungen oder neue Informationen dies erfordern oder wenn sich eine Aktualisierung auf Grund der Ergebnisse der arbeitsmedizinischen Vorsorge nach der Verordnung zur arbeitsmedizinischen Vorsorge als notwendig erweist. Sie darf nur von fachkundigen Personen durchgeführt werden. Auch ist ein Verzeichnis der im Betrieb verwendeten Gefahrstoffe zu führen, in dem auf die entsprechenden

Sicherheitsdatenblätter verwiesen wird. Das Gefahrstoffverzeichnis muss mindestens folgende Angaben enthalten:

- Bezeichnung des Gefahrstoffs,
- Einstufung des Gefahrstoffs oder Angaben zu den gefährlichen Eigenschaften,
- Angaben zu den im Betrieb verwendeten Mengenbereichen,
- Bezeichnung der Arbeitsbereiche, in denen Beschäftigte dem Gefahrstoff ausgesetzt sein können (vgl. § 6 GefStoffV).

Die Gesundheitseinrichtung darf eine Tätigkeit mit Gefahrstoffen erst aufnehmen lassen, nachdem eine Gefährdungsbeurteilung durchgeführt und die erforderlichen Schutzmaßnahmen ergriffen worden sind. Auf der Grundlage des Ergebnisses einer Substitutionsprüfung sind Gefahrstoffe oder Verfahren durch Stoffe, Gemische oder Erzeugnisse oder Verfahren zu ersetzen, die unter den jeweiligen Verwendungsbedingungen für die Gesundheit und Sicherheit der Beschäftigten nicht oder weniger gefährlich sind. Können Gefährdungen der Gesundheit und der Sicherheit der Beschäftigten bei Tätigkeiten mit Gefahrstoffen nicht ausgeschlossen werden, sind. Ist dies nicht möglich, sind sie durch die Festlegung und Anwendung geeigneter Schutzmaßnahmen auf ein Minimum zu reduzieren. Es ist sicherzustellen, dass die Arbeitsplatzgrenzwerte eingehalten werden (vgl. § 7 GefStoffV).

Besondere Schutzmaßnahmen sind beispielsweise bei Tätigkeiten mit krebserzeugenden, keimzellmutagenen und reproduktionstoxischen Gefahrstoffen (vgl. § 10 GefStoffV) sowie bei physikalisch-chemische Einwirkungen, insbesondere gegen Brand- und Explosionsgefährdungen zu ergreifen (vgl. § 11 GefStoffV).

Um die Gesundheit und die Sicherheit der Beschäftigten bei Betriebsstörungen, Unfällen oder Notfällen zu schützen, sind rechtzeitig die Notfallmaßnahmen festzulegen, die beim Eintreten eines derartigen Ereignisses zu ergreifen sind. Dies schließt die Bereitstellung angemessener Erste-Hilfe-Einrichtungen und die Durchführung von Sicherheitsübungen in regelmäßigen Abständen ein. Tritt eines der genannten Ereignisse ein, so hat der Arbeitgeber unverzüglich Maßnahmen zu ergreifen, um

- betroffene Beschäftigte über die durch das Ereignis hervorgerufene Gefahrensituation im Betrieb zu informieren,
- die Auswirkungen des Ereignisses zu mindern und
- wieder einen normalen Betriebsablauf herbeizuführen

Den Beschäftigten, die im Gefahrenbereich tätig werden, sind vor Aufnahme ihrer Tätigkeit geeignete Schutzkleidung und persönliche Schutzausrüstung sowie gegebenenfalls erforderliche spezielle Sicherheitseinrichtungen und besondere Arbeitsmittel zur Verfügung zu stellen. Ferner sind Warn- und sonstige Kommunikationssysteme, die eine erhöhte Gefährdung der Gesundheit und Sicherheit anzeigen, zur Verfügung zu stellen, sodass eine angemessene Reaktion möglich ist und unverzüglich Abhilfemaßnahmen sowie Hilfs-, Evakuierungs- und Rettungsmaßnahmen eingeleitet werden können. Auch ist sicherzustellen, dass Informationen über Maßnahmen bei Notfällen mit Gefahrstoffen zur Verfügung stehen. Die zuständigen innerbetrieblichen und betriebsfremden Unfall- und Notfalldienste müssen Zugang zu diesen Informationen erhalten. Zu diesen Informationen zählen:

- eine Vorabmitteilung über einschlägige Gefahren bei der Arbeit, über Maßnahmen zur Feststellung von Gefahren sowie über Vorsichtsmaßregeln und Verfahren, damit die Notfalldienste ihre eigenen Abhilfe- und Sicherheitsmaßnahmen vorbereiten können,
- alle verfügbaren Informationen über spezifische Gefahren, die bei einem Unfall oder Notfall auftreten oder auftreten können (vgl. § 13 GefStoffV).

Es sicherzustellen, dass den Beschäftigten eine schriftliche Betriebsanweisung, die der Gefährdungsbeurteilung Rechnung trägt, in einer für die Beschäftigten verständlichen Form und Sprache zugänglich gemacht wird. Ferner ist sicherzustellen, dass die Beschäftigten anhand der Betriebsanweisung über alle auftretenden Gefährdungen und entsprechende Schutzmaßnahmen mündlich unterwiesen werden (vgl. § 14 GefStoffV).

Sollen in der Gesundheitseinrichtung Fremdfirmen Tätigkeiten mit Gefahrstoffen ausüben, hat der Arbeitgeber als Auftraggeber sicherzustellen, dass nur solche Fremdfirmen herangezogen werden, die über die Fachkenntnisse und Erfahrungen verfügen, die für diese Tätigkeiten erforderlich sind. Auch sind die Fremdfirmen über Gefahrenquellen und spezifische Verhaltensregeln zu informieren (vgl. § 15 GefStoffV).

Für Gesundheitseinrichtungen mit Tätigkeiten mit Biologischen Arbeitsstoffen (Biostoffen) gilt die **Biostoffverordnung** (BioStoffV). Sie regelt Maßnahmen zum Schutz von Sicherheit und Gesundheit der Beschäftigten vor Gefährdungen durch diese Tätigkeiten und regelt zugleich auch Maßnahmen zum Schutz anderer Personen, soweit diese aufgrund des Verwendens von Biostoffen durch Beschäftigte gefährdet werden können. Sie gilt auch für Tätigkeiten, die dem Gentechnikrecht unterliegen, sofern dort keine gleichwertigen oder strengeren Regelungen zum Schutz der Beschäftigten bestehen (vgl. § 1 BioStoffV).

Biostoffe werden entsprechend dem von ihnen ausgehenden Infektionsrisiko nach dem Stand der Wissenschaft in Risikogruppen eingestuft (vgl. § 3 BioStoffV).

Im Rahmen der Gefährdungsbeurteilung nach dem Arbeitsschutzgesetz ist die Gefährdung der Beschäftigten durch die Tätigkeiten mit Biostoffen vor Aufnahme der Tätigkeit zu beurteilen und fachkundig durchzuführen (vgl. § 4 BioStoffV).

Bei Tätigkeiten in Laboratorien, in der Versuchstierhaltung, in der Biotechnologie sowie in Einrichtungen des Gesundheitsdienstes ist zu ermitteln, ob gezielte oder nicht gezielte Tätigkeiten ausgeübt werden. Diese Tätigkeiten sind hinsichtlich ihrer Infektionsgefährdung einer Schutzstufe zuzuordnen (vgl. § 5 BioStoffV).

Die Gefährdungsbeurteilung ist unabhängig von der Zahl der Beschäftigten erstmals vor Aufnahme der Tätigkeit sowie danach jede Aktualisierung zu dokumentieren (vgl. § 6 BioStoffV).

Die Gesundheitseinrichtung hat die Belange des Arbeitsschutzes in Bezug auf Tätigkeiten mit Biostoffen in seine betriebliche Organisation einzubinden und hierfür die erforderlichen personellen, finanziellen und organisatorischen Voraussetzungen zu schaffen. Dabei sind die Vertretungen der Beschäftigten in geeigneter Form zu beteiligen. Es sind geeignete Maßnahmen zu ergreifen, um bei den Beschäftigten ein Sicherheitsbewusstsein zu schaffen und den innerbetrieblichen Arbeitsschutz bei Tätigkeiten mit Biostoffen fortzuentwickeln. Die Gesundheitseinrichtung darf eine Tätigkeit mit Biostoffen erst aufnehmen lassen, nachdem die Gefährdungsbeurteilung durchgeführt und die erforderlichen Maßnahmen ergriffen wurden. Vor Aufnahme der Tätigkeit sind

- gefährliche Biostoffe vorrangig durch solche zu ersetzen, die nicht oder weniger gefährlich sind, soweit dies nach der Art der Tätigkeit oder nach dem Stand der Technik möglich ist,
- Arbeitsverfahren und Arbeitsmittel so auszuwählen oder zu gestalten, dass Biostoffe am Arbeitsplatz nicht frei werden, wenn die Gefährdung der Beschäftigten nicht durch eine Maßnahme nach der BioStoffV ausgeschlossen werden kann,
- die Exposition der Beschäftigten durch geeignete bauliche, technische und organisatorische Maßnahmen auf ein Minimum zu reduzieren, wenn eine Gefährdung der Beschäftigten nicht durch eine Maßnahme verhindert werden kann oder die Biostoffe bestimmungsgemäß freigesetzt werden,
- zusätzlich persönliche Schutzausrüstung zur Verfügung zu stellen, wenn die Maßnahmen nicht ausreichen, um die Gefährdung auszuschließen oder ausreichend zu verringern; der Arbeitgeber hat den Einsatz belastender persönlicher Schutzausrüstung auf das unbedingt erforderliche Maß zu beschränken und darf sie nicht als Dauermaßnahme vorsehen.

Die Schutzmaßnahmen sind auf der Grundlage der Gefährdungsbeurteilung nach dem Stand der Technik sowie nach gesicherten wissenschaftlichen Erkenntnissen festzulegen und zu ergreifen. Die Funktion der technischen Schutzmaßnahmen ist regelmäßig und deren Wirksamkeit ist mindestens jedes zweite Jahr zu überprüfen (vgl. § 8 BioStoffV).

Bei allen Tätigkeiten mit Biostoffen müssen mindestens die allgemeinen Hygienemaßnahmen eingehalten werden. Insbesondere ist dafür zu sorgen, dass

- Arbeitsplätze und Arbeitsmittel in einem dem Arbeitsablauf entsprechenden sauberen Zustand gehalten und regelmäßig gereinigt werden,
- Fußböden und Oberflächen von Arbeitsmitteln und Arbeitsflächen leicht zu reinigen sind,
- Waschgelegenheiten zur Verfügung stehen,
- vom Arbeitsplatz getrennte Umkleidemöglichkeiten vorhanden sind, sofern Arbeitskleidung erforderlich ist; die Arbeitskleidung ist regelmäßig sowie bei Bedarf zu wechseln und zu reinigen.

Biostoffe sind sicher zu lagern, innerbetrieblich sicher zu befördern und Vorkehrungen zu treffen, um Missbrauch oder Fehlgebrauch zu verhindern. Dabei ist sicherzustellen, dass nur Behälter verwendet werden, die

- hinsichtlich ihrer Beschaffenheit geeignet sind, den Inhalt sicher zu umschließen,
- so gekennzeichnet sind, dass die davon ausgehenden Gefahren in geeigneter Weise deutlich erkennbar sind,
- hinsichtlich Form und Kennzeichnung so gestaltet sind, dass der Inhalt nicht mit Lebensmitteln verwechselt werden kann (vgl. § 8 BioStoffV).

In Abhängigkeit von der jeweiligen Schutzstufe werden zusätzliche Maßnahmen erforderlich (vgl. §§ 9–11 BioStoffV).

Vor Aufnahme einer Tätigkeit bestimmter Schutzstufen sind die erforderlichen Maßnahmen festzulegen, die bei Betriebsstörungen oder Unfällen notwendig sind, um die Auswirkungen auf die Sicherheit und Gesundheit der Beschäftigten und anderer Personen zu minimieren und den normalen Betriebsablauf wiederherzustellen. In Abhängigkeit von der Art möglicher Ereignisse und verwendeter oder vorkommender Biostoffe ist insbesondere Folgendes festzulegen:

- Maßnahmen zur Ersten Hilfe und weitergehende Hilfsmaßnahmen für Beschäftigte bei unfallbedingter Übertragung von Biostoffen einschließlich der Möglichkeit zur postexpositionellen Prophylaxe,
- Maßnahmen, um eine Verschleppung von Biostoffen zu verhindern,
- Desinfektions-, Inaktivierungs- oder Dekontaminationsmaßnahmen,
- dass getestet wird, ob bei Betriebsstörungen oder Unfällen die verwendeten Biostoffe in die Arbeitsumgebung gelangt sind, soweit dies technisch möglich ist und validierte Testverfahren bestehen.

Die Beschäftigten sind über die festgelegten Maßnahmen und ihre Anwendung zu informieren. Tritt eine Betriebsstörung oder ein Unfall ein, so hat der Arbeitgeber unverzüglich die festgelegten Maßnahmen zu ergreifen (vgl. § 13 BioStoffV).

Auf der Grundlage der Gefährdungsbeurteilung ist vor Aufnahme von Tätigkeiten mit Biostoffen bestimmter Risikogruppen eine schriftliche Betriebsanweisung arbeitsbereichs- und biostoffbezogen zu erstellen. Die Betriebsanweisung ist den Beschäftigten zur Verfügung zu stellen. Sie muss in einer für die Beschäftigten verständlichen Form und Sprache verfasst sein (vgl. § 14 BioStoffV).

Für Sicherheit und präventiven Schutz im Bereich der Arzneimittel sorgt insbesondere das **Arzneimittelgesetz** (AMG), mit dem Ziel einer ordnungsgemäßen Arzneimittelversorgung durch Sicherheit im Verkehr mit Arzneimitteln, insbesondere im Hinblick auf die Qualität, Wirksamkeit und Unbedenklichkeit der Arzneimittel (vgl. § 1 AMG). In diesem Zusammenhang regelt die **Verordnung über apothekenpflichtige und frei-verkäufliche Arzneimittel** (AMVerkRV) die Freigabe aus der Apothekenpflicht (vgl. §

1 (AMVerkRV) bzw. die Einbeziehung in die Apothekenpflicht (vgl. § 7 AMVerkRV). Die **Arzneimittelverschreibungsverordnung** (AMVV) gibt vor, dass Arzneimittel, nur bei Vorliegen einer ärztlichen oder zahnärztlichen Verschreibung abgegeben werden (verschreibungspflichtige Arzneimittel), soweit nichts anderes bestimmt ist (vgl. § 1 AMVV). Die Verschreibung muss dazu enthalten:

- Name, Vorname, Berufsbezeichnung und Anschrift der Praxis oder der Klinik der verschreibenden ärztlichen, tierärztlichen oder zahnärztlichen Person (verschreibende Person) einschließlich einer Telefonnummer zur Kontaktaufnahme,
- Datum der Ausfertigung,
- Name und Geburtsdatum der Person, für die das Arzneimittel bestimmt ist,
- Bezeichnung des Fertigarzneimittels oder des Wirkstoffes einschließlich der Stärke,
- bei einem Arzneimittel, das in der Apotheke hergestellt werden soll, die Zusammensetzung nach Art und Menge oder die Bezeichnung des Fertigarzneimittels, von dem Teilmengen abgegeben werden sollen,
- Darreichungsform, sofern dazu die Bezeichnung nicht eindeutig ist,
- abzugebende Menge des verschriebenen Arzneimittels,
- sofern das Arzneimittel zur wiederholten Abgabe auf dieselbe Verschreibung bestimmt sein soll, einen Vermerk mit der Anzahl der Wiederholungen,
- Gebrauchsanweisung bei Arzneimitteln, die in der Apotheke hergestellt werden sollen,
- Gültigkeitsdauer der Verschreibung,
- die eigenhändige Unterschrift der verschreibenden Person oder, bei Verschreibungen in elektronischer Form, deren qualifizierte elektronische Signatur (vgl. § 2 AMVV).

Pflichten im Betäubungsmittelverkehr regelt unter anderem das **Betäubungsmittelgesetz** (BtMG). So dürfen beispielsweise die im BtMG bezeichneten Betäubungsmittel nur von Ärzten bzw. Zahnärzten und nur dann verschrieben oder im Rahmen einer ärztlichen oder zahnärztlichen Behandlung einschließlich der ärztlichen Behandlung einer Betäubungsmittelabhängigkeit verabreicht oder einem anderen zum unmittelbaren Verbrauch oder überlassen werden, wenn ihre Anwendung am oder im menschlichen oder tierischen Körper begründet ist. Die Anwendung ist insbesondere dann nicht begründet, wenn der beabsichtigte Zweck auf andere Weise erreicht werden kann. Zur Deckung des nicht aufschiebbaren Betäubungsmittelbedarfs eines ambulant versorgten Palliativpatienten darf der Arzt diesem die hierfür erforderlichen, im BtMG bezeichneten Betäubungsmittel in Form von Fertigarzneimitteln nur dann überlassen, soweit und solange der Bedarf des Patienten durch eine Verschreibung nicht rechtzeitig gedeckt werden kann; die Höchstüberlassungsmenge darf den Dreitagesbedarf nicht überschreiten (vgl. § 13 BtMG). Die **Betäubungsmittel-Verschreibungsverordnung** (BtMVV) gibt beispielsweise vor, dass Betäubungsmittel für einen Patienten oder für den Praxisbedarf eines Arztes oder Zahnarztes nur nach Vorlage eines ausgefertigten Betäubungsmittelrezeptes (Verschreibung), für den Stationsbedarf, den Notfallbedarf

und den Rettungsdienstbedarf nur nach Vorlage eines ausgefertigten Betäubungsmittel-
anforderungsscheines (Verschreibung für den Stationsbedarf, den Notfallbedarf und den
Rettungsdienstbedarf), abgegeben werden dürfen. Der Verbleib und der Bestand der
Betäubungsmittel sind lückenlos nachzuweisen unter anderem

- in Apotheken,
- in Praxen der Ärzte und Zahnärzte,
- auf Stationen der Krankenhäuser,
- in Alten- und Pflegeheimen sowie in Hospizen,
- in Einrichtungen der Rettungsdienste.

Auch für Gesundheitseinrichtungen bezweckt das **Chemikaliengesetz** (ChemG) vor
schädlichen Einwirkungen gefährlicher Stoffe und Gemische zu schützen, insbesondere
sie erkennbar zu machen, sie abzuwenden und ihrem Entstehen vorzubeugen (vgl. § 1
ChemG).

Zur Abwehr von Gefahren im Rahmen des Betriebsschutzes ist der richtige Umgang
mit **Medizinprodukten** zu beachten, die zu den wichtigen Arbeitsmitteln in Gesundheitseinrichtungen zählen.

So regelt das **Medizinprodukterecht-Durchführungsgesetz** (MPDG) den Verkehr mit
Medizinprodukten, um dadurch für die Sicherheit, Eignung und Leistung der Medizinprodukte sowie die Gesundheit und den erforderlichen Schutz der Patienten, Anwender
und Dritter zu sorgen.

Danach ist es verboten, Medizinprodukte in den Verkehr zu bringen, zu errichten, in
Betrieb zu nehmen, zu betreiben oder anzuwenden, wenn

- der begründete Verdacht besteht, dass sie die Sicherheit und die Gesundheit der
  Patienten, der Anwender oder Dritter bei sachgemäßer Anwendung, Instandhaltung
  und ihrer Zweckbestimmung entsprechender Verwendung über ein nach den Erkenntnissen der medizinischen Wissenschaften vertretbares Maß hinausgehend unmittelbar
  oder mittelbar gefährden oder
- das Datum abgelaufen ist, bis zu dem eine gefahrlose Anwendung nachweislich möglich ist (vgl. § 12 MPDG).

Medizinprodukte dürfen nicht betrieben und angewendet werden, wenn sie Mängel aufweisen, durch die Patienten, Beschäftigte oder Dritte gefährdet werden können (vgl. § 11
MPDG).

Nach der **Medizinprodukte-Betreiberverordnung** (MPBetrV) dürfen Medizinprodukte nur von Personen betrieben oder angewendet werden, die die dafür erforderliche Ausbildung oder Kenntnis und Erfahrung besitzen. Auch hat sich der Anwender
vor dem Anwenden eines Medizinproduktes von der Funktionsfähigkeit und dem
ordnungsgemäßen Zustand des Medizinproduktes zu überzeugen und die Gebrauchsanweisung sowie die sonstigen beigefügten sicherheitsbezogenen Informationen und

Instandhaltungshinweise zu beachten. Dies gilt entsprechend für zur Anwendung miteinander verbundene Medizinprodukte, für Zubehör einschließlich Software oder andere Gegenstände, die mit Medizinprodukten zur Anwendung verbunden sind, sowie für die jeweilige Kombination (vgl. § 4 MPBetrV).

Gesundheitseinrichtungen mit regelmäßig mehr als 20 Beschäftigten haben sicherzustellen, dass eine sachkundige und zuverlässige Person mit medizinischer, naturwissenschaftlicher, pflegerischer, pharmazeutischer oder technischer Ausbildung als Beauftragter für Medizinproduktesicherheit bestimmt ist (vgl. § 6 MPBetrV).

Die Instandhaltung von Medizinprodukten umfasst insbesondere Instandhaltungsmaßnahmen und die Instandsetzung. Instandhaltungsmaßnahmen sind insbesondere Inspektionen und Wartungen, die erforderlich sind, um den sicheren und ordnungsgemäßen Betrieb der Medizinprodukte fortwährend zu gewährleisten. Die Instandhaltungsmaßnahmen sind unter Berücksichtigung der Angaben des Herstellers durchzuführen, der diese Angaben dem Medizinprodukt beizufügen hat (vgl. § 7 MPBetrV).

Die Aufbereitung von bestimmungsgemäß keimarm oder steril zur Anwendung kommenden Medizinprodukten ist unter Berücksichtigung der Angaben des Herstellers mit geeigneten validierten Verfahren so durchzuführen, dass der Erfolg dieser Verfahren nachvollziehbar gewährleistet ist und die Sicherheit und Gesundheit von Patienten, Anwendern oder Dritten nicht gefährdet wird. Dies gilt auch für Medizinprodukte, die vor der erstmaligen Anwendung desinfiziert oder sterilisiert werden (vgl. § 8 MPBetrV).

Ferner sind sicherheitstechnische Kontrollen durchzuführen (vgl. § 11 MPBetrV), sowie ein Produktebuch (vgl. § 12 MPBetrV) und ein Bestandsverzeichnis (vgl. § 13 MPBetrV) zu führen.

Beispiel

Die Risikorelevanz von Medizinprodukten wird anhand des durch das BSI durchgeführten Projekts Manipulation von Medizinprodukten (ManiMed) deutlich: Schwachstellen und IT-Sicherheitslücken, die in vernetzten medizinischen Geräten entdeckt werden, geben in der Regel Anlass zu großer Besorgnis, da ihre Ausnutzung Auswirkungen auf die Patientensicherheit oder auf ihre Umgebung, z. B. das Krankenhausnetzwerk, haben könnte. Im BSI-Projekt 392 - Manipulation von Medizinprodukten (ManiMed) wurde die IT-Sicherheit der getesteten Geräte beleuchtet, um den aktuellen Stand der IT-Sicherheitslage für vernetzte Medizinprodukte, die kürzlich für den deutschen Markt zugelassen wurden sowie die IT-sicherheitsrelevanten Prozesse zu bewerten. Dazu wurden insgesamt zehn Geräte aus folgenden Kategorien (zwei Geräte pro Kategorie) ausgewählt: Implantierbare Herzschrittmacher und Defibrillatoren sowie deren Equipment, Insulinpumpen, Beatmungsgeräte, Infusionspumpen, Patientenmonitore. Sie wurden einschließlich der für ihren Betrieb erforderlichen Infrastrukturkomponenten anhand einer IT-Security-Untersuchung bewertet. Insgesamt wurden den Herstellern im Rahmen des

Projekts mehr als 150 Schwachstellen gemeldet, wobei sich bei der Prüfung heraus-
stellte, dass die Schwachstellen häufig in der begleitenden Infrastruktur, selten jedoch
in Medizinprodukten zu finden waren. So wurden Infusionspumpen in der Regel als
robust eingestuft, da sie ihre Funktion unabhängig vom Zustand der Infrastruktur
erfüllen, d. h. auch dann, wenn die Infrastruktur ausfällt. Allerdings waren die Docks
für die Pumpen in der Regel weniger gesichert, sodass dort vermehrt Schwachstellen
festgestellt werden konnten (vgl. Bundesamt für Sicherheit in der Informationstechnik, 2020, S. 11 ff.). ◄

Das **Strahlenschutzgesetz** (StrlSchG) trifft Regelungen zum Schutz des Menschen und,
soweit es um den langfristigen Schutz der menschlichen Gesundheit geht, der Umwelt
vor der schädlichen Wirkung ionisierender Strahlung insbesondere bei

- geplanten Expositionssituationen,
- Notfallexpositionssituationen,
- bestehenden Expositionssituationen (vgl. § 1 StrlSchG).

Eine medizinische Exposition ist in diesem Zusammenhang die Exposition

- eines Patienten oder einer asymptomatischen Person, an dem oder der im Rahmen
  seiner oder ihrer medizinischen oder zahnmedizinischen Untersuchung oder
  Behandlung, die seiner oder ihrer Gesundheit zugutekommen soll, radioaktive Stoffe
  oder ionisierende Strahlung angewendet werden,
- einer Person, an der mit ihrer Einwilligung oder mit Einwilligung des gesetzlichen
  Vertreters oder Bevollmächtigten radioaktive Stoffe oder ionisierende Strahlung zum
  Zweck der medizinischen Forschung angewendet werden oder
- einer einwilligungsfähigen oder mit Einwilligung des gesetzlichen Vertreters
  oder Bevollmächtigten handelnden Person, die sich wissentlich und willentlich
  ionisierender Strahlung aussetzt, indem sie außerhalb ihrer beruflichen Tätigkeit frei-
  willig Personen unterstützt oder betreut, an denen im Rahmen ihrer medizinischen
  oder zahnmedizinischen Untersuchung oder Behandlung oder im Rahmen der
  medizinischen Forschung radioaktive Stoffe oder ionisierende Strahlung angewendet
  werden (Betreuungs- oder Begleitperson).

Eine berufliche Exposition ist beispielsweise die einer Einsatzkraft während ihres Einsatzes in einer Notfallexpositionssituation oder einer anderen Gefahrenlage (vgl. § 2
StrlSchG).

Ionisierende Strahlung und radioaktive Stoffe dürfen am Menschen nur angewendet
werden

im Rahmen einer medizinischen Exposition oder im Rahmen der Exposition der
Bevölkerung zur Untersuchung einer Person in durch Gesetz vorgesehenen oder
zugelassenen Fällen oder nach Vorschriften des allgemeinen Arbeitsschutzes oder

nach Einwanderungsbestimmungen anderer Staaten (nichtmedizinische Anwendung). Die Anwendung muss einen hinreichenden Nutzen erbringen. Bei der Bewertung, ob die Anwendung einen hinreichenden Nutzen erbringt, ist ihr Gesamtpotential an diagnostischem oder therapeutischem Nutzen, einschließlich des unmittelbaren gesundheitlichen Nutzens für den Einzelnen und des Nutzens für die Gesellschaft, gegen die von der Exposition möglicherweise verursachte Schädigung des Einzelnen abzuwägen. Die Anwendung darf erst durchgeführt werden, nachdem ein Arzt oder Zahnarzt mit der erforderlichen Fachkunde im Strahlenschutz entschieden hat, dass und auf welche Weise die Anwendung durchzuführen ist (rechtfertigende Indikation). Die rechtfertigende Indikation erfordert bei Anwendungen im Rahmen einer medizinischen Exposition die Feststellung, dass der gesundheitliche Nutzen der einzelnen Anwendung gegenüber dem Strahlenrisiko überwiegt. Die rechtfertigende Indikation erfordert bei nichtmedizinischen Anwendungen die Feststellung, dass der mit der jeweiligen Untersuchung verbundene Nutzen gegenüber dem Strahlenrisiko überwiegt. Die Exposition durch eine Untersuchung mit ionisierender Strahlung oder radioaktiven Stoffen ist so weit einzuschränken, wie dies mit den Erfordernissen der medizinischen Wissenschaft zu vereinbaren ist. Bei der Anwendung ionisierender Strahlung oder radioaktiver Stoffe zur Behandlung von Menschen ist die Dosis außerhalb des Zielvolumens so niedrig zu halten, wie dies unter Berücksichtigung des Behandlungsziels möglich ist (vgl. § 83 StrlSchG).

Das StrlSchG enthält ferner beispielsweise Regelungen zum Genehmigungs- und anzeigebedürftigen Betrieb von Röntgeneinrichtungen (vgl. § 19 StrlSchG) sowie besondere Voraussetzungen bei Tätigkeiten im Zusammenhang mit der Anwendung am Menschen (vgl. § 14 StrlSchG).

Darüber hinaus regelt ein eigenes Kapitel den Schutz von Einsatzkräften wie den Schutz der Einsatzkräfte bei Notfalleinsätzen oder die Unterrichtung, Aus- und Fortbildung der Einsatzkräfte im Rahmen der Notfallvorsorge (vgl. § 113 ff. StrlSchG).

Die Strahlenschutzverordnung (StrlSchV) enthält unter anderem zahlreiche Vorgaben für die Anwendung ionisierender oder radioaktiver Strahlung am Menschen (siehe Tab. 3.2).

3.3   Schutz Kritischer Infrastrukturen und Datensicherheit

Nach dem **Gesetz über das Bundesamt für Sicherheit in der Informationstechnik** (BSI-Gesetz - BSIG) richtet das BSI folgende Warnungen an die Öffentlichkeit oder an die betroffenen Kreise:

- Warnungen vor Sicherheitslücken in informationstechnischen Produkten und Diensten,
- Warnungen vor Schadprogrammen und
- Warnungen im Falle eines Verlustes von oder eines unerlaubten Zugriffs auf Daten (vgl. § 7 BSIG).

Tab. 3.2 Beispiele der Strahlenschutzverordnung zu Vorgaben für die Anwendung ionisierender oder radioaktiver Strahlung am Menschen

Fund-stelle	Thema	Inhalte
§ 114	Anforderungen an die Ausrüstung bei der Anwendung am Menschen	Der Strahlenschutzverantwortliche hat dafür zu sorgen, dass eine Röntgeneinrichtung zur Anwendung am Menschen nur verwendet wird, wenn sie • über eine Funktion verfügt, die die Parameter zur Ermittlung der bei der Anwendung erhaltenen Exposition der untersuchten oder behandelten Person anzeigt, oder, falls dies nach dem Stand der Technik nicht möglich ist, mit der die erhaltene Exposition der untersuchten oder behandelten Person auf andere Weise ermittelt werden kann, • über eine Funktion verfügt, die die Parameter, die zur Ermittlung der Exposition der untersuchten oder behandelten Person erforderlich sind, elektronisch aufzeichnet und für die Qualitätssicherung elektronisch nutzbar macht, • im Falle der Verwendung zur Durchleuchtung über eine Funktion zur elektronischen Bildverstärkung und zur automatischen Dosisleistungsregelung oder über eine andere, mindestens gleichwertige Funktion verfügt, • im Falle der Verwendung zur Durchleuchtung bei Interventionen neben der Vorrichtung oder Funktion nach Nummer 1 über eine Funktion verfügt, die der Person durchgängig während der Anwendung die Parameter zur Ermittlung der Exposition der untersuchten Person anzeigt
§ 115	Qualitätssicherung vor Inbetriebnahme; Abnahmeprüfung	Bei Anlagen zur Erzeugung ionisierender Strahlung, Bestrahlungsvorrichtungen, Röntgeneinrichtungen und sonstigen Vorrichtungen und Geräten, die bei der Anwendung radioaktiver Stoffe oder ionisierender Strahlung am Menschen verwendet werden, hat der Strahlenschutzverantwortliche vor der Inbetriebnahme sicherzustellen, dass die für die Anwendung erforderliche Qualität im Sinne des Strahlenschutzgesetzes erreicht wird und zu diesem Zweck unter seiner Einbindung eine Abnahmeprüfung durch den jeweiligen Hersteller oder Lieferanten der einzelnen Komponenten durchgeführt wird. Der Strahlenschutzverantwortliche hat dafür zu sorgen, dass als Teil der Abnahmeprüfung die Bezugswerte für die Konstanzprüfung bestimmt werden. Ist die Anlage zur Erzeugung ionisierender Strahlung, die Bestrahlungsvorrichtung, die Röntgeneinrichtung oder eine sonstige Vorrichtung oder ein Gerät Teil eines Gesamtsystems für die Anwendung am Menschen, so hat der Strahlenschutzverantwortliche auch für das Gesamtsystem durch eine Prüfung sicherzustellen, dass die für die Anwendung erforderliche Qualität im Sinne des Strahlenschutzgesetzes erreicht wird

(Fortsetzung)

Tab. 3.2   (Fortsetzung)

Fund-stelle	Thema	Inhalte
§ 116	Konstanzprüfung	Der Strahlenschutzverantwortliche hat dafür zu sorgen, dass für Anlagen zur Erzeugung ionisierender Strahlung, Bestrahlungsvorrichtungen, Röntgeneinrichtungen oder sonstige Vorrichtungen oder Geräte nach der Inbetriebnahme regelmäßig und in den erforderlichen Zeitabständen geprüft wird, ob die für die Anwendung erforderliche Qualität im Sinne des Strahlenschutzgesetzes weiterhin erreicht wird (Konstanzprüfung). Hierzu ist insbesondere zu prüfen, ob die Bezugswerte, die in der letzten Abnahmeprüfung erhoben wurden, eingehalten werden. Der Strahlenschutzverantwortliche hat dafür zu sorgen, dass bei der Konstanzprüfung die Prüfmittel verwendet werden, die bei der Abnahmeprüfung für die Bestimmung der Bezugswerte verwendet wurden. Die zuständige Behörde kann im Einzelfall der Verwendung anderer Prüfmittel zustimmen, wenn die Verwendung der bei der Abnahmeprüfung verwendeten Prüfmittel zu einer unverhältnismäßigen Beeinträchtigung des angezeigten oder genehmigten Betriebs führen würde
§ 118	Bestandsverzeich-nis	Der Strahlenschutzverantwortliche hat dafür zu sorgen, dass ein aktuelles Bestandsverzeichnis über die bei der Anwendung radioaktiver Stoffe oder ionisierender Strahlung am Menschen eingesetzten Ausrüstungen, Geräte und Vorrichtungen geführt und der zuständigen Behörde auf Verlangen vorgelegt wird
§ 119	Rechtfertigende Indikation	Der die rechtfertigende Indikation stellende Arzt oder Zahnarzt hat neben der Einhaltung der Anforderungen nach dem Strahlenschutzgesetz zu prüfen, ob es sich bei der vorgesehenen Anwendung ionisierender Strahlung oder radioaktiver Stoffe um ein anerkanntes Verfahren nach den Erfordernissen der medizinischen Wissenschaften oder um einen Heilversuch handelt, dessen Durchführung durch den Arzt oder Zahnarzt besonders zu begründen ist. Eine rechtfertigende Indikation ist auch dann zu stellen, wenn eine Anforderung eines überweisenden Arztes oder Zahnarztes vorliegt. Der die rechtfertigende Indikation stellende Arzt oder Zahnarzt hat vor der Anwendung, erforderlichenfalls in Zusammenarbeit mit dem überweisenden Arzt oder Zahnarzt, die verfügbaren Informationen über bisherige medizinische Erkenntnisse heranzuziehen, um jede unnötige Exposition zu vermeiden. Zu diesem Zweck ist die zu untersuchende oder zu behandelnde Person über frühere Anwendungen ionisierender Strahlung oder radioaktiver Stoffe, die für die vorgesehene Anwendung von Bedeutung sein können, zu befragen

(Fortsetzung)

Tab. 3.2 (Fortsetzung)

Fund-stelle	Thema	Inhalte
§ 120	Schutz von besonderen Personengruppen	Der anwendende Arzt oder Zahnarzt hat vor einer Anwendung ionisierender Strahlung oder radioaktiver Stoffe gebärfähige Personen, erforderlichenfalls in Zusammenarbeit mit einem überweisenden Arzt, zu befragen, ob eine Schwangerschaft besteht oder bestehen könnte. Bei bestehender oder nicht auszuschließender Schwangerschaft ist die Dringlichkeit der Anwendung zu prüfen. Bei der Anwendung offener radioaktiver Stoffe gelten dies entsprechend für stillende Personen. Der anwendende Arzt oder Zahnarzt hat bei Personen, bei denen trotz bestehender oder nicht auszuschließender Schwangerschaft die Anwendung ionisierender Strahlung oder radioaktiver Stoffe geboten ist, alle Möglichkeiten zur Herabsetzung der Exposition dieser Person und insbesondere des ungeborenen Kindes auszuschöpfen. Bei der Anwendung offener radioaktiver Stoffe gilt dies entsprechend für stillende Personen. Der Strahlenschutzverantwortliche hat dafür zu sorgen, dass bei der Anwendung ionisierender Strahlung oder radioaktiver Stoffe an Personen unter 18 Jahren geeignete Verfahren sowie Ausrüstungen, Geräte und Vorrichtungen verfügbar sind und eingesetzt werden, um der besonderen Strahlenempfindlichkeit dieser Personen Rechnung zu tragen
§ 121	Maßnahmen bei der Anwendung	Der Strahlenschutzverantwortliche hat dafür zu sorgen, dass für Untersuchungen und Behandlungen mit ionisierender Strahlung oder radioaktiven Stoffen schriftliche Arbeitsanweisungen erstellt werden. Diese sind für die Personen, die bei diesen Anwendungen tätig sind, zur jederzeitigen Einsicht bereitzuhalten und auf Anforderung der zuständigen Behörde und der ärztlichen oder zahnärztlichen Stelle vorzulegen. Der Strahlenschutzverantwortliche hat dafür zu sorgen, dass ein Arzt und ein Medizinphysik-Experte für Personen, deren Behandlung mit ionisierender Strahlung oder radioaktiven Stoffen individuell festzulegen ist, einen auf diese Person bezogenen Bestrahlungsplan schriftlich festlegen. In den Bestrahlungsplan sind alle Behandlungsbedingungen aufzunehmen, insbesondere die nach den Erfordernissen der medizinischen Wissenschaft individuell festzulegende Dosis im Zielvolumen oder die Aktivität des eingesetzten radioaktiven Stoffes. Der Strahlenschutzverantwortliche hat dafür zu sorgen, dass bei Behandlungen, denen ein individueller Bestrahlungsplan zugrunde liegt, die Einhaltung aller im Bestrahlungsplan festgelegten Bedingungen überprüft wird

(Fortsetzung)

Tab. 3.2   (Fortsetzung)

Fund-stelle	Thema	Inhalte
§ 122	Beschränkung der Exposition	Der Strahlenschutzverantwortliche hat dafür zu sorgen, dass Maßnahmen ergriffen werden, um die Exposition von Betreuungs- und Begleitpersonen zu beschränken. Er hat dafür zu sorgen, dass innerhalb von sechs Monaten nach Aufnahme einer Tätigkeit geprüft wird, ob die Festlegung von Dosisrichtwerten für die Exposition von Betreuungs- und Begleitpersonen ein geeignetes Instrument zur Optimierung des Strahlenschutzes ist. Der Strahlenschutzverantwortliche hat auch dafür zu sorgen, dass ein Leitfaden für den Strahlenschutz von Betreuungs- und Begleitpersonen erstellt wird. Der Strahlenschutzverantwortliche hat dafür zu sorgen, dass für jede Art der Untersuchung und Behandlung die Expositionen der Personen, an denen ionisierende Strahlung oder radioaktive Stoffe angewendet werden, regelmäßig ausgewertet und bewertet wird. Der Strahlenschutzverantwortliche hat dafür zu sorgen, dass die diagnostischen Referenzwerte bei Untersuchungen von Personen mit radioaktiven Stoffen oder ionisierender Strahlung zugrunde gelegt werden. Der Strahlenschutzverantwortliche hat dafür zu sorgen, dass eine Person, die mit radioaktiven Stoffen behandelt wurde, erst dann aus dem Strahlenschutzbereich entlassen wird, wenn davon ausgegangen werden kann, dass hierdurch für Angehörige und Dritte eine effektive Dosis von nicht mehr als 1 Millisievert auftreten kann. Ist im Einzelfall eine Entlassung aus medizinischen Gründen vor diesem Zeitpunkt erforderlich, so hat der Strahlenschutzverantwortliche dafür zu sorgen, dass dies schriftlich begründet und der zuständigen Behörde mitgeteilt wird

Kritische Infrastrukturen sind nach dem BSIG Einrichtungen, Anlagen oder Teile davon, die

- den Sektoren Energie, Informationstechnik und Telekommunikation, Transport und Verkehr, Gesundheit, Wasser, Ernährung sowie Finanz- und Versicherungswesen angehören und
- von hoher Bedeutung für das Funktionieren des Gemeinwesens sind, weil durch ihren Ausfall oder ihre Beeinträchtigung erhebliche Versorgungsengpässe oder Gefährdungen für die öffentliche Sicherheit eintreten würden (vgl. § 1 BSIG).

Betreiber Kritischer Infrastrukturen sind verpflichtet, angemessene organisatorische und technische Vorkehrungen zur Vermeidung von Störungen der Verfügbarkeit, Integrität, Authentizität und Vertraulichkeit ihrer informationstechnischen Systeme, Komponenten oder Prozesse zu treffen, die für die Funktionsfähigkeit der von ihnen betriebenen

Kritischen Infrastrukturen maßgeblich sind. Dabei soll der Stand der Technik eingehalten werden. Organisatorische und technische Vorkehrungen sind angemessen, wenn der dafür erforderliche Aufwand nicht außer Verhältnis zu den Folgen eines Ausfalls oder einer Beeinträchtigung der betroffenen Kritischen Infrastruktur steht. Betreiber Kritischer Infrastrukturen und ihre Branchenverbände können branchenspezifische Sicherheitsstandards zur Gewährleistung der Anforderungen vorschlagen. Das Bundesamt stellt auf Antrag fest, ob diese geeignet sind, die Anforderungen zu gewährleisten (vgl. § 8a BSIG).

Beispiel

Der branchenspezifische Sicherheitsstandard (B3S) für die medizinische Versorgung in Krankenhäusern orientiert sich unter anderem an der in der Praxis etablierten Norm ISO 27001, dem Stand der Technik und den für den Geltungsbereich relevanten wesentlichen Risiken. Er dient zur Etablierung eines angemessenen Sicherheitsniveaus im Sinne des BSIG bei gleichzeitiger Wahrung des üblichen Versorgungsniveaus der Patientenversorgung und der Verhältnismäßigkeit der umzusetzenden Maßnahmen (vgl. Deutsche Krankenhausgesellschaft, 2019, S.10). ◀

Ferner haben die Betreiber Kritischer Infrastrukturen mindestens alle zwei Jahre die Erfüllung der Anforderungen auf geeignete Weise nachzuweisen. Der Nachweis kann durch Sicherheitsaudits, Prüfungen oder Zertifizierungen erfolgen. Die Betreiber übermitteln dem Bundesamt die Ergebnisse der durchgeführten Audits, Prüfungen oder Zertifizierungen einschließlich der dabei aufgedeckten Sicherheitsmängel. Das Bundesamt kann die Vorlage der Dokumentation, die der Überprüfung zugrunde gelegt wurde, verlangen. Es kann bei Sicherheitsmängeln im Einvernehmen mit der zuständigen Aufsichtsbehörde des Bundes oder im Benehmen mit der sonst zuständigen Aufsichtsbehörde die Beseitigung der Sicherheitsmängel verlangen (vgl. § 8a BSIG).

Nach der **Verordnung zur Bestimmung Kritischer Infrastrukturen nach dem BSI-Gesetz** (BSI-Kritisverordnung – BSI-KritisV) sind wegen ihrer besonderen Bedeutung für das Funktionieren des Gemeinwesens im Sektor Gesundheit kritische Dienstleistungen im Sinne des BSI-Gesetzes:

- die stationäre medizinische Versorgung (wird in den Bereichen Aufnahme, Diagnose, Therapie, Unterbringung/Pflege und Entlassung erbracht);
- die Versorgung mit unmittelbar lebenserhaltenden Medizinprodukten, die Verbrauchsgüter sind (wird in den Bereichen Herstellung und Abgabe erbracht);
- die Versorgung mit verschreibungspflichtigen Arzneimitteln und Blut- und Plasmakonzentraten zur Anwendung im oder am menschlichen Körper (wird in den Bereichen Herstellung, Vertrieb und Abgabe erbracht);
- die Laboratoriumsdiagnostik (wird in den Bereichen Transport und Analytik erbracht).

Im Sektor Gesundheit sind Kritische Infrastrukturen (KRITIS) solche Anlagen oder Teile davon, die den der BSI-KritisV genannten Kategorien zuzuordnen sind, die in den zuvor genannten Bereichen erforderlich sind und die den Schwellenwert (siehe Tab. 3.3.) erreichen oder überschreiten (vgl. § 6 BSI-KritisV).

Die Betreiber Kritischer Infrastrukturen sind verpflichtet, angemessene organisatorische und technische Vorkehrungen zur Vermeidung von Störungen der Verfügbarkeit, Integrität, Authentizität und Vertraulichkeit ihrer informationstechnischen Systeme, Komponenten oder Prozesse zu treffen, die für die Funktionsfähigkeit der von ihnen betriebenen Kritischen Infrastrukturen maßgeblich sind. Dabei soll der Stand der Technik eingehalten werden. Organisatorische und technische Vorkehrungen sind angemessen, wenn der dafür erforderliche Aufwand nicht außer Verhältnis zu den Folgen eines Ausfalls oder einer Beeinträchtigung der betroffenen Kritischen Infrastruktur steht. Die Betreiber Kritischer Infrastrukturen und ihre Branchenverbände können branchenspezifische Sicherheitsstandards zur Gewährleistung der Anforderungen vorschlagen. Das Bundesamt stellt auf Antrag fest, ob diese geeignet sind, die Anforderungen zu gewährleisten. Die Feststellung erfolgt im Benehmen mit dem Bundesamt für Bevölkerungsschutz und Katastrophenhilfe und im Einvernehmen mit der zuständigen Aufsichtsbehörde des Bundes oder im Benehmen mit der sonst zuständigen Aufsichtsbehörde. Die Betreiber Kritischer Infrastrukturen haben mindestens alle zwei Jahre die Erfüllung der Anforderungen auf geeignete Weise nachzuweisen. Der Nachweis kann durch Sicherheitsaudits, Prüfungen oder Zertifizierungen erfolgen. Die Betreiber übermitteln dem Bundesamt die Ergebnisse der durchgeführten Audits, Prüfungen oder Zertifizierungen einschließlich der dabei aufgedeckten Sicherheitsmängel. Das Bundesamt kann die Vorlage der Dokumentation, die der Überprüfung zugrunde gelegt wurde, verlangen. Es kann bei Sicherheitsmängeln im Einvernehmen mit der zuständigen Aufsichtsbehörde des Bundes oder im Benehmen mit der sonst zuständigen Aufsichtsbehörde die Beseitigung der Sicherheitsmängel verlangen. Das Bundesamt kann beim Betreiber Kritischer Infrastrukturen die Einhaltung der Anforderungen überprüfen; es kann sich bei der Durchführung der Überprüfung eines qualifizierten unabhängigen Dritten bedienen. Der Betreiber Kritischer Infrastrukturen hat dem Bundesamt und den in dessen Auftrag handelnden Personen zum Zweck der Überprüfung das Betreten der Geschäfts- und Betriebsräume während der üblichen Betriebszeiten zu gestatten und auf Verlangen die in Betracht kommenden Aufzeichnungen, Schriftstücke und sonstigen Unterlagen in geeigneter Weise vorzulegen, Auskunft zu erteilen und die erforderliche Unterstützung zu gewähren. Für die Überprüfung erhebt das Bundesamt Gebühren und Auslagen bei dem jeweiligen Betreiber Kritischer Infrastrukturen nur, sofern das Bundesamt auf Grund von Anhaltspunkten tätig geworden ist, die berechtigte Zweifel an der Einhaltung der Anforderungen begründeten (vgl. § 8a BSIG).

Um Krisenfälle möglichst zu verhindern und Stabilität im Bereich Datenschutz zu gewährleisten, dienen das **Bundesdatenschutzgesetz** (BDSG) und die Landesdatenschutzgesetze dazu, unter anderem durch Rechtsgrundlagen für die Verarbeitung

Tab. 3.3 Anlagekategorien und Schwellenwerte nach der BSI-KritisV (vgl. Anhang 5 BSI-KritisV)

Anlagenkategorie	Bemessungs-kriterium	Schwellen-wert
stationäre medizinische Versorgung		
Krankenhaus (Standort oder Betriebsstätten eines nach SGB V zugelassenen Krankenhauses, der oder die für die Erbringung stationärer Versorgungsleistungen notwendig ist oder sind)	vollstationäre Fallzahl/Jahr	30.000
Versorgung mit unmittelbar lebenserhaltenden Medizinprodukten, die Verbrauchsgüter sind		
Herstellung		
Produktionsstätte (Betriebsstätte, in der Medizinprodukte für Beatmung/Tracheostomie, parenterale Ernährung, enterale Ernährung, ableitende Inkontinenz und Diabetes – Typ 1 hergestellt werden)	Umsatz in Euro/Jahr	90.680.000
Abgabe		
Abgabestelle (Einrichtung, in der Medizinprodukte für Beatmung/Tracheostomie, parenterale Ernährung, enterale Ernährung, ableitende Inkontinenz und Diabetes – Typ 1 abgegeben werden)	Umsatz in Euro/Jahr	90.680.000
Versorgung mit verschreibungspflichtigen Arzneimitteln und Blut- und Plasmakonzentraten zur Anwendung im oder am menschlichen Körper		
Herstellung		
Produktionsstätte (Betriebsstätte, die auf der Grundlage einer Herstellungserlaubnis nach AMG Hilfsstoffe und Hilfsmaterialien sowie Wirkstoffe zu verschreibungspflichtigen Arzneimitteln zur Anwendung im oder am menschlichen Körper nach AMG verarbeitet)	Anzahl in Verkehr gebrachter Packungen/Jahr	4.650.000

(Fortsetzung)

Tab. 3.3 (Fortsetzung)

Anlagenkategorie			Bemessungs-kriterium	Schwellen-wert
		Anlage oder System zur Entnahme und Weiterver-arbeitung von Blutspenden (zentrales IT-System zur Steuerung und Verwaltung von Blutspendeeinrichtungen oder Herstellungseinheiten)	Anzahl hergestellter oder in Verkehr gebrachter Produkte/Jahr	34.000
	Vertrieb			
		Betriebs- und Lagerraum (Einrichtung zur kurz-zeitigen Lagerung von verschreibungspflichtigen Arzneimitteln, von Blut-spenden und Blut- und Plasmaderivaten sowie zur Weiterverarbeitung oder Aufbereitung von Blut-spenden und Blut- und Plasmaderivaten zur Anwendung im oder am menschlichen Körper)	Anzahl umgeschlagener Packungen/Jahr	4.650.000
		Anlage oder System zum Vertrieb von verschreibungs-pflichtigen Arzneimitteln (zentrales Logistikmanagementsystem für den Vertrieb und die Dis-position von verschreibungs-pflichtigen Arzneimitteln zur Anwendung im oder am menschlichen Körper)	Anzahl trans-portierter Packungen/Jahr	4.650.000
	Abgabe			
		Apotheke (Einrichtung zur Bereitstellung von ver-schreibungspflichtigen Arzneimitteln für Patienten im Sinne des ApoG)	abgegebene Packungen/Jahr	4.650.000

(Fortsetzung)

Tab. 3.3 (Fortsetzung)

Anlagenkategorie			Bemessungs-kriterium	Schwellen-wert
Laboratoriumsdiagnostik				
	Transport			
		Transportsystem (System zur Steuerung des physischen Proben- und Auftragstransports zwischen dem Auftraggeber des Labors und dem Labor)	kumulierte Anzahl der Aufträge der Labore in der Gruppe/Jahr	1.500.000
		Kommunikationssystem zur Auftrags- oder Befundübermittlung (System zur Übermittlung von Befundungsergebnissen zwischen Auftraggeber und Labor)	Anzahl Aufträge/Jahr	1.500.000
	Analytik			
		Labor (Einrichtung, in der medizinische labordiagnostische Verfahren für Diagnose und Therapiekontrolle in der Humanmedizin durchgeführt und fachärztlich befundet werden)	Anzahl Aufträge/Jahr	1.500.000

personenbezogener Daten für Datenschutz bei den Patienten und Beschäftigten in Gesundheitseinrichtungen zu sorgen.

Beispiel

Unter der Überschrift „Diebstahl in Arztpraxen - Millionen Patientendaten kaum gesichert" wurde in der Tagesschau über den unzureichenden Schutz von digitalen Krankenakten berichtet: „Die Computersysteme Tausender deutscher Arztpraxen sind offenbar nur unzureichend vor Angriffen durch Hacker geschützt. Mithilfe einer speziellen, aber offen im Netz verfügbaren Suchmaschine können Sicherheitslücken von ans Internet angebundenen Praxisrechnern entdeckt werden, wie Ronald Eikenberg von der Computerzeitschrift „c't" erklärt." … „Die Daten bedeuteten für Hacker bares Geld - pro Datensatz bis zu 2000 €. Der Handel mit den sensiblen Daten ist auf dem digitalen Schwarzmarkt zu einem lukrativen Markt geworden. „Man kann damit definitiv reich werden", sagt Eikenberg. Das sei höchst illegal, aber es gebe genug Leute mit krimineller Energie, die das nicht störe. Die Daten wurden zum Beispiel genutzt, um Personen gezielt zu attackieren oder zu erpressen. Ältere Daten würden

dazu verwendet werden, andere weniger sensible Zugangsdaten abzugreifen oder
gezielt Werbemails zu verschicken. Dieses letzte Stück der kriminellen Verwertungs-
kette könne auch Jahre später erst passieren." (vgl. Siebke & Bock, 2020, S. 1) ◄

Neben Vorgaben zum Datenschutz enthält das BDSG beispielsweise auch Regelungen
zur Videoüberwachung öffentlich zugänglicher Räume. Danach ist die Beobachtung
öffentlich zugänglicher Räume mit optisch-elektronischen Einrichtungen (Videoüberwachung) nur zulässig, soweit sie

- zur Aufgabenerfüllung öffentlicher Stellen,
- zur Wahrnehmung des Hausrechts oder
- zur Wahrnehmung berechtigter Interessen für konkret festgelegte Zwecke

erforderlich ist und keine Anhaltspunkte bestehen, dass schutzwürdige Interessen der
betroffenen Personen überwiegen. Dabei sind der Umstand der Beobachtung und der
Name und die Kontaktdaten des Verantwortlichen sind durch geeignete Maßnahmen zum
frühestmöglichen Zeitpunkt erkennbar zu machen. Die Speicherung oder Verwendung
von erhobenen Daten ist zulässig, wenn sie zum Erreichen des verfolgten Zwecks
erforderlich ist und keine Anhaltspunkte bestehen, dass schutzwürdige Interessen der
betroffenen Personen überwiegen. Für einen anderen Zweck dürfen sie nur weiterverarbeitet werden, soweit dies zur Abwehr von Gefahren für die staatliche und öffentliche
Sicherheit sowie zur Verfolgung von Straftaten erforderlich ist. Werden durch Videoüberwachung erhobene Daten einer bestimmten Person zugeordnet, so besteht die Pflicht
zur Information der betroffenen Person über die Verarbeitung. Die Daten sind unverzüglich zu löschen, wenn sie zur Erreichung des Zwecks nicht mehr erforderlich sind
oder schutzwürdige Interessen der betroffenen Personen einer weiteren Speicherung entgegenstehen (vgl. § 4 BDSG).

Als weiteres wichtiges Regelwerk macht die **Datenschutzgrundverordnung**
(DSGVO) beispielsweise Vorgaben zur Sicherheit der Datenverarbeitung. So sind beispielsweise unter Berücksichtigung des Stands der Technik, der Implementierungs-
kosten und der Art, des Umfangs, der Umstände und der Zwecke der Verarbeitung
sowie der unterschiedlichen Eintrittswahrscheinlichkeit und Schwere des Risikos für die
Rechte und Freiheiten natürlicher Personen geeignete technische und organisatorische
Maßnahmen zu treffen, um ein dem Risiko angemessenes Schutzniveau zu gewährleisten; diese Maßnahmen schließen unter anderem Folgendes ein:

- die Pseudonymisierung und Verschlüsselung personenbezogener Daten;
- die Fähigkeit, die Vertraulichkeit, Integrität, Verfügbarkeit und Belastbarkeit der
  Systeme und Dienste im Zusammenhang mit der Verarbeitung auf Dauer sicherzustellen;
- die Fähigkeit, die Verfügbarkeit der personenbezogenen Daten und den Zugang zu
  ihnen bei einem physischen oder technischen Zwischenfall rasch wiederherzustellen;

- ein Verfahren zur regelmäßigen Überprüfung, Bewertung und Evaluierung der Wirksamkeit der technischen und organisatorischen Maßnahmen zur Gewährleistung der Sicherheit der Verarbeitung.

Bei der Beurteilung des angemessenen Schutzniveaus sind insbesondere die Risiken zu berücksichtigen, die mit der Verarbeitung verbunden sind, insbesondere durch – ob unbeabsichtigt oder unrechtmäßig – Vernichtung, Verlust, Veränderung oder unbefugte Offenlegung von beziehungsweise unbefugten Zugang zu personenbezogenen Daten, die übermittelt, gespeichert oder auf andere Weise verarbeitet wurden (vgl. § 32 DSGVO).

Weitere wichtige Vorgaben sind beispielsweise die Durchführung von Datenschutz-Folgeabschätzungen (vgl. § 35 DSGVO) oder die Benennung von Datenschutzbeauftragten (vgl. § 37 DSGVO).

3.4   Katastrophenschutz

Während es nach dem **Zivilschutz- und Katastrophenhilfegesetz** (ZSKG) die Aufgabe des Zivilschutzes ist, durch nichtmilitärische Maßnahmen die Bevölkerung, ihre Wohnungen und Arbeitsstätten, lebens- oder verteidigungswichtige zivile Dienststellen, Betriebe, Einrichtungen und Anlagen sowie das Kulturgut vor Kriegseinwirkungen zu schützen und deren Folgen zu beseitigen oder zu mildern (vgl. § 1 ZSKG), geht es im überwiegend landesrechtlich organisierten Katastrophenschutz um Großschadensereignisse, die zeitlich und örtlich kaum begrenzbar sind, die großflächige Auswirkungen haben, die die Existenz der Gesundheitseinrichtung oder das Leben und die Gesundheit von Personen gefährden, die zu sehr hohen, signifikanten Personen- und/oder Sachschäden führen, deren Behebung erheblichen Zeitbedarf und umfangreiche Mittel erfordern, die nicht durch die Gesundheitseinrichtung alleine bewältigt werden können und deshalb in der Regel Maßnahmen des überbehördlichen Katastrophenschutzes erforderlich machen.

Im Rahmen der erweiterten Einsatzbereitschaft kann beispielsweise angeordnet werden, dass

- den für den Katastrophenschutz zuständigen Behörden die Rettungsleitstellen ihres Bereiches unterstellt werden,
- diese die ihnen zugeordneten Dienste in ständiger Einsatzbereitschaft zu halten und unter ärztlicher Leitung die Belegung von stationären Einrichtungen zu regeln haben,
- jede der stationären Behandlung dienende Einrichtung der zuständigen Rettungsleitstelle anzuschließen ist (vgl. § 22 ZSKG).

Das vom Bund den Ländern für die gesundheitliche Versorgung der Bevölkerung im Verteidigungsfall ergänzend zur Verfügung gestellte Sanitätsmaterial steht den Ländern für ihre Aufgaben im Bereich des Katastrophenschutzes zusätzlich zur Verfügung. Die Länder können das Sanitätsmaterial in ihre Katastrophenschutzvorsorge einplanen (vgl. § 23 ZSKG).

Zur Vorbereitung der Abwehr und zur Abwehr von Katastrophen (Katastrophenschutz) gibt es Regelungswerke der einzelnen Bundesländer. So sieht beispielsweise das Hessisches Gesetz über den Brandschutz, die Allgemeine Hilfe und den Katastrophenschutz (**Hessisches Brand- und Katastrophenschutzgesetz** – HBKG) vor, dass in die Alarmpläne und Einsatzpläne sowie die Katastrophenschutzpläne die Angehörigen der Gesundheitsberufe sowie die Stellen und Einrichtungen des Gesundheitswesens, soweit erforderlich, einzubeziehen sind. Die Träger der Krankenhäuser sind verpflichtet, zur Mitwirkung im Katastrophenschutz für ihre Krankenhäuser Krankenhauseinsatzpläne aufzustellen und fortzuschreiben, die mit den Katastrophenschutzplänen der Katastrophenschutzbehörden in Einklang stehen, sowie Übungen durchzuführen. Benachbarte Krankenhäuser haben sich gegenseitig zu unterstützen und ihre Krankenhauseinsatzpläne aufeinander abzustimmen (vgl. § 36 HBKG).

Ärztinnen und Ärzte, Zahnärztinnen und Zahnärzte, Apothekerinnen und Apotheker sowie Angehörige sonstiger Gesundheitsberufe und das ärztliche Hilfspersonal sind im Rahmen des Katastrophenschutzes verpflichtet, sich hierzu für die besonderen Anforderungen fortzubilden und auf Anforderung der Katastrophenschutzbehörde an Einsätzen, Übungen, Lehrgängen und sonstigen Ausbildungsveranstaltungen teilzunehmen und den dort ergangenen Weisungen nachzukommen, falls sie ohne erhebliche eigene Gefahr oder Verletzung anderer wichtiger.

Pflichten in Anspruch genommen werden können. Die Landesärztekammer, die Landeszahnärztekammer und die Landesapothekerkammer sowie die berufsständischen Vertretungen haben für die Fortbildung der genannten Personen zu sorgen (vgl. § 37 HBKG).

Die öffentlichen Einheiten und Einrichtungen wirken im Katastrophenschutz mit, ebenso wie die die Bundesanstalt Technisches Hilfswerk gemäß ihrer Aufgabenzuweisung. Private Träger des Katastrophenschutzes sind Organisationen die im Katastrophenschutz mit Einheiten und Einrichtungen mitwirken und die zur Hilfeleistung bei Katastrophen allgemein geeignet sind. Dies sind namentlich der Bundesverband eigenständiger Rettungsdienste sowie der Arbeiter-Samariter-Bund, die Deutsche Lebens-Rettungs-Gesellschaft, das Deutsche Rote Kreuz, die Johanniter-Unfall-Hilfe und der Malteser- Hilfsdienst. Die im Katastrophenschutz mitwirkenden Einheiten und Einrichtungen sowie deren Träger sind verpflichtet,

- die Katastrophenschutzbehörden bei der Durchführung ihrer Maßnahmen zu
- unterstützen sowie die aufgrund dieses Gesetzes ergangenen Vorschriften und
- Weisungen zu befolgen,
- ihre Einsatzbereitschaft zu gewährleisten und
- die angeordneten Einsätze zu leisten.

Hierfür sind auch eigene Kräfte und Sachmittel bereitzustellen (vgl. § 27 HBKG).

Zu den Maßnahmen des Katastrophenschutzes gehören notwendige vorbereitende Maßnahmen, um eine wirksame Katastrophenabwehr zu gewährleisten. Dazu zählen insbesondere

- Errichtung einer Katastrophenschutzleitung mit einem Katastrophenschutzstab und einem Verwaltungsstab, einer Informations- und Kommunikationszentrale sowie einer Gefahrstoff-ABC-Messzentrale,
- Aufstellung von Einheiten und Einrichtungen des Katastrophenschutzes mit den erforderlichen baulichen Anlagen und der erforderlichen Ausrüstung,
- Ausbildung und Fortbildung der Angehörigen des Katastrophenschutzes einschließlich des Stabspersonals,
- Aufstellung und Fortschreibung von Katastrophenschutzplänen,
- Katastrophenschutzübungen (vgl. § 29 HBKG).

Der Katastrophenschutzstab unterstützt die Katastrophenschutzbehörde bei der Vorbereitung der Abwehr und der Abwehr von Katastrophen. Ihm gehören insbesondere Vertreterinnen und Vertreter der Feuerwehr und der Organisationen an, deren Einheiten und Einrichtungen im Katastrophenschutz mitwirken (vgl. § 30 HBKG).

Die Katastrophenschutzpläne müssen insbesondere die erforderlichen Angaben über die in einem Katastrophenfall verfügbaren Hilfskräfte, deren Alarmierung und Hilfsmittel enthalten. Sie sind mit den benachbarten Katastrophenschutzbehörden abzustimmen. Für besondere Gefahrenobjekte und Gefahrenlagen in den Aufgabenbereichen folgender Einheiten und Einrichtungen des Katastrophenschutzes sind Sonderschutzpläne auszuarbeiten:

- Führung,
- Information und Kommunikation,
- Brandschutz,
- Gefahrstoff-ABC,
- Sanitätswesen (vgl. § 31 HBKG).

Durch Katastrophenschutzübungen sollen die Katastrophenschutzpläne sowie das Zusammenwirken der im Katastrophenschutz mitwirkenden Einheiten und Einrichtungen erprobt sowie die Einsatzbereitschaft der Einsatzkräfte überprüft werden. Zu den Übungen können unter anderem auch Angehörige der Gesundheitsberufe und Krankenhäuser herangezogen werden (vgl. § 32 HBKG).

Die Katastrophenschutzbehörden haben die für die Abwehr der Katastrophe notwendigen Maßnahmen zu treffen. Sie können insbesondere das betroffene Gebiet sperren und räumen, den Zutritt dorthin verbieten und Personen von dort verweisen. Die Einheiten und Einrichtungen des Katastrophenschutzes sowie deren Träger sind verpflichtet, ohne Anordnung Hilfe zu leisten und alle Vorbereitungen für ihren weiteren Einsatz zu treffen, wenn Anhaltspunkte die Annahme rechtfertigen, dass eine Katastrophe droht oder eingetreten ist. Die zuständige Katastrophenschutzbehörde ist unverzüglich zu unterrichten (vgl. § 33 HBKG).

Die untere Katastrophenschutzbehörde stellt Eintritt und Ende des Katastrophenfalles im Einvernehmen mit der obersten Katastrophenschutzbehörde fest und macht dies unter Angabe des Umfangs des betroffenen Gebiets durch Rundfunk, Fernsehen, Tageszeitungen oder auf andere Weise bekannt. Bei Gefahr im Verzug kann die untere Katastrophenschutzbehörde den Eintritt des Katastrophenfalles ohne Beteiligung der obersten Katastrophenschutzbehörde feststellen; sie hat diese unverzüglich hierüber zu informieren. Im Fall einer aufwachsenden Lage, die die Ausrufung des Katastrophenfalles erforderlich machen könnte, ist die oberste Katastrophenschutzbehörde frühzeitig zu unterrichten (vgl. § 34 HBKG).

Die technische Einsatzleitung obliegt der Einsatzleiterin oder dem Einsatzleiter der Feuerwehr des Schadensortes. Wird neben der Freiwilligen Feuerwehr oder der Pflichtfeuerwehr eine Berufsfeuerwehr eingesetzt, so bilden die Einsatzleiterinnen und die Einsatzleiter der eingesetzten Feuerwehren eine gemeinsame technische Einsatzleitung, die unter der Leitung der Einsatzleiterin oder des Einsatzleiters des Schadensortes steht. Bei besonderen Schadenslagen kann diese oder dieser die Leitung der Einsatzleiterin oder dem Einsatzleiter der Berufsfeuerwehr übertragen. Der technischen Einsatzleitung sind alle in ihrem Zuständigkeitsbereich eingesetzten Feuerwehren, Organisationen sowie sonstige Hilfskräfte unterstellt (vgl. § 41 HBKG).

Die technische Einsatzleitung ist befugt, den Einsatz der Feuerwehren sowie aller Hilfskräfte zu regeln, erforderliche Einsatzmaßnahmen zu treffen und zusätzliche Einsatzmittel und Einsatzkräfte bei der zuständigen Behörde anzufordern. Die technische Einsatzleitung ist befugt, die notwendigen Sicherungsmaßnahmen zu treffen, um an der Einsatzstelle ungehindert tätig sein zu können, soweit nicht entsprechende Maßnahmen von den Polizeibehörden oder anderen Stellen getroffen werden. Werden Sicherungsmaßnahmen von den Polizeibehörden oder anderen zuständigen Stellen angeordnet oder aufgehoben, so hat dies im Einvernehmen mit der technischen Einsatzleitung zu erfolgen. Die technische Einsatzleitung kann zu ihrer Unterstützung und fachlichen Beratung geeignete Personen hinzuziehen (vgl. § 42 HBKG).

Zur Vorbereitung der Abwehr und zur Abwehr von Katastrophen wird ein Katastrophenschutzstab gebildet, der die Katastrophenschutzbehörde unterstützt. Ihm gehören insbesondere Vertreterinnen und Vertreter der Feuerwehr und der Organisationen an, deren Einheiten und Einrichtungen im Katastrophenschutz mitwirken. Er bestimmt eine oder mehrere technische Einsatzleitungen. Die Katastrophenschutzbehörde ordnet den Einsatz der erforderlichen Einheiten und Einrichtungen an. Sie bedient sich hierbei der Zentralen Leitstelle als Informations- und Kommunikationszentrale. Die technische Einsatzleitung kann zu ihrer Unterstützung fachlich geeignete Personen als Fachberaterinnen und Fachberater hinzuziehen. Geht die Katastrophe von einem Betrieb aus oder haben die Maßnahmen der Katastrophenabwehr erhebliche direkte Auswirkungen auf einen Betrieb, ist eine Vertreterin oder ein Vertreter des Betriebes hinzuzuziehen. Für die Dauer der Abwehrmaßnahmen sind alle an der Katastrophenabwehr beteiligten Einsatzkräfte einschließlich der mitwirkenden Einsatzkräfte der die Abwehrmaßnahmen leitenden Katastrophenschutzbehörde unterstellt (vgl. § 43 HBKG).

> **Beispiel**
>
> Nach den in Nordrhein-Westfalen geltenden Grundsätze für das Krisenmanagement (Gesetz über den Brandschutz, die Hilfeleistung und den Katastrophenschutz -BHKG) leiten und koordinieren bei Großeinsatzlagen und Katastrophen die kreisfreien Städte und Kreise die Abwehrmaßnahmen. Sie richten Krisenstäbe und Einsatzleitungen ein. Krisenstab und Einsatzleitung arbeiten sich unter der Führung der Oberbürgermeisterin oder des Oberbürgermeisters, der Landrätin oder des Landrats in getrennten Stäben gegenseitig zu. Sobald ein Kreis die Leitung und Koordinierung übernimmt, teilt er dies den kreisangehörigen Gemeinden mit und veranlasst unverzüglich alle weiteren Maßnahmen. Die Beendigung der Leitung und Koordinierung ist ebenfalls mitzuteilen. Kreise und kreisangehörige Gemeinden stimmen ihre Gefahrenabwehrmaßnahmen ab. Dazu können die kreisangehörigen Gemeinden Stäbe für außergewöhnliche Ereignisse (SAE) bilden (vgl. § 35 BHKG).
>
> Der Krisenstab des Kreises oder der kreisfreien Stadt koordiniert und trifft alle im Zusammenhang mit dem Schadensereignis stehenden und zur Gefahrenabwehr erforderlichen administrativ-organisatorischen Maßnahmen. Er stellt insbesondere ein geordnetes Melde- und Berichtswesen sicher und kann allen für den Einsatzbereich zuständigen unteren Landesbehörden Weisungen erteilen (vgl. § 36 BHKG).
>
> Die Einsatzleitung bei Großeinsatzlagen und Katastrophen veranlasst alle operativ-taktischen Maßnahmen zur Abwehr der Gefahren und zur Begrenzung der Schäden durch Führung und Leitung der Einsatzkräfte und Einheiten. Die Kreise und kreisfreien Städte bestellen vorbereitend Einsatzleiterinnen oder Einsatzleiter sowie Vertreterinnen und Vertreter. Diese leiten im Rahmen ihres Auftrages und der ihnen erteilten Weisungen alle Einsatzmaßnahmen und können allen eingesetzten Kräften Weisungen erteilen. Das Gleiche gilt für die Hilfe leistenden Kräfte des Bundes oder anderer Länder für die Dauer der Hilfeleistung. Bis zur Übernahme der Einsatzleitung durch die bestellte Einsatzleiterin oder den bestellten Einsatzleiter werden ihre oder seine Aufgaben von der oder dem zuerst am Einsatzort eintreffenden oder dort bisher tätigen Einheitsführerin oder Einheitsführer wahrgenommen (vgl. § 37 BHKG). ◄

Soweit nicht anderweitige bundesrechtliche oder besondere landesrechtliche Vorschriften bestehen oder beispielsweise das Chemikaliengesetz, das Arbeitsschutzgesetz oder das Produktsicherheitsgesetz und die jeweils auf Grundlage dieser Gesetze erlassenen Rechtsverordnungen Regelungen zur Verhütung von Gefahren für Leben, Gesundheit, Eigentum oder Besitz durch Brand enthalten, geben **Brandschutzverordnungen** wie beispielsweise die Bayerische Verordnung über die Verhütung von Bränden (VVB) hierzu Regelungen vor (vgl. § 1 VVB).

Danach sind beispielsweise Zu- und Ausgänge, Durchfahrten, Durchgänge, Treppenräume und Verkehrswege, die bei einem Brand als erster oder zweiter Rettungsweg vorgesehen sind, freizuhalten. Hinweise auf Ausgänge und Rettungswegzeichen dürfen
nicht verstellt, verhängt oder unkenntlich gemacht werden. Elektrische Geräte wie
Kopierer oder Verkaufsautomaten dürfen in notwendigen Treppenräumen nicht betrieben
werden; gleiches gilt für Computerarbeitsplätze (vgl. § 22 VVB).

Umfangreiche Präventionsmaßnahmen und Regelungen, um übertragbare Krankheiten beim Menschen vorzubeugen, Infektionen frühzeitig zu erkennen und ihre Weiterverbreitung zu verhindern, enthält das **Infektionsschutzgesetz** (IfSG).

Danach wird beispielsweise im Rahmen einer epidemischen Lage von nationaler
Tragweite die Ausübung heilkundlicher Tätigkeiten folgenden Personen gestattet:

- Altenpflegerinnen und Altenpflegern,
- Gesundheits- und Kinderkrankenpflegerinnen und Gesundheits- und Kinderkranken-
  pflegern,
- Gesundheits- und Krankenpflegerinnen und Gesundheits- und Krankenpflegern,
- Notfallsanitäterinnen und Notfallsanitätern und
- Pflegefachfrauen und Pflegefachmännern.

Die Ausübung heilkundlicher Tätigkeiten ist während der epidemischen Lage von
nationaler Tragweite gestattet, wenn

- die Person auf der Grundlage der in der jeweiligen Ausbildung erworbenen
  Kompetenzen und ihrer persönlichen Fähigkeiten in der Lage ist, die jeweils erforderliche Maßnahme eigenverantwortlich durchzuführen und
- der Gesundheitszustand der Patientin oder des Patienten nach seiner Art und Schwere
  eine ärztliche Behandlung im Ausnahmefall einer epidemischen Lage von nationaler
  Tragweite nicht zwingend erfordert, die jeweils erforderliche Maßnahme aber eine
  ärztliche Beteiligung voraussetzen würde, weil sie der Heilkunde zuzurechnen ist.

Die durchgeführte Maßnahme ist in angemessener Weise zu dokumentieren. Sie
soll unverzüglich der verantwortlichen Ärztin oder dem verantwortlichen Arzt oder
einer sonstigen die Patientin oder den Patienten behandelnden Ärztin oder einem
behandelnden Arzt mitgeteilt werden (vgl. § 5a IfSG).

Das IfSG enthält ferner unter anderem meldepflichtige Krankheiten (vgl. § 6 IfSG)
und Krankheitserreger (vgl. § 7 IfSG), der meldepflichtigen Personen (vgl. § 8 IfSG)
sowie Vorgaben zur namentlichen (vgl. § 9 IfSG) und nichtnamentlichen Meldung (vgl.
§ 10 IfSG).

Die Leiter folgender Einrichtungen haben sicherzustellen, dass die nach dem Stand
der medizinischen Wissenschaft erforderlichen Maßnahmen getroffen werden, um
nosokomiale Infektionen zu verhüten und die Weiterverbreitung von Krankheitserregern,
insbesondere solcher mit Resistenzen, zu vermeiden:

- Krankenhäuser,
- Einrichtungen für ambulantes Operieren,
- Vorsorge- oder Rehabilitationseinrichtungen, in denen eine den Krankenhäusern vergleichbare medizinische Versorgung erfolgt,
- Dialyseeinrichtungen,
- Tageskliniken,
- Entbindungseinrichtungen,
- Arztpraxen, Zahnarztpraxen,
- Praxen sonstiger humanmedizinischer Heilberufe,
- Einrichtungen des öffentlichen Gesundheitsdienstes, in denen medizinische Untersuchungen, Präventionsmaßnahmen oder ambulante Behandlungen durchgeführt werden,
- ambulante Pflegedienste, die ambulante Intensivpflege in Einrichtungen, Wohngruppen oder sonstigen gemeinschaftlichen Wohnformen erbringen, und
- Rettungsdienste.

Auch ist sicherzustellen, dass innerbetriebliche Verfahrensweisen zur Infektionshygiene in Hygieneplänen festgelegt sind (vgl. § 23 IfSG).

Für Tätigkeiten mit Krankheitserregern sind ebenfalls umfangreiche Vorgaben im IfSG enthalten (vgl. § 44 ff. IfSG).

> **Beispiel**
>
> Während der vom Deutschen Bundestag am 28. März 2020 festgestellten epidemischen Lage von nationaler Tragweite diente die Verordnung zur Erhöhung der Bevorratung mit Arzneimitteln zur intensivmedizinischen Versorgung (ITS-Arzneimittelbevorratungsverordnung - ITSABV) zur Sicherstellung der intensivmedizinischen Versorgung von Patientinnen und Patienten in Krankenhäusern. Sie galt für parenteral anzuwendende Arzneimittel zur intensivmedizinischen Versorgung mit den folgenden Wirkstoffen:
>
> - Adrenalin,
> - Amiodaron,
> - Argatroban,
> - Clonidin,
> - Esmolol,
> - Heparine,
> - Meropenem,
> - Midazolam,
> - Morphin,
> - Noradrenalin,
> - Novaminsulfon,
> - Piperazillin/Tazobactam,

- Propofol,
- Sufentanil (vgl. § 1 ITSABV).

Abweichend von der Apothekenbetriebsordnung musste die Leiterin oder der Leiter einer krankenhausversorgenden Apotheke oder einer Krankenhausapotheke die genannten Arzneimittel spätestens ab dem 31. Oktober 2020 in ausreichender Menge vorrätig halten, die mindestens dem durchschnittlichen Bedarf der intensivmedizinischen Abteilungen des versorgten Krankenhauses für drei Wochen entsprachen (vgl. § 2 ITSABV). ◄

3.5   Umweltschutz

Auch im Bereich Umweltschutz können Risiken entstehen, etwa wenn klinische Abfälle nicht richtig entsorgt werden, fluorierte Treibhausgase aus den Kälte- und Klimaanlagen eines Klinikums entweichen oder der Fettabscheider in der Küche der Pflegeeinrichtung defekt ist. Gesundheitseinrichtungen haben umweltrechtliche Vorgaben zu beachten, die je nach Einrichtungsart unterschiedlich relevant sein können (siehe Tab. 3.4).

3.6   Compliance und Rechtskataster für das Risiko- und Krisenmanagement

Die Compliance-Funktion in Gesundheitseinrichtungen dient unter anderem dazu, Risiken, die sich aus der Nichteinhaltung rechtlicher Regelungen und Vorgaben ergeben können, entgegenzuwirken. Der Aufbau und die Regelungen eines Compliance-Management-Systems (CMS) als internes Kontrollsystem in Gesundheitseinrichtungen richtet sich nach Art, Komplexität, Risikogehalt und Umfang der jeweiligen medizinischen, pflegerischen und sonstigen Aktivitäten. In Krankenhäusern geht es beispielsweise dabei um die Themen Korruption, Therapie der Patienten, Abrechnungsfehler oder -betrug, Kooperationen, die Krankenhaushygiene oder die Medizinprodukte-Sicherheit. Weitere Beispiele sind Verfahren zum Vorwurf der fahrlässigen Tötung in einer Notaufnahme wegen Nichteinhaltung des Arbeitszeitgesetzes oder der fahrlässigen Tötung wegen mangelhafter Hygienemaßnahmen. Die Pflicht, eine eigene Compliance-Organisation einzurichten und ihre Wirksamkeit zu überprüfen, ergibt sich somit unter anderem nach der zivilrechtlichen Rechtsprechung (vgl. Schlingensiepen, 2015, S. 1).

Dazu sind die wesentlichen rechtlichen Regelungen und Vorgaben, deren Nichteinhaltung zu einer Gefährdung der Patienten, der Beschäftigten, der Leistungsfähigkeit, des Fortbestands oder des Vermögens der Gesundheitseinrichtung führen können, unter Risikogesichtspunkten zu identifizieren. Der ermittelte Normenbestand ist hinsichtlich seiner Wesentlichkeit anhand einer Risikoanalyse einzuschätzen. Die Darstellung des Ergebnisses von Erhebung und Einstufung der Normen erfolgt in einem Rechtskataster für das Risiko- und Krisenmanagement (siehe Tab. 3.5). Zusätzlich sollten die

Tab. 3.4 Beispiele umweltrechtlicher Vorgaben für Gesundheitseinrichtungen

Rechtsgebiet	Vorschrift	Inhalt/Relevanz
Abfall	Kreislaufwirtschaftsgesetz (KrWG)	Grundpflichten der Kreislaufwirtschaft, Überwachung der Abfallbeseitigung, Nachweispflichten, Abfallbeauftragter
Abfall	Abfallverzeichnis-Verordnung (AVV)	Zuordnung von Abfällen zu Abfallarten mit Abfallschlüsselnummern
Abfall	Nachweisverordnung (NachwV)	Nachweisführung bei der Abfallentsorgung (Entsorgungsnachweise und Begleit- /Übernahmescheine)
Abfall	Gewerbeabfallverordnung (GewAbfV)	Getrennthaltung von gewerblichen Siedlungsabfallfraktionen
Abfall	Elektro- und Elektronikgerätegesetz (ElektroG)	Inverkehrbringen von Elektrogeräten: Stoffverbote, Kennzeichnung, Rücknahme von Altgeräten
Bauvorhaben	Baugesetzbuch (BauGB)	Genehmigung von Bauvorhaben
Chemikalien	Verordnung zur Registrierung, Bewertung, Zulassung und Beschränkung chemischer Stoffe (REACH) VO (EG) Nr. 1907/2006	Herstellung, Inverkehrbringen und Verwendung chemischer Stoffe um die menschliche Gesundheit oder die Umwelt nicht nachteilig zu beeinflussen
Chemikalien	Verordnung über die Einstufung, Kennzeichnung und Verpackung von Stoffen und Gemischen (CLP VO/GHS VO) VO (EG) Nr.1272/2008	Einstufung, Kennzeichnung und Verpackung von Stoffen und Gemischen, Schutzniveau für Gesundheit und für Umwelt, Gewährleistung von Verkehr chemischer Stoffen und Gemischen
Chemikalien	Verordnung über Stoffe, die zum Abbau der Ozonschicht führen (Ozon- Verordnung) VO (EG) 1005/2009	Rückgewinnung und Rücknahme verwendeter Stoffe, Verhinderung des Austritts in die Atmosphäre, Dichtheitsprüfungen, Aufzeichnungs- und Aufbewahrungspflicht
Chemikalien	Verordnung über bestimmte fluorierte Treibhausgase (F-Gas-VO) VO (EG) Nr.842/2006	Rückgewinnung und Rücknahme verwendeter Stoffe, Verhinderung des Austritts in die Atmosphäre, Dichtheitsprüfungen, Aufzeichnungs- und Aufbewahrungspflicht
Chemikalien	Verordnung zur Festlegung der Standardanforderungen an die Kontrolle auf Dichtheit VO (EG) Nr. 1516/2007	Messmethoden, Aufzeichnungen, Prüfungen, Reparaturen, Anforderungen an Installationen von ortsfesten Kälte- und Klimaanlagen und Wärmepumpen, die bestimmte fluorierte Treibhausgase enthalten
Chemikalien	Technische Regeln Gefahrstoffe (TRGS)	Grenzwerte, Messpflichten und Schutzmaßnahmen und organisatorische Anforderungen für bestimmte Tätigkeiten mit gefährlichen Stoffen

(Fortsetzung)

Tab. 3.4 (Fortsetzung)

Rechtsgebiet	Vorschrift	Inhalt/Relevanz
Chemikalien	Chemikalien-Ozonschichtverordnung (ChemOzonSchichtV)	Dichtheitsanforderungen für Anlagen mit FCKW
Chemikalien	Chemikalien-Klimaschutzverordnung (ChemKlimaschutzV)	Dichtheitsanforderungen für Anlagen mit fluorierten Treibhausgasen
Energie	Energieeinsparverordnung (EnEV)	Energiesparender Wärmeschutz und Anlagentechnik bei Gebäuden, gilt für Bauherren und Gebäudeeigentümer
Energie	Gesetz über Energiedienstleistungen und andere Energieeffizienzmaßnahmen (EDL-G)	Energieeffizienzmaßnahmen; Verpflichtung zur Durchführung von Energieaudits
Immissions-schutz	Sechste Allgemeine Verwaltungsvorschrift zum Bundes-Immissionsschutzgesetz (Technische Anleitung zum Schutz gegen Lärm – TA Lärm)	Ermittlung und Beurteilung von Geräuschimmissionen (Verwaltungsvorschrift)
Wasser	Zweiundvierzigste Verordnung zur Durchführung des Bundes-Immissionsschutzgesetzes (Verordnung über Verdunstungskühlanlagen, Kühltürme und Nassabscheider – 42. BImSchV)	Anlagen im Anwendungsbereich dieser Verordnung sind so auszulegen, zu errichten und zu betreiben, dass Verunreinigungen des Nutzwassers durch Mikroorganismen, insbesondere Legionellen, nach dem Stand der Technik vermieden werden
Wasser	Wasserhaushaltsgesetz (WHG)	Schutz und Nutzung oberirdischer Gewässer und des Grundwassers, Genehmigungsverfahren, Umgang mit wassergefährdenden Stoffen, Erhalt von Abbaugenehmigungen, Gewässerschutzbeauftragten, Haftung
Wasser	Abwasserverordnung (AbwV)	Einleiten von Abwässern aus bestimmten Herkunftsbereichen: Grenzwerte, Anforderungen an die Minimierung der Schadstofffrachten
Wasser	Verordnung über Anlagen zum Umgang mit wassergefährdenden Stoffen (AwSV)	Lagern, Abfüllen, Umschlagen sowie Herstellen, Behandeln oder Verarbeiten von wassergefährdenden Stoffen
Wasser	DIN 1999–100:2003–10: Abscheideranlagen für Leichtflüssigkeiten – Teil 100: Anforderungen für die Anwendung von Abscheideranlagen nach DIN EN 858–1 und DIN EN 858–2	Anforderungen an Bau, Betrieb und Wartung von Abscheideranlagen für Leichtflüssigkeiten
Wasser	DIN 1986–30:2012–02 – Entwässerungsanlagen für Gebäude und Grundstücke: Entwässerungsanlagen für Gebäude und Grundstücke – Teil 30: Instandhaltung	Dichtigkeitsprüfung, Zustandserfassung und Instandhaltung von Entwässerungsanlagen von Gebäuden und Grundstücken

Tab. 3.5 Beispiel eines Rechtskatasters für das Risiko- und Krisenmanagement

Rechtsgebiet	Vorschrift	Inhalt/Relevanz
Arbeitsschutz	Arbeitsschutzgesetz (ArbSchG) vom 7. August 1996 (BGBl. I S. 1246), zuletzt durch Artikel 293 der Verordnung vom 19. Juni 2020 (BGBl. I S. 1328) geändert	Maßnahmen zur Verhütung von Unfällen bei der Arbeit und arbeitsbedingten Gesundheitsgefahren einschließlich Maßnahmen der menschengerechten Gestaltung der Arbeit
	Arbeitsstättenverordnung (ArbStättV) vom 12. August 2004 (BGBl. I S. 2179), zuletzt durch Artikel 226 der Verordnung vom 19. Juni 2020 (BGBl. I S. 1328) geändert	Gesundheitseinrichtungen sind als Arbeitsstätten so einzurichten und zu betreiben, dass Gefährdungen für die Sicherheit und die Gesundheit der Beschäftigten möglichst vermieden und verbleibende Gefährdungen möglichst gering gehalten werden
	Lastenhandhabungsverordnung (LasthandhabV) vom 4. Dezember 1996 (BGBl. I S. 1841, 1842), zuletzt durch Artikel 294 der Verordnung vom 19. Juni 2020 (BGBl. I S. 1328) geändert	Gilt gerade bei der Bewegung von Patienten und die manuelle Handhabung anderweitiger Lasten, die aufgrund ihrer Merkmale oder ungünstiger ergonomischer Bedingungen für die Beschäftigten eine Gefährdung für Sicherheit und Gesundheit, insbesondere der Lendenwirbelsäule, mit sich bringt
	Regelwerk der Deutschen Gesetzlichen Unfallversicherung (DGUV)	Prävention und Schutz vor Gefahren in Gesundheitseinrichtungen
	Schutzgesetze für bestimmte Personenkreise unter den Beschäftigten (beispielsweise Jugendarbeitsschutzgesetz – JArbSchG)	Dienen dazu, Gefährdungen für bestimmte Personenkreise unter den Beschäftigten zu vermeiden bzw. im Gefahrenfall richtig zu reagieren
Betriebsschutz	Betriebssicherheitsverordnung (BetrSichV) vom 3. Februar 2015 (BGBl. I S. 49), zuletzt durch Artikel 1 der Verordnung vom 30. April 2019 (BGBl. I S. 554) geändert	Soll die Sicherheit und den Schutz der Gesundheit von Beschäftigten bei der Verwendung von Arbeitsmitteln gewährleisten

(Fortsetzung)

Tab. 3.5   (Fortsetzung)

Rechtsgebiet	Vorschrift	Inhalt/Relevanz
	Gefahrstoffverordnung (GefStoffV) vom 26. November 2010 (BGBl. I S. 1643, 1644), zuletzt durch Artikel 148 des Gesetzes vom 29. März 2017 (BGBl. I S. 626) geändert	Soll Menschen und Umwelt vor stoffbedingten Schädigungen schützen
	Biostoffverordnung (BioStoffV) vom 15. Juli 2013 (BGBl. I S. 2514), zuletzt durch Artikel 146 des Gesetzes vom 29. März 2017 (BGBl. I S. 626) geändert	Maßnahmen zum Schutz von Sicherheit und Gesundheit der Beschäftigten vor Gefährdungen durch Tätigkeiten mit Biologischen Arbeitsstoffen
	Arzneimittelgesetz (AMG) in der Fassung der Bekanntmachung vom 12. Dezember 2005 (BGBl. I S. 3394), zuletzt durch Artikel 2 Absatz 1 des Gesetzes vom 25. Juni 2020 (BGBl. I S. 1474) geändert	Sicherheit und präventiver Schutz im Bereich der Arzneimittel, mit dem Ziel einer ordnungsgemäßen Arzneimittelversorgung durch Sicherheit im Verkehr mit Arzneimitteln, insbesondere im Hinblick auf die Qualität, Wirksamkeit und Unbedenklichkeit der Arzneimittel
	Verordnung über apothekenpflichtige und freiverkäufliche Arzneimittel (AMVerkRV) in der Fassung der Bekanntmachung vom 24. September 1988 (BGBl. I S. 2150; 1989 I S. 254), zuletzt durch Artikel 2 der Verordnung vom 26. September 2018 (BGBl. I S. 1386) geändert	Regelt die Freigabe aus der Apothekenpflicht bzw. die Einbeziehung in die Apothekenpflicht
	Arzneimittelverschreibungsverordnung (AMVV) vom 21. Dezember 2005 (BGBl. I S. 3632), zuletzt durch Artikel 1 der Verordnung vom 14. Februar 2020 (BGBl. I S. 234) geändert	Gibt vor, dass Arzneimittel, nur bei Vorliegen einer ärztlichen oder zahnärztlichen Verschreibung abgegeben werden (verschreibungspflichtige Arzneimittel), soweit nichts anderes bestimmt ist
	Betäubungsmittelgesetz (BtMG) in der Fassung der Bekanntmachung vom 1. März 1994 (BGBl. I S. 358), zuletzt durch Artikel 1 der Verordnung vom 10. Juli 2020 (BGBl. I S. 1691) geändert	Pflichten im Betäubungsmittelverkehr

(Fortsetzung)

Tab. 3.5 (Fortsetzung)

Rechtsgebiet	Vorschrift	Inhalt/Relevanz
	Betäubungsmittel-Verschreibungsverordnung (BtMVV) vom 20. Januar 1998 (BGBl. I S. 74, 80), zuletzt durch Artikel 2 der Verordnung vom 2. Juli 2018 (BGBl. I S. 1078) geändert	Gibt Abgabe, Bestands- und Verbleibnachweis von Betäubungsmitteln vor
	Chemikaliengesetz (ChemG) in der Fassung der Bekanntmachung vom 28. August 2013 (BGBl. I S. 3498, 3991), zuletzt durch Artikel 296 der Verordnung vom 19. Juni 2020 (BGBl. I S. 1328) geändert	Soll vor schädlichen Einwirkungen gefährlicher Stoffe und Gemische schützen, insbesondere sie erkennbar zu machen, sie abzuwenden und ihrem Entstehen vorzubeugen
	Strahlenschutzgesetz (StrlSchG) vom 27. Juni 2017 (BGBl. I S. 1966), zuletzt durch Artikel 248 der Verordnung vom 19. Juni 2020 (BGBl. I S. 1328) geändert	Trifft Regelungen zum Schutz des Menschen und, soweit es um den langfristigen Schutz der menschlichen Gesundheit geht, der Umwelt vor der schädlichen Wirkung ionisierender Strahlung
	Medizinprodukterechts-Durchführungsgesetz (MPDG) vom 28. April 2020 (BGBl. I S. 960), zuletzt durch Artikel 2 des Gesetzes vom 12. Mai 2021 (BGBl. I S. 1087) geändert	Regelt den Verkehr mit Medizinprodukten, um dadurch für die Sicherheit, Eignung und Leistung der Medizinprodukte sowie die Gesundheit und den erforderlichen Schutz der Patienten, Anwender und Dritter zu sorgen
	Medizinprodukte-Betreiberverordnung (MPBetrV) in der Fassung der Bekanntmachung vom 21. August 2002 (BGBl. I S. 3396), zuletzt durch Artikel 9 der Verordnung vom 29. November 2018 (BGBl. I S. 2034) geändert	Regelt Anwendung, Betrieben und Instandhalten von Medizinprodukten

(Fortsetzung)

Tab. 3.5   (Fortsetzung)

Rechtsgebiet	Vorschrift	Inhalt/Relevanz
Schutz Kritischer Infrastrukturen und Datensicherheit	Verordnung zur Bestimmung Kritischer Infrastrukturen nach dem BSI-Gesetz (BSI-Kritisverordnung – BSI-KritisV) vom 22. April 2016 (BGBl. I S. 958), durch Artikel 1 der Verordnung vom 21. Juni 2017 (BGBl. I S. 1903) geändert	Verpflichtung, angemessene organisatorische und technische Vorkehrungen zur Vermeidung von Störungen der Verfügbarkeit, Integrität, Authentizität und Vertraulichkeit der informationstechnischen Systeme, Komponenten oder Prozesse zu treffen, die für die Funktionsfähigkeit der von ihnen betriebenen Kritischen Infrastrukturen maßgeblich sind
	Bundesdatenschutzgesetz (BDSG) vom 30. Juni 2017 (BGBl. I S. 2097), durch Artikel 12 des Gesetzes vom 20. November 2019 (BGBl. I S. 1626) geändert	Rechtsgrundlagen für die Verarbeitung personenbezogener Daten für Datenschutz bei den Patienten und Beschäftigten in Gesundheitseinrichtungen
	Verordnung (EU) 2016/679 des Europäischen Parlaments und des Rates zum Schutz natürlicher Personen bei der Verarbeitung personenbezogener Daten, zum freien Datenverkehr und zur Aufhebung der Richtlinie 95/46/EG (Datenschutz-Grundverordnung – DSGVO) vom 27. April 2016 (Amtsblatt der Europäischen Union L119/1 vom 04.05.2016)	Vorgaben zur Sicherheit der Datenverarbeitung
Katastrophenschutz	Zivilschutz- und Katastrophenhilfegesetz (ZSKG) vom 25. März 1997 (BGBl. I S. 726), zuletzt durch Artikel 144 der Verordnung vom 19. Juni 2020 (BGBl. I S. 1328) geändert	Maßnahmen des überbehördlichen Katastrophenschutzes bei Großschadensereignissen
	Brand- und Katastrophenschutzgesetze, Brandschutzverordnungen der Bundesländer	Zur Vorbereitung der Abwehr und zur Abwehr von Katastrophen
	Infektionsschutzgesetz (IfSG) vom 20. Juli 2000 (BGBl. I S. 1045), zuletzt durch Artikel 5 des Gesetzes vom 19. Juni 2020 (BGBl. I S. 1385) geändert	Umfangreiche Präventionsmaßnahmen und Regelungen, um übertragbare Krankheiten beim Menschen vorzubeugen, Infektionen frühzeitig zu erkennen und ihre Weiterverbreitung zu verhindern

(Fortsetzung)

Tab. 3.5 (Fortsetzung)

Rechtsgebiet	Vorschrift	Inhalt/Relevanz
Umweltschutz	Kreislaufwirtschaftsgesetz (KrWG) vom 24. Februar 2012 (BGBl. I S. 212), zuletzt durch Artikel 2 Absatz 9 des Gesetzes vom 20. Juli 2017 (BGBl. I S. 2808) geändert	Grundpflichten der Kreislaufwirtschaft, Überwachung der Abfallbeseitigung, Nachweispflichten, Abfallbeauftragter
	Abfallverzeichnis-Verordnung (AVV) vom 10. Dezember 2001 (BGBl. I S. 3379), zuletzt durch Artikel 1 der Verordnung vom 30. Juni 2020 (BGBl. I S. 3005) geändert	Zuordnung von Abfällen zu Abfallarten mit Abfallschlüsselnummern
	Nachweisverordnung (NachwV) vom 20. Oktober 2006 (BGBl. I S. 2298), zuletzt durch Artikel 121 der Verordnung vom 19. Juni 2020 (BGBl. I S. 1328) geändert	Nachweisführung bei der Abfallentsorgung (Entsorgungsnachweise und Begleit- /Übernahmescheine)
	Gewerbeabfallverordnung (GewAbfV) vom 18. April 2017 (BGBl. I S. 896), durch Artikel 2 Absatz 3 des Gesetzes vom 5. Juli 2017 (BGBl. I S. 2234) geändert	Getrennthaltung von gewerblichen Siedlungsabfallfraktionen
	Baugesetzbuch (BauGB) in der Fassung der Bekanntmachung vom 3. November 2017 (BGBl. I S. 3634), zuletzt durch Artikel 2 des Gesetzes vom 8. August 2020 (BGBl. I S. 1728) geändert	Genehmigung von Bauvorhaben
	Verordnung zur Festlegung der Standardanforderungen an die Kontrolle auf Dichtheit VO (EG) Nr. 1516/2007	Messmethoden, Aufzeichnungen, Prüfungen, Reparaturen, Anforderungen an Installationen von ortsfesten Kälte- und Klimaanlagen und Wärmepumpen, die bestimmte fluorierte Treibhausgase enthalten
	Energieeinsparverordnung (EnEV) vom 24. Juli 2007 (BGBl. I S. 1519), zuletzt durch Artikel 257 der Verordnung vom 19. Juni 2020 (BGBl. I S. 1328) geändert	Energiesparender Wärmeschutz und Anlagentechnik bei Gebäuden, gilt für Bauherren und Gebäudeeigentümer

(Fortsetzung)

Tab. 3.5 (Fortsetzung)

Rechtsgebiet	Vorschrift	Inhalt/Relevanz
	Gesetz über Energiedienst-leistungen und andere Energieeffizienzmaßnahmen (EDL-G) vom 4. November 2010 (BGBl. I S. 1483), das zuletzt durch Artikel 5 des Gesetzes vom 8. August 2020 (BGBl. I S. 1728) geändert worden ist	Energieeffizienzmaßnahmen; Verpflichtung zur Durchführung von Energieaudits
	Zweiundvierzigste Verordnung zur Durchführung des Bundes-Immissionsschutzgesetzes (Verordnung über Verdunstungs-kühlanlagen, Kühltürme und Nassabscheider – 42. BImSchV) vom 12. Juli 2017 (BGBl. I S. 2379; 2018 I S. 202	Anlagen im Anwendungsbereich dieser Verordnung sind so aus-zulegen, zu errichten und zu betreiben, dass Verunreinigungen des Nutzwassers durch Mikro-organismen, insbesondere Legionellen, nach dem Stand der Technik vermieden werden
	Wasserhaushaltsgesetz (WHG) vom 31. Juli 2009 (BGBl. I S. 2585), zuletzt durch Artikel 1 des Gesetzes vom 19. Juni 2020 (BGBl. I S. 1408) geändert	Schutz und Nutzung oberirdischer Gewässer und des Grundwassers, Genehmigungsverfahren, Umgang mit wassergefährdenden Stoffen, Erhalt von Abbau-genehmigungen, Gewässerschutz-beauftragten, Haftung
	Abwasserverordnung (AbwV) in der Fassung der Bekanntmachung vom 17. Juni 2004 (BGBl. I S. 1108, 2625), zuletzt durch Artikel 1 der Verordnung vom 16. Juni 2020 (BGBl. I S. 1287) geändert	Einleiten von Abwässern aus bestimmten Herkunftsbereichen: Grenzwerte, Anforderungen an die Minimierung der Schadstoff-frachten
	DIN 1999–100:2003–10: Abscheideranlagen für Leichtflüssigkeiten – Teil 100: Anforderungen für die Anwendung von Abscheider-anlagen nach DIN EN 858–1 und DIN EN 858–2	Anforderungen an Bau, Betrieb und Wartung von Abscheider-anlagen für Leichtflüssigkeiten
	DIN 1986–30:2012–02 – Ent-wässerungsanlagen für Gebäude und Grundstücke: Entwässerungs-anlagen für Gebäude und Grund-stücke – Teil 30: Instandhaltung	Dichtigkeitsprüfung, Zustands-erfassung und Instandhaltung von Entwässerungsanlagen von Gebäuden und Grundstücken

in der Gesundheitseinrichtung für die Umsetzung Zuständigen, Angaben zur Art der Überwachung der Einhaltung, zum Risiko der Nichteinhaltung und zum Umsetzungsstand enthalten sein. Die laufende Entwicklung rechtlicher Regelungen und Vorgaben ist regelmäßig zu verfolgen.

Literatur

Arbeitsschutzgesetz (ArbSchG) vom 7. August 1996a (BGBl. I S. 1246), zuletzt durch Artikel 293 der Verordnung vom 19. Juni 2020 (BGBl. I S. 1328) geändert.

Arbeitssicherheitsgesetz (ASiG) - Gesetz über Betriebsärzte, Sicherheitsingenieure und andere Fachkräfte für Arbeitssicherheit vom 12. Dezember 1973 (BGBl. I S. 1885), zuletzt durch Artikel 3 Absatz 5 des Gesetzes vom 20. April 2013 (BGBl. I S. 868) geändert.

Arbeitsstättenverordnung (ArbStättV) vom 12. August 2004 (BGBl. I S. 2179), zuletzt durch Artikel 226 der Verordnung vom 19. Juni 2020 (BGBl. I S. 1328) geändert.

Arzneimittelgesetz (AMG) in der Fassung der Bekanntmachung vom 12. Dezember 2005 (BGBl. I S. 3394), zuletzt durch Artikel 2 Absatz 1 des Gesetzes vom 25. Juni 2020 (BGBl. I S. 1474) geändert.

Arzneimittelverschreibungsverordnung (AMVV) vom 21. Dezember 2005 (BGBl. I S. 3632), zuletzt durch Artikel 1 der Verordnung vom 14. Februar 2020 (BGBl. I S. 234) geändert.

Betriebssicherheitsverordnung (BetrSichV) vom 3. Februar 2015 (BGBl. I S. 49), zuletzt durch Artikel 1 der Verordnung vom 30. April 2019 (BGBl. I S. 554) geändert.

Biostoffverordnung (BioStoffV) vom 15. Juli 2013 (BGBl. I S. 2514), zuletzt durch Artikel 146 des Gesetzes vom 29. März 2017 (BGBl. I S. 626) geändert.

Betäubungsmittelgesetz (BtMG) in der Fassung der Bekanntmachung vom 1. März 1994 (BGBl. I S. 358), zuletzt durch Artikel 1 der Verordnung vom 10. Juli 2020 (BGBl. I S. 1691) geändert.

Betäubungsmittel-Verschreibungsverordnung (BtMVV) vom 20. Januar 1998 (BGBl. I S. 74, 80), zuletzt durch Artikel 2 der Verordnung vom 2. Juli 2018 (BGBl. I S. 1078) geändert.

Bundesamt für Sicherheit in der Informationstechnik – BSI (Hrsg.) (2020). Cyber-Sicherheitsbetrachtung vernetzter Medizinprodukte – BSI-Projekt 392: Manipulation von Medizinprodukten (ManiMed). Projekt-Abschlussbericht. Version 1.0. Bonn.

Bundesdatenschutzgesetz (BDSG) vom 30. Juni 2017 (BGBl. I S. 2097), durch Artikel 12 des Gesetzes vom 20. November 2019 (BGBl. I S. 1626) geändert.

Chemikaliengesetz (ChemG) in der Fassung der Bekanntmachung vom 28. August 2013 (BGBl. I S. 3498, 3991), zuletzt durch Artikel 296 der Verordnung vom 19. Juni 2020 (BGBl. I S. 1328) geändert.

Deutsche Gesetzliche Unfallversicherung – DGUV (Hrsg.) (2020). Fachbereich Gesundheitsdienst und Wohlfahrtspflege. https://www.dguv.de/de/praevention/fachbereiche_dguv/gesund_wohlfahrt/index.jsp. Berlin: Zugegriffen: 18.10.2020.

Deutsche Gesetzliche Unfallversicherung – DGUV (Hrsg.) (2017). DGUV Grundsatz 306–001 Traumatische Ereignisse – Prävention- und Rehabilitation. Stand: Okt. 2017. Berlin.

Deutsche Krankenhausgesellschaft – DKG (Hrsg.) (2019). Branchenspezifischer Sicherheitsstandard für die Gesundheitsversorgung im Krankenhaus. Version: 1.1. Stand: Okt. 2019. Berlin.

Gefahrstoffverordnung (GefStoffV) vom 26. November 2010 (BGBl. I S. 1643, 1644), zuletzt durch Artikel 148 des Gesetzes vom 29. März 2017 (BGBl. I S. 626) geändert.

Gesetz über das Bundesamt für Sicherheit in der Informationstechnik (BSI-Gesetz – BSIG) vom 14. August 2009 (BGBl. I S. 2821), zuletzt durch Artikel 73 der Verordnung vom 19. Juni 2020 (BGBl. I S. 1328) geändert.

Gesetz über den Brandschutz, die Hilfeleistung und den Katastrophenschutz (BHKG) vom 17. Dezember 2015; Artikel 1 des Gesetzes vom 17. Dezember 2015 (GV. NRW. S. 886).

Hessisches Brand- und Katastrophenschutzgesetz (HBKG) in der Fassung der Bekanntmachung vom 14. Januar 2014 (GVBl. S. 26), geändert durch Gesetz vom 23. August 2018 (GVBl. S. 374).

Infektionsschutzgesetz (IfSG) vom 20. Juli 2000 (BGBl. I S. 1045), zuletzt durch Artikel 5 des Gesetzes vom 19. Juni 2020 (BGBl. I S. 1385) geändert.

ITS-Arzneimittelbevorratungsverordnung (ITSABV) vom 7. Juli 2020 (BAnz AT 08.07.2020 V1).

Jugendarbeitsschutzgesetz (JArbSchG) vom 12. April 1976 (BGBl. I S. 965), zuletzt durch Artikel 3 Absatz 4 des Gesetzes vom 9. Oktober 2020 (BGBl. I S. 2075) geändert.

Lastenhandhabungsverordnung (LasthandhabV) vom 4. Dezember 1996b (BGBl. I S. 1841, 1842), zuletzt durch Artikel 294 der Verordnung vom 19. Juni 2020 (BGBl. I S. 1328) geändert.

Medizinprodukte-Betreiberverordnung (MPBetrV) in der Fassung der Bekanntmachung vom 21. August 2002a (BGBl. I S. 3396), zuletzt durch Artikel 9 der Verordnung vom 29. November 2018 (BGBl. I S. 2034) geändert.

Medizinproduktegesetz (MPG) in der Fassung der Bekanntmachung vom 7. August 2002b (BGBl. I S. 3146), zuletzt durch Artikel 223 der Verordnung vom 19. Juni 2020 (BGBl. I S. 1328) geändert.

Schlingensiepen, I. (Hrsg.) (2015). Compliance – Kliniken gehen zu lax mit ihren Risiken um. Ärzte-Zeitung vom 28.05.2015. https://www.aerztezeitung.de/praxis_wirtschaft/klinik-management/article/886793/compliance-kliniken-gehen-lax-ihren-risiken.html. Zugegriffen: 08.11.2020.

Siebke, B. & Bock, H. (2020). Diebstahl in Arztpraxen - Millionen Patientendaten kaum gesichert. https://www.tagesschau.de/investigativ/ndr/hannover-patientendaten-101.html. Stand: 09. Feb. 2020 17:58 Uhr. Hamburg. Zugegriffen: 31.10.2020.

Strahlenschutzgesetz (StrlSchG) vom 27. Juni 2017 (BGBl. I S. 1966), zuletzt durch Artikel 248 der Verordnung vom 19. Juni 2020 (BGBl. I S. 1328) geändert.

Strahlenschutzverordnung (StrlSchV) vom 29. November 2018 (BGBl. I S. 2034, 2036), durch Artikel 1 der Verordnung vom 27. März 2020 (BGBl. I S. 748) geändert.

Verordnung über apothekenpflichtige und freiverkäufliche Arzneimittel (AMVerkRV) in der Fassung der Bekanntmachung vom 24. September 1988 (BGBl. I S. 2150; 1989 I S. 254), zuletzt durch Artikel 2 der Verordnung vom 26. September 2018 (BGBl. I S. 1386) geändert.

Verordnung über die Verhütung von Bränden (VVB) in der in der Bayerischen Rechtssammlung (BayRS 215–2–1-I) veröffentlichten bereinigten Fassung, zuletzt durch Verordnung vom 10. Dezember 2012 (GVBl. S. 735) geändert.

Verordnung zur Bestimmung Kritischer Infrastrukturen nach dem BSI-Gesetz (BSI-Kritisverordnung - BSI-KritisV) vom 22. April 2016 (BGBl. I S. 958), durch Artikel 1 der Verordnung vom 21. Juni 2017 (BGBl. I S. 1903) geändert.

Verordnung (EU) 2016/679 des Europäischen Parlaments und des Rates zum Schutz natürlicher Personen bei der Verarbeitung personenbezogener Daten, zum freien Datenverkehr und zur Aufhebung der Richtlinie 95/46/EG (Datenschutz-Grundverordnung - DSGVO) vom 27. April 2016 (Amtsblatt der Europäischen Union L119/1 vom 04.05.2016).

Zivilschutz- und Katastrophenhilfegesetz (ZSKG) vom 25. März 1997 (BGBl. I S. 726), zuletzt durch Artikel 144 der Verordnung vom 19. Juni 2020 (BGBl. I S. 1328) geändert.

Präventives Risikomanagement: Wie lassen sich Risiken frühzeitig erkennen und bewältigen?

4

4.1 Identifizierung und Erfassung von Risiken

Geeignete **Risikomanagementsysteme** (RMS) zur Überwachung den Fortbestand gefährdender Entwicklungen werden für Gesundheitseinrichtungen von verschiedenen Seiten gefordert. Es handelt sich dabei um die systematische Erfassung und Bewertung von Risiken für Gesundheitseinrichtungen, sowie deren Steuerung und anzustrebende Vermeidung durch geeignete Präventionsmaßnahmen.

So ist beispielsweise für Gesundheitseinrichtungen in Form von Aktiengesellschaften nach dem Aktiengesetz (AktG) ausdrücklich vorgegeben, dass der Vorstand geeignete Maßnahmen zu treffen hat, insbesondere ein Überwachungssystem einzurichten, damit den Fortbestand der Einrichtung gefährdende Entwicklungen früh erkannt werden (vgl. § 91 AktG). Da das AktG auch Ausstrahlwirkung auf andere Rechtsformen hat, werden auch Einrichtungen davon erfasst, die nicht unmittelbar dem AktG unterliegen. Die rechtlichen Grundsätze zur Pflicht eines Risiko- und Notfallmanagements betreffen somit nicht nur gewerbliche Gesundheitseinrichtungen, insbesondere Kapitalgesellschaften, und die in dieser Rechtsform betriebenen Pflegeheime, Krankenhäuser und Gesundheitseinrichtungen, sondern die Vielzahl allgemeiner Schutz- und Sicherheitsvorschriften (bspw. Brandschutz, allgemeine Verkehrssicherungspflichten, Arbeitssicherheitsrecht, Unfallverhütungsvorschriften) gelten ebenfalls für Einrichtungen öffentlicher Träger, die zudem häufig weitergehenden Verpflichtungen durch öffentliches Recht sowie innerbehördliche Vorschriften unterliegen. Bundesweit geltende bzw. allgemein anerkannte Regeln der Technik in Sicherheitsfragen oder die Verpflichtung zur Erstellung und Übung von Alarm- und Einsatzplänen machen keinen Unterschied, ob sich die betreffende Gesundheitseinrichtung in privatrechtlicher oder öffentlich-rechtlicher Trägerschaft befindet.

© Der/die Autor(en), exklusiv lizenziert durch Springer Fachmedien Wiesbaden GmbH, ein Teil von Springer Nature 2022
A. Frodl, *Krisenmanagement für Gesundheitseinrichtungen,*
https://doi.org/10.1007/978-3-658-36374-1_4

Nach dem Handelsgesetzbuch (HGB) ist zudem im Rahmen der (Wirtschafts-) Prüfung zu beurteilen, ob der Vorstand die ihm nach dem AktG obliegenden Maßnahmen in einer geeigneten Form getroffen hat und ob das danach einzurichtende Überwachungssystem seine Aufgaben erfüllen kann (vgl. § 317 HGB).

Beispiel

Die Verpflichtung zur Einrichtung eines Risikomanagementsystems ergibt sich bei den in öffentlich-rechtlicher Form geführten Häusern auch aus haushaltsrechtlichen Vorgaben der Länder bzw. des Bundes. Zudem enthält das Länderrecht speziell für Krankenhäuser unterschiedliche Verpflichtungen zur Notfallvorsorge durch Erstellen und Üben von krankenhausspezifischen Alarm- und Einsatzplänen (vgl. Bundesamt für Bevölkerungsschutz und Katastrophenhilfe, 2008, S. 13). ◀

Die Befassung mit den die Gesundheitseinrichtung bedrohenden Risiken und damit die Einrichtung und Überwachung von Regelungen, die einen strukturierten Umgang mit Risiken in Gesundheitseinrichtungen sicherstellen, ist jenseits gesetzlicher Anforderungen als eine Selbstverständlichkeit anzusehen und als Führungsaufgabe essenzieller Bestandteil der Corporate Governance (vgl. Euteneier, 2015, S. 8). Die wachsende Dynamik im Gesundheitswesen, der zunehmende Fachkräftemangel oder die steigende Cyberkriminalität führen zunehmend zu komplexen und vielschichtigen Risikosituationen, die die Konzeption und Implementierung eines vorausschauenden und ganzheitlichen RMS als tragende Säule einer guten und verantwortungsvollen Einrichtungsführung unverzichtbar machen. Dazu bedarf es eines RMS mit einer Gesamtheit von Regelungen, die einen systematischen Umgang mit Risiken in der Gesundheitseinrichtung sicherstellen. und zu dem folgende wichtige **Elemente** gehören:

- **Risikokultur:** Drückt als Grundlage eines RMS grundsätzliche Einstellungen und Verhaltensweisen aus und beeinflusst das Risikobewusstsein;
- **RMS-Ziele:** Leiten sich aus der einer Risikostrategie ab, die im Einklang mit den Einrichtungsstrategien und –zielen steht, und beinhalten Vorgaben zum Umgang mit Risiken (Risikopolitik);
- **RMS-Organisation:** Besteht aus einer transparenten und eindeutigen Aufbauorganisation, einer klar definierte Ablauforganisation, ausreichenden Ressourcen und der Erfüllung der persönlichen und fachlichen Voraussetzungen der Risikomanager in der Gesundheitseinrichtung;
- **Risikoidentifikation:** Regelmäßige und systematische Analyse (Risikoinventur) von internen und externen risikorelevanten Entwicklungen im Verhältnis zu den festgelegten Zielen der Gesundheitseinrichtung;
- **Risikobewertung:** Systematische Beurteilung der identifizierten Risiken mittels Bewertungsverfahren zur Einschätzung von Eintrittswahrscheinlichkeiten und möglichen Schadenshöhen sowie von Bedeutung und Wirkungsgrad von Steuerungsmaßnahmen;

- **Risikosteuerung:** Maßnahmen zur Risikosteuerung mit dem Ziel einer Risikovermeidung, Risikoreduktion, Risikoteilung bzw. -transfer sowie Risikoakzeptanz;
- **Risikokommunikation:** Angemessener Informationsfluss mit Festlegung von Zuständigkeiten, Intervallen, Schwellenwerten und Berichtsformaten an Einrichtungsleitung und –träger;
- **Überwachung und Verbesserung des RMS:** Regelmäßige Überwachung der Angemessenheit und Wirksamkeit durch prozessintegrierte und prozessunabhängige Kontrollen (vgl. Wermelt & Scheffler, 2017, S. 931).

Mithilfe einer **Risikoanalyse** sind zunächst die Funktionsbereiche bzw. Komponenten und Werte einer Gesundheitseinrichtung, ihre Schutzziele und daraus die Kritikalität bzw. Schutzbedarfe für die einzelnen Funktionsbereiche zu ermitteln:

- **Vorbereitung:** Schutzziele und Schutzbedarfe festlegen (siehe Tab. 4.1), Untersuchungsbereich abgrenzen, Prozesse erheben;
- **Kritikalität analysieren:** Kritische Prozesse ermitteln, Kritikalität bestimmen;
- **Risiken identifizieren und bewerten:** Risikoszenarien ermitteln, Eintrittswahrscheinlichkeiten abschätzen, Auswirkungen bewerten, Risikowert ermitteln, bestehende Maßnahmen berücksichtigen;
- **Risiken steuern:** Behandlung der Risiken entscheiden, Präventive Maßnahmen bestimmen und Ersatzverfahren vorsehen (vgl. Bundesamt für Sicherheit in der Informationstechnik, 2013, S. 3).

Die Gefahr von Verlusten für Gesundheitseinrichtungen, die infolge der Unangemessenheit oder des Versagens von internen Verfahren und Systemen, Menschen oder infolge externer Ereignisse eintreten, kann unterschiedliche Ursachen haben. Es kann sich dabei um Risiken in Systemen oder Prozessen der Einrichtung handeln, die durch menschliches oder technisches Versagen bzw. durch externe Einflussfaktoren entstehen oder rechtliche Risiken, die aus vertraglichen Vereinbarungen oder rechtlichen Rahmenbedingungen resultieren. Dazu zählt auch der potentielle Eintritt von Verlusten durch unvorhersehbare Ereignisse, Unterbrechungen medizinischer bzw. pflegerischer Leistungen, unzulängliche Kontrollen oder Versagen von Kontrollen oder medizinbzw. informationstechnischer Systeme im Zusammenhang mit Beschäftigten, Dritten, Vertragsverhältnissen, neuen medizinischen bzw. pflegerischen Leistungen, sowie im Zusammenhang mit Projekten oder anderen Risiken. Somit liegen die **Risikoursachen** für Gesundheitseinrichtungen beispielsweise in folgenden Bereichen:

- **Beschäftigte:** unzureichende Qualifikation, fehlende Verfügbarkeit, Behandlungsfehler, unerlaubte Handlungen etc.
- **Infrastruktur:** Ausfall oder unzureichende Funktionalität, Performance oder Sicherheit von medizintechnischen oder informations- und kommunikationstechnischen Systemen, Ausfall von Haus- und Gebäudetechnik, unzureichende Arbeitsplatzsicherheit etc.

Tab. 4.1 Beispiele für Schutzziele und Schutzbedarfe in einem Krankenhaus (vgl. Bundesamt für Bevölkerungsschutz und Katastrophenhilfe, 2008, S. 27 ff.)

Schutzziele	Schutzbedarfe	Beispiele
Erhaltung und damit Verhinderung des Ausfalls katastrophenmedizinisch lebensnotwendiger Funktionsbereiche bzw. möglichst kurzfristige Wiederherstellung der Funktionsfähigkeit: Die für die Notbehandlung von Patienten in Katastrophensituationen notwendigen Prozessbausteine müssen ein Schutzniveau erreichen, das auch im Falle eines extremen Ereignisses einen Ausfall möglichst verhindert	Funktionsbereiche, die betriebsfähig bleiben müssen, um lebenswichtige medizinische Leistungen für stationäre Patienten zu erbringen und um die Notfallaufnahme und Versorgung weiterer aufzunehmender Patienten vorzuhalten, wozu auch Funktionsbereiche zählen, deren Ausfall längere Verzögerungen bei der Wiederherstellung kritischer Dienste verursachen	Notaufnahme, Schockraum, OP, Endoskopie, Intensivstation, Versorgung mit Wasser, medizinischen Gasen, Sterilgut, Strom
	Funktionsbereiche, deren Ausfall die Risiken von Feuer, Explosion, Luftverschmutzung oder Wasserkontamination steigert, wodurch Mitarbeiter, Patienten oder Besucher geschädigt werden könnten	Kühl- und Klimaanlagen, Lagereinrichtungen für Sondermüll, chemische, biologische oder radiologische Substanzen
	Funktionsbereiche, die eine Beunruhigung, Chaos oder Verwirrung bei Mitarbeitern, Patienten oder Besuchern auslösen, die Qualität der medizinischen Versorgung mindern und somit deren Gesamterfolg gefährden können	Aufzüge, Beleuchtung, Überwachungs-komponenten
Begrenzung wirtschaftlicher Schäden und Wiederherstellung der Leistungsfähigkeit: Notwendige Investitionen zur Wiederherstellung der vollen Funktionsfähigkeit und Auslagen, die in der Katastrophe durch die Notbehandlung von Patienten entstehen und die nur schwer beizubringen sind	Funktionsbereiche, die zwar im Sinne der medizinischen Versorgung nicht kritisch sind, aber schwierig oder sehr teuer in der Wiederbeschaffung und deren Ausfall schwerwiegende juristische Folgen oder Vertragsstrafen nach sich ziehen könnte	Krankenhaus-informationssyteme (KIS), Informations- und Kommunikations-technik im Bereich Verwaltung, medizinische Großgeräte, die für nicht zeitkritische Untersuchungen verwendet werden

(Fortsetzung)

Tab. 4.1   (Fortsetzung)

Schutzziele	Schutzbedarfe	Beispiele
Sicherung und damit Verhinderung der Gefährdung von Menschenleben: Minimalanspruch, der für sämtliche Bestandteile eines Krankenhauses und auch in einer Extremsituation so weit wie möglich gilt, sich beispielsweise auf die bauliche Sicherheit von Gebäuden bezieht und z. B. durch eine Vielzahl von Regelungen zum Brand- und Arbeitsschutz gewährleistet wird	Funktionsbereiche, die auch bei einem längerfristigen Ausfall keine unmittelbare Bedeutung für lebenserhaltende und für die Notversorgung unerlässliche Prozesse haben und auch die wirtschaftliche Grundlage durch einen mittelfristigen Ausfall nicht infrage stellen (vertragliche oder gesetzliche Pflichten werden durch den Ausfall nicht oder nur in geringem Maße verletzt)	Hörsaal, Pflegeschule, Cafeteria, Sozialdienst, Kapelle, etc.

- **Organisation:** unzureichende aufbau- und ablauforganisatorische Strukturen, Informations- und Kommunikationsfehler, mangelhafte Verträge mit Lieferanten, Dienstleistern und sonstigen Dritten, Fehler im Ablauf von Projekten etc.
- **Extern:** Naturkatastrophen, kriminelle Attacken, Outsourcing-Probleme, Probleme mit Lieferanten oder Dienstleistungen, Änderung von relevanten Gesetzen oder in der Rechtsprechung etc.

Daraus ergeben sich insbesondere personelle, rechtliche, externe und systemtechnische Risiken als überwiegend vorkommende **Risikoarten**.

Beispiel

Für die stationäre Altenhilfe lassen sich beispielsweise folgende interne Risikoarten identifizieren:

- Sozio-kulturelle Risiken, wie z. B. Anstieg der Demenzerkrankungen und damit einhergehender höherer Pflegeaufwand; verändertes Anspruchsniveau Pflegebedürftiger bezüglich Qualität, Verfügbarkeit und Flexibilität; schlechtes Sozialprestige des Pflegeberufes;
- Politisch-rechtliche Risiken, wie z. B. Mehraufwand für Pflegeheime durch Einführung des Fallpauschalensystems im Krankenhausbereich; externer Vergleich bei Pflegesatzverhandlungen als Kann-Regelung;
- (Makro-)ökonomische Risiken, wie z. B. versiegende staatliche Investitionsmittel, Anstieg des Eigenfinanzierungsanteils;
- Risikoursachen, die sich aus der Geschäftstätigkeit ergeben, wie z. B. Marktrisiken im Absatz-, Arbeits- und Beschaffungsmarkt;

- Technologische Risiken, wie z. B. Anwendung von überalterten therapeutischen Methoden (ausbleibende Nutzung von Techniken wie dem Medicine Reminder zur Unterstützung noch bestehender Gedächtnisfähigkeiten);
- Nutzung überalterter IT-Systeme und dadurch Verlust von Informationen;
- Ökologische Risiken, wie z. B. steigender Rohstoff-, Energie- und Wasserverbrauch; Kosten- und Entsorgungsprobleme durch wachsende Abfallmengen (vgl. Becker et al., 2010, S. 10). ◄

Hinzu kommen Reputationsrisiken, die oftmals Folgeerscheinungen anderer Risikoarten sind und in Zusammenhang mit einer anderen Risikoart entstehen. Es handelt sich dabei um das Risiko negativer wirtschaftlicher Auswirkungen, die sich daraus ergeben, dass der Ruf der Gesundheitseinrichtung Schaden nimmt und deshalb beispielsweise Patienten abwandern und die Einrichtung meiden.

Im Rahmen einer **Risikoinventur** sind anhand der möglichen Ursachen die Risiken für eine Gesundheitseinrichtung zu ermitteln und zu dokumentieren, die ein mögliches Schadensereignis beinhalten können (siehe Tab. 4.2). Um eine möglichst weitest gehende Vollständigkeit zu gewährleisten ist die Risikoinventur regelmäßig (beispielsweise jährlich) zu wiederholen. Die Vollständigkeit kann anhand von Aufgabenkatalogen, Tätigkeitsbeschreibungen etc. für die identifizierten Bereiche der Gesundheitseinrichtung erzielt werden. Wichtig hierfür ist die Zusammenführung möglichst vieler Informationen, die zur Risikoidentifikation beitragen. Dies können sein:

- **verpflichtende Informationen:** Infektionsmeldungen nach IfSG, Fixierungen, Sturzmeldungen, Dekubitusinzidenz, Pharmakovigilanz, Hämovigilanz, besondere Vorkommnisse etc.;
- **freiwillige Informationen:** anonyme Fehlermeldesysteme, Patienten-, Einweiser-, Mitarbeiterbefragungen, Beschwerdemanagement etc.;
- **sonstige Informationen:** übergreifende Qualitätsberichte im Gesundheitswesen, WHO-Berichte, Qualitätsmanagementaudits und –visitationen, Schadensfallanalysen etc. (vgl. Recura Kliniken, 2020, S. 1)

Zur Identifizierung von Risiken in Gesundheitseinrichtungen kann auch der Einsatz von **Frühwarnsystemen** beitragen, die bereits latent und verdeckt vorhandene Gefährdungen in Form von Informationen mit zeitlichem Vorlauf vor einem möglichen Schadenseintritt signalisieren. Sie erfassen bestimmte (neuartige) Erscheinungen sowie Veränderungen/ Entwicklungen bekannter Variablen in der Gesundheitseinrichtung oder in deren beobachteten Umfeld und zeigen diese im Sinn von Indikatoren oder Signalen frühzeitig beispielsweise anhand von signifikanten Abweichungen von vorgegebenen oder für zulässig gehaltenen Grenzwerten an. Aufgrund der Frühwarninformationen besteht wegen des zeitlichen Vorlaufs die Chance zur Ergreifung präventiver Maßnahmen mit dem Ziel der Abwehr oder Minderung signalisierter Bedrohungen. Zum Einsatz können dabei eigenorientierte Frühwarnsysteme gelangen, die sich auf die Früherkennung

Tab. 4.2 Beispiele für Risiken in einer Zahnarztpraxis

Risikoart	Risikobeschreibung
A. Personelles Risiko	A.1 Schädigung von Patienten durch Behandlungsfehler
	A.2 Diebstahl/Betrug von Praxisangehörigen
	A.3 Schädigung von Patienten/Praxisangehörigen durch fehlerhafte Bedienung der Röntgeneinrichtung/bildgebenden Systemen
	A.4 Schädigung des Praxisvermögens durch fehlerhafte Privat- und Kassenliquidation
	A.5 Kurzfristiger Personalausfall
	A.6 Berufsunfähigkeit des Praxisinhabers/der Praxisinhaberin
B System-/Technik-Risiko	B.1 Behandlungsabbruch/Behandlungsunterbrechung aufgrund defekter Absauganlage
	B.2 Behandlungsabbruch/Behandlungsunterbrechung aufgrund defekter Röntgenanlage
	B.3 Behandlungsabbruch/Behandlungsunterbrechung aufgrund defekter Behandlungseinheit
	B.4 Schädigung von Patienten durch verunreinigte Instrumente
	B.5 Praxisunterbrechung aufgrund des Ausfalls von Praxisinformationssystemen
	B.6 Praxisunterbrechung aufgrund des Ausfalls von Desinfektionsgeräten
C Externes Risiko	C.1 Brand
	C.2 Naturkatastrophe
	C.3 Pandemie
	C.4 Änderung rechtlicher/politischer Vorgaben im Gesundheitswesen
	C.5 Wasserrohrbruch
	C.6 Einbruch/Diebstahl
	C.7 Vandalismus
	C.8 Lieferprobleme für zahnmedizinisches Verbrauchsmaterial
	C.9 Cyber-Attacken/Diebstahl von Patientendaten/Angriff durch Trojaner, Ransomware etc.
D. Rechtliches Risiko	D.1 Rechtliche Auseinandersetzung in Zusammenhang mit Kassenliquidation
	D.2 Rechtliche Auseinandersetzung in Zusammenhang mit Privatliquidation
	D.3 Rechtliche Auseinandersetzung mit Lieferanten
	D.4 Rechtliche Auseinandersetzung mit Praxisangehörigen in Zusammenhang mit Kündigungen etc.

von Bedrohungen bei der Gesundheitseinrichtung selbst beispielsweise in Form des Einrichtungscontrollings mithilfe von Kennzahlensystemen ausrichten, oder fremdorientierte Frühwarnsysteme, die sich speziell auf die Beobachtung von externen Entwicklungen konzentrieren (Gesundheitspolitik, Patientenzuspruch, Beschaffungsmarkt,

Konkurrenzsituation, Bedrohungen durch Klimawandel, Naturkatastrophen, Pandemien, Cyberkriminalität etc.) konzentrieren. Nicht unumstritten, aber häufig anzutreffen sind Frühwarnsysteme, die aus vergangenheitsorientierten Daten Erkenntnisse über deren zukünftige Entwicklung unter Zuhilfenahme von Prognosen ableiten wollen. Ferner sind einrichtungsübergreifende Frühwarnsysteme und ihnen zugrundeliegende Informationen relevant, die nicht nur von einer Gesundheitseinrichtung getragen und genutzt werden, sondern als Träger mehrere Einrichtungen oder auch Träger außerhalb der Gesundheitsbranche haben und die durch Erkenntnisse neutraler Institutionen, zentraler Einrichtungen oder von Forschungsinstituten ergänzt werden (vgl. Gabler Wirtschaftslexikon, 2018, S. 1).

Beispiel

Eigenorientierte Frühwarnsysteme sind in der Patientenüberwachung in Krankenhäusern verbreitet im Einsatz. Am Universitätsklinikum Carl Gustavus Carus Dresden sind beispielsweise Normalstationen der Klinik für Viszeral-, Thorax- und Gefäßchirurgie (VTG) mit Frühwarnsystemen zur Überwachung der Vitalfunktionen von nicht intensivmedizinisch versorgten Patienten ausgestattet. Dazu werden die lebenswichtigen Funktionen von Patienten entsprechend ihrem individuellen Risikoprofil elektronisch überwacht, auch wenn sie keiner intensivmedizinischen Versorgung bedürfen. Der Einsatz des Überwachungssystems auf den Normalstationen der VTG führt dazu, dass das innerklinische Notfallteam bereits bei frühen Anzeichen einer möglichen gesundheitlichen Krise alarmiert wird und sich dadurch die Zahl von Herzstillständen während eines Krankenhausaufenthaltes deutlich senken lässt. Dazu erfasst das elektronisches Frühwarnsystem die Daten in patientenangepassten Zeitintervallen und wertet es mit einem Punktesystem aus, dessen Kriterien für die automatische Alarmierung des ärztlichen und pflegerischen Personals durch die Klinik selbst definiert werden (vgl. Universitätsklinikum Carl Gustavus Carus Dresden, 2016, S. 1). ◄

4.2　Bewertung von Risiken

Im Rahmen der **Risikobewertung** sind die festgestellten Risiken und die zugeordneten möglichen Schadensereignisse hinsichtlich ihrer Auswirkungen für die Gesundheitseinrichtung zu gewichten. Gebräuchliche Bewertungsindikatoren sind beispielsweise die Eintrittswahrscheinlichkeiten und die möglichen Schadenshöhen der einzelnen Risiken. Üblicherweise werden dazu in einem Scoring-Verfahren zunächst Ausprägungsklassen für die Eintrittswahrscheinlichkeiten (beispielsweise „gering", „mittel", „hoch") und für die möglichen Schadenshöhen (beispielsweise „<10.000 Euro", „10.000–100.000 Euro", „>100.00 Euro") gebildet und diese Klassen mit einem aufsteigenden

Tab. 4.3 Beispiel für das Risiko-Scoring einer Zahnarztpraxis (Risiken siehe Tab. 4.2)

Risiko-Ziffer	Eintrittswahrscheinlichkeit				Schadenshöhe in Euro			
	alle 30 Jahre	alle 10 Jahre	jährlich	monatlich	< 2.000	2.000–20.000	20.001–100.000	> 100.000
A.1		X						X
A.2		X			X			
A.3		X						X
A.4			X			X		
A.5		X				X		
A.6	X							X
B.1			X		X			
B.2			X		X			
B.3			X		X			
B.4		X						X
B.5			X			X		
B.6			X			X		
C.1		X						X
C.2	X							X
C.3	X							X
C.4			X				X	
C.5		X					X	
C.6			X			X		
C.7		X					X	
C.8				X		X		
C.9			X					X
D.1			X			X		
D.2			X			X		
D.3			X				X	
D.4		X					X	

Punktesystem gewichtet. Anschließend werden die Risiken den einzelnen Klassen zugeordnet und die Punktewerte je Risiko addiert (siehe Tab. 4.3). Die angenommene Schadenshöhe beschreibt dabei den Schadenerwartungswert anhand der Kosten beispielsweise für den Ausgleich von Personen- oder Sachschäden.

Die Risikobewertung kann in unterschiedlichen Risikokategorien münden, wobei die Risiken mit den höchsten Eintrittswahrscheinlichkeiten und möglichen Schadenshöhen üblicherweise in den höchsten Kategorien zu führen sind:

- **Risikokategorie I:** weniger kritisch; Risiken, die eher selten vorkommen und geringe Schadenswerte aufweisen;
- Risikokategorie II: kritisch; Risiken, die häufiger vorkommen und/oder höhere Schadenswerte (auch in der Summe) aufweisen können;
- **Risikokategorie III:** sehr kritisch; Risiken, die aufgrund der möglichen Schadenshöhe und/oder der Eintrittswahrscheinlichkeiten (auch in der Summe) existenzbedrohend sein können.

Als Ergebnis erhält man ein **Risikoportfolio** der Gesundheitseinrichtung, das das Bewertungsergebnis der einzelnen Risiken widerspiegelt (siehe Tab. 4.4).

Hinsichtlich der zusätzlichen Auswirkung von Reputationsrisiken sind beispielsweise folgende Kategorien denkbar:

- **Kategorie I**: Das Risikoereignis dringt nicht nach außen und ist nur innerhalb der Gesundheitseinrichtung bekannt; Wahrscheinlichkeit eines Patientenabwanderung ist gering; lokale Pressewird nicht aufmerksam und es findet keine Erwähnung in Fachmedien statt;
- **Kategorie II:** Das Risikoereignis dringt nach außen; eine Patientenabwanderung ist denkbar; lokale Pressewird aufmerksam und es findet eine Erwähnung in Fachmedien statt;
- **Kategorie III:** Das Risikoereignis dringt nach außen; hohe Wahrscheinlichkeit einer Patientenabwanderung; überregionale Presseaufmerksamkeit; negative Erwähnung in großen Medien; breite Streuung in Fachmedien.

Tab. 4.4 Beispiel für das Risikoportfolio einer Zahnarztpraxis (Risiken siehe Tab. 4.2, Risikobewertung siehe Tab. 4.3)

Eintrittswahr-scheinlichkeit	Monatlich	RiskKat. III	RiskKat. III C.8	RiskKat. III	RiskKat. III
	Jährlich	RiskKat. II B.1, B.2, B.3	RiskKat. III A.4, A.5, B.5, B.6, C.6, D.1, D.2	RiskKat. III C.4, D.3	RiskKat. III C.9
	Alle 10 Jahre	RiskKat. I A.2	RiskKat. II	RiskKat. III C.5, C.7, D.4	RiskKat. III A.1, A.3, B.4, C.1
	Alle 30 Jahre	RiskKat. I	RiskKat. I	RiskKat. II	RiskKat. III A.6, C.2, C.3
		<2000	2000–20.000	20.001–100.000	>100.000
		Schadenshöhe			

4.3   Reduzierung von Risiken

Um das Ziel einer Reduzierung der Risiken zu erreichen ist eine **Risikosteuerung** vorzunehmen, die insbesondere folgende Maßnahmen umfasst:

- **Risikovermeidung:** Sicherheitsorientierte Gestaltung von Prozessen und Rahmenbedingungen, sodass Risiken möglichst erst gar nicht entstehen;
- **Risikominimierung:** Umsetzung von Maßnahmen, um die Rahmen der Risikoinventur identifizierten Risiken zu reduzieren;
- **Risikoabwälzung:** Reduzierung des Schadenspotenzials für die Gesundheitseinrichtung durch Abschluss von Versicherungen für klassische Risikobereiche.

Für die Durchführung der Risikosteuerung sind in erster Linie die hochkategorisierten
Risiken aus dem Risikoportfolio mit geeigneten Maßnahmen zu hinterlegen (siehe
Tab. 4.5).

Zur Steuerung und damit der angestrebten Reduzierung von Risiken trägt auch die
systematische Sammlung von Schadensfällen bei. Dazu sind alle Schadensfälle zu
erfassen, und die Schadenshöhen sowie die Anzahl der Schadensereignisse sind mit den
erfassten Risiken abzugleichen, um daraus einen möglichen Handlungsbedarf abzuleiten.
Je nach Größe der Gesundheitseinrichtung lassen sich die Erfassung in einer Schadens-
falldatenbank vornehmen und Schwellenwerte für Bagatellschäden definieren.

Da nicht nur Brände, Stromausfälle, Wassereinbrüche etc. mögliche Schadensereignisse für Gesundheitseinrichtungen darstellen und damit das Risiko von Situationen
beinhalten, in denen Pflegeheime, Krankenhäuser oder Arztpraxen nachhaltig beeinträchtigt werden können, sodass Patienten oder Mitarbeiter in eine gefährliche oder gar
lebensbedrohliche Notlage geraten, sind insbesondere auch Schäden durch Arbeitsfehler,
mangelnde Sorgfalt und unzureichend organisierte Arbeitsabläufe zu erfassen, die bei
ärztlichen und pflegerischen Leistungen sowie verwaltungstechnischen Tätigkeiten der
Patientenversorgung entstehen können. In diesem Bereich begünstigen Risiken Fehler
und Fehlverhalten, wobei sich erst mit dem Fehler die Auswirkungen zeigen. Da nicht
alle Fehler aufgrund vorher bekannter Risiken entstehen, werden diese dadurch erst in
der Rückschau erkannt und verstanden (vgl. Ahrens, 2020, S. 10).

Zwar ist das allgemeine Risiko von Komplikationen und Gefahren aufgrund eines
verbesserten Qualitätsmanagements und zunehmender Sicherheit von Untersuchungs-
und Behandlungsverfahren gesunken, jedoch verhindert der medizinische Fortschritt
und damit die Optimierung der Behandlungs- und Operationsmethoden nicht Schadensereignisse und Unglücksfälle aufgrund zu dünner Personaldecken, unsachgemäßen
Umgangs mit medizintechnischen Geräten, Unachtsamkeit oder mangelnde Schulung
bzw. Einweisung des jeweiligen Personals oder Verabreichung falscher Medikamente.
Klassische Risiken von Infektionen, wie Wund- und Harnwegsinfektionen, von Lungen-
entzündungen oder Blutvergiftungen kommen hinzu, weswegen die systematische
Erfassung von Zwischenfällen (Incident Reporting) erforderlich ist, die Vorfälle oder

Tab. 4.5 Beispiel für Maßnahmen zur Risikosteuerung in einer Zahnarztpraxis (Risiken siehe Tab. 4.2, Risikoportfolio siehe Tab. 4.4)

Risiko-ziffer	Risiko	Maßnahme
A.1	Schädigung von Patienten durch Behandlungsfehler	Qualitätsmanagement; kontinuierliche Weiterbildung; Mehrfachkontrollen
A.3	Schädigung von Patienten/ Praxisangehörigen durch fehlerhafte Bedienung der Röntgeneinrichtung/ bildgebenden Systemen	Kontrolle durch 4-Augen-Prinzip; sorgfältige Einweisung
A.4	Schädigung des Praxisvermögens durch fehlerhafte Privat- und Kassenliquidation	Kontrolle durch 4-Augen-Prinzip; kontinuierliche Weiterbildung im Abrechnungswesen
A.5	Kurzfristiger Personalausfall	Abrufbare Springer auf geringfügiger Beschäftigungsbasis
A.6	Berufsunfähigkeit des Praxisinhabers/ der Praxisinhaberin	Abschluss einer Berufsunfähigkeitsversicherung
B.4	Schädigung von Patienten durch verunreinigte Instrumente	Qualitätsmanagement; 4-Augen-Prinzip
B.5	Praxisunterbrechung aufgrund des Ausfalls von Praxisinformationssystemen	Informationssicherheitsmanagement zur Sicherstellung der Verfügbarkeit
B.6	Praxisunterbrechung aufgrund des Ausfalls von Desinfektionsgeräten	Regelmäßige Wartung auch außerhalb vorgeschriebener Intervalle
C.1	Brand	Brandschutzmaßnahmen; Abschluss einer Brandschadenversicherung
C.2	Naturkatastrophe	Abschluss einer Elementarschadenversicherung
C.3	Pandemie	Notfallpläne; Bevorratung von Materialien für den Infektionsschutz
C.5	Wasserrohrbruch	Abschluss einer Wasserschadenversicherung
C.6	Einbruch/Diebstahl	Zutrittsschutz und weitere physische Absicherungsmaßnahmen
C.7	Vandalismus	Physische Absicherungsmaßnahmen
C.8	Lieferprobleme für zahnmedizinisches Verbrauchsmaterial	Materialwirtschaft und Beschaffungsmarketing; Mindestbevorratung
C.9	Cyber-Attacken/Diebstahl von Patientendaten/Angriff durch Trojaner, Ransomware etc.	Informationssicherheitsmanagement zur Gewährleistung der Vertraulichkeit, Integrität und Verfügbarkeit von Patientendaten und Praxisinformationen
D.1	Rechtliche Auseinandersetzung in Zusammenhang mit Kassenliquidation	Abschluss einer Rechtsschutzversicherung

(Fortsetzung)

Tab. 4.5   (Fortsetzung)

Risiko-ziffer	Risiko	Maßnahme
D.2	Rechtliche Auseinandersetzung in Zusammenhang mit Privatliquidation	Abschluss einer Rechtsschutzversicherung
D.3	Rechtliche Auseinandersetzung mit Lieferanten	Abschluss einer Rechtsschutzversicherung
D.4	Rechtliche Auseinandersetzung mit Praxisangehörigen in Zusammenhang mit Kündigungen etc.	Abschluss einer Rechtsschutzversicherung

Fehler bei der Leistungserstellung darstellen, welche zur Verletzung einer Person oder zur Sachbeschädigung führen können oder bereits geführt haben.

> **Beispiel**
>
> Eine das Gesundheitswesen übergreifende Schadensfalldatenbank stellt auch das von der Kassenärztliche Bundesvereinigung und der Bundesärztekammer zur Verfügung gestellte Critical Incident Reporting-System CIRSmedical.de als offenes, anonymes und bundesweit frei zugängliches Berichts- und Lernsystem dar, das sich an alle Mitarbeiterinnen und Mitarbeiter des Gesundheitswesens richtet und ermöglichen soll, aus den kritischen Ereignissen und Fehlern anderer zu lernen. Es wurde vom Deutschen Ärztetag zur Nutzung als fachdisziplinübergreifenden Systems ausdrücklich empfohlen. Der Bericht an CIRSmedical.de erfolgt anonym, wobei nur die Berufsgruppe der/des Berichtenden zum Ereignis festgehalten wird und keine Angaben enthält, die Rückschlüsse auf Personen oder einzelne Gesundheitseinrichtungen erlauben. Die Angaben zum Patienten reduzieren sich auf das Alter und das Geschlecht des Patienten. Zum Schadensereignis werden Ereignisort und Fachdisziplin erfragt und Häufigkeit des Auftretens des Ereignisses abgefragt. Berichte über Verwechslungen von Medikamenten aufgrund ähnlicher Namen oder Verpackungen/Etiketten können dort ebenfalls erfasst oder auch dem spezifischen Berichtssystem des Bundesverbands Deutscher Krankenhausapotheker e.V. (ADKA) gemeldet werden (vgl. Ärztliches Zentrum für Qualität in der Medizin ÄZQ, 2020, S. 1). ◄

Arbeitsverdichtung und Komplexität nehmen im Gesundheitswesen zu, was auch zu höheren Fehlerquoten führen kann. Durch **Fehleranalysen** lassen sich mögliche Fehler bei der Entwicklung und organisatorischen Umsetzung der Leistungsangebote oder bei den Abläufen in Gesundheitseinrichtungen vermeiden, indem deren Wahrscheinlichkeit bewertet und Maßnahmen zur Verhinderung ergriffen werden. Dies dient nicht nur dem Schutz und der Bewahrung ihrer Sachwerte, dem Schutz vor finanziellen Verlusten sowie der Erhaltung immaterieller Werte, sondern in erster Linie, um Patienten, deren Angehörige und Mitarbeitende vor Schädigungen zu schützen. Wichtige Prinzipien Fehler und damit einhergehende Risiken zu vermeiden sind insbesondere:

- **Leistungsqualität:** Erfolg der Behandlungs- bzw. Pflegeleistung;
- **Strukturqualität:** Ausrüstung der Gesundheitseinrichtung auf dem Stand der Medizin, regelmäßige Weiterbildung, Handeln auf dem Wissenstand der Medizin;
- **Prozessqualität:** optimiertes Ablaufmanagement von der Aufnahme bis zur Entlassung;
- **Fachkompetenz:** Vorhandensein des notwendigen fallbezogenen medizinischen bzw. pflegerischen Könnens und Wissens;
- **Methodenkompetenz:** Beherrschung der erforderlichen Behandlungs- bzw. Pflegemethoden unter Beibehaltung der notwendigen Qualität;
- **Sozialkompetenz:** Glaubwürdige Empathie im Umgang mit Patienten und Beschäftigten;
- **PDCA-Zyklus:** Optimierung des Qualitätsmanagements in Gesundheitseinrichtungen durch das Plan, Do, Check, Act – Modell;
- **Crew-Ressource-Management (CRW):** Briefing vor einer wichtigen Behandlungsmaßnahme mit allen Beteiligten, Besprechen zu erwartender kritischer Punkte während des Verlaufs, Vorbesprechen spezieller Patienteneigenschaften, Abfragen von Bedenken, kurze Dokumentation des Briefings;
- **Team-Time-Out:** Hierarchieunabhängiges Unterbrechen bei Bedenken oder Auffälligkeiten (vgl. Merkle, 2014, S. 4 ff.).

Nicht alle Risiken lassen sich im Rahmen der Risikosteuerung völlig ausschalten. Für die verbleibenden Restrisiken muss daher eine **Risikoakzeptanz** erfolgen, bei der diese Risiken dokumentiert und deren Akzeptanz durch die Gesundheitseinrichtung schriftlich festgehalten werden.

Zur Kontrolle der Entwicklung bestehender und neu hinzukommender Risiken dient schließlich die **Risikoüberwachung**. Sie hat insbesondere im Blick zu behalten:

- Veränderungen der erwarteten Schadenshöhen bestehender Risiken,
- Veränderungen des erwarteten Eintritts bestehender Risiken,
- Veränderungen der Reputationsauswirkungen bestehender Risiken,
- Wegfall bestehender Risiken,
- Hinzukommen von neuen Risiken.

Literatur

Ärztliches Zentrum für Qualität in der Medizin - ÄZQ (Hrsg.) (2020). CIRSMEDICAL.DE. https://www.aezq.de/patientensicherheit/cirs. Berlin. Zugegriffen: 22.11.20.
Ahrens, J. (2020). Klinische Behandlungspfade als Instrument zur Unterstützung des Qualitäts- und Risikomanagements. In: Zapp, W. (Hrsg.) (2020). Qualitäts- und Risikomanagement im Krankenhaus – Analyse, Verfahren, Anwendungsbeispiele. Reihe: Controlling im Krankenhaus. Wiesbaden: Springer/Gabler. S. 1–53.

Aktiengesetz (AktG) vom 6. September 1965 (BGBl. I S. 1089), zuletzt durch Artikel 1 des Gesetzes vom 12. Dezember 2019 (BGBl. I S. 2637) geändert.

Becker, D.; Garthe, R.; Hellmons, G.; Kloos, B.; Tholen, S.; Stoffer, F. J. & Zapp, W. (2010). Controlling und Risikomanagement in Einrichtungen des Sozialbereichs - Ein Leitfaden für Aufsichtsräte, Geschäftsführungen und Verwaltungsleitungen. In: Leitfaden der DKM Darlehnskasse Münster eG; Beratungs- und Prüfungsgesellschaft BPG mbH (Hrsg.). Münster: Dialogverlag.

Bundesamt für Bevölkerungsschutz und Katastrophenhilfe (Hrsg.) (2008). Schutz Kritischer Infrastruktur: Risikomanagement im Krankenhaus – Leitfaden zur Identifikation und Reduzierung von Ausfallrisiken in Kritischen Infrastrukturen des Gesundheitswesens. Broschüre. Auszug von der CD in: Praxis im Bevölkerungsschutz – Band 2. Bonn.

Bundesamt für Sicherheit in der Informationstechnik – BSI (Hrsg.) (2013). Schutz Kritischer Infrastrukturen: Risikoanalyse Krankenhaus-IT – Leitfaden. Bonn.

Euteneier, A. (2015). Einführung – Was bedeutet Klinisches Risikomanagement? In: Euteneier, A. (Hrsg.). Handbuch Klinisches Risikomanagement – Grundlagen, Konzepte, Lösungen. Berlin/Heidelberg: Springer-Verlag. S. 3–8.

Gabler Wirtschaftslexikon (2018). Frühwarnsysteme. https://wirtschaftslexikon.gabler.de/definition/fruehwarnsysteme-33743/version-257263. Wiesbaden. Springer/Gabler. Zugegriffen: 14.11.2020.

Handelsgesetzbuch (HGB) in der im Bundesgesetzblatt Teil III, Gliederungsnummer 4100–1, veröffentlichten bereinigten Fassung, zuletzt durch Artikel 1 des Gesetzes vom 12. August 2020 (BGBl. I S. 1874) geändert.

Merkle, W. (2014). Warum machen wir Fehler, obwohl wir es nicht möchten – Bestandsaufnahme und Ursachenforschung der Fehlerhaftigkeit. In: Merkle, W. (Hrsg.). Risikomanagement und Fehlervermeidung im Krankenhaus. Berlin/Heidelberg. Springer-Verlag. S. 1–19.

Recura Kliniken SE (Hrsg.) (2020). Risikomanagement. https://www.recura-kliniken.de/qualitaet-recura/risikomanagement.html. Beelitz-Heilstätten. Zugegriffen: 28.11.2020.

Universitätsklinikum Carl Gustavus Carus Dresden (Hrsg.) (2016). Erste Normalstationen des Uniklinikums mit innovativem Frühwarnsystem ausgestattet - Klinik für Viszeral-, Thorax- und Gefäßchirurgie nutzt neue Lösung zur Überwachung der Vitalfunktionen von nicht intensivmedizinisch versorgten Patienten. https://www.uniklinikum-dresden.de/de/das-klinikum/kliniken-polikliniken-institute/vtg/news/erste-normalstationen-des-uniklinikums-mit-innovativem-fruehwarnsystem-ausgestattet. Dresden. Zugegriffen: 14.11.2020.

Wermelt, A. & Scheffler, R. (2017). Risikomanagement und Wirtschaftsprüfung. In: WPg – Die Wirtschaftsprüfung. 70. Jahrg. Heft 16/2017. Düsseldorf: IDW-Verlag. S. 925–933.

Sicherheit bei Finanzen und Liquidität: Welche Instrumente beugen einer drohenden Insolvenz vor?

5

5.1 Vorausschauende Finanzplanung und Kapitalausstattung

Wirtschaftliche Krisen von Gesundheitseinrichtungen gehen häufig mit Überschuldungen und Liquiditätsproblemen einher. Sie sind zwar nicht die eigentlichen Ursachen der Misere, führen aber zu drohenden Insolvenzen. Die Ursachen liegen vielmehr oft in Finanzierungsschwierigkeiten und mangelnder Kapitalausstattung.

Für die **Finanzierung** von Gesundheitseinrichtungen in öffentlicher Trägerschaft, wie Krankenhäusern und Pflegeheimen, ist beispielsweise das Krankenhausfinanzierungsgesetz (KHG) und das Sozialgesetzbuch (SGB) maßgebend. Danach werden die Krankenhäuser dadurch wirtschaftlich gesichert, dass ihre Investitionskosten im Wege öffentlicher Förderung übernommen werden und sie leistungsgerechte Erlöse aus den Pflegesätzen, die nach Maßgabe dieses Gesetzes auch Investitionskosten enthalten können, sowie Vergütungen für vor- und nachstationäre Behandlung und für ambulantes Operieren erhalten (vgl. § 4 KHG). Zu den Investitionskosten zählen unter anderem die Kosten der Errichtung (Neubau, Umbau, Erweiterungsbau) von Krankenhäusern und der Anschaffung der zum Krankenhaus gehörenden Wirtschaftsgüter, ausgenommen der zum Verbrauch bestimmten Güter (Verbrauchsgüter), sowie die Kosten der Wiederbeschaffung der Güter des zum Krankenhaus gehörenden Anlagevermögens (Anlagegüter). Als Pflegesätze sind die Entgelte der Benutzer oder ihrer Kostenträger für stationäre und teilstationäre Leistungen des Krankenhauses anzusehen (vgl. § 2 KHG). Die Bundesländer stellen Krankenhauspläne und Investitionsprogramme auf (vgl. § 6 KHG) und die Krankenhäuser haben nach Maßgabe des KHG Anspruch auf Förderung, soweit und solange sie in den Krankenhausplan eines Landes bzw. bei Investitionen nach dem KHG in das Investitionsprogramm aufgenommen sind (vgl. § 8 KHG). Auf Antrag des Krankenhausträgers fördern die Bundesländer Investitionskosten, die entstehen insbesondere für die Errichtung von Krankenhäusern einschließlich der Erstausstattung

A. Frodl, *Krisenmanagement für Gesundheitseinrichtungen,* https://doi.org/10.1007/978-3-658-36374-1_5

mit den für den Krankenhausbetrieb notwendigen Anlagegütern sowie für die Wiederbeschaffung von Anlagegütern mit einer durchschnittlichen Nutzungsdauer von mehr als drei Jahren. Sie bewilligen auf Antrag des Krankenhausträgers ferner Fördermittel

- für die Nutzung von Anlagegütern, soweit sie mit Zustimmung der zuständigen Landesbehörde erfolgt,
- für Anlaufkosten, für Umstellungskosten bei innerbetrieblichen Änderungen sowie für Erwerb, Erschließung, Miete und Pacht von Grundstücken, soweit ohne die Förderung die Aufnahme oder Fortführung des Krankenhausbetriebs gefährdet wäre,
- für Lasten aus Darlehen, die vor der Aufnahme des Krankenhauses in den Krankenhausplan für förderungsfähige Investitionskosten aufgenommen worden sind,
- als Ausgleich für die Abnutzung von Anlagegütern, soweit sie mit Eigenmitteln des Krankenhausträgers beschafft worden sind und bei Beginn der Förderung nach diesem Gesetz vorhanden waren,
- zur Erleichterung der Schließung von Krankenhäusern,
- zur Umstellung von Krankenhäusern oder Krankenhausabteilungen auf andere Aufgaben, insbesondere zu ihrer Umwidmung in Pflegeeinrichtungen oder selbständige, organisatorisch und wirtschaftlich vom Krankenhaus getrennte Pflegeabteilungen.

Die Bundesländer fördern zudem die Wiederbeschaffung kurzfristiger Anlagegüter sowie kleine bauliche Maßnahmen durch feste jährliche Pauschalbeträge, mit denen das Krankenhaus im Rahmen der Zweckbindung der Fördermittel frei wirtschaften kann. Die Pauschalbeträge werden in regelmäßigen Abständen an die Kostenentwicklung angepasst. Zur Wiederbeschaffung zählt auch die Ergänzung von Anlagegütern, soweit diese nicht über die übliche Anpassung der vorhandenen Anlagegüter an die medizinische und technische Entwicklung wesentlich hinausgeht. Dabei sind die Fördermittel so zu bemessen, dass sie die förderungsfähigen und unter Beachtung betriebswirtschaftlicher Grundsätze notwendigen Investitionskosten decken (vgl. § 9 KHG).

Nach dem Sozialgesetzbuch (Elftes Buch – Soziale Pflegeversicherung, SGB XI) sind die einzelnen Bundesländer verantwortlich für die Vorhaltung einer leistungsfähigen, zahlenmäßig ausreichenden und wirtschaftlichen pflegerischen Versorgungsstruktur. Durch Landesrecht kann bestimmt werden, ob und in welchem Umfang eine im Landesrecht vorgesehene und an der wirtschaftlichen Leistungsfähigkeit der Pflegebedürftigen orientierte finanzielle Unterstützung der Pflegeeinrichtungen bei der Tragung ihrer betriebsnotwendigen Investitionsaufwendungen als Förderung der Pflegeeinrichtungen gilt (vgl. § 9 SGB XI). Danach erhalten zugelassene Pflegeheime und Pflegedienste eine leistungsgerechte Vergütung für die allgemeinen Pflegeleistungen sowie bei stationärer Pflege ein angemessenes Entgelt für Unterkunft und Verpflegung, wobei die Pflegevergütung von den Pflegebedürftigen oder deren Kostenträgern zu tragen ist. In der Pflegevergütung und in den Entgelten für Unterkunft und Verpflegung dürfen keine Aufwendungen berücksichtigt werden

- für Maßnahmen einschließlich Kapitalkosten, die dazu bestimmt sind, die für den Betrieb der Pflegeeinrichtung notwendigen Gebäude und sonstigen abschreibungsfähigen Anlagegüter herzustellen, anzuschaffen, wiederzubeschaffen, zu ergänzen, instand zu halten oder instand zu setzen;
- den Erwerb und die Erschließung von Grundstücken,
- Miete, Pacht, Erbbauzins, Nutzung oder Mitbenutzung von Grundstücken, Gebäuden oder sonstigen Anlagegütern,
- den Anlauf oder die innerbetriebliche Umstellung von Pflegeeinrichtungen,
- die Schließung von Pflegeeinrichtungen oder ihre Umstellung auf andere Aufgaben.

Für den Fall, dass betriebsnotwendige Investitionsaufwendungen oder Aufwendungen für Miete, Pacht, Erbbauzins, Nutzung oder Mitbenutzung von Gebäuden oder sonstige abschreibungsfähige Anlagegüter durch öffentliche Förderung nicht vollständig gedeckt sind, kann die Pflegeeinrichtung diesen Teil der Aufwendungen den Pflegebedürftigen gesondert berechnen. Gleiches gilt, soweit die Aufwendungen vom Land durch Darlehen oder sonstige rückzahlbare Zuschüsse gefördert werden, wobei die gesonderte Berechnung der Zustimmung der zuständigen Landesbehörde bedarf und die Pauschalen in einem angemessenen Verhältnis zur tatsächlichen Höhe der Instandhaltungs- und Instandsetzungsaufwendungen stehen müssen. Pflegeeinrichtungen, die nicht nach Landesrecht gefördert werden, können ihre betriebsnotwendigen Investitionsaufwendungen den Pflegebedürftigen ohne Zustimmung der zuständigen Landesbehörde gesondert berechnen, müssen die gesonderte Berechnung allerdings der zuständigen Landesbehörde mitteilen. Betriebskostenzuschüsse als öffentliche Zuschüsse zu den laufenden Aufwendungen einer Pflegeeinrichtung sind von der Pflegevergütung abzuziehen (vgl. § 82 SGB XI).

Gesundheitseinrichtungen in öffentlicher Trägerschaft und privatfinanzierten Einrichtungen ohne öffentliche Trägerschaft ist gemein, dass es Phasen gibt, in denen der Finanzmittelbedarf steigt, beispielsweise, um die ständige Zahlungsbereitschaft zu gewährleisten und das Risiko einer Überschuldung zu minimieren. Dabei sind idealerweise eine Minimierung des Preises für das benötigte Kapital anzustreben und das Einräumen besonderer Rechte Dritter bei der Kapitalbeschaffung zu vermeiden.

Die notwendige **Kapitalausstattung** umfasst in der Regel

- **Eigenkapital:** Besteht aus Mitteln, die der Gesundheitseinrichtung von den Eigentümern zur Verfügung gestellt werden (auch in Form des Verzicht auf Gewinnausschüttungen oder der Beteiligungsfinanzierung bei Gesellschaftsunternehmungen (Klinik-AG); resultiert in einer Bilanz aus der Differenz zwischen Vermögen und Schulden; haftet bei Verlusten zum Schutz der Gläubiger vor Forderungsausfällen);
- **Fremdkapital:** Wird von Gläubigern zur Verfügung gestellt, die unabhängig von der Ertragslage Anspruch auf Verzinsung und Rückzahlung haben; weist in der Summe die Verschuldung der Gesundheitseinrichtung aus.

Beim Fremdkapital wird üblicherweise in kurz- mittel- und langfristige Verbindlichkeiten unterschieden: Kurzfristige Verbindlichkeiten umfassen alle Zahlungsverpflichtungen, die nach dem Bilanzstichtag innerhalb eines Jahres beglichen werden müssen, wozu auch kurzfristige Bankschulden zählen. Mittelfristige Verbindlichkeiten sind hingegen Verpflichtungen mit einer Laufzeit zwischen einem und fünf Jahren. Zu den langfristigen Verbindlichkeiten zählen Verpflichtungen mit einer Mindestlaufzeit von mindestens fünf Jahren, wie beispielsweise Finanzierungen von Anlagevermögen durch langfristige Bankkredite (vgl. Schuster & Uskova, 2018, S. 7).

Gefahren lauern beispielsweise, wenn die Verbindlichkeiten größer sind als das Vermögen, und somit eine Überschuldung in Form eines negativen Eigenkapitals vorliegt. Auch eine hohe Fremdkapitalquote, die den prozentualen Anteil des Fremdkapitals am Gesamtkapital der Gesundheitseinrichtung darstellt, gibt Auskunft über ihren Verschuldungsgrad. Daher sollte die Eigenkapitalrentabilität, die das Verhältnis des Gewinns zum Eigenkapital wiedergibt, mittelfristig höher sein als der Zinssatz für langfristige Geldkapitalanlagen zuzüglich eines angemessenen Zuschlages für das Unternehmerrisiko des Kapitalgebers. Eine weitere wichtige Kennzahl ist in diesem Zusammenhang auch die Eigenkapitalquote, die das Verhältnis zum Gesamtkapital ausdrückt. Zur Ermittlung des Dauerkapitalbedarfs der Gesundheitseinrichtung lässt sich zum Eigenkapital der Gewinn und das langfristige Fremdkapital addieren. Zieht man davon die Entnahmen ab, so erhält man das langfristige Gesamtkapital. Dieses um das Sach- und Finanzanlagevermögen vermindert, ergibt die Deckung der langfristigen Anlagen. Subtrahiert man davon das Vorratsmindestvermögen (eiserner Bestand) sowie die in der Leistungserstellung befindlichen Materialien, so erhält man die Über- bzw. Unterdeckung an langfristigem Kapital.

Auch im Sinn einer Krisenabwehr befasst sich somit die Finanzierung einer Gesundheitseinrichtung mit der Mittelbeschaffung im Sinne von Einnahmen, beinhaltet alle Maßnahmen, die zur Aufrechterhaltung des finanziellen Gleichgewichts (ausreichende Liquidität und Rentabilität) notwendig sind und wird ergänzt durch die **Finanzplanung** als Verfahren des Abgleichs von der Beschaffung und Verwendung finanzieller Mittel, das zugleich die systematische Erfassung, die Gegenüberstellung und den gestaltenden Ausgleich zukünftiger Zu- und Abnahmen liquider Mittel darstellt (vgl. Becker & Peppmeier, 2018, S. 3). Sie erfolgt im Sinne einer Risikoreduzierung unter der Beachtung einiger betriebswirtschaftlicher Grundregeln, die sich im Laufe der Zeit herausgebildet haben, und die dazu beitragen, Finanzierungsentscheidungen zu erleichtern. So bedeutet die Liquiditätsregel, dass Liquidität vor Rentabilität geht, Rentabilitätsziele und andere Ziele dem Liquiditätsziel unterzuordnen sind und damit die Sicherstellung der jederzeitigen Zahlungsbereitschaft das Ziel der Finanz- und Liquiditätsplanung einer Gesundheitseinrichtung sein muss, denn bereits länger andauernde Zahlungsverzögerungen und daraus entstehende Gerüchte setzen oftmals bereits eine Abwärtsspirale in Gang, die in wirtschaftlichen Schwierigkeiten münden. Die „goldene" Finanzierungsregel und damit die Fristenkongruenz besagt, dass die Investitionsdauer nicht länger sein soll als die Finanzierungsdauer. Dadurch wird die zeitliche Übereinstimmung zwischen Kapitalaufnahme und dessen Verwendung als Vermögen gefordert, und die Dauer der Kapitalbindung im Vermögen sollte dabei nicht länger als die Dauer der Kapitalüberlassung sein. Auch sollte kurzfristig gebundenes Vermögen durch kurzfristiges Kapital finanziert sein und langfristig gebundenes Vermögen durch langfristiges Kapital, wobei die Regel in der betriebswirtschaftlichen Praxis auch Einschränkungen erfährt: Wenn die Einnahmen aus einer Investition die Ausgaben zur Tilgung und Verzinsung übersteigen, könnte der Überschuss auch zur Umfinanzierung und damit zur Rentabilitätsmaximierung verwendet werden. Auch kann die Kapitalbindung einer Investition länger sein als die Fristigkeit des Fremdkapitals, wenn zum Rückzahlungszeitpunkt noch nicht freigesetztes Kapital durch Eigenkapital ersetzbar ist. Schließlich gibt es auch keine Garantie für die Rückzahlung des Kapitals und die Aufrechterhaltung der Liquidität bei unvorteilhaften Investitionen. Die Investitionsregel bedeutet, dass die Summe aller mit einem Investitionsgut getätigten Einnahmen über die gesamte Nutzungsdauer mindestens der Summe aller Auszahlungen entsprechen muss. Dies drückt aus, dass sich das abgenutzte Investitionsgut zuvor seine Abschreibungen und damit den Werteverzehr „verdienen" muss, um später eine Ersatzbeschaffung durchführen zu können. Die Eins-zu-Eins-Regel besagt, dass das Eigenkapital mindestens so hoch sein sollte wie das Fremdkapital, damit, um Überschuldungen zu vermeiden, eine möglichst ausgewogene Kapitalstruktur vorliegen sollte, wobei allerdings Unterschiede in der Kapitalintensität unberücksichtigt bleiben. Die Finanzierungsregeln sind zwar nicht immer unumstrittene, normative Aussagen. Ihre Beachtung kann jedoch zur Stabilität der Finanzsituation und Liquidität einer Gesundheitseinrichtung beitragen, zumal auch häufig externe Kapitalgeber wie beispielsweise Banken über die Einhaltung dieser Regeln die prognostizierte Zahlungsfähigkeit einer Einrichtung beurteilen (vgl. Frodl, 2012, S. 49 ff.).

Für die Finanzierung steht je nach Mittelherkunft eine Vielzahl von Alternativen zur Verfügung (siehe Tab. 5.1).

Gerade zur Vorbeugung für Krisenzeiten stellt die Selbstfinanzierung ohne Beanspruchung von möglichen Anteilseignern und Gläubigern aus dem Überschuss für erbrachte Leistungen eine wichtige, rechtsformunabhängige Form der Finanzierung der Gesundheitseinrichtung dar. Allerdings ist ihr Umfang abhängig von der Höhe des Gewinns, der Besteuerung, dem Kapitalbedarf, oder aber auch der Politik der Privatentnahmen von Praxisinhabenden. Sie geschieht häufig durch die Bildung von Rücklagen, als finanzielle Reserven oder auch als Kapitalfond, der zum Ausgleich von Verlusten oder für Sonderzwecke bestimmt ist. Sie bieten insbesondere die Vorteile keiner Abhängigkeit von den Entwicklungen des Kapitalmarkts, keiner Kreditwürdigkeitsanalysen, sofortiger Verfügbarkeit der Finanzmittel, keiner Kapitalbeschaffungskosten, keines Abflusses von Finanzmitteln für Fremdkapitalzinsen und Tilgung sowie der Erhaltung der Unabhängigkeit gegenüber fremden Kapitalgebern. Als wesentlicher Nachteil ist festzuhalten, dass die Selbstfinanzierung eine Schmälerung der Gewinnausschüttung an die Eigentümer der Gesundheitseinrichtung bewirkt.

Tab. 5.1 Beispiele zu Finanzierungsalternativen für Gesundheitseinrichtungen

Mittelherkunft	Finanzierungsart	Finanzierungsalternative
Externe Finanzierung	Finanzierung durch Kreditvergabe an die Gesundheitseinrichtung	Persönliche Darlehen
		Bankdarlehen
		Avale
		Lieferantenkredit
		Patientenkredit
		Kurzfristige Bankfinanzierung
	Finanzierung durch Beteiligung an der Gesundheitseinrichtung	Einrichtungsanteile
		Haftende Einlagen
		Kapitalnachschuss
		Aktienemissionen
	Sonderformen	Leasing
		Factoring
Interne Finanzierung	Selbstfinanzierung	
	Finanzierung aus Rückstellungen der Einrichtung	

In akuten Krisensituationen bleibt häufig nur die externe Finanzierung übrig, bei der der Gesundheitseinrichtung Kapital in der Regel durch Dritte (Banken, Lieferanten) leihweise zur Verfügung gestellt wird. Maßgebend hierfür sind die Fremdfinanzierungs-möglichkeiten der kapitalsuchenden Einrichtung, die wiederum insbesondere von ihrer rechtlichen Organisationsform, von steuerlichen Gegebenheiten und den Konditionen an den Finanzmärkten abhängen. Die häufigste Form ist die Kreditfinanzierung, bei der es sich um gegen vereinbartes Entgelt (Zins) überlassenes Kapital ohne unmittelbare Ein-flussnahme auf die Führung der Gesundheitseinrichtung handelt und deren Grundlage das Vertrauen in die Fähigkeit und Bereitschaft, die daraus resultierenden Schuldver-pflichtungen zu erfüllen, ist. Gebräuchlich ist das Darlehen als ein Kredit, der in einer Summe oder in Teilbeträgen zur Verfügung gestellt wird und in festgelegten Raten (Ratenkredit, Tilgungskredit) oder auf einmal nach Ablauf der vertraglich geregelten Laufzeit zurückzuzahlen ist (Kredit mit Endfälligkeit). Die Zinsen stellen dabei das Entgelt für den Nutzungswert des Kapitals dar, wobei sie je nach finanzieller Lage der Gesundheitseinrichtung üblicherweise als Darlehen mit Zinsanpassung die mit variablem Zinssatz häufig in einer Hochzinsphase aufgenommen werden, in der Hoffnung, zukünftig auf einen günstigeren Festzinssatz umsteigen zu können, oder als Darlehen mit Zinsfestschreibung zu einem für eine bestimmte Periode vereinbarten Festzinssatz ausgeliehen werden, was für die Gesundheitseinrichtung als Darlehensnehmerin ins-besondere in einer Niedrigzinsphase von Vorteil sein kann, da der feste Zinssatz eine sichere Kalkulationsgrundlage bietet.

Zur kurzfristigen Überbrückung dienen auch Lieferantenkredite, die der Gesundheitseinrichtung von Lieferanten für medizinische Verbrauchsmaterialien oder medizintechnische Geräte durch das Einräumen von Zahlungszielen gewährt werden. Auch Patientenanzahlungen stellen eine Möglichkeit dar, in dem die Patienten vorfällig medizintechnische Produkte, Behandlungs- oder Therapieleistungen anzahlen und die Gesundheitseinrichtung somit bis zum Zeitpunkt der Leistungserstellung und der damit verbundenen Kostenentstehung über diesen Anzahlungsbetrag verfügen kann. Allerdings ist insbesondere bei Lieferantenkrediten immer abzuwägen, ob dadurch nicht der Eindruck drohender Zahlungsschwierigkeiten der Gesundheitseinrichtung entstehen kann.

Einen Überbrückungskredit stellt auch der Kontokorrentkredit dar, als Barkredit in laufender Rechnung, den Banken und Sparkassen auf einem laufenden Konto (Kontokorrentkonto) zur Verfügung stellen und den die Gesundheitseinrichtung innerhalb der vereinbarten Laufzeit im Rahmen der abgesprochenen Kreditlinie in Anspruch nehmen kann. Auch kann er als Zwischenkredit vorkommen zur Zwischenfinanzierung bereits fest zugesagter oder in Aussicht genommener langfristiger Darlehensmittel. Der Zinssatz wird bei geänderten Verhältnissen am Geldmarkt bzw. am Kapitalmarkt entsprechend angepasst. Ferner sind gegebenenfalls Überziehungszinsen zusätzlich zu zahlen, sofern die Bank Inanspruchnahmen oberhalb der vereinbarten Kreditlinie zulässt, was gerade in einer kritischen Situation die Kreditkosten steigen lässt.

Fehlende Sicherheiten für die Absicherung einer Fremdfinanzierung stellen in wirtschaftlichen Krisensituationen oft ein Problem dar. In dieser Lage stellen Avale als Bürgschaft bzw. Garantieübernahme einer Bank für andere Kredite eine wichtige Hilfe dar, da die Bank dabei im Auftrag der Gesundheitseinrichtung gegenüber Dritten die Haftung für eine bestimmte Geldsumme durch Hergabe einer Bürgschaft oder einer Garantie übernimmt, wobei die Bank hierbei keine eigenen Mittel, sondern lediglich ihre Kreditwürdigkeit zur Verfügung stellt. Eine für die Gesundheitseinrichtung besonders wichtige Aval-Form ist die Bürgschaft, bei der sich Bürgende gegenüber Gläubigern (Kreditinstitut oder andere Person) bereit erklären, für die Erfüllung der Verbindlichkeiten der Einrichtung als Schuldner einzustehen. Für den Fall, dass Sachwerte der Gesundheitseinrichtung nicht in ausreichendem Umfang als Sicherheiten zur Verfügung stehen, lassen sich somit diese auch in Form von Bürgschaften stellen. Neben der klassischen Bankbürgschaft übernehmen auch Fördereinrichtungen mit öffentlichen Bürgschaften oder Haftungsfreistellungen gegenüber den Hausbanken einen Großteil des Risikos für Gesundheitseinrichtungen, die nicht genügend Sicherheiten verfügbar haben. Auch sind Garantien als eine weitere Aval-Form möglich, nicht wie die Bürgschaft von einer Hauptverbindlichkeit abhängig und als Kreditsicherungs- oder Gewährleistungsgarantie einsetzbar sind.

Auf dem Wege einer Beteiligungsfinanzierung kann in einer wirtschaftlich schwierigen Lage der Gesundheitseinrichtung durch die Eigentümer von außen Kapital zugeführt werden, beispielsweise durch die Erhöhung der Kapitalanteile der bisherigen Gesellschafter oder durch Aufnahme zusätzlicher Gesellschafter. Da bei einer stillen Beteiligung der Anteilsnehmer nach außen nicht in Erscheinung tritt, ist sie für die

Gesundheitseinrichtung ein Instrument der mittelfristigen Geldbeschaffung und für den stillen Anteilsnehmer eine Kapitalanlagemöglichkeit. Ihm steht zwar ein Kontrollrecht über die Jahresbilanz zu, allerdings kein Widerspruchsrecht bei Vornahme bestimmter Handlungen der Einrichtung. Er ist am laufenden Gewinn und Verlust beteiligt, wobei eine Verlustbeteiligung jedoch auch vertraglich ausgeschlossen werden kann. Im Insolvenzfall ist der stille Anteilsnehmer Gläubiger der Gesundheitseinrichtung, soweit seine Einlage nicht durch den Anteil am Verlust aufgezehrt ist.

Zu einer Verbesserung der Liquidität kann das Factoring als laufender Ankauf von Geldforderungen gegen Patienten aus Leistungen der Gesundheitseinrichtung durch ein Finanzierungsinstitut (Factor) beitragen, indem der Factor hierbei gegen Entgelt das Ausfallrisiko, die Buchführung sowie das Mahnwesen übernimmt und der die Patientenforderungen verkaufenden Gesundheitseinrichtung sofort Liquidität zur Verfügung stellt.

> **Beispiel**
>
> Die BFS Service GmbH als Tochterunternehmen der Bank für Sozialwirtschaft (BFS) bietet insbesondere für Krankenhäuser, Pflegedienste, Stationäre Pflegeeinrichtungen, Rettungsdienste und andere Leistungserbringer im Gesundheitswesen ein Factoring an. Dazu wird durch die Leistungserbringer die Abrechnung erstellt und mit den Leistungsnachweisen und Verordnungen an die Kostenträger (Krankenkassen, Pflegekassen, Sozialämter, Privatzahler) gesendet. Gleichzeitig werden über eine Schnittstelle die abrechnungsrelevanten Daten für die Vorfinanzierung der Leistungen an die BFS Service GmbH übermittelt. Diese überweist den Gegenwert der Leistungen auf das Konto des Leistungserbringers. Die Kostenträger überweisen die geprüften Rechnungsbeträge an die BFS Service GmbH. Aus aktuelle Übersichten und einer Offene-Posten-Liste geht hervor, welche Rechnungspositionen noch offen sind, und über einen Dateiaustausch (MT 940, DATEV) ist ein automatischer Ausgleich möglich. Nach Abschluss des Vorfinanzierungszeitraumes (30 oder 60 Tage) wird der noch offene Betrag verrechnet (vgl. Bank für Sozialwirtschaft, 2020, S. 5). ◄

In einer wirtschaftlichen Krisensituation der Gesundheitseinrichtung liegen die Vorteile des Leasing, die die Überlassung von Wirtschaftsgütern für die Gesundheitseinrichtung durch den Hersteller oder eine Finanzierungsgesellschaft darstellt, welche sie erwirbt und ihrerseits an die Einrichtung als Mieter für eine vertragsgemäße Nutzungsdauer vermietet. Dadurch lassen sich eine Erweiterung der Verschuldungsgrenze und damit ein zusätzliches Finanzierungspotential realisieren. Auch bilden die dem Leasing zugrunde liegenden Leasingraten eine klare Kalkulationsgrundlage für die Liquiditätsplanung. Der geringere Finanzbedarf im Jahr der Anschaffung, die Möglichkeit der Anpassung an den stets neuesten Stand der Medizintechnik und die als gewinnmindernde Betriebsausgabe geltend machbare Leasingrate sind weitere Vorteile. Nachteilig wirken sich insbesondere die regelmäßig aufzubringenden Leasingraten aus und damit die Belastung mit ausgabewirksamen Fixkosten währen der Gesamtleasingzeit, welche vielfach höher sind als Zins- und Tilgungsleistungen einer vergleichbaren Fremdfinanzierung.

5.2 Vermeidung von Liquiditätsmangel

Zahlungsschwierigkeiten und damit mangelnde Liquidität sind eine der größten wirtschaftlichen Gefahren für Gesundheitseinrichtungen, denn bereits Zahlungsverzögerungen bei Lieferantenrechnungen, verspätete Gehaltsüberweisungen an Beschäftigte oder die Überziehung von Kreditlinien können als Anzeichen von Problemen gedeutet werden und ohne wirksames Gegensteuern eine kaum zu kontrollierende Abwärtsspirale in Gang setzen. Das in einer solchen Situation verlorengegangene Vertrauen in wirtschaftlich geordnete Verhältnisse der Gesundheitseinrichtung ist oft nur schwer wiederherzustellen und kann zu einer Abwanderung von Patienten, Lieferanten und Beschäftigten führen (siehe Abb. 5.1). Nicht selten mündet eine solche Abwärtsspirale in einer **Insolvenz** (vgl. Wurm et al., 2015, S. 2).

Die Insolvenzordnung (InsO) sieht beispielsweise eine Antragspflicht bei juristischen Personen und Gesellschaften ohne Rechtspersönlichkeit vor, nach der bei Zahlungsunfähigkeit oder Überschuldung der juristische Person die Mitglieder des Vertretungsorgans oder die Abwickler ohne schuldhaftes Zögern, spätestens aber drei Wochen

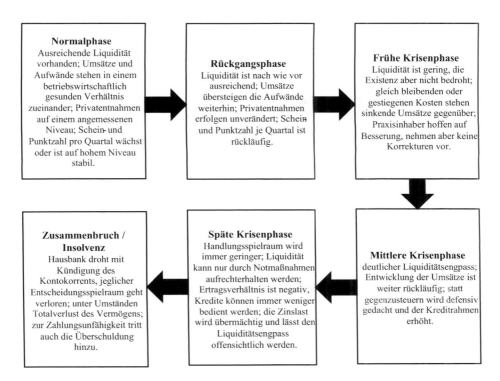

Abb. 5.1 Mögliche Phasen der Liquiditätskrise einer Arztpraxis (in Anlehnung an Fissenewert, 2006, S. 16 ff.)

nach Eintritt der Zahlungsunfähigkeit oder Überschuldung, einen Eröffnungsantrag zu stellen haben. Das Gleiche gilt für die organschaftlichen Vertreter der zur Vertretung der Gesellschaft ermächtigten Gesellschafter oder die Abwickler bei einer Gesellschaft ohne Rechtspersönlichkeit, bei der kein persönlich haftender Gesellschafter eine natürliche Person ist; dies gilt nicht, wenn zu den persönlich haftenden Gesellschaftern eine andere Gesellschaft gehört, bei der ein persönlich haftender Gesellschafter eine natürliche Person ist. Im Fall der Führungslosigkeit einer Gesellschaft mit beschränkter Haftung ist auch jeder Gesellschafter, im Fall der Führungslosigkeit einer Aktiengesellschaft oder einer Genossenschaft ist auch jedes Mitglied des Aufsichtsrats zur Stellung des Antrags verpflichtet, es sei denn, diese Person hat von der Zahlungsunfähigkeit und der Überschuldung oder der Führungslosigkeit keine Kenntnis. Mit Freiheitsstrafe bis zu drei Jahren oder mit Geldstrafe wird bestraft, wer entgegen einen Eröffnungsantrag nicht oder nicht rechtzeitig stellt oder nicht richtig stellt. Bei Fahrlässigkeit ist die Strafe Freiheitsstrafe bis zu einem Jahr oder Geldstrafe (vgl. § 15a InsO).

Allgemeiner Eröffnungsgrund für das Insolvenzverfahren ist die **Zahlungsunfähig-keit**, die vorliegt, wenn der Schuldner nicht in der Lage ist, die fälligen Zahlungspflichten zu erfüllen. Zahlungsunfähigkeit ist in der Regel anzunehmen, wenn der Schuldner seine Zahlungen eingestellt hat (vgl. § 17 InsO). Beantragt der Schuldner die Eröffnung des Insolvenzverfahrens, so ist auch die drohende Zahlungsunfähigkeit Eröffnungsgrund. Er droht zahlungsunfähig zu werden, wenn er voraussichtlich nicht in der Lage sein wird, die bestehenden Zahlungspflichten im Zeitpunkt der Fälligkeit zu erfüllen (vgl. § 18 InsO).

Bei einer juristischen Person ist auch die **Überschuldung** Eröffnungsgrund, die vorliegt, wenn das Vermögen des Schuldners die bestehenden Verbindlichkeiten nicht mehr deckt, es sei denn, die Fortführung des Unternehmens ist nach den Umständen überwiegend wahrscheinlich (vgl. § 19 InsO).

Ist eine Insolvenz nicht mehr abwendbar, so kann im Rahmen des Krisenmanagements zumindest eine **Eigenverwaltung** angestrebt werden. Dazu ist der Schuldner berechtigt, unter der Aufsicht eines Sachwalters die Insolvenzmasse zu verwalten und über sie zu verfügen, wenn das Insolvenzgericht in dem Beschluss über die Eröffnung des Insolvenzverfahrens die Eigenverwaltung anordnet. Dies setzt voraus, dass die Eigenverwaltung vom Schuldner beantragt worden ist und dass keine Umstände bekannt sind, die erwarten lassen, dass die Anordnung zu Nachteilen für die Gläubiger führen wird. Daher ist vor der Entscheidung über den Antrag dem vorläufigen Gläubigerausschuss Gelegenheit zur Äußerung zu geben, wenn dies nicht offensichtlich zu einer nachteiligen Veränderung in der Vermögenslage des Schuldners führt. Wird der Antrag von einem einstimmigen Beschluss des vorläufigen Gläubigerausschusses unterstützt, so gilt die Anordnung nicht als nachteilig für die Gläubiger (vgl. § 270 InsO).

Ist der Antrag des Schuldners auf Eigenverwaltung nicht offensichtlich aussichtslos, so soll das Gericht im Eröffnungsverfahren davon absehen, dem Schuldner ein allgemeines Verfügungsverbot aufzuerlegen oder anzuordnen, dass alle Verfügungen des Schuldners nur mit Zustimmung eines vorläufigen Insolvenzverwalters wirksam sind.

Anstelle des vorläufigen Insolvenzverwalters wird in diesem Fall ein vorläufiger Sachwalter bestellt. Hat der Schuldner den Eröffnungsantrag bei drohender Zahlungsunfähigkeit gestellt und die Eigenverwaltung beantragt, sieht das Gericht jedoch die Voraussetzungen der Eigenverwaltung als nicht gegeben an, so hat es seine Bedenken dem Schuldner mitzuteilen und diesem Gelegenheit zu geben, den Eröffnungsantrag vor der Entscheidung über die Eröffnung zurückzunehmen (vgl. § 270a InsO).

Hat der Schuldner den Eröffnungsantrag bei drohender Zahlungsunfähigkeit oder Überschuldung gestellt und die Eigenverwaltung beantragt und ist die angestrebte Sanierung nicht offensichtlich aussichtslos, so bestimmt das Insolvenzgericht auf Antrag des Schuldners eine Frist zur Vorlage eines **Insolvenzplans**. Die Frist darf höchstens drei Monate betragen. Der Schuldner hat mit dem Antrag eine mit Gründen versehene Bescheinigung eines in Insolvenzsachen erfahrenen Steuerberaters, Wirtschaftsprüfers oder Rechtsanwalts oder einer Person mit vergleichbarer Qualifikation vorzulegen, aus der sich ergibt, dass drohende Zahlungsunfähigkeit oder Überschuldung, aber keine Zahlungsunfähigkeit vorliegt und die angestrebte Sanierung nicht offensichtlich aussichtslos ist. Auf Antrag des Schuldners hat das Gericht anzuordnen, dass der Schuldner **Masseverbindlichkeiten** begründet (vgl. § 270b InsO). Das sind die Verbindlichkeiten

- die durch Handlungen des Insolvenzverwalters oder in anderer Weise durch die Verwaltung, Verwertung und Verteilung der Insolvenzmasse begründet werden, ohne zu den Kosten des Insolvenzverfahrens zu gehören;
- aus gegenseitigen Verträgen, soweit deren Erfüllung zur Insolvenzmasse verlangt wird oder für die Zeit nach der Eröffnung des Insolvenzverfahrens erfolgen muss;
- aus einer ungerechtfertigten Bereicherung der Masse.

Verbindlichkeiten, die von einem vorläufigen Insolvenzverwalter begründet worden sind, auf den die Verfügungsbefugnis über das Vermögen des Schuldners übergegangen ist, gelten nach der Eröffnung des Verfahrens als Masseverbindlichkeiten. Gleiches gilt für Verbindlichkeiten aus einem Dauerschuldverhältnis, soweit der vorläufige Insolvenzverwalter für das von ihm verwaltete Vermögen die Gegenleistung in Anspruch genommen hat (vgl. § 55 InsO).

Das Gericht hebt die Anordnung zur Eigenverwaltung vor Ablauf der Frist auf, wenn

- die angestrebte Sanierung aussichtslos geworden ist;
- der vorläufige Gläubigerausschuss die Aufhebung beantragt oder
- ein absonderungsberechtigter Gläubiger oder ein Insolvenzgläubiger die Aufhebung beantragt und Umstände bekannt werden, die erwarten lassen, dass die Anordnung zu Nachteilen für die Gläubiger führen wird; der Antrag ist nur zulässig, wenn kein vorläufiger Gläubigerausschuss bestellt ist und die Umstände vom Antragsteller glaubhaft gemacht werden.

Der Schuldner oder der vorläufige Sachwalter haben dem Gericht den Eintritt der Zahlungsunfähigkeit unverzüglich anzuzeigen. Nach Aufhebung der Anordnung oder nach Ablauf der Frist entscheidet das Gericht über die Eröffnung des Insolvenzverfahrens (vgl. § 270b InsO).

Bei Anordnung der Eigenverwaltung wird anstelle des Insolvenzverwalters ein **Sachwalter** bestellt. Die Forderungen der Insolvenzgläubiger sind beim Sachwalter anzumelden (vgl. § 270c InsO). Der Sachwalter hat die wirtschaftliche Lage des Schuldners zu prüfen und die Geschäftsführung sowie die Ausgaben für die Lebensführung zu überwachen. Stellt der Sachwalter Umstände fest, die erwarten lassen, dass die Fortsetzung der Eigenverwaltung zu Nachteilen für die Gläubiger führen wird, so hat er dies unverzüglich dem Gläubigerausschuss und dem Insolvenzgericht anzuzeigen. Ist ein Gläubigerausschuss nicht bestellt, so hat der Sachwalter an dessen Stelle die Insolvenzgläubiger, die Forderungen angemeldet haben, und die absonderungsberechtigten Gläubiger zu unterrichten (vgl. § 274 InsO). Verbindlichkeiten, die nicht zum gewöhnlichen Geschäftsbetrieb gehören, soll der Schuldner nur mit Zustimmung des Sachwalters eingehen. Auch Verbindlichkeiten, die zum gewöhnlichen Geschäftsbetrieb gehören, soll er nicht eingehen, wenn der Sachwalter widerspricht. Der Sachwalter kann vom Schuldner verlangen, dass alle eingehenden Gelder nur vom Sachwalter entgegengenommen und Zahlungen nur vom Sachwalter geleistet werden (vgl. § 275 InsO).

Der Beschluss des Insolvenzgerichts, durch den nach der Eröffnung des Insolvenzverfahrens die Eigenverwaltung angeordnet oder die Anordnung aufgehoben wird, ist öffentlich bekanntzumachen (vgl. § 273 InsO).

Der Schuldner hat die Zustimmung des **Gläubigerausschusses** einzuholen, wenn er Rechtshandlungen vornehmen will, die für das Insolvenzverfahren von besonderer Bedeutung sind (vgl. § 276 InsO).

Ist der Schuldner eine juristische Person oder eine Gesellschaft ohne Rechtspersönlichkeit, so haben der Aufsichtsrat, die Gesellschafterversammlung oder entsprechende Organe keinen Einfluss auf die Geschäftsführung des Schuldners. Die Abberufung und Neubestellung von Mitgliedern der Geschäftsleitung ist nur wirksam, wenn der Sachwalter zustimmt. Die Zustimmung ist zu erteilen, wenn die Maßnahme nicht zu Nachteilen für die Gläubiger führt (vgl. § 276a InsO).

Auf Antrag der Gläubigerversammlung ordnet das Insolvenzgericht an, dass bestimmte Rechtsgeschäfte des Schuldners nur wirksam sind, wenn der Sachwalter ihnen zustimmt. Die Anordnung ist öffentlich bekanntzumachen (vgl. § 277 InsO).

Der Schuldner ist berechtigt, für sich und die Familienangehörigen (gem. § 100 InsO minderjährige unverheiratete Kinder des Schuldners, seinem Ehegatten, seinem früheren Ehegatten, seinem Lebenspartner, seinem früheren Lebenspartner und dem anderen Elternteil seines Kindes) aus der Insolvenzmasse die Mittel zu entnehmen, die unter Berücksichtigung der bisherigen Lebensverhältnisse des Schuldners eine bescheidene Lebensführung gestatten (vgl. § 278 InsO).

Die Vorschriften über die Erfüllung der Rechtsgeschäfte und die Mitwirkung des Betriebsrats gelten mit der Maßgabe, dass an die Stelle des Insolvenzverwalters der Schuldner tritt. Der Schuldner soll seine Rechte nach diesen Vorschriften im Einvernehmen mit dem Sachwalter ausüben (vgl. § 279 InsO).

Das Verzeichnis der Massegegenstände, das Gläubigerverzeichnis und die Vermögensübersicht hat der Schuldner zu erstellen. Der Sachwalter hat die Verzeichnisse und die Vermögensübersicht zu prüfen und jeweils schriftlich zu erklären, ob nach dem Ergebnis seiner Prüfung Einwendungen zu erheben sind. Im Berichtstermin hat der Schuldner den Bericht zu erstatten. Der Sachwalter hat zu dem Bericht Stellung zu nehmen. Zur Rechnungslegung ist der Schuldner verpflichtet (vgl. § 281 InsO).

Das Recht des Insolvenzverwalters zur Verwertung von Gegenständen, an denen Absonderungsrechte bestehen, steht dem Schuldner zu. Kosten der Feststellung der Gegenstände und der Rechte an diesen werden jedoch nicht erhoben. Als Kosten der Verwertung können nur die tatsächlich entstandenen, für die Verwertung erforderlichen Kosten und der Umsatzsteuerbetrag angesetzt werden. Der Schuldner soll sein Verwertungsrecht im Einvernehmen mit dem Sachwalter ausüben (vgl. § 282 InsO).

Bei der Prüfung der **Forderungen** können außer den Insolvenzgläubigern der Schuldner und der Sachwalter angemeldete Forderungen bestreiten. Eine Forderung, die ein Insolvenzgläubiger, der Schuldner oder der Sachwalter bestritten hat, gilt nicht als festgestellt. Die Verteilungen werden vom Schuldner vorgenommen. Der Sachwalter hat die Verteilungsverzeichnisse zu prüfen und jeweils schriftlich zu erklären, ob nach dem Ergebnis seiner Prüfung Einwendungen zu erheben sind (vgl. § 283 InsO).

Ein Auftrag der Gläubigerversammlung zur Ausarbeitung eines Insolvenzplans ist an den Sachwalter oder an den Schuldner zu richten. Wird der Auftrag an den Schuldner gerichtet, so wirkt der Sachwalter beratend mit. Eine Überwachung der Planerfüllung ist Aufgabe des Sachwalters (vgl. § 284 InsO).

Die Masseunzulänglichkeit ist vom Sachwalter dem Insolvenzgericht anzuzeigen (vgl. § 285 InsO).

Damit es möglichst erst gar nicht so weit kommt und die Gesundheitseinrichtung im Krisenmodus eine Insolvenz in Eigenverwaltung bewältigen muss, ist die **Liquidität** und damit die Fähigkeit der Gesundheitseinrichtung, allen Zahlungsverpflichtungen fristgerecht nachkommen zu können, sicherzustellen. Dazu sind die fälligen kurzfristigen (< 1 Jahr), mittelfristigen (1–5 Jahre) oder langfristigen (> 5 Jahre) Verbindlichkeiten möglichst jederzeit und uneingeschränkt zu bedienen und im Rahmen der Liquiditätssicherung zukünftige Zu- und Abnahmen liquider Mittel systematisch zu erfassen, gegenüberzustellen und auszugleichen. Dabei ist das Ziel zu verfolgen, eine optimale Liquidität zu ermitteln, zu erreichen und zu erhalten und den dazu nötigen Bestand an Zahlungsmitteln vorauszuplanen. In diesem Zusammenhang stellen Verbindlichkeiten die Schulden der Gesundheitseinrichtung dar, die prinzipiell dem Grunde und der Höhe nach gewiss sind und kurzfristig fällig werden.

Erst dann, wenn Ersatzinvestitionen plötzlich erhebliche finanzielle Mittel erfordern, die zeitgerecht kaum aufgebracht werden können, befassen sich Ärzte oft erst mit der Liquiditätslage ihrer Praxis. Nach dem Prinzip ‚Liquidität geht vor Rentabilität' gilt es vorzubeugen, denn Banken interessieren sich zunächst einmal für die Zahlungsfähigkeit ihrer Kreditnehmer. Für sie ist es zweitrangig, ob die Praxisinhaber und Praxisinhaberinnen eine ausreichende Verzinsung ihres Betriebskapitals erzielen (vgl. Vetter, 2008, S. 199). ◄

Für die absolute Liquidität und damit die Fähigkeit den Zahlungsverpflichtungen zu jedem Zeitpunkt und uneingeschränkt nachkommen zu können, dienen beispielsweise die im Vermögen der Gesundheitseinrichtung befindlichen Zahlungsmittel wie Bargeld, Bankguthaben etc., die Zahlungsersatzmittel wie Schecks, Fremdwährungen, Edelmetalle etc., soweit sie direkt in gesetzliche Zahlungsmittel umwandelbar sind, oder auch freie, disponible Kreditlinien, soweit sie jederzeit in Anspruch genommen werden können. Die relative Liquidität stellt hingegen die Eigenschaft eines Wirtschaftsgutes dar, zur Begleichung von Verbindlichkeiten verwendet werden zu können. Dabei lässt sich zwischen der Wiedergeldwerdung durch Abschreibungen bei Sachanlagen oder der Kreditlaufzeit sowie der Liquidierbarkeit, die sich auf die Möglichkeit bezieht, Vermögensgegenstände auch vorzeitig durch Verkauf oder Abtretung in Zahlungsmittel umzuwandeln, unterscheiden. Je schneller die Umwandlung möglich ist und je geringer damit verbundene Monetisierungsverluste sind, desto höher ist der Liquiditätsgrad:

- **Erster Liquiditätsgrad:** Gibt das Verhältnis der liquiden Mittel zu den kurzfristigen Verbindlichkeiten an und damit die Möglichkeit, den derzeitigen kurzfristigen Zahlungsverpflichtungen allein durch liquide Mittel nachkommen zu können: (Geldvermögen – Forderungen) ÷ kurzfristige Verbindlichkeiten;
- **Zweiter Liquiditätsgrad:** Lässt durch Angabe des Verhältnisses des Geldvermögens zu den kurzfristigen Verbindlichkeiten weitergehende Aussagen über die Begleichbarkeit kurzfristiger Verbindlichkeiten, wobei zu beachten ist, dass bei einem Liquiditätsgrad < 1 zumindest ein Teil der kurzfristigen Verbindlichkeiten nicht durch kurzfristig zur Verfügung stehendes Vermögen gedeckt wird, wodurch ein Liquiditätsengpass entstehen kann: (Umlaufvermögen – Forderungen) ÷ kurzfristige Verbindlichkeiten;
- **Dritter Liquiditätsgrad:** Gibt das Verhältnis des Umlaufvermögens zu den kurzfristigen Verbindlichkeiten an, wobei ein Wert < 1 ebenfalls darauf hinweist, dass ein Teil der kurzfristigen Verbindlichkeiten nicht durch das Umlaufvermögen gedeckt ist und unter Umständen Anlagevermögen zur Deckung der Verbindlichkeiten verkauft werden muss: (Geldvermögen + Vorräte) ÷ kurzfristige Verbindlichkeiten.

Da sich der Zahlungsmittelbestand, die Forderungen und Verbindlichkeiten sowie das Umlaufvermögen der Gesundheitseinrichtung ständig ändern, reicht eine einmalige, statische Betrachtung der Liquidität, die versucht mithilfe der Liquiditätsgrade die Möglichkeit zu beurteilen, wie rasch sich Vermögensobjekte in Geldvermögen umwandeln lassen, nicht aus. Um Stabilität durch eine finanzwirtschaftlichen Steuerung der Gesundheitseinrichtung zu erreichen, ist daher eine dynamische Liquiditätsplanung erforderlich, die es zumindest ermöglicht, die jeweilige Periodenliquidität planerisch zu ermitteln. Während sich im Rahmen der dynamischen Liquiditätsbetrachtung (ergibt sich aus der Summe aus Zahlungsmitteln, Forderungen und geschätzten Umsätzen, dividiert durch die kurzfristigen Verbindlichkeiten) abschätzen lässt, ob über einen bestimmten Zeitraum mit den vorhandenen Geldmitteln und den geschätzten Umsätzen der Gesundheitseinrichtung den fälligen Zahlungsverpflichtungen nachgekommen werden kann, konzentriert sich die periodische Liquiditätsbetrachtung (ergibt sich aus den Zahlungsausgängen der betreffenden Periode dividiert durch die zu erwartenden Zahlungseingänge) auf das Verhältnis von fälligen Zahlungsausgängen und voraussichtlichen Zahlungseingängen einer bestimmten Periode. Grundlage für die Liquiditätsplanung sind prognostizierte Vorgaben (Einkaufsvolumina, geplante Investitionen, Darlehenstilgungen, nicht ausgenutzte Kreditlinien von Bankkrediten, prognostizierte Umsätze, Zahlungsziele der Patienten und bei Lieferanten, etc.), die alle erwarteten Zahlungsflüsse in der Prognoseperiode aufnehmen (siehe Abb. 5.2). Im Verlauf der Periode sind den Planwerten die Ist-Werte gegenüberzustellen, um Abweichungen zu erkennen

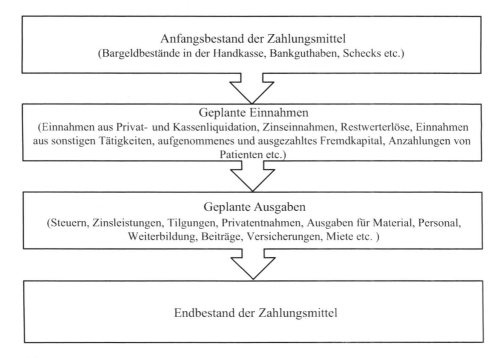

Abb. 5.2   Beispiel für einen Liquiditäts- und Finanzplan einer Arztpraxis

und gegebenenfalls bei Liquiditätsengpässen frühzeitig entgegensteuern zu können. Dabei sind die Ursachen der Abweichungen zu ergründen und vorliegende strukturelle Liquiditätsdefizite der Gesundheitseinrichtung aufzeigen, damit diese bei zukünftigen Planungen berücksichtigt und finanzielle Schieflage vermieden werden können.

Für die finanzwirtschaftliche Stabilität stehen weitere Instrumente zur Verfügung: Während Liquiditäts- und Finanzpläne den voraussichtlichen Kapitalbedarf einer Gesundheitseinrichtung periodenbezogen dokumentieren, zeigen Kapitalflussrechnungen den Zu- und Abfluss von finanziellen Mitteln, deren Herkunft und Verwendung auf, gibt die Liquiditäts- und Finanzrechnung die Veränderungen des Geldvermögens durch Gegenüberstellung von Einnahmen und Ausgaben wieder und weist die Cashflow-Analyse darauf hin, welche finanziellen Mittel erwirtschaftet wurden, die langfristig für Investitionen oder Schuldentilgung zur Verfügung stehen.

Ferner informieren **Kennzahlen** über die finanzielle Lage der Gesundheitseinrichtung und damit auch beispielsweise darüber, ob zur kurzfristigen Begleichung fälliger Verbindlichkeiten ausreichend eigene Zahlungsmittel zur Verfügung stehen. So setzen beispielsweise Kennzahlen zur Vermögensstruktur die Behandlungseinrichtungen und sonstigen Anlagen, die Vorräte an medizinischem Verbrauchsmaterial oder die Investitionen in ein Verhältnis zum gesamten Vermögen bzw. zum Anlagevermögen, Rentabilitätskennzahlen geben Auskunft darüber, wie sich die Ertragskraft der Gesundheitseinrichtung insgesamt darstellt, Kennzahlen zur Kapitalstruktur geben Hinweise auf die Finanzierungs- oder Verschuldungssituation und Kennzahlen der Ergebnis- oder Bilanzstruktur lassen ebenfalls Aussagen zum finanziellen Gleichgewicht und damit auch zur Liquiditätssituation der Gesundheitseinrichtung zu:

- **Anlagendeckungsgrad:** Summe aus Eigenkapital und langfristigem Fremdkapital, dividiert durch das Anlagevermögen; gibt an, in welchem Umfang das Anlagevermögen (Behandlungseinrichtungen, Bettenhäuser, Praxisgebäude, Grundstücke etc.) durch Kapital langfristig finanziert ist, wobei die Höhe der Überschreitung der 100 %-Grenze die finanzielle Stabilität widerspiegelt.
- **Anlagenintensität:** Verhältnis zwischen Anlagevermögen und Gesamtvermögen.
- **Cash-Flow:** Summe aus Jahresüberschuss und nicht liquiditätswirksamen Aufwendungen (bspw. Abschreibungen, Wertberichtigungen etc.), abzüglich nicht liquiditätswirksamer Erträge (bspw. Rückstellungsauflösungen).
- **Eigenfinanzierungsgrad (Eigenkapitalquote):** Verhältnis zwischen Eigenkapital und Bilanzsumme; zeigt die finanzielle Abhängigkeit auf, wobei mit steigendem Wert auch von einer zunehmenden finanziellen Krisenfestigkeit und Stabilität ausgegangen werden kann.
- **Eigenkapitalrentabilität:** Verhältnis zwischen Jahresüberschuss und Eigenkapital; zeigt auf, wie sich das eingesetzte Eigenkapital verzinst, wobei der Wert bei einer rentablen Einrichtung über dem marktüblichen Zinssatz liegen sollte.
- **Gesamtkapitalrentabilität:** Verhältnis zwischen Jahresüberschuss und Gesamtkapital; verdeutlicht, wie rentabel das Kapital eingesetzt wird.

- **Investitionsverhältnis:** Verhältnis zwischen Umlaufvermögen und Anlagevermögen.
- **Umsatzrentabilität:** Verhältnis zwischen Jahresüberschuss und Umsatzerlösen; gibt an, wie viel Gewinn bezogen auf den Umsatz erzielt wird.
- **Verschuldungsquote:** Verhältnis zwischen Fremdkapital und Eigenkapital; zeigt auf, in welchem Verhältnis Eigen- und Fremdkapital zueinander stehen, wobei ein einigermaßen ausgewogenes Verhältnis durch eine Quote zwischen 1 und 2 weitestgehend gegeben ist.
- **Vorratsintensität:** Verhältnis zwischen Vorratsvermögen und Gesamtvermögen.

5.3   Verbesserung der Kreditwürdigkeit und Finanzierungsmöglichkeit

Die **Kreditwürdigkeit** ist gerade in wirtschaftlichen Krisensituationen für die Gesundheitseinrichtung ein wichtiger Ausdruck ihrer Bonität und damit der von ihr als Kreditnehmerin erwarteten Eigenschaften und Fähigkeiten, insbesondere den sich aus Kreditverträgen ergebenden Verpflichtungen nachkommen zu können. Sie wird in der Regel als ausreichend erachtet, wenn eine Kreditvergabe unter sachlichen bzw. auch persönlichen Gesichtspunkten vertretbar erscheint und erwartet werden kann, dass die Gesundheitseinrichtung der Erbringung des Kapitaldienstes zuverlässig nachkommt. Hierzu werden üblicherweise im Rahmen eines Ratings beispielsweise überprüft:

- allgemeine wirtschaftliche Verhältnisse,
- Ertragslage,
- Liquiditätssituation,
- Umsatzentwicklung,
- Vermögens- und Kapitalsituation,
- Wert der Sicherheiten

oder auch Beruf, Position, Fachkenntnisse und unternehmerische Fähigkeiten des Leitungspersonals der Gesundheitseinrichtung.

Ratings werden von Banken im Firmenkundenbereich zur Bonitätsprüfung und Risikoabschätzung als standardisierte Bonitätsbeurteilungen nach einheitlichen und konsistenten Verfahren durchgeführt, wobei sie den Grad des Risikos eines Investments in die Gesundheitseinrichtung verdeutlichen, mit der Bonitätsbeurteilung gültige Maßstäbe als Grundlagen für Investitionsentscheidungen an die Hand geben und damit Transparenz und Effizienz des Kapitalmarkts steigern. Da bei den von Banken zu Ratingzwecken eingesetzten Expertensystemen häufig nicht zwischen Gewerbekunden und etwa Non-Profit-Organisationen des öffentlichen Gesundheitswesen unterschieden wird, geben auch Ratings großer Agenturen wie Moody's und Standard & Poor's allgemeine, mitunter zu gering differenzierte Bonitätseinschätzungen wieder (siehe Tab. 5.2).

Tab. 5.2 Beispiele für Bonitätsstufen

Ratinggruppen	Ratingagenturen/Bonitätsstufen	
	Standard & Poor's	Moody's
Gesundheitseinrichtungen mit allererster Adresse bzw. Schuldtitel mit einer risikolosen Anlage	AAA AA	Aaa Aa
Gesundheitseinrichtungen mit einem guten bis durchschnittlichen Marktstanding, Schuldtitel sind bei stabilen wirtschaftlichen Verhältnissen als sichere Anlage anzusehen	A BBB	A Baa
Papiere mit spekulativem Charakter; Gesundheitseinrichtung befindet sich in Schwierigkeiten, Zins- und Tilgungszahlungen sind nicht immer gewährleistet	BB B CCC CC	Ba B Caa Ca
Notleidende Gesundheitseinrichtungen	C	D

Insgesamt gesehen nimmt jedoch die Granularität und damit die Genauigkeit der bei einzelnen Kreditgebern eingesetzten Ratingsysteme zu, was für die Gesundheitseinrichtungen in der Regel bedeutet, mehr und genauere Daten für die Bonitätsbeurteilung abliefern zu müssen. Obwohl das Gesundheitswesen sehr heterogen ist, da sich die Einrichtungen hinsichtlich ihrer Aufgaben, Finanzierungswege, gesetzlicher Vorgaben, Organisationsform, Trägerschaft und vieler weiterer Merkmale unterscheiden, werden Gesundheitseinrichtungen bei allen deutschen Bankengruppen als Kunden geführt und es stehen ausreichend Daten für Ratingsysteme zu Verfügung, die mittlerweile ausreichend kalibriert und mit der nötigen Trennschärfe versehen sind. Dies bedeutet die Eigenschaft, gute, nicht hinsichtlich des Kapitaldienstes ausgefallene von schlechten, ausgefallenen Gesundheitseinrichtungen als Kreditnehmerinnen zu unterscheiden. Die Datenbasis beruht zunächst auf der Art, Umfang und Gestaltung der von ihnen erstellten Zahlenwerke und der Darstellung der Finanzverhältnisse in den Jahresabschlüssen. Mindestens genauso wichtig ist jedoch die individuelle, über das quantitative Rating hinausgehende Kreditentscheidung auf der Grundlage umfassender Informationen über in erster Linie qualitative Faktoren.

Beispiel

Auch um für kritische Situationen gewappnet zu sein, ist nicht nur eine gute quantitative Bonitätsbeurteilung, sondern vor allem auch ein positives qualitatives Rating notwendig. So legen Hausbanken bei Arztpraxen nicht nur großen Wert auf stabile wirtschaftliche Zahlen, die auf Basis des Jahresabschlusses bzw. der Einnahme- Überschuss-Rechnung (EÜR) ermittelt werden, sondern auch auf jene Faktoren, die die strategischen Stärken und Schwächen des Arztes als Unternehmer widerspiegeln. Dazu gehören beispielsweise Infos zum jeweiligen Fachbereich ebenso wie Details zur Kontoführung und Überlegungen zur Sicherung der späteren

Praxisnachfolge. Nachholbedarf besteht vor allem zu Informationen der strategischen Ausrichtung von Praxen und den damit verbundenen wichtigen Bereichen der Planung und Steuerung, zu einem funktionierenden Controlling-System ebenso wie zu einem Früherkennungssystem für potenzielle Risiken. Ziel ist es dabei, die Praxis möglichst als Einheit zu erfassen und abzubilden (vgl. Vetter, 2011, S. 1). ◄

Neben der grundsätzlichen Kreditwürdigkeit ist in wirtschaftlichen Krisensituationen insbesondere auch die **Kreditabsicherung** und damit das Thema der Sicherheiten als Gewährleistung für die Rückzahlung eines Darlehens für Gesundheitseinrichtungen von Bedeutung, da durch die verstärkte Risikominimierung der Geldinstitute die Kredit-vergabe restriktiver geworden ist und kaum eine Bank sich heute noch bereit zeigt, sich ohne umfangreiche Absicherungsmaßnahmen zumal in einer Krisensituation des Kreditnehmers finanziell zu engagieren. Die Absicherung erfolgt üblicherweise über eine Sicherungsübereignung als Sachsicherheit, die aus einer Übertragung von treu-händerischem Eigentum an Sachen durch die Gesundheitseinrichtung als Sicherungs-geber an die Bank als Sicherungsnehmer zur Absicherung von Kreditforderungen besteht. Von der Verwertbarkeit und Lebensdauer des Sicherungsguts hängt es ab, in welcher Höhe es beliehen wird, wobei Wertpapiere regelmäßig nicht sicherungsüber-eignet, sondern verpfändet und Grundstücke ebenfalls nicht sicherungsübereignet, sondern mit Grundpfandrechten belastet werden. Dazu gibt es Beleihungsgrenzen, die üblicherweise in Form einer Prozentzahl bei der Beleihung von Sicherheiten angeben, bis zu welchem Teilbetrag des Beleihungswertes ein Pfandrecht unter Berücksichtigung eventuell vorgehender Belastungen als erststelle Sicherheit zur Verfügung steht. Da die Sicherheiten von den Kreditinstituten somit nicht mit ihrem vollen Zeitwert, sondern mit einem Beleihungswert angerechnet werden, bei dem, je nach Verwertungsrisiko, noch entsprechende Sicherheitsabschläge zu berücksichtigen sind, ist die Höhe der einzelnen Beleihungsgrenzen bei den einzelnen Kreditinstituten unterschiedlich, denn sie hängt ab von der Sicherheitenpolitik des Kreditinstituts, der Wertbeständigkeit der Sicherheiten, ihrer Verwertbarkeit sowie der Sicherheitenart und unterliegt damit auch dem Kreditver-handlungsgeschick der Gesundheitseinrichtung und der konkreten Bewertung in einer Krisensituation (siehe Tab. 5.3).

Das Kreditinstitut kann das Sicherungsgut bei Fälligkeit der Kreditforderungen ver-werten, und wenn ein Kredit durch die Gesundheitseinrichtung als Schuldnerin nicht mehr bedient werden kann, so ist aufgrund der Sicherheitenabtretung letztendlich eine Zwangsvollstreckung möglich, die die Durchsetzung privatrechtlicher, vollstreckbarer Ansprüche durch staatliche Zwangsmaßnahmen in das Vermögen der Gesundheitsein-richtung darstellt.

Tab. 5.3 Beispiele für Bezugswerte bei der Beleihung von Sicherheiten

Wertart	Sicherheiten
Nennwert	Inländische Bankguthaben, Bausparguthaben, Patienten-forderungen
Rückkaufswert	Lebensversicherungen
Kurswert	Inländische festverzinsliche öffentlich-rechtliche Emissionen, inländische festverzinsliche mündelsichere Emissionen, Emissionen von inländischen Kreditinstituten, andere inländische Emissionen, inländische Standardaktien, inländische sonstige Aktien
Rücknahmepreis	Inländische Investmentanteile an Rentenfonds, inländische Investmentanteile an Aktien- und gemischten Fonds
Sach- bzw. Ertragswert	Immobilien
Zeit- bzw. bereinigter Buchwert	Gängige Fahrzeuge, Behandlungseinrichtungen

Beispiel

Die Zwangsvollstreckung ist neben dem BGB im Wesentlichen auch in der Zivil-prozessordnung (ZPO) geregelt. Für die Zwangsvollstreckung in Forderungen des Gesundheitsbetriebs ist das Vollstreckungsgericht zuständig, das auf Antrag des Gläubigers einen Pfändungsbeschluss erlässt, wobei die den Gerichten zugewiesene Anordnung von Vollstreckungshandlungen und Mitwirkung bei solchen zur Zuständigkeit der Amtsgerichte als Vollstreckungsgerichte gehört (vgl. § 764 ZPO). Auch kann beispielsweise eine Einstellung oder Beschränkung der Zwangsvoll-streckung erwirkt werden, wenn im Zuge des Krisenmanagements der Gesundheits-einrichtung der Einzahlungs- oder Überweisungsnachweis einer Bank oder Sparkasse vorgelegt wird, aus dem sich ergibt, dass der zur Befriedigung des Gläubigers erforderliche Betrag zur Auszahlung an den Gläubiger oder auf dessen Konto ein-gezahlt oder überwiesen worden ist (vgl. § 775 ZPO). ◄

In Zusammenhang mit den insbesondere in Krisensituationen wichtigen Sicherheiten stellen Grundschulden ein Grundpfandrecht dar, wonach das belastete Grundstück für die Zahlung einer bestimmten Geldsumme haftet, und sind im Rahmen der banküb-lichen Beleihungsgrenzen für die Kreditinstitute eine bevorzugte, wenig arbeitsauf-wändige Sicherheit, da sie bei erforderlichen Krediterhöhungen sofort durch Tilgungen freigewordener Grundschuldteile wieder als Sicherheit herangezogen werden können, als Eigentümergrundschulden sich von Kreditnehmern rasch an die Bank abtreten lassen und damit als Kreditsicherheit mobilisiert werden können. Sie gelten deshalb als besonders vielseitig verwendbares Kreditsicherungsmittel, da sie im Gegensatz zur Hypothek vom eigentlichen Darlehen unabhängig sind und durch ihre Eintragung ins Grundbuch das Anrecht der Bank entsteht, die Immobilie bei Zahlungsunfähigkeit zwangsversteigern zu lassen, um aus dem Erlös die Schulden zu tilgen.

Wenn Sachwerte nicht in ausreichendem Umfang als Sicherheiten zur Verfügung stehen, lassen diese sich auch in Form von Bürgschaften stellen (siehe auch Kapitel 5.1). Allerdings nehmen Kreditinstitute außer zum Zwecke der Haftungserweiterung in der Regel nur Bürgschaften an, die ihnen umfassende Sicherheit bieten, und prüfen dazu die Bonität des Bürgen, der zu diesem Zweck über ein ausreichendes Vermögen oder sichere und regelmäßige Einkünfte verfügen sollte. In der Regel werden auch stets selbstschuldnerische Bürgschaften verlangt, um bei Zahlungsunfähigkeit des eigentlichen Schuldners sofort den Bürgen in Anspruch nehmen zu können. Oft wird beispielsweise auch von Ehepartner/-partnerin eines Arztes als Praxisinhaber oder einer Ärztin als Praxisinhaberin bei einem Kreditvertrag die Schuldmitübernahme (auch: Mitverpflichtung) verlangt, die eine bürgschaftsähnliche Sicherheit darstellt, zusätzlich zum Schuldner für dieselbe Verbindlichkeit einzustehen.

Zur Sicherung der Liquidität der Gesundheitseinrichtung und zur Erhaltung weiterer Finanzierungsspielräume trägt auch die Art und Weise der vereinbarten **Kredittilgung** bei. Sie erfolgt in der Regel planmäßig anhand eines Tilgungsplans und festgelegten monatlichen Tilgungsraten oder außerplanmäßig in Teilbeträgen, wobei die außerplanmäßige Tilgung, insbesondere Tilgungshöhe und Tilgungszeitpunkt, gesondert vereinbart werden müssen. Zur Tilgung stehen beispielsweise Annuitäten-, Abzahlungsoder Festdarlehen zur Verfügung:

- **Annuitätendarlehen:** Häufigste Art der Kredittilgung in Form eines Darlehens, das durch gleich bleibende Jahresleistungen (Annuitäten) zurückzahlt wird, wobei die Jahresleistung, die in halb-, vierteljährlichen oder monatlichen Raten gezahlt wird, aus einem Zinsanteil und einem Tilgungsanteil besteht und durch Tilgungsverrechnung mit fortschreitender Darlehenslaufzeit der zu verzinsende Darlehensbetrag geringer wird, sodass aufgrund der unverändert bleibenden Annuität die jährlichen Tilgungsbeträge um die so genannten „ersparten" Zinsen steigen.
- **Abzahlungsdarlehen:** Zurückzahlung des Kredits durch fallende Jahresleistungen (gleich bleibender Tilgungsanteil, aber fallender Zinsanteil).
- **Festdarlehen:** Kredit, der erst am Ende der Laufzeit in einer Summe zurückgezahlt wird (Fälligkeitsdarlehen bzw. Darlehen mit Endfälligkeit).

Bei Vereinbarung einer nachschüssigen Tilgungsverrechnung werden die Tilgungsleistungen erst mit Beginn des nächsten Verrechnungsabschnittes für die Zinsberechnung wirksam.

Neben der Beeinflussung des Kreditrückzahlungsverlaufs bestehen für die Gesundheitseinrichtung auch Möglichkeiten, die zu zahlenden Zinsen zu beeinflussen, die die vom Gesundheitsbetrieb zu entrichtende Vergütung für die Überlassung des Kapitals darstellen, sich am Markt entsprechend Angebot und Nachfrage bilden und von der Länge der Leihfristen, der jeweiligen Lage am Kapitalmarkt, dem Risiko des Kreditgebers sowie von geldpolitischen Maßnahmen beeinflusst werden. Dabei beziffert der Effektiv-zins den Zinssatz, mit dem sich der Kredit bei regelmäßigem Kreditverlauf auf der Grundlage taggenauer Verrechnung aller Leistungen und nachschüssiger Zinsbelastung staffelmäßig (360-Tage-Methode) abrechnen lässt. Als anfänglicher effektiver Jahreszins ist er insbesondere bei Darlehen mit veränderbaren Konditionen (vollvariabler Zinssatz, Zinsbindungsfrist (Zinsfestschreibung für einen bestimmten Zeitraum) von Bedeutung und gibt beispielsweise an, wann preisbestimmende Faktoren geändert werden können und auf welchen Zeitraum Belastungen, die sich aus einer nicht vollständigen Aus-zahlung des Kreditbetrags oder aus einem Zuschlag hierzu ergeben, zum Zweck der Preisangabe verrechnet worden sind.

Neben dem Effektivzins gibt es weitere Faktoren, die die Kreditkosten und damit die Liquidität bestimmen:

- **Agio:** Aufgeld, das zu entrichten ist, beispielsweise um einen günstigeren Zinssatz zu erreichen.
- **Disagio:** Unterschiedsbetrag zwischen dem Rückzahlungs- und dem Ausgabebetrag von Krediten, der häufig bei Festzinsvereinbarungen in Darlehensverträgen vereinbart wird, sodass der Kreditausgabebetrag geringer ist als die tatsächliche Kredithöhe, was durch einen verringerten Nominalzinssatz beglichen wird.
- **Vorfälligkeitsentschädigung:** Betrag, der bei vorzeitiger, nicht im Kreditvertrag vereinbarter Rückzahlung eines langfristigen Kredits in Rechnung gestellt wird und der den dadurch der Bank entstehenden Zinsschaden (Zinsmargenschaden, Zinsver-schlechterungsschaden) und üblicherweise eine Bearbeitungsgebühr, abzüglich der Einsparungen der Bank an Verwaltungsgeldern und an Risikokosten umfasst.
- **Wertstellung:** Festsetzung des Tages, mit dem die Verzinsung (Valutierung) für einen neuen, durch einen Zahlungsein- oder -ausgang veränderten Saldo auf den Konten der Gesundheitseinrichtung beginnt, sodass sich zwischen Belastungs-Wertstellung und Gutschrift-Wertstellung nachteilige Differenzen ergeben können, die nach den Bestimmungen des BGB möglichst klar und verständlich offen zu legen sind.

Macht die aktuelle Finanzierungs- und Liquiditätssituation der Gesundheitseinrichtung es erforderlich, dass die bisherige Befristung einer Kreditlinie verlängert wird, kann diese Verlängerung bis auf weiteres oder zunächst bis zu einem bestimmten Datum als Kreditprolongation erfolgen, wobei die Bank durch Ablehnung oder Zustimmung reagieren kann.

Auch öffentliche **Finanzierungshilfen** können zur Bewältigung von Krisen-situationen beitragen, sofern die Gesundheitseinrichtung nicht bereits ohnehin als Kreis-krankenhaus, kommunale Pflegeeinrichtung oder Universitätsklinik eine öffentliche Einrichtung ist, deren Aufwandsträger die Finanzierung des Betriebs mit öffentlichen Mitteln unterstützen. Insbesondere sind es die Fördereinrichtungen des Bundes und der Länder, die öffentliche Finanzierungshilfen anbieten, wobei als Förderungsinstrumente beispielsweise langfristige zinsgünstige Darlehen, Bürgschaften und Garantien,

Zuschüsse und stille Beteiligungen eingesetzt werden. Im Rahmen der Förderung von Konsolidierungsvorhaben werden Darlehen gewährt, um Gesundheitseinrichtungen, welche in Liquiditäts- und Rentabilitätsschwierigkeiten geraten sind, im Interesse der Erhaltung von Arbeitsplätzen eine Umschuldung ihrer überhöhten kurzfristigen Verbindlichkeiten in langfristiges Fremdkapital zu ermöglichen. In diesem Fall wird üblicherweise für die Darlehensgewährung vorausgesetzt, dass zur Behebung der bestehenden Schwierigkeiten ein tragfähiges Gesamtkonsolidierungskonzept vorgelegt wird, an dem sich neben der Gesundheitseinrichtung auch deren Hausbank beteiligt. Kann ein Darlehen bankmäßig nicht ausreichend abgesichert werden, gibt es die Möglichkeit öffentlicher Bürgschaften, die gegenüber den Hausbanken einen Großteil des Risikos übernehmen. Die zu verbürgenden Kredite können zur wirtschaftlichen Konsolidierung bestimmt sein, wobei oft auch eine teilweise Haftungsfreistellung, die von der Fördereinrichtung eingeräumt wird, für die Hausbank möglich ist. Da die öffentlichen Finanzierungshilfen üblicherweise nicht in Konkurrenz zu den Geschäftsbanken, sondern unter deren maßgeblichen Mitwirkung gewährt werden, hat die Gesundheitseinrichtung den Finanzierungsantrag über ihre frei gewählte Geschäftsbank nach dem Hausbankprinzip an die jeweilige Fördereinrichtung zu richten. Über die Förderprogramme des Bundes und der Länder gibt die Förderdatenbank des Bundes (https://www. foerderdatenbank.de/FDB/DE/Home/home.html) einen weitestgehend vollständigen und aktuellen Überblick. Beratungsleistungen erfolgen allerdings auch direkt, denn Gesundheitseinrichtungen in Schwierigkeiten oder als Sanierungsfälle werden zusätzlich durch beratende Instrumente unterstützt.

> **Beispiel**
>
> Angehörigen der Freien Berufe, zu denen Ärzte und Zahnärzte zählen, und Unternehmen in Schwierigkeiten wird durch die geförderte Inanspruchnahme einer Unternehmensberatung die Möglichkeit gegeben, ihre Leistungs- und Wettbewerbsfähigkeit wiederherzustellen. Um die wirtschaftliche Schieflage zu beseitigen gilt, hat das Bundesministerium für Wirtschaft und Energie als Richtliniengeber Fördermaßnahmen zur Verfügung gestellt, bei denen im Rahmen einer Beratung untersucht wird, woher die Schwierigkeiten stammen, was dagegen unternommen werden kann und wie dies geschehen soll. Als finanzielle Unterstützung wird hierzu ein Fördersatz der Beratungskosten als Zuschuss unter gewissen Bedingungen gewährt. So müssen beispielsweise im Falle von Gesellschaften, bei denen zumindest einige Gesellschafter unbeschränkt für die Schulden der Gesellschaften haften (OHG, KG; hier werden auch die Einzelunternehmen sowie die Freiberufler eingeordnet) mehr als die Hälfte der in den Geschäftsbüchern ausgewiesenen Eigenmittel in Folge aufgelaufener Verluste verloren gegangen sein (vgl. Bundesamt für Wirtschaft und Ausfuhrkontrolle, 2017, S. 2). ◄

Literatur

Bank für Sozialwirtschaft – BFS (Hrsg.) (2020). online-factoring. Broschüre der BFS Service GmbH. Köln.

Becker, H. P. & Peppmeier, A. (2018). *Investition und Finanzierung – Grundlagen der betrieblichen Finanzwirtschaft*. 8. Auflg. Wiesbaden: Springer Gabler/Springer Fachmedien.

Bundesamt für Wirtschaft und Ausfuhrkontrolle (Hrsg.) (2017). Unternehmen in Schwierigkeiten. Merkblatt. Stand: Juni 2017. Eschborn.

Fissenewert, P. (2006). Die Arztpraxis in der Insolvenz – Nicht zwangsläufig das Ende. In: Deutsches Ärzteblatt. Jg. 103. Heft 20. Berlin: Deutscher Ärzteverlag. S. 16–20.

Frodl, A. (2012). *Finanzierung und Investitionen im Gesundheitsbetrieb*. Wiesbaden: Gabler Verlag/Springer Fachmedien.

Insolvenzordnung (InsO) vom 5. Oktober 1994 (BGBl. I S. 2866), zuletzt durch Artikel 2 des Gesetzes vom 22. November 2020 (BGBl. I S. 2466) geändert.

Krankenhausfinanzierungsgesetz (KHG) in der Fassung der Bekanntmachung vom 10. April 1991 (BGBl. I S. 886), zuletzt durch Artikel 2a des Gesetzes vom 18. November 2020 (BGBl. I S. 2397) geändert.

Schuster, T. & Uskova, M. (2018). *Finanzierung und Finanzmanagement – Lehr- und Übungsbuch für das Master-Studium*. Wiesbaden: Springer Gabler/Springer Fachmedien.

Sozialgesetzbuch XI (SGB XI) Elftes Buch – Soziale Pflegeversicherung – (Artikel 1 des Gesetzes vom 26. Mai 1994, BGBl. I S. 1014, 1015), zuletzt durch Artikel 3 des Gesetzes vom 23. Oktober 2020 (BGBl. I S. 2220) geändert.

Vetter, M. (2011). Praxisführung - Bonität: Banken fragen Managerqualitäten ab. In: Ärzte Zeitung online. https://www.aerztezeitung.de/Wirtschaft/Bonitaet-Banken-fragen-Managerqualitaeten-ab-289540.html. Berlin: Springer Medizin Verlag. Zugegriffen: 19.12.2020.

Vetter, M. (2008). Praxisführung - So bleibt der Arzt liquide. In: Deutsches Ärzteblatt. Jg. 105. Heft 4. Berlin: Deutscher Ärzteverlag. S. 199.

Wurm, A.; Oswald, J. & Zapp, W. (2015). *Cashflow-orientiertes Liquiditätsmanagement im Krankenhaus – Analyseverfahren-Praxisbeispiele*. Wiesbaden: Springer Gabler/Springer Fachmedien.

Zivilprozessordnung (ZPO) in der Fassung der Bekanntmachung vom 5. Dezember 2005 (BGBl. I S. 3202; 2006 I S. 431; 2007 I S. 1781), zuletzt durch Artikel 1 des Gesetzes vom 22. November 2020 (BGBl. I S. 2466) geändert.

Krisenfestes Personal: Wie lassen sich die Beschäftigten gut vorbereiten und ihre medizinischen und pflegerischen Leistungen sicherstellen?

6

6.1 Gezielte Aus- und Weiterbildung im Risiko- und Krisenmanagement

Für die Aus- und Weiterbildung im Risiko- und Krisenmanagement für Beschäftigte von Gesundheitseinrichtungen stehen zahlreiche Möglichkeiten zur Verfügung.

So ist beispielsweise auf Bundesebene die Akademie für Krisenmanagement, Notfallplanung und Zivilschutz (AKNZ) des Bundesamts für Bevölkerungsschutz und Katastrophenhilfe (BBK) die zentrale Aus- und Fortbildungseinrichtung des Bundes im Bevölkerungsschutz. Sie steht als Plattform für den Wissensaustausch und die Kooperation zwischen den strategischen Ebenen der von Ressortzuständigkeiten und Föderalismus geprägten Struktur sowie der starken Rolle der Wirtschaft im Bereich der kritischen Infrastrukturen zu Verfügung, ist im Rahmen des nationalen Krisenmanagements sowie der Notfallvorsorge und –bekämpfung etabliert als Integrationsstelle für alle einschlägigen Stellen in Bund, Ländern sowie der Wirtschaft und richtet sich mit ihrem Bildungsangebot primär an die mit Fragen der zivilen Sicherheitsvorsorge befassten Entscheidungsträger und Multiplikatoren aller Verwaltungsebenen. Die Aufgaben der AKNZ umfassen beispielsweise die Aus- und Fortbildung für Führungskräfte und Lehrkräfte des Katastrophenschutzes und des mit Fragen der zivilen Verteidigung befassten Personals, die Auswertung von Großschadenslagen im In- und Ausland, die Vorbereitung, Leitung und Auswertung von Übungen sowie die Durchführung von Seminaren, Übungen und sonstigen Veranstaltungen zur zivil-militärischen Zusammenarbeit (siehe Tab. 6.1). Wegen der großmaßstäblichen Szenarien (insbesondere im Bereich Massenanfall von Verletzten in chemischen, biologischen, radiologischen und nuklearen Umgebungen) wird dies in Übungsanlagen als auch -durchführung und -steuerung mit Simulationsunterstützung realisiert. Ihre strategische Krisenmanagement-Übungsreihe LÜKEX trägt zur Verbesserung der Zusammenarbeit im Risiko- und

A. Frodl, *Krisenmanagement für Gesundheitseinrichtungen*, https://doi.org/10.1007/978-3-658-36374-1_6

Tab. 6.1 Auszüge aus dem Programm der Akademie für Krisenmanagement, Notfallplanung und Zivilschutz (AKNZ). (vgl. Bundesamt für Bevölkerungsschutz und Katastrophenhilfe, 2020b, S. 11 ff.)

Bereich	Themen
Staatliche Sicherheitsvor-sorge/Vorsorgepolitik	Allgemeine Fragen Zivile Verteidigung/Zivil- und Bevölkerungs-schutz
	Zivilschutz auf der Führungsebene kreisangehöriger Städte und Gemeinden
	Bevölkerungsschutz auf der Führungsebene der Kreise und kreis-freien Städte
	Sicherheitspolitik
	Universität und Bevölkerungsschutz
	Staatliche Sicherheitsvorsorge/Zivile Sicherheitsvorsorge
	Einweisung und Nutzung des Warnsystems MoWaS S/E und vS/E
Verwaltungsaufgaben	Rechtsfragen des Bevölkerungsschutzes
	Rechtsfragen Schwerpunkt Zivilverteidigung
	Konzeptionelle und wirtschaftliche Fragen im Bevölkerungs-schutz
	Grundinformationen zu wirtschaftlichen Fragen
	Zivile Alarmplanung
	Durch Social Media organisierte Spontanhelfende (SH), Ehren-amt und Zivilverteidigung
Risikoanalyse/Risiko-management	Risikomanagement für Einrichtungen Kritischer Infrastrukturen: Grundlagen – Methoden – Werkzeuge
Ernährungsnotfallvorsorge/ Trinkwassernotversorgung	Notfallvorsorge Ernährung – Grundlagen
	Notfallvorsorge Ernährung, Szenarien „Gefahren für die Ernährung"
	Aktuelle Fragen und Erfahrungen in der Notfallvorsorge an konkreten Beispielen
	Notfallvorsorge in der öffentlichen Wasserversorgung
Notfallvorsorge Energie und Wirtschaft	Notfallvorsorge Energie und Wirtschaft – Grundlagen
	Notfallvorsorge Energie und Wirtschaft – Vertiefung Strom
	Notfallvorsorge Energie und Wirtschaft Vertiefung Krisenvor-sorge Kritischer Infrastrukturen am Beispiel der IT
	Notfallvorsorge Energie und Wirtschaft – Vertiefung Gas
	Notfallvorsorge im Besonderen – großflächiger Stromausfall/ Gebietskörperschaft
Verkehrssicherstellung	Notfallvorsorge im Verkehrsbereich
Selbstschutz/Selbsthilfe	Zivilschutz kreisangehöriger Städte und Gemeinden
	Behördenselbstschutz: „Kontinuität von Behörden mit Aufgaben in der Zivilen Verteidigung"

(Fortsetzung)

Tab. 6.1   (Fortsetzung)

Bereich	Themen
CBRN-Gefahrenmanagement	Radiologische Risiken
	Biologische Risiken
	CBRN-Probenahme
	Chemische Risiken
	Gefahrenabwehrplanung im Umfeld chemischer Anlagen
	Fortbildung für Führungskräfte im CBRN-Schutz
	Multiplikatoren der standardisierten CBRN-Grundausbildung
	Dekontamination
	ATF-Lehrgang CBRN-Analyseauswertung
	ATF Führung
	Führung von Messeinsätzen – Messleitung
	Lehrkräfte der Landesfeuerwehrschulen für den Bereich CBRN-Schutz
Gesundheitswesen	Krisenmanagement im Gesundheitswesen – Schnittstellen und Akteure
	Krisenmanagement im Gesundheitswesen – Einsatzplanung für biologische Lagen
	Krisenmanagement im Gesundheitswesen für Oberste Landesbehörden
Katastrophenmedizin	Ärztliche und rettungsdienstliche Führungskräfte beim MANV
	Ärztinnen und Ärzte auf Zivilschutz-Hubschraubern (ZSH)
	Zusatzausbildung für Verbandführer und medizinische Leiter MTF
	Grundlagen – BOS übergreifendes Management von taktischen Einsatzlagen
	Medizinisches Management im CBRN-Einsatz
Veterinärmedizin	Krisenmanagement im Veterinärwesen – Fallstudie Tierseuchen
	Krisenmanagement im Veterinärwesen – Spezialthemen
	Krisenmanagement im Veterinärwesen für Oberste Veterinärbehörden
Psychosoziales Krisenmanagement	Führen und Leiten unter hoher psychischer Belastung
	Psychologie in der Stabsarbeit
	Ethische Dilemmata im Einsatzwesen
	Didaktik und Methodik in der PSNV-E-Ausbildung
	Interkulturelle Kompetenz im Bevölkerungsschutz: Train-the-Trainer
	Hotline als Instrument des psychosozialen Krisenmanagements
	Psychosoziale Notfallversorgung in CBRN-Gefahrenlagen

(Fortsetzung)

Tab. 6.1 (Fortsetzung)

Bereich	Themen
Informations- und Kommunikationsmanagement	Leiter Sachgebiet 6 (IuK) im Zivil- und Bevölkerungsschutz – Kommunikationsnetze und -strukturen der BOS
	Leiter Sachgebiet 6 (IuK), Fachausbildung
	Fortbildung für Führungskräfte im Sachgebiet 6
	Kryptomanagement im Digitalfunk der BOS für Führungskräfte
	IT/TK-Netze zur Nutzung im BOS-Bereich
	Lehrkräfte der Landes- und Bundesschulen aller Organisationen der BOS für den Bereich Fm/IuK
Führungs- und Stabslehre	Führungs- und Stabslehre für untere Katastrophenschutzbehörden
	Operativ-taktische Führung für höhere Führungskräfte
	Führung bei grenzüberschreitenden Schadenslagen
Krisenmanagement im Bevölkerungsschutz	Risiko- und Krisenmanagement für untere Katastrophenschutz-behörden
	Entwicklung von Krisenmanagementstrukturen
	Risiko- und Krisenmanagement für KRITIS-Betreiber
	Krisenmanagement für obere und oberste Landes- und Bundes-behörden
	Interorganisationales Zusammenwirken im Kontext der Sicherheit bei Großveranstaltungen unter Berücksichtigung aktueller Gefährdungslagen
Polizei und Katastrophenschutz	Großschadenslage im Rahmen des Studiums an der DHPol
	Ausbildung von Polizeistäben im Bevölkerungsschutz
Zivil-Militärische Zusammen-arbeit	Zivil-Militärische Zusammenarbeit im Inland
	Civil Military Cooperation in Humanitarian Assistance and Disaster Response – CIMIC- HAD
Humanitäre Aspekte des internationalen Krisen-managements	Humanitäres Völkerrecht
	Hostile Environment Awareness Training (HEAT) – Safety and Security in Auslandseinsätzen
Nationale Sonderver-anstaltungen	Forum Interdisziplinäre Zusammenarbeit im Gesundheitlichen Bevölkerungsschutz
	Fit für Europa
	Qualitätssicherung Zivilschutz-Hubschrauber – Jahrestagung
	AKNZ Fachkongress – Bevölkerungsschutz quo vadis?
	Workshop für Leitungspersonal der Landesfeuerwehrschulen sowie der Bildungseinrichtungen der Hilfsorganisationen und der Bundesanstalt THW
	Ausbildung im Bevölkerungsschutz
	Forum Bevölkerungsschutzpädagogik
Internationale Sonderver-anstaltungen	High Level Coordination Course
	Course on Negotiation and Decision making
	CBRN-Schutz und -Vorsorge

Krisenmanagement von Bund und Ländern auf der politisch-gesamtverantwortlichen Entscheidungsebene bei (vgl. Bundesamt für Bevölkerungsschutz und Katastrophenhilfe, 2020a, S. 1).

Viele Aus- und Weiterbildungsgänge im Gesundheitswesen beinhalten bereits Elemente des Krisen- und Risikomanagements oder bereiten gezielt auf Tätigkeiten in diesen Bereichen vor.

So weist beispielsweise die Bezeichnung Notarzt/Notärztin auf die ärztliche Zusatz-**Weiterbildung** Notfallmedizin hin, die bei Unglücks- und Katastrophenlagen besonders relevant ist. Zuständig für die ärztliche Zusatz-Weiterbildung Notfallmedizin sind die Landesärztekammern mit ihren Weiterbildungsordnungen (WBO) und Logbüchern. Eine wesentliche gemeinsame Grundlage, von der die jeweilige Landes-WBO jedoch abweichen kann, ist die (Muster-)Weiterbildungsordnung 2018 (MWBO, 2018) der Bundesärztekammer. Die Zusatz-Weiterbildung Notfallmedizin umfasst die Erkennung drohender oder eingetretener Notfallsituationen und die Behandlung von Notfällen sowie die Wiederherstellung und Aufrechterhaltung akut bedrohter Vitalfunktionen. Mindestanforderungen sind 24 Monate Weiterbildung in einem Gebiet der unmittelbaren Patientenversorgung im stationären Bereich unter Befugnis an Weiterbildungsstätten, davon 6 Monate in der Intensivmedizin oder in Anästhesiologie und zusätzlich 80 h Kurs-Weiterbildung in allgemeiner und spezieller Notfallbehandlung und anschließend 50 Notarzteinsätze im öffentlichen Rettungsdienst (Notarzteinsatzfahrzeug oder Rettungshubschrauber) unter Anleitung eines verantwortlichen Notarztes, davon können bis zu 25 Einsätze im Rahmen eines standardisierten Simulationskurses erfolgen. Weiterbildungsinhalte sind der Erwerb von folgenden **Kenntnissen im Bereich der Kognitiven und Methoden-Kompetenz:**

- **Organisatorische, einsatztaktische Grundlagen:** Wesentliche Gesetze, Verordnungen und Richtlinien, z. B. Rettungsdienstgesetze; Strukturen des deutschen Rettungsdienstes sowie Indikationen der verschiedenen Rettungsmittel; Einsatzarten, insbesondere Primär-, Sekundäreinsatz, Interhospital- und Schwerlasttransport, Infektionstransport, Neugeborenentransport; Aufgaben und Struktur einer Leitstelle, der Alarmierungswege und Alarmierungsmittel; Besonderheiten und Kontraindikationen bei ambulanter notärztlicher Versorgung; Möglichkeiten einer ambulanten Weiterversorgung durch Hausarzt, sozialpsychiatrischen Dienst, spezialisierte ambulante Palliativversorgung oder Sozialstation; Grundlagen der technischen und medizinischen Rettung; Grundlagen der Lagebeurteilung und Sichtung bei Massenanfall von Verletzten/Erkrankten (MANV), auch unter chemischen/biologischen/radiologischen/nuklearen (CBRN)-Gefahren; Grundlagen des Katastrophenschutzes; Auswahl eines dem Krankheitsbild entsprechend leitliniengerechten und geeigneten Zielkrankenhauses; Bedeutung notfallmedizinisch relevanter Register (Reanimationsregister, Traumaregister) und Dokumentationsgrundlagen (MIND); Situation des rechtfertigenden Notstandes und der Geschäftsführung ohne Auftrag; Besonderheiten bei der Unterbringung psychisch Kranker nach gesetzlichen Regelungen.

- **Untersuchung des Notfallpatienten:** Schockraummanagement.
- **Therapeutische Maßnahmen:** Grundlagen der transkutanen Schrittmachertherapie; Besonderheiten und Ablauf einer Neugeborenen-Erstversorgung; Geburtshilfliches Notfallmanagement.

Weitere Weiterbildungsinhalte sind der Erwerb von folgenden **Erfahrungen und Fertigkeiten im Bereich der Handlungskompetenz:**

- **Organisatorische, einsatztaktische Grundlagen:** Maßnahmen zum Eigenschutz und zum Schutz von Patienten und Dritten an einer Einsatzstelle; Planung, Vorbereitung und Durchführung von Sekundärtransporten, auch unter intensivmedizinischen Bedingungen; Hygienemaßnahmen beim Umgang mit infektiösen Patienten in Notfallsituationen; Anwendung interpersoneller Fertigkeiten einschließlich Teamarbeit, Führung, Entscheidungsfindung; Durchführung einer strukturierten Patientenübergabe (Handover); Durchführung von strukturierten Einsatznachbesprechungen; Bedeutung und Indikation von Krisenintervention und Einsatznachsorge; Todesfeststellung und Durchführung der vorläufigen Leichenschau einschließlich rechtsrelevanter Aspekte.
- **Untersuchung des Notfallpatienten:** Lagerung von Notfallpatienten und Herstellung der Transportfähigkeit; Standardisierte Akutanamnese bei einem Notfallpatienten; Erkennung kritischer und lebensbedrohlicher Zustände; Verschaffung eines ersten Überblicks über den Notfallort und das Geschehen (Lage) und gegebenenfalls Nachforderung adäquater Rettungsmittel; Leitliniengerechte Erstuntersuchung; Erkennung von Hinweisen für vital bedrohliche Verletzungen; Beurteilung von Depressivität und Suizidalität des Patienten einschließlich Gefährdungsprognose.
- **Leitsymptome:** Einleitung einer symptomorientierten Erstbehandlung bei Bewusstseinsstörungen/neurologischen Defiziten, - akuter Atemnot, Brustschmerz, Blutungen, Schock, Herzrhythmusstörungen, akutem Abdomen/Bauchschmerzen, psychischen Störungen, Fieber.
- **Diagnostische Maßnahmen:** Durchführung und Befunderstellung des Elektrokardiogramms im Notfall; Applikation und Bewertung des Basismonitorings einschließlich Besonderheiten des kindgerechten Monitorings beim Transport; Messung und Bewertung der Kapnometrie und Kapnographie.
- **Therapeutische Maßnahmen:** Indikationsstellung und Durchführung einer symptomadaptierten und der Verdachtsdiagnose entsprechenden Lagerung unter Berücksichtigung von Hilfsmitteln; Indikationsstellung und Durchführung von Repositionen bei Frakturen und Luxationen; Reanimation einschließlich der Reanimation von Säuglingen und Kleinkindern, auch als Reanimationstraining; Durchführung von Defibrillation oder Kardioversion, auch als Simulation; Durchführung einer Thoraxentlastung, insbesondere Thoraxdrainage; Behandlung von Problemen im Bereich des Atemweges (Airwaymanagement) einschließlich der

Hinweiszeichen auf schwierige Atemwegsverhältnisse; Durchführung der Masken-
beatmung, auch bei Säuglingen und Kindern, auch als Simulation; Sicherung der
Atemwege durch Anwendung von supraglottischen Atemwegshilfen, auch bei
Säuglingen und Kindern, auch als Simulation; Sicherung der Atemwege durch
endotracheale Intubation einschließlich Videolaryngoskopie; Einleitung und Aufrechterhaltung einer Notfallnarkose; Anwendung alternativer Medikamentenapplikations-
formen, z. B. nasal, sublingual und intraossär; Blutungsmanagement/Blutstillung
durch Kompression und mittels Anlage von Tourniquet und Beckenschlinge;
Behandlung mit notfallmedizinisch relevanten Medikamenten; Durchführung einer
Volumentherapie, auch bei Säuglingen und Kindern; Durchführung einer Schmerz-
therapie, auch bei Säuglingen und Kindern (vgl. MWBO, 2018, S. 379 ff.).

Während als Ärzte im Rettungsdienst beispielsweise Notärzte und -ärztinnen die präklinischen Versorgung in Notfällen und eine flächendeckende, hilfsorientierte und qualifizierte notärztliche Hilfe rund um die Uhr an jedem Ort sicherstellen, Ärztliche Leiter
Rettungsdienst (ÄLRD) die Kontrolle über den Rettungsdienst sowie die Verantwortung
für Effektivität und Effizienz der präklinischen Notfallversorgung, Einsatzplanung und
Einsatzbewältigung wahrnehmen, sind Leitende Notärzte und –ärztinnen (LNA) als
medizinische Einsatzleiter bei Großeinsätzen und Katastrophen im Einsatz (vgl. Bundesvereinigung der Arbeitsgemeinschaften der Notärzte Deutschlands, 2020, S. 1).

Als weiteres Beispiel zählen Notfallsanitäter und -sanitäterinnen zu den bundes-
rechtlich geregelten, nichtärztlichen Gesundheitsfachberufen, die in Unglücks- und
Katastrophenlagen unverzichtbar sind. Wesentliche Grundlagen für ihre **Ausbildung**
sind das Gesetz über den Beruf der Notfallsanitäterin und des Notfallsanitäters (Notfallsanitätergesetz - NotSanG) und die Ausbildungs- und Prüfungsverordnung für Notfallsanitäterinnen und Notfallsanitäter (NotSan-APrV). Voraussetzungen für den Zugang zur
Ausbildung zum Notfallsanitäter/zur Notfallsanitäterin sind,

- die gesundheitliche Eignung zur Ausübung des Berufs und
- im Fall einer Ausbildung an einer staatlichen Schule der mittlere Schulabschluss oder
  eine andere gleichwertige, abgeschlossene Schulbildung oder eine nach einem Haupt-
  schulabschluss oder einer gleichwertigen Schulbildung erfolgreich abgeschlossene
  Berufsausbildung von mindestens zweijähriger Dauer,
- im Rahmen eines Modellvorhabens an einer Hochschule der Nachweis der Hoch-
  schulzugangsberechtigung (vgl. § 8 NotSanG).

Die Ausbildung dauert unabhängig vom Zeitpunkt der staatlichen Prüfung in Voll-
zeitform drei Jahre, in Teilzeitform höchstens fünf Jahre, besteht aus theoretischem
und praktischem Unterricht sowie einer praktischen Ausbildung und schließt mit
einer staatlichen Prüfung ab. Der theoretische und praktische Unterricht wird in staat-
lich anerkannten Schulen durchgeführt. Die praktische Ausbildung wird an einer
genehmigten Lehrrettungswache und an geeigneten Krankenhäusern durchgeführt (vgl. §

5 NotSanG). Zur Erprobung von Ausbildungsangeboten, die der Weiterentwicklung des Berufs des Notfallsanitäters im akademischen Bereich unter Berücksichtigung der berufsfeldspezifischen Anforderungen sowie moderner berufspädagogischer Erkenntnisse dienen sollen, können die Länder den Unterricht auch an Hochschulen stattfinden lassen (vgl. § 7 NotSanG). Die Ausbildung zur Notfallsanitäterin oder zum Notfallsanitäter umfasst mindestens einen theoretischen und praktischen Unterricht mit einem Umfang von 1.920 h, eine praktische Ausbildung in genehmigten Lehrrettungswachen mit einem Umfang von 1.960 h und eine praktische Ausbildung in geeigneten Krankenhäusern mit einem Umfang von 720 h (vgl. § 1 NotSan-APrV). Der theoretische und praktische Unterricht umfasst folgende Themen (vgl. Anlage 1 NotSan-APrV):

- Notfallsituationen bei Menschen aller Altersgruppen sowie Gefahrensituationen erkennen, erfassen und bewerten;
- rettungsdienstliche Maßnahmen und Maßnahmen der Gefahrenabwehr auswählen, durchführen und auswerten;
- Kommunikation und Interaktion mit sowie Beratung von hilfesuchenden und hilfebedürftigen Menschen unter Berücksichtigung des jeweiligen Alters sowie soziologischer und psychologischer Aspekte;
- Abläufe im Rettungsdienst strukturieren und Maßnahmen in Algorithmen und Einsatzkonzepte integrieren und anwenden;
- das Arbeiten im Rettungsdienst intern und interdisziplinär innerhalb vorhandener Strukturen organisieren;
- Handeln im Rettungsdienst an Qualitätskriterien ausrichten, die an rechtlichen, wirtschaftlichen und ökologischen Rahmenbedingungen orientiert sind;
- bei der medizinischen Diagnostik und Therapie mitwirken, lebenserhaltende Maßnahmen und Maßnahmen zur Abwendung schwerer gesundheitlicher Schäden bis zum Eintreffen der Notärztin oder des Notarztes oder dem Beginn einer weiteren ärztlichen Versorgung durchführen;
- berufliches Selbstverständnis entwickeln und lernen, berufliche Anforderungen zu bewältigen;
- auf die Entwicklung des Notfallsanitäterberufs im gesellschaftlichen Kontext Einfluss nehmen;
- in Gruppen und Teams zusammenarbeiten.

Die Praktische Ausbildung in genehmigten Lehrrettungswachen umfasst die Themen (vgl. Anlage 2 NotSan-APrV):

- Dienst an einer Rettungswache;
- Durchführung und Organisation von Einsätzen in der Notfallrettung.

Die praktische Ausbildung in geeigneten Krankenhäusern umfasst die Funktionsbereiche (vgl. Anlage 3 NotSan-APrV):

- Pflegeabteilung;
- Interdisziplinäre Notfallaufnahme;
- Anästhesie- und OP-Abteilung;
- Intensivmedizinische Abteilung;
- Geburtshilfliche, Pädiatrische oder Kinderchirurgische Fachabteilung/Intensivstation oder Station mit entsprechenden Patientinnen und Patienten;
- Psychiatrische, Gerontopsychiatrische oder Gerontologische Fachabteilung.

Die praktische Ausbildung beinhaltet unter anderem in allen Funktionsbereichen die Grundregeln der Hygiene und des Infektionsschutzes, Maßnahmen der Kranken-beobachtung und Patientenüberwachung inklusive der dazu notwendigen Geräte, den Umgang mit Medikamenten sowie Maßnahmen zu ihrer Vorbereitung und Applikation, den Ablauf einer allgemeinen Patientenaufnahme sowie der Patientenübergabe, die Dokumentation, den Dienstablauf und die räumlichen Besonderheiten.

Die staatliche Abschlussprüfung umfasst einen schriftlichen, einen mündlichen und einen praktischen Teil (vgl. § 4 NotSan-APrV).

Notfallsanitäter und Notfallsanitäterinnen arbeiten überwiegend im Rettungswesen und sind bei Rettungsdiensten und Feuerwehren in der Notfallversorgung im Einsatz. Ihre Aufgabe ist es, Notfallpatienten umfassend und teils eigenverantwortlich durch speziell auf die entsprechende Notfallsituation zugeschnittene Handlungsanweisungen zu versorgen, geeignete Notfallmaßnahmen zu ergreifen und lebenswichtigen Körper-funktionen zu stabilisieren. Dazu zählt der Einsatz von Notfallmedikamenten und medizinischen Geräten. Zusammen mit Notärzten oder anderen Hilfsorganisationen koordinieren sie Notfalleinsätze z. B. bei Verkehrs- oder Arbeitsunfällen (vgl. Deutsches Rotes Kreuz Rettungsdienst Rheinhessen-Nahe, 2020, S. 1).

In den meisten Ausbildungsgängen im Gesundheitswesen ist das Verhalten in Not-fallsituationen auch bereits in die Ausbildung integriert. So sind beispielsweise im Aus-bildungsrahmenplan der Verordnung über die Berufsausbildung zum Medizinischen Fachangestellten/zur Medizinischen Fachangestellten (MedFAngAusbV) für das Handeln bei Not- und Zwischenfällen folgende zu vermittelnde Fertigkeiten, Kenntnisse und Fähigkeiten vorgesehen:

- Maßnahmen zur Vermeidung von Not- und Zwischenfällen ergreifen;
- Verhaltensregeln bei Notfällen im Ausbildungsbetrieb einhalten;
- bedrohliche Zustände, insbesondere Schock, Atem- und Herzstillstand, Bewusstlosig-keit, starke Blutungen und Allergien, erkennen und Sofortmaßnahmen veranlassen;
- Erste-Hilfe-Maßnahmen durchführen;
- bei Not- und Zwischenfällen assistieren;
- Notfallausstattung kontrollieren und auffüllen; Geräte handhaben, warten und pflegen (vgl. Anlage 1 MedFAngAusbV).

Über die Ausbildungsinhalte im Gesundheitswesen hinaus qualifizieren spezielle Ausbildungen Fach- und Führungskräfte in Gesundheitseinrichtungen im Bereich Krisenmanagement. So bieten beispielsweise das BBK bzw. das AKNZ in Kooperation mit der Rheinischen Friedrich-Wilhelms-Universität in Bonn seit 2006 den **Masterstudiengang** Katastrophenvorsorge und Katastrophenmanagement (KaVoMa) an. Er ist berufsbegleitend und richtet sich allgemein an Fach- und Führungskräfte aus dem Bevölkerungs- und Katastrophenschutz, wobei die Studierenden überwiegend in Behörden und Organisation mit Sicherheitsaufgaben (BOS), KRITIS-Unternehmen (z. B. Krankenhäuser, Energieversorger) und anderen Bereichen der Zivilgesellschaft arbeiten. Der Studiengang umfasst eine Regelstudienzeit 5–6 Semester und führt zum Abschluss als „Master of Disaster Management and Risk Governance" (vgl. Bundesamt für Bevölkerungsschutz und Katastrophenhilfe, 2020c, S. 1).

Um die notwendigen Leistungen auch in Stresssituationen und unter extremen Bedingungen sicherzustellen, sind neben einer gezielten Aus- und Weiterbildung im Risiko- und Krisenmanagement regelmäßige **Notfallübungen**, in denen das richtige Verhalten unter möglichst realistischen Krisenszenarien trainiert wird, eine weitere wichtige Grundlage.

Beispiel

Durch realitätsnah programmierte Brandsimulationen können Krankenhausmitarbeiterinnen und –mitarbeiter aktiven Brandschutz üben, die Feuerwehr kann die unterschiedlichsten Einsatzszenarien durchspielen und Krankenhausarchitekten und -planer können die von ihnen geplante Klinikkonstruktion auf Sollbruchstellen beim Thema Brandschutz kritisch durchleuchten. In simulierten Brandmodellen, zum Beispiel bei einem Zimmerbrand, in Computerkulissen mit detailgetreuen, begehbaren 3-D-Krankenhausmodellen mit Patientenzimmern, Operationssälen und Intensivbereichen agieren Avatare stellvertretend für Ärzte, Pflegekräfte, Feuerwehrleute und Patienten. Allerdings können elektronische Übungssimulationen aber keinesfalls reelle, praktische und damit überlebensnotwendige Übungen ersetzen (vgl. Fiehn et al., 2009, S. A 2432). ◄

6.2   Personalinstrumente für Krisensituationen

In größeren Krisenlagen kann die Gesundheitseinrichtung mit ihren Mitarbeiterinnen und Mitarbeitern ein unverzichtbarer Teil der Gefahrenabwehr sein. In solch einer Situation wird in der Regel jede helfende Hand gebraucht und an übliche **Arbeitszeiten** ist nicht zu denken.

Unabhängig von Notverordnungen und anderen rechtlichen Maßnahmen in Krisensituationen bietet bereits das Arbeitszeitgesetz (ArbZG) hierzu Möglichkeiten, von den ansonsten gültigen Regelungen abzuweichen. So ist beispielsweise eine Abweichung von der Ruhezeit (Arbeitnehmer müssen nach Beendigung der täglichen Arbeitszeit eine ununterbrochene Ruhezeit von mindestens elf Stunden haben) möglich, da die Dauer der Ruhezeit in Krankenhäusern und anderen Einrichtungen zur Behandlung, Pflege und Betreuung von Personen, um bis zu eine Stunde verkürzt werden kann, wenn jede Verkürzung der Ruhezeit innerhalb eines Kalendermonats oder innerhalb von vier Wochen durch Verlängerung einer anderen Ruhezeit auf mindestens zwölf Stunden ausgeglichen wird. Auch können in Krankenhäusern und anderen Einrichtungen zur Behandlung, Pflege und Betreuung von Personen Kürzungen der Ruhezeit durch Inanspruchnahmen während der Rufbereitschaft, die nicht mehr als die Hälfte der Ruhezeit betragen, zu anderen Zeiten ausgeglichen werden (vgl. § 5 ArbZG). Sofern die Arbeiten nicht an Werktagen vorgenommen werden können, dürfen Arbeitnehmer an Sonn- und Feiertagen beschäftigt werden beispielsweise in Not- und Rettungsdiensten sowie bei der Feuerwehr oder in Krankenhäusern und anderen Einrichtungen zur Behandlung, Pflege und Betreuung von Personen (vgl. § 9 ArbZG). Im Rahmen außergewöhnlicher Fälle darf beispielsweise von den Regelungen zur Arbeitszeit, Ruhezeiten und Ruhepausen und anderen abgewichen werden bei vorübergehenden Arbeiten in Notfällen und in außergewöhnlichen Fällen, die unabhängig vom Willen der Betroffenen eintreten und deren Folgen nicht auf andere Weise zu beseitigen sind. Ferner darf abgewichen werden bei unaufschiebbaren Arbeiten zur Behandlung, Pflege und Betreuung von Personen. Auch können durch Rechtsverordnung in außergewöhnlichen Notfällen mit bundesweiten Auswirkungen, insbesondere in epidemischen Lagen von nationaler Tragweite nach dem Infektionsschutzgesetzes, für Tätigkeiten der Arbeitnehmer für einen befristeten Zeitraum Ausnahmen zugelassen werden, die über die im ArbZG und in den auf Grund dieses Gesetzes erlassenen Rechtsverordnungen sowie in Tarifverträgen vorgesehenen Ausnahmen hinausgehen, wobei diese Tätigkeiten zur Aufrechterhaltung der öffentlichen Sicherheit und Ordnung, des Gesundheitswesens und der pflegerischen Versorgung, der Daseinsvorsorge oder zur Versorgung der Bevölkerung mit existenziellen Gütern notwendig sein müssen (vgl. § 14 ArbZG).

Neben der Regelung von organisatorischen Rahmenbedingungen wie Einsatzzeiten, Ruhezeiten und Ruhepausen für die am Krisenmanagement beteiligten Einsatzkräfte, ist vor allem deren **Psychosoziale Notfallversorgung** (PSNV-E) bei besonders belastenden Einsätzen und Katastrophen zu koordinieren. Sie sind in vielen Einsätzen besonderen Stressbelastungen ausgesetzt, denn von ihnen als herbeieilende Helfer wird erwartet, dass sie diese Situationen in den Griff bekommen und mühelos bewältigen. Da sie dabei mit sehr viel menschlichem Leid und in besonderen Einsatzlagen, wie beispielsweise bei Katastropheneinsätzen, mit extrem belastenden Ereignissen konfrontiert werden, sollte die Stressbewältigung unterstützt werden.

▶ **Definition** Die **Psychosoziale Notfallversorgung für Einsatzkräfte (PSNV-E)** umfasst alle Aktionen und Vorkehrungen, die getroffen werden, um Einsatzkräften im Bereich der psychosozialen Be- und Verarbeitung von belastenden Notfällen bzw.

Einsatzsituationen zu helfen und gliedert sich in einsatzvorbereitende, einsatzbegleitende und einsatznachsorgende Maßnahmen (vgl. Deutsche Gesetzliche Unfallversicherung, 2020, S. 13).

Das Erleben außergewöhnlicher psychischer Belastungen kann zu Anzeichen akuter Belastungsreaktionen und zu Belastungsstörungen führen. Bleiben diese längere Zeit bestehen und gehen sie mit starken Beeinträchtigungen einher, liegt nicht selten eine Posttraumatische Belastungsstörung (PTBS) als behandlungsbedürftige psychische Störung vor. Sie äußert sich beispielsweise durch das Wiedererleben (Intrusionen) der Situation, die Vermeidung an das belastende Ereignis erinnernde Dinge, die Entfremdung von zuvor als wichtig empfundenen Aktivitäten oder die Übererregung (Hyperarousal) in Form von Konzentrationsschwierigkeiten bzw. Schlafstörungen.

Daher sollte in einer Einsatzorganisation die psychische Belastung im Rahmen von Ausbildung und Übung thematisiert werden. Hierzu zählt beispielsweise neben der Organisation der psychologischen Erstbetreuung, auch die vollständige Dokumentation einer außergewöhnlichen psychischen Belastung durch die Einsatzorganisation. Ferner müssen in Vorbereitung auf belastende Ereignisse Maßnahmen der Primärprävention ergriffen werden, wozu beispielsweise gehören:

- gesundheitsgerechte Gestaltung der Tätigkeit in einer Einsatzorganisation,
- entsprechende körperliche Fitness, sowie psychische Fitness bzw. mentale Stärke,
- Gefährdungsbeurteilung, die die Möglichkeit des Auftretens von außergewöhnlichen psychischen Belastungsfaktoren berücksichtigt,
- entsprechende Unterweisungen und die Einbindung der Thematik in die Standortausbildung,
- Vorhaltung und Durchführung einer entsprechenden Betreuung in Form der PSNV nach belastenden Ereignissen,
- Einbindung von Präventionsmaßnahmen in die Organisationsstruktur und den Dienstalltag.

Mit dem Einsatz bei einem belastenden Ereignis sind Maßnahmen der Sekundärprävention anzubieten, die das Ziel haben, durch psychosoziale Unterstützung die Psyche zu stabilisieren und Schäden zu verhindern bzw. schwerere Folgeschäden zu vermeiden. So sollte beispielsweise bei potenziell belastenden Einsätzen, insbesondere z. B. Menschenrettung, Totenbergung, persönliche Betroffenheit, verletzten oder gar getöteten Einsatzkräften, Kindern oder bekannten Personen, ein ausführlicher Einsatzbericht verfasst werden und die namentliche Erfassung der am Einsatz beteiligten Einsatzkräfte mit der Funktion und Tätigkeit, die diese im Einsatz innehatten. Sie müssen in der Lage sein, zu erkennen, wenn Ereignisse für sie belastend sind bzw. waren und sich dieses auch eingestehen. Die Führungskräfte müssen erkennen, wann Einsätze eine außergewöhnliche Belastung mit sich bringen und ihre Mitarbeiter und Mitarbeiterinnen Probleme mit der

Verarbeitung des Erlebten haben, damit bereits während des Einsatzverlaufes der Bedarf von Maßnahmen der PSNV-E geprüft und Unterstützung über die Leitstelle angefordert werden kann. Bei komplexeren Einsatzlagen mit katastrophalen Ausmaßen sollte eine Beratung der Einsatzleitung durch dafür geschulte Kräfte der PSNV-E erfolgen.

Das Konzept des international anerkannten Critical Incident Stress Management (CISM), häufig mit der Stressbearbeitung nach belastenden Ereignissen (SbE) gleichgesetzt, wurde unter anderem durch das BBK angepasst und basiert auf Peers als Angehörige der Einsatzorganisation mit spezieller Ausbildung im Bereich Psychosoziale Notfallversorgung, die den Einsatzkräften als unmittelbare Ansprechpersonen zur Verfügung stehen und durch Psychosozialen Fachkräfte unterstützt und geführt werden. Sie sind in der Regel Einsatzkräfte, die ihre eigene Einsatzerfahrung einbringen und ihre persönliche Sozialkompetenz durch verschiedene Schulungen im psychosozialen Bereich erweitert haben.

Darüber hinaus kann es zu Situationen kommen, die die Anforderung zusätzlicher PSNV-E-Kräfte erforderlich machen, deren Interventionsmöglichkeiten auf strukturierter Gesprächsführung basieren:

- **Wiedereingliederung (Demobilization):** Dient der Entlastung aus dem Einsatz, informiert die Einsatzkräfte über das Ereignis, auftretende Symptome, die sich aus der Belastung ergeben können und weist auf weiterführende Hilfsangebote hin.
- **Entschärfung (Defusing):** Findet direkt im Anschluss (spätestens innerhalb 24 Std.) an das belastende Ereignis statt, wird als Gruppengespräch durchgeführt und dient vor allem der Verringerung der akuten Stresssymptome sowie der Wiederherstellung der Einsatzbereitschaft.
- **Einsatznachbesprechung (Debriefing):** Einsatznachbesprechung nach einem kritischen Ereignis als gegebenenfalls mehrstündiges spezielles Gruppengespräch, wird erst einige Tage nach dem Ereignis unter Leitung einer psychosozialen Fachkraft durchgeführt und dient der Gruppe der Einsatzkräfte als gemeinsamer Abschluss des erlebten belastenden Ereignisses.
- **Einzelgespräch (One-on-One):** Findet im geschützten Raum zwischen einer betroffenen Einsatzkraft und einer Ansprechpartnerin bzw. einem Ansprechpartner (Peer oder psychosoziale Fachkraft) der Psychosozialen Notfallversorgung statt (vgl. Deutsche Gesetzliche Unfallversicherung, 2020, S. 8 ff.)

Krisensituationen sind in der Regel dadurch gekennzeichnet, dass in relativ kurzer Zeit ein Aufwuchs an Einsatzkräften erforderlich ist. Je nach Lage können diese auch unterschiedliche Spezialisten sein, die in ausreichender Zahl kurzfristig zur Verfügung stehen müssen. Bei länger andauernden Krisenlagen kann dies auch für einen entsprechend langen Zeitraum nötig sein. Im „Normalbetrieb" sind diese Reservekapazitäten nur bedingt vorhanden und reichen für den Notfall nicht immer aus.

Beispiel

In Zusammenhang mit der Corona-Pandemie wies die Bundesärztekammer in einem Positionspapier daraufhin, dass eine dauerhafte Stärkung des Öffentlichen Gesundheitsdienstes (ÖGD) dringend erforderlich sei, da zu den grundlegenden Aufgaben des ÖGD in Zeiten einer epidemischen Lage von nationaler Tragweite die Kontaktpersonennachverfolgung und das Quarantäne-Management von Infizierten und Verdachtsfällen gehören. Diese Aufgaben waren mit dem zur Verfügung stehenden qualifizierten Personal nicht zu bewältigen (vgl. Bundesärztekammer, 2020, S. 4). ◄

Allerdings kann beispielsweise eine einrichtungsinterne, wirtschaftliche Krise auch dazu führen, dass genau das Gegenteil der Fall ist und vorübergehend oder dauerhaft Personalkapazitäten abgebaut werden müssen. Ein Personalinstrument hierzu ist das **Kurzarbeitergeld** (Kug), das gewährt wird, wenn in Gesundheitseinrichtungen als Betrieben oder Betriebsabteilungen die regelmäßige betriebsübliche wöchentliche Arbeitszeit infolge wirtschaftlicher Ursachen oder eines unabwendbaren Ereignisses vorübergehend verkürzt wird. Es soll den Einrichtungen die eingearbeiteten Arbeitnehmer/-innen und den Arbeitnehmern/-innen die Arbeitsplätze erhalten sowie ihnen einen Teil des durch die Kurzarbeit bedingten Lohnausfalls ersetzen (vgl. Bundesagentur für Arbeit, 2020, S. 10). Nach dem Sozialgesetzbuch (SGB) III – Arbeitsförderung – haben Arbeitnehmerinnen und Arbeitnehmer Anspruch auf Kurzarbeitergeld, wenn

- ein erheblicher Arbeitsausfall mit Entgeltausfall vorliegt,
- die betrieblichen Voraussetzungen erfüllt sind,
- die persönlichen Voraussetzungen erfüllt sind und
- der Arbeitsausfall der Agentur für Arbeit angezeigt worden ist (vgl. § 95 SGB III).

Ein Arbeitsausfall ist erheblich, wenn

- er auf wirtschaftlichen Gründen oder einem unabwendbaren Ereignis beruht,
- er vorübergehend ist,
- er nicht vermeidbar ist und
- im jeweiligen Kalendermonat (Anspruchszeitraum) mindestens ein Drittel der in dem Betrieb beschäftigten Arbeitnehmerinnen und Arbeitnehmer von einem Entgeltausfall von jeweils mehr als 10 % ihres monatlichen Bruttoentgelts betroffen ist; der Entgeltausfall kann auch jeweils 100 % des monatlichen Bruttoentgelts betragen, wobei Auszubildende bei den Berechnungen nicht mitzuzählen sind.

Ein Arbeitsausfall beruht auch auf wirtschaftlichen Gründen, wenn er durch eine Veränderung der betrieblichen Strukturen verursacht wird, die durch die allgemeine wirtschaftliche Entwicklung bedingt ist. Ein unabwendbares Ereignis liegt insbesondere vor, wenn ein Arbeitsausfall durch behördliche oder behördlich anerkannte Maßnahmen verursacht ist, die vom Arbeitgeber nicht zu vertreten sind. Ein Arbeitsausfall ist nicht vermeidbar, wenn in einem Betrieb alle zumutbaren Vorkehrungen getroffen wurden, um den Eintritt des Arbeitsausfalls zu verhindern. Als vermeidbar gilt insbesondere ein Arbeitsausfall, der

- überwiegend branchenüblich, betriebsüblich oder saisonbedingt ist oder ausschließlich auf betriebsorganisatorischen Gründen beruht,
- durch die Gewährung von bezahltem Erholungsurlaub ganz oder teilweise verhindert werden kann, soweit vorrangige Urlaubswünsche der Arbeitnehmerinnen und Arbeitnehmer der Urlaubsgewährung nicht entgegenstehen, oder
- durch die Nutzung von im Betrieb zulässigen Arbeitszeitschwankungen ganz oder teilweise vermieden werden kann (vgl. § 96 SGB III).

Die betrieblichen Voraussetzungen sind erfüllt, wenn in der Gesundheitseinrichtung mindestens eine Arbeitnehmerin oder ein Arbeitnehmer beschäftigt ist, wobei Betrieb im Sinne der Vorschriften über das Kurzarbeitergeld auch eine Betriebsabteilung ist (vgl. § 97 SGB III).

Der Arbeitsausfall ist bei der Agentur für Arbeit, in deren Bezirk der Betrieb seinen Sitz hat, schriftlich oder elektronisch anzuzeigen, wobei die Anzeige nur vom Arbeitgeber oder der Betriebsvertretung erstattet werden kann und der Anzeige des Arbeitgebers eine Stellungnahme der Betriebsvertretung beizufügen ist. Mit der Anzeige ist glaubhaft zu machen, dass ein erheblicher Arbeitsausfall besteht und die betrieblichen Voraussetzungen für das Kurzarbeitergeld erfüllt sind. Kurzarbeitergeld wird frühestens von dem Kalendermonat an geleistet, in dem die Anzeige über den Arbeitsausfall bei der Agentur für Arbeit eingegangen ist (vgl. § 99 SGB III).

Bei dem in wirtschaftlichen Schwierigkeiten als letztes Mittel erforderlichen dauerhaften Abbau von Personalkapazitäten kann unter Umständen auf betriebsbedingte Kündigungen nicht verzichtet werden. Eine betriebsbedingte **Kündigung** in einer Gesundheitseinrichtung kann erforderlich sein, wenn aufgrund von notwendigen Umstrukturierungen, einer Insolvenz oder anderer betrieblicher Unwägbarkeiten und Erfordernissen eine Fortsetzung des Beschäftigungsverhältnisses nicht mehr möglich ist, insbesondere, wenn aufgrund einer unternehmerischen Entscheidung eine oder mehrere Abteilungen ausgelagert oder gar geschlossen werden. Inner- und außerbetriebliche Ursachen in einer Gesundheitseinrichtung können hierfür beispielsweise wirtschaftliche Entwicklungen, Rationalisierungsmaßnahmen, Einschränkung oder Verlagerung der medizinischen bzw. pflegerischen Tätigkeiten, Patientenzahlenrückgänge etc. sein. Als Form der ordentlichen Kündigung greift sie, wenn der Arbeitnehmer bzw. die Arbeitnehmerin unter dem Kündigungsschutz steht und ist daher unter anderem an die Voraussetzungen gebunden, dass betriebliche Erfordernisse und damit eine unternehmerische Entscheidung, die gebotene Dringlichkeit und damit keine Möglichkeit zur Weiterbeschäftigung, eine Interessenabwägung, bei der das Interesse zur Beendigung des Arbeitsverhältnisses überwiegt, sowie eine Sozialauswahl vorliegen: Nach dem

Kündigungsschutzgesetz (KSchG) ist die Kündigung des Arbeitsverhältnisses gegenüber einem Arbeitnehmer, dessen Arbeitsverhältnis in derselben Gesundheitseinrichtung ohne Unterbrechung länger als sechs Monate bestanden hat, rechtsunwirksam, wenn sie sozial ungerechtfertigt ist. Sie ist sozial ungerechtfertigt, wenn sie nicht durch dringende betriebliche Erfordernisse, die einer Weiterbeschäftigung des Arbeitnehmers in diesem Betrieb entgegenstehen, bedingt ist. Die Kündigung ist auch sozial ungerechtfertigt, wenn sie in Gesundheitseinrichtungen des privaten Rechts

- gegen eine Richtlinie nach dem Betriebsverfassungsgesetz (Kündigungen bedürfen nach § 95 BetrVG) der Zustimmung des Betriebsrats) verstößt,
- der Arbeitnehmer an einem anderen Arbeitsplatz in demselben Betrieb oder in einem anderen Betrieb des Unternehmens weiterbeschäftigt werden kann und der Betriebsrat oder eine andere nach dem Betriebsverfassungsgesetz insoweit zuständige Vertretung der Arbeitnehmer aus einem dieser Gründe der Kündigung innerhalb der Frist des Betriebsverfassungsgesetzes schriftlich widersprochen hat.

In Gesundheitseinrichtungen des öffentlichen Rechts ist sie auch sozial ungerechtfertigt, wenn

- die Kündigung gegen eine Richtlinie über die personelle Auswahl bei Kündigungen verstößt,
- der Arbeitnehmer an einem anderen Arbeitsplatz in derselben Dienststelle oder in einer anderen Dienststelle desselben Verwaltungszweigs an demselben Dienstort einschließlich seines Einzugsgebiets weiterbeschäftigt werden kann und die zuständige Personalvertretung aus einem dieser Gründe fristgerecht gegen die Kündigung Einwendungen erhoben hat, es sei denn, dass die Stufenvertretung in der Verhandlung mit der übergeordneten Dienststelle die Einwendungen nicht aufrechterhalten hat.

Entsprechendes gilt, wenn die Weiterbeschäftigung des Arbeitnehmers nach zumutbaren Umschulungs- oder Fortbildungsmaßnahmen oder eine Weiterbeschäftigung des Arbeitnehmers unter geänderten Arbeitsbedingungen möglich ist und der Arbeitnehmer sein Einverständnis hiermit erklärt hat. Der Arbeitgeber hat die Tatsachen zu beweisen, die die Kündigung bedingen.

Die Kündigung kann auch sozial ungerechtfertigt sein, wenn der Arbeitgeber bei der Auswahl des Arbeitnehmers die Dauer der Betriebszugehörigkeit, das Lebensalter, die Unterhaltspflichten und die Schwerbehinderung des Arbeitnehmers nicht oder nicht ausreichend berücksichtigt hat; auf Verlangen des Arbeitnehmers hat der Arbeitgeber dem Arbeitnehmer die Gründe anzugeben, die zu der getroffenen sozialen Auswahl geführt haben. In die Sozialauswahl sind Arbeitnehmer nicht einzubeziehen, deren Weiterbeschäftigung, insbesondere wegen ihrer Kenntnisse, Fähigkeiten und Leistungen oder zur Sicherung einer ausgewogenen Personalstruktur des Betriebes, im berechtigten betrieblichen Interesse liegt (vgl. § 1 KSchG).

Kündigt der Arbeitgeber wegen dringender betrieblicher Erfordernisse und erhebt der Arbeitnehmer keine Klage auf Feststellung, dass das Arbeitsverhältnis durch die Kündigung nicht aufgelöst ist, hat der Arbeitnehmer mit dem Ablauf der Kündigungsfrist Anspruch auf eine Abfindung. Der Anspruch setzt den Hinweis des Arbeitgebers in der Kündigungserklärung voraus, dass die Kündigung auf dringende betriebliche Erfordernisse gestützt ist und der Arbeitnehmer bei Verstreichenlassen der Klagefrist die Abfindung beanspruchen kann. Die Höhe der Abfindung beträgt 0,5 Monatsverdienste für jedes Jahr des Bestehens des Arbeitsverhältnisses. Bei der Ermittlung der Dauer des Arbeitsverhältnisses ist ein Zeitraum von mehr als sechs Monaten auf ein volles Jahr aufzurunden (vgl. § 1a KSchG).

6.3   Umgang mit krisenbedingten Stresssituationen und Konflikten

In der Regel geht für alle Beteiligten eine Krise mit einem unterschiedlichen Ausmaß an Anspannung und Stress einher, je nachdem, wie sie davon betroffen sind und welche Verantwortung sie im Rahmen der Krisenbewältigung tragen. Der **Stresslevel** steigt dabei üblicherweise mit der (unerwarteten) Auslösung der kritischen Situation zunächst stark an und nimmt mit fortschreitender Bewältigung der Krise langsam ab (siehe Abb. 6.1.), wobei je nach auf und ab einer Krisenentwicklung und bei länger andauernden Schwierigkeiten sich dieser Effekt auch wiederholen kann:

- Phase I: Ausbruch der Krise; Alarmierung der Krisenreaktions- bzw. Einsatzkräfte; erste Schadensmeldungen; genaue Lage ist unklar;
- Phase II: Beginn des Einsatzes bzw. der Krisenbewältigung; akute Rettungsmaßnahmen; Aktivierung erforderlicher Ressourcen; Lagebeurteilung wird möglich; ergriffene Maßnahmen beginnen zu wirken;
- Phase III: Höhepunkt der Krise ist überschritten; Situation verbessert sich spürbar; eingesetzte Ressourcen können reduziert werden; Nachsorge und Schadensbehebung beginnt;
- Phase IV: Feststellung des Krisenendes; Einsatznachbesprechung bzw. Aufarbeitung der Krisenbewältigung; Verbesserung der Vorbereitung künftiger Einsätze; Einleitung von Maßnahmen zur Verhinderung eines erneuten Krisenausbruchs.

Beispiel

Auf der Station mit weglaufgefährdeten Bewohnern in einer Pflegeeinrichtung wird nachts deutlicher Brandgeruch wahrgenommen. Die Pflegekräfte lösen Alarm

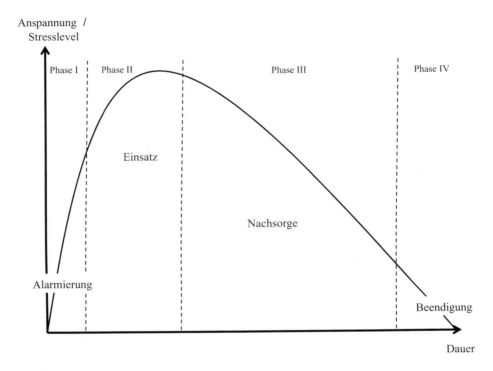

Abb. 6.1 Anspannung und Stresslevel in unterschiedlichen Krisenphasen

aus (Phase I) und versuchen zusammen mit den eintreffenden Rettungskräften die Bewohner in einem anderen Gebäude in Sicherheit zu bringen. Es ist zunächst unklar, woher die Gefahr genau droht und die Räumung der Station ist aufgrund der Verwirrtheit der Bewohner äußerst schwierig. Die Feuerwehr lokalisiert nach einiger Zeit einen Schwelbrand in einem Technikraum im Untergeschoss und löscht diesen (Phase II). Es werden Entlüftungs- und Entrauchungsanlagen eingesetzt, für die Bewohner eine anderweitige Unterbringung eingerichtet und die zerstörte Technik überbrückt (Phase III). Einsatz- und Pflegekräfte führen einen Tag nach dem Vorfall eine Rückschau durch, wie die Räumung der Station verlief. Die Rauch- und Brandsensoren in den Technikräumen werden verbessert (Phase IV). ◄

Unklare bedrohliche Situationen wie Terror- oder Amok-Lagen sind besonders fordernd, und hier muss beispielsweise zunächst durch polizeiliche Kräfte geklärt werden, in welche Zonen überhaupt Helfer vordringen dürfen („Clear the scene" bzw. „Raus aus der Gefahrenzone"). Erst wenn aus einer roten eine grüne Zone geworden ist und Attentäter ausgeschaltet sind, können medizinischer Helfer vorrücken. Auch der Massenanfall von Verletzten (MANV) bedeutet Anspannung und Stress, da man damit rechnen muss, dass neben den Einlieferungen auch eine Menge noch mobiler Patienten unversorgt allein in

die nächstliegenden medizinischen Einrichtungen stürmen und auch solche folgen, die
begleitet werden. Damit für die absehbar Schwerverletzten noch genügend Kapazität
bleiben, muss der Ansturm kanalisiert werden. Vorrang im Sinne einer „damage control
surgery" hat beispielsweise die Versorgung von Blutungen in Körperhöhlen oder stamm-
nahe Hämorrhagien, wofür Chirurgen und Operationsplätze frei zu halten sind. Erst
dann, wenn mehr Ressourcen zur Verfügung stehen oder die Patienten verlegt werden
können, zum Beispiel um Explosionstraumata der Lunge zu behandeln, kann eine
individuelle Versorgung erfolgen (vgl. Lenzen-Schulte, 2017, S. A 2404).

In Krisensituationen stehen die handelnden Personen unter teilweise immensen
Druck, die Erwartungen zu erfüllen und das Notwendige und Richtige zu tun. Dies
kann aus dem Krisenreaktionsteam eine verschworene Gemeinschaft bilden, in der
alle füreinander einstehen, führt allerdings nicht selten auch zu Stresssituationen und
Konflikten, die in Meinungsverschiedenheiten und Differenzen, Auseinandersetzungen
und Streitereien münden können. Das gegensätzliche Verhalten welches auf mangelner
gegenseitiger Sympathie, unterschiedlichen Interessen, Widerstreit von Motiven oder
Konkurrenzdenken beruht, bedarf einer besonderen Handhabung, damit die erfolgreiche,
gemeinsame Krisenbewältigung nicht darunter leidet. Es gibt beispielsweise **Konflikte**
zwischen der Einsatzleitung und den Einsatzkräften vor Ort, zwischen verschiedenen
Einsatzgruppen oder innerhalb einer Einsatzgruppe. Dabei kann es beispielsweise um
den Zugriff auf erforderliche Ressourcen gehen, die Prioritätensetzung, die Aufgabenzuweisung, die Art und Weise der Auftragserfüllung oder das Ziel des Einsatzes. Selbst
in katastrophalen Lagen sind mitunter Rivalitäten und konkurrierendes Heldentum zu
beobachten. Auch können Konflikte zwischen Opfergruppen entstehen, wenn es darum
geht, welcher Gruppe in Großschadenslagen zuerst welche Hilfe zuteilwird.

Nicht immer beinhalten Konflikte in Krisenteams ausschließlich negative Aus-
wirkungen auf die Zusammenarbeit und die Arbeitsergebnisse in schwierigen
Situationen. Sicherlich können sie zu Frustration, Verschlechterung der sozialen
Beziehungen, physischen und/oder psychischen Belastungen mit Auswirkungen auf die
Krisenbewältigung führen. Mit ihnen gehen aber auch mitunter positive Effekte einher,
wie beispielsweise

- das Auffinden innovativer Problemlösungen in verfahrenen Krisensituationen,
- durch Klärung von Positionen: Leistungssteigerung und erhöhte Loyalität,
- die Verbesserung der Zusammenarbeit im Krisenteam durch Beseitigung aufgestauter
  Spannungen, durch Aneignung von Diskussions- und Kooperationsfähigkeit sowie
  Toleranz, durch Klärung der Kompetenz-, Verantwortungs- und Aufgabenbereiche.

Aufgabe von Führungskräften in Krisenlagen ist es daher, in ihrem Einflussbereich
Konflikte in Verhandlungs- und Schlichtungsprozessen einer zumindest vorläufigen
Lösung zuzuführen, damit die Krisenbewältigung nicht darunter leidet. Dabei ist es
wichtig, positive Wirkungen durch eine richtige Konflikthandhabung zu nutzen, um letztendlich gestärkt aus derartigen Auseinandersetzungen hervorzugehen.

Die Ursachen für Konflikte im Krisenmanagement liegen neben Koordinations- und Abstimmungsproblemen aufgrund mangelhafter Absprachen oder unzureichender Weitergabe von Informationen beispielsweise in als unangemessen empfundener Kritik durch in Stresssituationen ungezielt, vorschnell, unsachlich und zu allgemein geäußerte Rügen, wobei oft die Persönlichkeit und nicht ihr Fehlverhalten kritisiert wird. Hingegen sind Persönlichkeitsmerkmale, wie etwa Aggressionsneigung, Hemmungen, Angst meist nicht die alleinige Ursache von personellen Konflikten im Krisenteam, sie können aber deren Auslöser bzw. Verstärker sein, oder aber auch, trotz objektiv vorhandenem Anlass, die Entstehung von Konflikten verhindern bzw. den Verlauf und die Auswirkungen von Konflikten glätten. Das kann dazu führen, dass verborgene Konflikte kein Konflikt-geschehen erkennen lassen, wie etwa eine lautstarke Auseinandersetzung, obwohl ein Konfliktpotential und auch ein Konfliktanlass häufig vorhanden sind. Es liegt beispiels-weise daran, dass die beiden Kontrahenten das Konfliktpotential bzw. den -anlass noch nicht wahrnehmen, den Konfliktanlass als nicht so wichtig ansehen, offen darüber zu streiten, sich außerstande sehen, einen Konflikt offen auszutragen, oder sich fürchten, ein offenes Austragen des Streits würde ihre Situation verschlechtern. Jedoch können gerade in einer brenzligen Krisensituation, in der es völlig Fehl am Platze wäre, der-artige unterschwellige, nicht sichtbare Konflikte zum offenen Ausbruch gelangen. Das aufgestaute Konfliktpotential kann dann zu besonders heftigen Konflikten führen. Eine offene Konfliktaustragung ist daher eher anzustreben und einer Konfliktunterdrückung, -vermeidung oder -umleitung vorzuziehen. Sie kann als „reinigendes Gewitter" durch-aus auch positive Folgen für die zukünftige Zusammenarbeit im Krisenteam und darüber hinaus haben.

Somit sind unterschiedliche Konfliktverlaufsformen festzustellen (siehe Abb. 6.2): Bei der offenen Konfliktaustragung versuchen beide Konfliktseiten ihre gegensätz-lichen Interessen ganz oder teilweise zu verwirklichen. Dies kann zu regelrechten „Machtkämpfen" führen. Lassen sich keine Kompromisse erzielen, geht der erlangte Vorteil der einen Seite oft völlig zu Lasten der anderen Seite. Die Unterdrückung ist dadurch gekennzeichnet, dass die Führungskräfte keinen offenen Konflikt zulassen oder ihre (Macht-)Interessen unmittelbar durchsetzen und damit den Konflikt (scheinbar) beenden. Bei einer Konfliktvermeidung werden trotz eines vorhandenen „Spannungs-potentials" keine Konfliktaktivitäten ergriffen. Folgen einer Vermeidung durch Vorweg-nahme eines negativen Ergebnisses bzw. Einnahme der Verliererposition sind in der Regel ein Rückzugsverhalten, dass im Extremfall bis zur Kündigung führen kann. Bei der Konfliktumleitung wird der Konflikt mit einer anderen als der Anlass gebenden Seite ausgetragen. Dies kann die aufgestaute Frustration anderen Teammitgliedern gegenüber oder auch im familiären Kreis ein aggressives Verhalten hervorrufen.

Da Konflikte im Krisenmanagement oft auch nicht endgültig gelöst werden können, erscheint der Begriff Konflikthandhabung für den Umgang mit ihnen besser geeignet. Ziel ist es dabei, Konflikte durch Schlichtung zwischen den konträren Seiten zumindest für die Dauer des Krisenmanagements beizulegen, ihre Ursachen zu ermitteln und

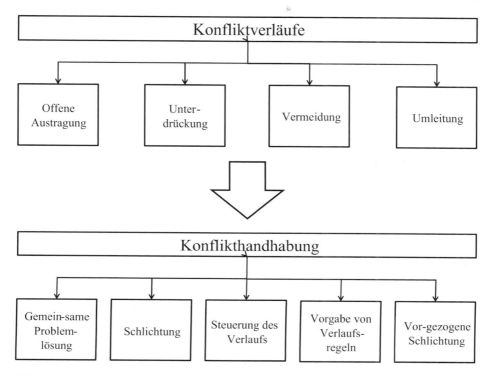

Abb. 6.2 Beispiele für Konfliktverläufe und –handhabung im Krisenmanagement

diese soweit möglich zum Zwecke einer Beruhigung der Situation zu beseitigen. Bei der gemeinsamen Problemlösung werden beide Seiten dazu bewegt, gemeinsam das Problem zu definieren und Lösungsmöglichkeiten zu entwickeln, wobei der Prozess erst endet, wenn für beide Seiten eine akzeptable Problemlösung gefunden wurde. Die Schlichtung sieht vor, dass die Kontrahenten aktiv einen Kompromissvorschlag entwickeln, der bei Zustimmung von beiden Seiten eingehalten werden muss. Die Steuerung des Konfliktverlaufs beinhaltet das Aufzeigen bisher in der Auseinandersetzung nicht berücksichtigter Lösungsalternativen. Bei der Vorgabe von Verlaufsregeln erfolgt eine Steuerung durch die Führungskräfte dahingehend, dass durch Auseinandersetzungen nicht die Krisenbewältigung beeinträchtigt wird. Die vorgezogene Schlichtung ist dadurch gekennzeichnet, dass die Führungskräfte versuchen, Konfliktpotentiale möglichst frühzeitig zu erkennen und deren Ursachen zu beseitigen.

Durch Drohungen und Zurechtweisungen werden vorhandene Konfliktursachen nicht beseitigt, sondern in ihrer Wirkung eher verstärkt. Auch Zufallsurteile (Münzwurf, Los etc.) stellen eine unzuverlässige Konfliktlösung dar, weil die Unterlegen oftmals weiterhin an den von ihnen vertretenen Positionen festhalten, sodass eine erneute Auseinandersetzung zur Unzeit droht.

Tab. 6.2 Stärkung organisationaler Resilienz in einer Gesundheitseinrichtung durch positive Emotionen. (vgl. Vakilzadeh & Eberl, 2020, S. 356)

Maßnahme	Erläuterung
Emotionen zeigen	Bestärkung der Beschäftigten, positive Emotionen zu zeigen, um deren Übertragung untereinander zu erleichtern
Ernstfall trainieren	Durchführung von Trainings zur Emotionsregulation; Aufmerksamkeit auf den Wert von positiven Emotionen lenken; Herausholen der Beschäftigten aus der Komfortzone und aufzeigen, dass Krisen jederzeit auftreten können
Transparent kommunizieren	Sicherstellung einer offenen und kontinuierlichen Kommunikation; Beschäftigten Befürchtungen nehmen, dass sie mit ihren Ängsten und Sorgen alleine gelassen werden
Vorbildfunktion ausüben	Sensibilisierung der Führungskräfte, ihre Emotionen kultivieren, da ihr Verhalten in einer Krise essentiell für die Entstehung positiver Emotionen bei den Beschäftigten ist
Wir-Gefühl stärken	Förderung hochwertiger Beziehungen, um zu gewährleisten, dass sich die Beschäftigten wohlfühlen

Nicht nur in Konfliktverläufen, sondern für die Bewältigung von Krisen insgesamt spielen **Emotionen** eine wichtige Rolle. Während negative Emotionen in der Belegschaft oder im Krisenteam einer Gesundheitseinrichtung zu einer negativen internen Dynamik und zu einer Verstärkung existenzbedrohender Entwicklungen führen können, ermöglichen positive Emotionen einen erfolgreichen Umgang mit einer Krise und stärken gleichzeitig die individuelle Resilienz der einzelnen Beschäftigten. Sie tragen dazu bei, mit Schicksalsschlägen und Krisen konstruktiv umzugehen und bilden die Basis für persönliche Ressourcen, die dazu verwendet werden können, Bedrohungen zu begegnen. Ebenso wie sich arbeitsbedingte Stressoren auch auf andere Beschäftigte einer Gesundheitseinrichtung übertragen, ist auch eine bewusste oder unbewusste Übertragung von Emotionen möglich: Manche begegnen einer Krise mit Gelassenheit, andere fühlen sich in ihrer Existenz bedroht und geraten in Zukunftsängste. Daher ist es in Krise wichtig, positive Emotionen, den Zusammenhalt und das Wir-Gefühl zu stärken (vgl. Vakilzadeh & Eberl, 2020, S. 354 ff.). Daraus lassen sich Empfehlungen für das Krisenmanagement ableiten (siehe Tab. 6.2).

6.4   Prävention durch betriebliches Gesundheitsmanagement

Neben der Psychosozialen Notfallversorgung (PSNV-E), die insbesondere während und nach besonders belastenden Einsätzen und Katastrophen wichtig und notwendig ist (siehe Kapitel 6.2), ist eine präventive Vorsorge erforderlich, die möglichen Belastungen vorbeugt und dazu beiträgt, die Leistungsfähigkeit auch in extremen Situationen zu erhalten bzw. zu fördern. Ansätze hierzu bieten die Betriebliche Gesundheitsförderung (BGF) und das **Betriebliche Gesundheitsmanagement** (BGM). Während die prospektive BGF allgemein über präventive Maßnahmen hinaus auf die Entwicklung und Stärkung von Gesundheitspotenzialen aller Mitarbeiterinnen und Mitarbeiter abzielt, hat das BGM die Aufgabe, verschiedene gesundheitsbezogene Maßnahmen zu planen, zu organisieren und in den Handlungsfeldern Arbeits- und Gesundheitsschutz, Betriebliches Eingliederungsmanagement (BEM) sowie verhaltens- und verhältnisorientierte Gesundheitsförderung zu koordinieren (vgl. Struhs-Wehr, 2017, S. 6). Das BGM in Gesundheitseinrichtungen befasst sich hierzu allgemein mit Angeboten und Maßnahmen für die Beschäftigten, ihre Gesundheit, ihr Wohlbefinden und damit ihre Leistungsfähigkeit zu erhalten bzw. zu fördern.

▶ **Definition** Das **betriebliche Management für Sicherheit und Gesundheit,** das das BGM einschließt, ist als Führungsaufgabe anzusehen und umfasst alle Aspekte, die die Sicherheit und Gesundheit beeinflussen: die systematische Entwicklung und Steuerung betrieblicher Rahmenbedingungen, Strukturen und Prozesse, die die sicherheits- und gesundheitsgerechte Gestaltung der Arbeit und Organisation sowie die Befähigung zum sicheren und gesunden Verhalten zum Ziel haben. Es trägt somit dazu bei, Gefährdungen im Arbeitsalltag von Gesundheitseinrichtungen zu begegnen und gleichzeitig auch für die im Management einer Krise Tätigen unter anderem die Arbeit so zu gestalten, dass sie sicher und gesund tätig sein können sowie leistungsfähig und leistungsbereit bleiben, ihre gesunderhaltenden Ressourcen zu stärken und ihre gesundheitlichen Handlungskompetenzen zu erweitern, Sicherheit und Gesundheit in die betrieblichen Abläufe zu integrieren sowie als Gestaltungsprozess systematisch zu betreiben und kontinuierlich zu verbessern. Zur Wahrnehmung dieser Aufgaben sind die Führungskräfte entsprechend zu qualifizieren (vgl. Deutsche Gesetzliche Unfallversicherung, 2019, S. 6).

Für das Krisenmanagement muss die Gesundheitseinrichtung Vorkehrungen treffen, die nicht nur dazu dienen, die Gesundheit zu fördern, und gleichzeitig die Beschäftigten dazu bewegt, sich hilfreiche Kompetenzen anzueignen und Verhaltenspathogene zu vermeiden. Vielmehr ist Leistungsfähigkeit in Verbindung mit einer stabilen psychischen Konstitution notwendig, was häufig mit dem Begriff Resilienz umschrieben wird. Insgesamt geht es darum, die Widerstandskraft und die Flexibilität gegenüber Belastungen zu steigern. Das Spektrum des BGM umfasst hierzu beispielsweise

- einstellungsbezogene Indikatoren (z. B. positives Selbstwertgefühl),
- physische Indikatoren (z. B. Erscheinungsbild, Fitness),
- Leistungsindikatoren (z. B. Flexibilität, Produktivität),
- psychische Indikatoren (z. B. Motivation, Stimmung),
- soziale und verhaltensbezogene Indikatoren (z. B. Engagement, Teamverhalten) (vgl. Uhle & Treier, 2019, S. 2 ff.).

Unter **Resilienz** lässt sich in Zusammenhang mit dem Krisenmanagement die Fähigkeit verstehen, erfolgreich mit belastenden Situationen und negativen Stressfolgen umgehen zu können und sich trotz gravierender Belastungen oder widriger Umstände psychisch gesund zu entwickeln. Resilientes Verhalten zeigt sich insbesondere dann, wenn sich eine Person widerstandsfähig gegenüber psychologischen, psychosozialen und biologischen Entwicklungsrisiken erweist, wobei Resilienz somit keine Persönlichkeitseigenschaft, sondern stattdessen immer an zwei Bedingungen geknüpft ist: Eine bestehende Risikosituation und die Bewältigung dieser Situation aufgrund vorhandener Fähigkeiten (vgl. Fröhlich-Gildhoff und Rönnau-Böse, 2019, S. 9). Die Fähigkeit, in dramatischen Situationen an Widerständen nicht zu zerbrechen, sich nicht unterkriegen zu lassen, Krisen auszuhalten, Schocks zu verkraften und sich als widerstandsfähig zu erweisen, gelingt insbesondere, wenn sich auf persönliche und soziale Kraftquellen zurückgreifen lässt.

Eine Möglichkeit hierzu bietet die bekannte Rational-Emotive Therapy (RET) und das dazugehörige ABC-Modell nach Albert Ellis (1913–2007), die davon ausgehen, dass nicht die äußeren Ereignisse per se die psychischen Belastungen verursachen, sondern absolutistische und perfektionistische Forderungen, die Menschen sich selbst auferlegen bzw. an andere oder die Allgemeinheit richten. Das Modell setzt sich demnach zusammen aus

- A = activating events: auslösende Ereignisse;
- B = beliefs: Meinungen, Überzeugungshaltungen, Einstellungen;
- C = consequences: emotionale Folgeerscheinungen und Reaktionen.

Die „beliefs" werden von Ellis als unangemessen, unangebracht, unrealistisch, nicht zielführend und damit irrational angesehen, da sie im Wege stehen und sich hinderlich im Hinblick auf die Erreichung persönlicher Ziele erweisen. Im Hinblick auf die Arbeit im Krisenmanagement erweisen sie sich als dysfunktional bzw. selbstschädigend, da das Müssen und Sollen allesbeherrschend wird, wobei die Gefahr besteht, dass es gleichsam die Tiefenstruktur eines Menschen bildet und so zur wichtigen Determinante psychischer Dispositionen werden kann. Die Folge können in Anbetracht von realen Gegebenheiten Übergeneralisierungen, selektive Wahrnehmungen und willkürliche Schlussfolgerungen sein. Es ist sogar davon auszugehen, dass selbst diejenigen, die intensiv und mühevoll an der Überwindung von Selbstzweifeln, irrationaler Gedanken und Verhaltensweisen arbeiten, dafür anfällig bleiben. Die menschliche Tendenz, Frustrationen und Entsagungen nicht ertragen und aushalten zu wollen, schafft immer wieder aufs Neue Probleme, sodass zwar die negativen und schädigenden Effekte dieser Tendenz angegangen, ihr Vorhandensein selbst aber nicht beseitigt werden kann.

Um die persönlichen Widerstandsfähigkeiten auch in Krisensituationen zu verbessern ist es daher wichtig, sich einige Überzeugungen und Einstellungen gemäß der RET zu eigen zu machen. Dazu zählen beispielsweise:

- Erkennen der Begrenztheit der menschlichen Existenz;
- Erkenntnis, dass Fehler in der Natur des Menschen liegen;
- Bereitschaft zur Selbstakzeptanz;
- Bereitschaft zu antidogmatischem, flexiblen Denken;
- Notwendigkeit von Risikobereitschaft und hoher Frustrationstoleranz;
- Bereitschaft, Anspannung und Unruhe auszuhalten;
- Erkenntnis, dass eigene Fehler und Schwächen anderer integrale Bestandteile der Spezies Mensch sind (vgl. Höllen und Böhmer, 2018, S. 14 ff.).

Präventiver Gesundheitsschutz ist jedoch nicht nur für Einsatzkräfte und Angehörige des Krisenteams notwendig, sondern auch für alle Beschäftigte und Patienten in der Gesundheitseinrichtung, um möglichen Risiken vorzubeugen. Da die Tätigkeiten mit Gefährdungen und Belastungen verbunden sind, die zu Gesundheitsschäden der Beschäftigten oder der Patienten und Patientinnen führen können (siehe Tab. 6.3), sind zum Schutz sowohl Belange des Beschäftigtenschutzes als auch des Patientenschutzes zu berücksichtigen. So sind beispielsweise nach dem Arbeitsschutzgesetz (ArbSchG) **Gefährdungsbeurteilungen** durchzuführen (vgl. § 5 ArbSchG), wozu die Gefährdungen am Arbeitsplatz zu ermitteln und zu beurteilen, geeignete Schutzmaßnahmen zu deren Vermeidung festzulegen und deren Wirksamkeit regelmäßig zu überprüfen sind (siehe hierzu auch Kap. 3.1).

Auf der Basis der Gefährdungsbeurteilung sind im Rahmen der Prävention durch das BGM Verbesserungsmöglichkeiten zu prüfen und der Arbeitsschutz zu optimieren. In diesem Zusammenhang sind zur Information der Beschäftigten über bestehende Gefährdungen sowie die getroffenen Schutzmaßnahmen in ihrem Arbeitsbereich auch Betriebsanweisungen für die Gesundheitseinrichtung zu erstellen, anhand derer sie jährlich zu unterweisen sind.

Bei der Ausstattung mit medizintechnischen Geräten, Behandlungsplätzen, Praxiseinrichtungen oder Laborausstattungen sind beispielsweise die Vorgaben der DIN EN ISO 6385:2016 als grundlegendes ergonomisches Rahmenwerk zur Gestaltung von Arbeitssystemen auch im Gesundheitswesen zu berücksichtigen, aus dem sich arbeitswissenschaftliche Anforderungen ableiten lassen, die den besonderen physischen Belastungen der Heil- und Pflegeberufe, wie langes Stehen, häufiges Bücken, das Heben und Tragen schwerer Lasten, Schichtdienst, unregelmäßige Arbeitszeiten, aber auch den psychischen Belastungen im täglichen Umgang mit kranken, zu pflegenden, sterbenden Menschen Rechnung trägt.

Tab. 6.3 Gesundheitliche Gefährdungen für Beschäftigte in Gesundheitseinrichtungen. (vgl. Deutsche Gesetzliche Unfallversicherung, 2018, S. 11 ff.)

Gefährdungsbereiche			Beispiele
Grund- und Behandlungs-pflege	Gefährdungen durch physikalische, chemische, biologische Einwirkungen	Strahlung	Gefahren durch ionisierende Strahlen durch Einsatz mobiler Röntgengeräte oder bei der Verwendung radioaktiver Substanzen in Diagnose und Therapie
		Arbeiten im feuchten Milieu (Feuchtarbeit) und Umgang mit hautschädigenden Stoffen	Hautschädigungen durch hohe Hygieneanforderungen
		Spezielle Gefahr-stoffe	Gefährdungen durch Des-infektionsmittel, Zytostatika, Narkosegase
		Biologische Arbeitsstoffe (Infektions-gefährdungen)	Expositionen gegenüber biologischen Arbeitsstoffen; Umgang mit Patienten und Patientinnen, die mit hoch-resistenten Erregern wie z. B. MRSA besiedelt sind
	Gestaltung von Arbeitsmitteln und -verfahren	Heben und Tragen von Lasten/ rückengerechter Patiententransfer	Belastungen durch Heben, Umbetten, Duschen oder Baden von Patienten und Patientinnen
		Ergonomische Probleme	Fehlhaltungen bei statischen Arbeiten bei Assistenztätig-keiten und beim Schieben von Betten und Wagen
		Gefahren durch elektrischen Strom	Starke Stromstöße bei Defibrillation
		Umgang mit Medizinprodukten	Gefährliche Vorkommnisse mit Medizinprodukten
	Arbeits-organisation	Nacht- und Schichtarbeit, Mehrarbeit, Sonn- und Feiertagsarbeit	Schlafstörungen und Schlaf-mangel durch Nachtarbeit; Stressbelastung und soziale Probleme aufgrund von dem Circadianrhythmus des Menschen entgegenlaufenden Arbeits- und Ruhezeiten

(Fortsetzung)

Tab. 6.3 (Fortsetzung)

Gefährdungsbereiche			Beispiele
		Schnittstellen-problematik	Belastungen aufgrund unzureichender Abstimmung der Schnittstellen der einzelnen zusammenarbeitenden Dienste (ärztliches Personal, Pflegepersonal, Labor, Krankengymnastik, OP, Untersuchungsbereiche, Verwaltung)
		Psychische Belastungen	häufige Nothilfesituationen, in denen ein vorschriftsmäßiges Arbeiten nicht möglich ist; Mängel in der Arbeitsorganisation und/oder der Zusammenarbeit; emotionale Belastungen durch die Kommunikation mit Patienten und Patientin und Angehörigen, Zeitmangel bei gleichzeitigem hohen Qualitätsanspruch an die Tätigkeit
	Sonstige Gefährdungen	Umgang mit fremd-gefährdenden Patienten und Patientinnen	Beschimpfungen, Drohungen, körperliche Übergriffe durch Patienten und Patientinnen, Bewohner und Bewohnerinnen oder deren Angehörige
Human- und zahnmedi-zinische Untersuch-ung und Behandlung (insbesondere in Praxen)	Gefährdungen durch physikalische, chemische, biologische Einwirkungen	Strahlung	In Abhängigkeit von der Ausrichtung und Ausrüstung der Praxis bei bestimmten Untersuchungen (Röntgen) und Therapiemaßnahmen (Tumorbestrahlung, Lasertherapie) ionisierende (Röntgenstrahlung) oder nichtionisierende (Laserstrahlung, elektromagnetische Felder) Strahlungen
		Arbeiten im feuchten Milieu und Umgang mit hautschädigenden Stoffen	Irritative Hautschädigungen oder über Hautkontakt Gefahr von Allergien durch regelmäßigen Kontakt mit Reinigungs- und Desinfektionsmitteln

(Fortsetzung)

Tab. 6.3 (Fortsetzung)

Gefährdungsbereiche			Beispiele
		Gefahrstoffe	Bei Durchführung ambulanter Operationen Gefährdungen durch Narkosemittel und in radiologischen Praxen durch Röntgenchemikalien (Entwickler, Fixierer); in der Zahnmedizin bei der dentalen Versorgung (Zahnfüllstoffe, Quecksilber), bei der Abdrucknahme und Einpassung von Zahnersatz (Kunststoffe, Stäube, Methacrylate) zusätzliche Kontakte zu Gefahrstoffen
		Biologische Arbeitsstoffe (Infektionsgefährdungen)	Gefährdung durch Infektionserreger; beim Umgang mit spitzen und scharfen Instrumenten erhöhte Gefahr von Stich- und Schnittverletzungen
		Brand- und Explosionsgefahr	Entstehungsbrände an Arbeitsplätzen
		Verwendung von elektrischen Geräten und Medizinprodukten	Gefahren bei der Verwendung elektrischer Endgeräte, zu denen Elektrogeräte (Lampen, Faxgerät, PC, Monitor u. Ä.) und Medizinprodukte (EKG, EEG, Sterilisator, UV-Leuchten u. Ä.) gehören
	Arbeitsorganisation, psychische Belastungen, Gewalterfahrung		Gefahr psychischer Belastungen, wenn das Praxispersonal gleichzeitig mehrere Aufgaben zu erfüllen hat (Telefonberatung und Terminvergabe, Patientenaufnahme und Untersuchungsassistenz und werden oft von einer Person allein realisiert); Beleidigungen, Bedrohungen und auch obszöne Gesten aufgrund von Unzufriedenheit der Patienten und Patientinnen, die aus zu langen Wartezeiten, Unzufriedenheit mit der Behandlung, Nichtverordnung bestimmter Medikamente oder Therapien resultiert

(Fortsetzung)

Tab. 6.3 (Fortsetzung)

Gefährdungsbereiche			Beispiele
Tätigkeiten im Operations-bereich	Gefährdungen durch physikalische, chemische, bio-logische Ein-wirkungen	Strahlung	Im OP–Bereich kommen ionisierende (z. B. Röntgenstrahlung) oder nichtionisierende (Laser-strahlung, elektromagnetische Felder) zum Einsatz
		Arbeiten im feuchten Milieu (Feuchtarbeit) und Umgang mit hautschädigenden Stoffen	Gefährdung der Haut und Erleichterung der Ent-stehung eines Hautekzems durch ständigen Kontakt mit Feuchtigkeit, da ein Großteil der Arbeitszeit die Hände der Beschäftigten im OP feucht sind, aufgrund notwendiger chirurgischer und hygienischer Händedesinfektion sowie Tragen flüssigkeitsdichter Handschuhe, unter denen sich körpereigener Schweiß sammelt
		Gefahrstoffe sowie Brand- und Explosionsgefahr	Brand- und Explosionsgefahr durch Dämpfe alkoholischer Desinfektionsmittel und volatilen Anästhetika ins-besondere im Zusammenspiel mit Sauerstoff und Lachgas
		Biologische Arbeitsstoffe (Infektions-gefährdungen)	Infektionserreger; Gefährdung über die Atemwege durch im OP entstehende Bioaero-sole wie bei der Excision von Abszessen, der Entfernung von Gewebe, das Tuberkel-bakterien freisetzen kann, beim Thermokautern von z. B. Papillomen mit Freisetzung von papillomavirushaltigem Material
	Gefährdungen durch unzureichend gestaltete Arbeits-mittel oder Ver-fahren	Ergonomisch unzureichend angepasste Arbeitsmittel	Belastungen des Stütz- und Halteapparates durch das Umlagern von Patienten und Patientinnen und das Stehen am Tisch (oft in Zwangs-haltung)

(Fortsetzung)

Tab. 6.3 (Fortsetzung)

Gefährdungsbereiche			Beispiele
		Psychische Belastungen	Zeitdruck und Unsicherheit –, auch kritische Ergebnisse auf Betriebsebene, z. B. bezüglich des Respekts und der Anerkennung durch die Klinikleitung
Rettungs-dienst	Gefährdungen durch physikalische, chemische, bio-logische Ein-wirkungen	Arbeiten im feuchten Milieu (Feuchtarbeit) und Umgang mit hautschädigenden Stoffen	Hautgefährdungen durch häufiges, ununterbrochenes Handschuhtragen; irritative Hautschädigungen durch regelmäßigen Kontakt zu Reinigungs- und Desinfektionsmitteln
		Gefahrstoffe	unterschiedliche Gefahr-stoffe, je nach der Situation am Rettungsort; Stoffe in Reinigungs- und Des-infektionsmitteln, die für Haut und Atemwege sensibilisierend wirken, aufgrund der Desinfektion von Rettungsfahrzeugen durch Wischdesinfektion, in besonderen Fällen auch durch Formaldehyd-Begasung
		Biologische Arbeitsstoffe (Infektions-gefährdungen)	Verletzungsgefahr für Rettungspersonal z. B. durch scharfe, spitze Wrackteile regelmäßig und in größerem Umfang Kontakt zu Körper-flüssigkeiten, z. B. Blut, Aus-scheidungen, der Unfallopfer, z. B. beim Entfernen blut-durchtränkter Kleidung

(Fortsetzung)

Tab. 6.3 (Fortsetzung)

Gefährdungsbereiche			Beispiele
	Gestaltung von Arbeitsmitteln und -verfahren	Physische Belastungen, z. B. durch Heben und Tragen von Lasten	Erhebliche Belastungen insbesondere des Stütz- und Bewegungsapparats bei Bergung und Transport von Notfallpatienten und -patientinnen oder Unfallverletzten zum Rettungswagen oder Rettungshubschrauber; Gefährdungen aufgrund von schwierigen räumlichen Verhältnissen (z. B. enge, gewinkelte Flure oder steile, gebogene Treppen), schwierigen Geländebedingungen (z. B. tiefe Gräben, steile Böschungen), hohen Lastgewichten (z. B. übergewichtigen Personen)
		Gefahren durch elektrischen Strom	Gefährdung durch elektrischen Strom, je nach der Situation am Rettungsort
	Arbeitsorganisation, psychische Belastungen		Psychische Belastungen und Fehlbeanspruchungen z. B. durch Nacht- und Schichtdienst, Überstunden, Dienst an Wochenenden und Feiertagen; emotionale Belastungen durch die Kommunikation mit Notfallpatienten und -patientinnen und Schaulustigen, Zeitmangel bei gleichzeitigem hohen Qualitätsanspruch an die Tätigkeit, häufige Nothilfesituationen, in denen aufgrund akuter Zeitnot nicht alle sonst üblichen Vorsichtsmaßnahmen getroffen werden können und auch der Patient und Patientin nicht zu Risiken befragt werden kann

(Fortsetzung)

Tab. 6.3 (Fortsetzung)

Gefährdungsbereiche			Beispiele
	Sonstige Gefährdungen	Umgang mit fremdgefähr-denden Patienten und Patientinnen	Beschimpfungen, Drohungen oder gar körperliche Über-griffe durch Angehörige der Verunfallten oder Schaulustige; Schlaf- und Konzentrationsstörungen auf-grund des ständigen Wieder-erlebens der Gewaltsituation bis hin zum Vollbild der so genannten posttraumatischen Belastungsstörung
Physikalische Therapie	Gefährdungen durch physikalische, chemische, bio-logische Ein-wirkungen	Arbeiten im feuchten Milieu (Feuchtarbeit) und Umgang mit hautschädigenden Stoffen	Hautirritationen, Reizung der Atemwege oder Allergien durch Massageöle oder Einreibemittel und darin enthaltenen Duft-, Farb- und Konservierungsstoffen; Abnutzungsekzeme oder Allergien durch häufiges Händewaschen, aber auch Arbeiten im Wasser, z. B. bei Unterwassermassagen, weil die Feuchtigkeit die Barrierefunktion der Haut stört; auch durch den häufigen Kontakt mit Reinigungs- und Desinfektionsmitteln beim Säubern von Arbeitsgeräten und -flächen
		Gefahrstoffe	Hautirritationen, Allergien und Atemwegsreizungen durch Desinfektions- und Reinigungsmittel; kosmetische Produkte wie Massage- und Duftöle können Gefahr-stoffe enthalten, die nicht ausgewiesen sind; Öle, Alkohole, Desinfektions-und Reinigungsmittel sind feuer-gefährlich

(Fortsetzung)

Tab. 6.3   (Fortsetzung)

Gefährdungsbereiche			Beispiele
		Biologische Arbeitsstoffe (Infektionsgefährdung)	Risiko, eine Infektionskrankheit zu übertragen, bei der Behandlung von Patienten und Patientinnen mit offenen, blutigen Wunden; ähnliches Problem bei Massagen im Bereich der Füße, wenn Patienten und Patientinnen mit Mykosen behandelt werden
	Gestaltung von Arbeitsmitteln und -verfahren	Ergonomische und rückengerechte Arbeitsweise	Verspannungen und Rückenschmerzen durch das Arbeiten in einseitiger Haltung; bei ambulanten Tätigkeiten oft unter improvisierten Bedingungen kann es häufiger vorkommen, dass ergonomisch ungünstige Voraussetzungen vorgefunden werden, die zur Belastung des Bewegungsapparates führen können
		Umgang mit Medizinprodukten/ Arbeitsmitteln	Gefahr, dass sich Beschäftigte Quetschungen zuziehen, beim Verstellen oder Reinigen der Behandlungsbänke oder Massageliegen; Verbrennungen beim Herausnehmen der Fangopackungen bei der Benutzung von Fangoöfen
	Arbeitsorganisation		Hektik bei großem Patientenaufkommen bei Behandlungszeiten der Patienten und Patientinnen ohne geeignete Übergangsintervalle

(Fortsetzung)

Tab. 6.3 (Fortsetzung)

Gefährdungsbereiche			Beispiele
Radiologie	Gefährdungen durch physikalische, chemische, biologische Einwirkungen	Strahlung	Röntgenstrahlung: Wenn ionisierende Strahlung, z. B. Röntgenstrahlung, auf biologisches Gewebe trifft, kann dies durch strahlenbiologische Vorgänge zu somatischen oder genetischen Schäden führen; Gammastrahlung und Teilchenstrahlung: Sie werden durch radioaktive Stoffe oder Teilchenbeschleuniger erzeugt und ihre Einwirkung auf den Menschen kann bei radioaktiven Stoffen auch von innen durch Inkorporation erfolgen, was beim Zusammentreffen mit biologischem Gewebe zu entsprechenden Schädigungen führen kann; Gefahr durch Elektromagnetische Felder (Magnetresonanzverfahren)
		Arbeiten im feuchten Milieu (Feuchtarbeit) und Umgang mit hautschädigenden Stoffen	Hautgefährdungen in Abhängigkeit von der Anzahl der Händewaschungen und der Dauer des Tragens flüssigkeitsdichter Handschuhe
		Gefahrstoffe	Gefahr durch Entwicklerlösung und Fixierung zur Entwicklung von Röntgenkassetten
		Brand- und Explosionsgefahr	Entstehungsbrände an Arbeitsplätzen
		Biologische Arbeitsstoffe	Infektionsgefährdungen insbesondere bei invasiven Tätigkeiten mit Kontakt zu Blut oder Körperflüssigkeiten auftreten, z. B. beim Einspritzen von Kontrastmitteln

(Fortsetzung)

Tab. 6.3 (Fortsetzung)

Gefährdungsbereiche			Beispiele
	Gestaltung von Arbeitsmitteln oder Verfahren	Heben und Tragen von Lasten/ rückengerechter Patiententransfer	Belastungen des Bewegungs-apparates aufgrund der Positionierung der Patientinnen und Patienten
	Arbeitsorganisation, psychische Belastungen		Hektik bei großem Patienten-aufkommen bei Radiologie- bzw. Diagnosezeiten der Patienten und Patientinnen ohne geeignete Übergangs-intervalle
Medizinische Laboratorien	Gefährdungen durch physikalische, chemische, bio-logische Ein-wirkungen	Arbeiten im feuchten Milieu (Feuchtarbeit)	Hautgefährdungen je nach Häufigkeit der Handwäsche bzw. des ununterbrochenen Handschuhtragens; irritative Hautschädigungen durch den regelmäßigen Kontakt zu Reinigungs- und Des-infektionsmitteln
		Gefahrstoffe	Gefährdungen durch chemische Gefahrstoffe, die allerdings wegen des hohen Automatisierungsgrades als klassische nasschemische Verfahren heutzutage in medizinischen Laboratorien eine untergeordnete Rolle spielen
		Brand- und Explosionsgefahr	Gefahren bei Tätigkeiten mit brennbaren Lösemitteln, Des-infektionsmitteln oder Druck-gasflaschen

(Fortsetzung)

Tab. 6.3 (Fortsetzung)

Gefährdungsbereiche			Beispiele
		Biologische Arbeitsstoffe	Gefährdungen bei der Probenvorbereitung, Gerätebeschickung und der Entnahme der Proben zur Weiterverarbeitung, Entsorgung oder Aufbewahrung, wobei die Infektionsgefährdung durch Krankheitserreger in den Körperflüssigkeiten im Vordergrund steht, wenn es z. B. durch Verschütten zum Kontakt mit ihnen kommt; bei klassischen mikrobiologischen Verfahren wie der Anzucht von Kulturen besteht die Möglichkeit einer Infektionsgefährdung
	Arbeitsorganisation, psychische Belastungen		Arbeit in medizinischen Laboratorien steht oft unter Zeitdruck; Automation führt zu Lautstärken, die zwar nicht das Gehör schädigen können, aber die dort Beschäftigten psychisch beanspruchen können
Pathologie	Gefährdungen durch physikalische, chemische, biologische Einwirkungen	Physikalische Gefährdungen	Gewebeproben müssen vor der Fixierung zugeschnitten werden; nach der Fixierung müssen sie für die Beobachtung im Mikroskop in sehr dünne Streifen geschnitten werden; insbesondere am Mikrotom kann es zu gefährlichen Schnittverletzungen kommen

(Fortsetzung)

Tab. 6.3   (Fortsetzung)

Gefährdungsbereiche			Beispiele
		Gefahrstoffe	Lösemittel wie Ethanol, 2-Propanol, Xylol, die meist in unterschiedlichen Verdünnungen und zum Teil in Mischungen mit weiteren Stoffen zum Entwässern, Färben und zum Eindecken verwendet werden, können durch Inhalation oder durch Hautkontakt diese Gefahrstoffe in den Körper aufgenommen werden bzw. sich nachteilig auf der Haut auswirken (Entfetten); Brand- und Explosionsgefahren beim Arbeiten mit brennbaren Lösemitteln; Formaldehyd wird als Fixiermittel und zur Konservierung und Desinfektion verwendet; Formaldehyd ist als krebserzeugend (Kat 1B) sowie keimzellenmutagen (Kat. 2) eingestuft, d. h. es kann vermutlich Krebs erzeugen
Umgang mit Medizinprodukten	Gefährdungen durch physikalische, chemische, biologische Einwirkungen	Strahlung	Gefahren bei optischer oder ionisierender Strahlung durch unsachgemäßen Einsatz
		Arbeiten in feuchtem Milieu (Feuchtarbeit)	Hautgefährdung, da bei der Benutzung von Medizinprodukten aus hygienischen Gründen häufig flüssigkeitsdichte Handschuhe zu tragen, die Hände desinfizieren und zu waschen sind
		Gefahrstoffe	Verwendung gefahrstoffhaltiger Reinigungs-und Desinfektionsmittel bei der Wiederaufbereitung von Medizinprodukten

(Fortsetzung)

Tab. 6.3 (Fortsetzung)

Gefährdungsbereiche			Beispiele
		Biologische Arbeitsstoffe (Infektionsgefahr)	Infektionsgefahr, wenn Medizinprodukte bei ihrer Anwendung oder Instandhaltung durch Kontakt mit Körperflüssigkeiten, -ausscheidungen oder -gewebe mit Krankheitskeimen kontaminiert werden
	Gestaltung von Arbeitsmitteln und -verfahren	Produktspezifische Gefahren	Gefahr durch nicht bestimmungsgemäße Anwendung oder unzureichender Funktionsprüfung
		Gefahren durch unzureichende Einweisungen	Gefahr von Fehlbedienungen oder fehlerhaften Medizinprodukten, wenn nicht ausgebildete Personen, die nicht über die erforderlichen Kenntnisse und praktischen Erfahrungen verfügen, Medizinprodukte anwenden bzw. Gebrauchsanweisung sowie sonstige Sicherheitsinformationen nicht beachten
		Medizinprodukte-ergonomie	Gefahr ungesunder Arbeitsweise bei fehlender Ergonomie und Gebrauchstauglichkeit
Reinigung, Flächendesinfektion, Wäsche-behandlung	Gefährdungen durch physikalische, chemische und biologische Einwirkungen	Gefährdungen durch physikalische Einwirkung	Gefahr durch fehlende Absicherung von Schaltelementen von Medizinprodukten oder anderer Arbeitsmittel vor einer Reinigung oder Desinfektion gegen unabsichtliche Betätigung

(Fortsetzung)

Tab. 6.3   (Fortsetzung)

Gefährdungsbereiche			Beispiele
		Arbeiten im feuchten Milieu (Feuchtarbeit) und mit gefährlichen, hautschädigenden oder sensibilisierenden Stoffen	Hautgefährdungen in Abhängigkeit der Anzahl der Kontakte zu feuchten Medien und der Dauer des ununterbrochenen Handschuhtragens; der regelmäßige Kontakt zu Reinigungs-und Desinfektionsmitteln kann zu irritativen Hautschädigungen; zudem enthalten diese Mittel oft Stoffe, die über Hautkontakt zu Allergien führen können
		Gefahrstoffe	Gefährdungen durch Gefahrstoffe vor allem durch Desinfektionsmittel
		Biologische Arbeitsstoffe	Infektionsgefahren durch verunreinigte Wäsche, kontaminierte Flächen
	Sonstige Einwirkungen, Gestaltung von Arbeitsmitteln oder -verfahren, Arbeitsorganisation, psychische Belastungen		Ungünstige Arbeitszeiten und Zeitdruck, da die Arbeitsorganisation der Reinigung, Desinfektion und Wäschebehandlung sich nach allen anderen Prozessen des Betriebes ausrichten muss

Literatur

Arbeitsschutzgesetz (ArbSchG) vom 7. August 1996 (BGBl. I S. 1246), zuletzt durch Artikel 293 der Verordnung vom 19. Juni 2020 (BGBl. I S. 1328) geändert.

Arbeitszeitgesetz (ArbZG) vom 6. Juni 1994 (BGBl. I S. 1170, 1171), zuletzt durch Artikel 8 u. Artikel 11 Absatz 2 Satz 2 des Gesetzes vom 27. März 2020 (BGBl. I S. 575) geändert.

Ausbildungs- und Prüfungsverordnung (NotSan-APrV) für Notfallsanitäterinnen und Notfallsanitäter vom 16. Dezember 2013 (BGBl. I S. 4280), zuletzt durch Artikel 2 der Verordnung vom 4. November 2020 (BGBl. I S. 2295) geändert.

Betriebsverfassungsgesetz (BetrVG) in der Fassung der Bekanntmachung vom 25. September 2001 (BGBl. I S. 2518), zuletzt durch Artikel 6 des Gesetzes vom 20. Mai 2020 (BGBl. I S. 1044) geändert.

Bundesärztekammer (Hrsg.) (2020). Lehren aus der Corona-Pandemie – Dauerhafte Stärkung des Öffentlichen Gesundheitsdienstes dringend erforderlich. Positionspapier der Bundesärztekammer zur Ausgestaltung und Umsetzung des Pakts für den Öffentlichen Gesundheitsdienst vom 20. Juli 2020. Berlin.

Bundesagentur für Arbeit (Hrsg.) (2020). Kurzarbeitergeld – Dienste und Leistungen der Agentur für Arbeit – Informationen für Arbeitgeber und Betriebsvertretungen. Merkblatt 8a. Stand: Juli 2020. Nürnberg.

Bundesamt für Bevölkerungsschutz und Katastrophenhilfe – BBK (Hrsg.) (2020a). Akademie für Krisenmanagement, Notfallplanung und Zivilschutz (AKNZ) – Aufgaben. https://www.bbk.bund.de/DE/AufgabenundAusstattung/AKNZ/AKNZ_Neu/DieAkademie/Profil/Aufgaben/aufgaben_node.html. Bad Neuenahr - Ahrweiler. Zugegriffen: 20.12.2020a.

Bundesamt für Bevölkerungsschutz und Katastrophenhilfe – BBK (Hrsg.) (2020b). Jahresprogramm 2020b - Akademie für Krisenmanagement, Notfallplanung und Zivilschutz (AKNZ). Stand: Nov. 2020b. Bad Neuenahr - Ahrweiler.

Bundesamt für Bevölkerungsschutz und Katastrophenhilfe – BBK (Hrsg.) (2020c). Masterstudiengang Katastrophenvorsorge und Katastrophenmanagement - Kooperation mit der Universität Bonn. https://www.bbk.bund.de/DE/AufgabenundAusstattung/AKNZ/AKNZ_Neu/Teilnehmer/StudiengangKaVoMa/Studium_KaVoMa_einstieg.html. Bad Neuenahr - Ahrweiler. Zugegriffen: 28.12.2020c.

Bundesvereinigung der Arbeitsgemeinschaften der Notärzte Deutschlands – BAND e. V. (Hrsg.) (2020). Ärzte im Rettungsdienst. https://band-online.de/archiv/notarztinnen-und-notarzte/aerzte-im-rettungsdienst/. Berlin. Zugegriffen: 28.12.2020.

Deutsche Gesetzliche Unfallversicherung – DGUV (Hrsg.) (2020). Leitfaden Psychosoziale Notfallversorgung für Einsatzkräfte - Psychosoziale Notfallversorgung in Einsatzorganisationen. DGUV Information 205–038. Stand: Nov. 2020. Berlin.

Deutsche Gesetzliche Unfallversicherung – DGUV (Hrsg.) (2019). Verfahren und Methoden im Präventionsfeld Gesundheit im Betrieb – Empfehlungen für Präventionsfachleute. DGUV Information 206–022. Stand: Mai 2019. Berlin.

Deutsche Gesetzliche Unfallversicherung – DGUV (Hrsg.) (2018). Gesundheitsdienst. DGUV Information 207–019. Stand: April 2018. Berlin.

Deutsches Rotes Kreuz - Rettungsdienst Rheinhessen-Nahe (Hrsg.) (2020). Retter werden – Deine Ausbildung zum Notfallsanitäter. https://rhein-nahe.retter-werden.de/. Mainz. Zugegriffen: 28.12.2020.

Fiehn, A.; Bullien, S.; Ehrlich, D. & Wloka, D. (2009). Brandschutz im Krankenhaus – Oft ein Spiel mit dem Feuer. In: Deutsches Ärzteblatt. Jg. 106. Heft 48. Berlin: Deutscher Ärzteverlag. S. A 2431 - A 2432.

Fröhlich-Gildhoff, K. & Rönnau-Böse, M. (2019). *Resilienz.* 5. Auflg. München: Ernst Reinhardt Verlag.

Höllen, B. & Böhmer, M. (2018). *Selbstakzeptanz – Die Rational-Emotive Verhaltenstherapie nach Albert Ellis.* Stuttgart: Verlag Klett-Cotta.

Kündigungsschutzgesetz (KSchG) in der Fassung der Bekanntmachung vom 25. August 1969 (BGBl. I S. 1317), zuletzt durch Artikel 2 des Gesetzes vom 14. Oktober 2020 (BGBl. I S. 2112) geändert.

Lenzen-Schulte, M. (2017). Terroranschläge in Deutschland - Noch sind wir nicht gut genug vorbereitet. In: Deutsches Ärzteblatt. Jg. 114. Heft 50. Berlin: Deutscher Ärzteverlag. S. A 2402 - A 2404.

(Muster-)Weiterbildungsordnung 2018 (MWBO 2018) der Bundesärztekammer (Arbeitsgemein-schaft Deutscher Ärztekammern) in der Fassung vom 12./13.11.2020. Berlin.

Notfallsanitätergesetz (NotSanG) vom 22. Mai 2013 (BGBl. I S. 1348), zuletzt durch Artikel 2a des Gesetzes vom 14. Dezember 2019 (BGBl. I S. 2768) geändert.

Sozialgesetzbuch (SGB) III – Drittes Buch: Arbeitsförderung – aufgrund Artikel 1 des Gesetzes vom 24. März 1997, BGBl. I S. 594, 595), zuletzt durch Artikel 24 des Gesetzes vom 22. Dezember 2020 (BGBl. I S. 3256).

Struhs-Wehr, K. (2017). *Betriebliches Gesundheitsmanagement und Führung – Gesundheits-orientierte Führung als Erfolgsfaktor im BGM.* Wiesbaden: Springer Fachmedien.

Uhle, T. & Treier, M. (2019). *Betriebliches Gesundheitsmanagement – Gesundheitsförderung in der Arbeitswelt – Mitarbeiter einbinden, Prozesse gestalten, Erfolge messen.* 4. Auflg. Wiesbaden: Springer-Verlag/Springer Fachmedien.

Vakilzadeh, K. & Eberl, P. (2020). Think Positive – Die Bedeutung von Emotionen für die Bewältigung von Krisen. In: Zeitschrift Führung + Organisation – zfo. 89. Jahrg. Heft 6/2020. Stuttgart: Schäffer/Poeschel- Verlag. S. 354 – 357.

Verordnung über die Berufsausbildung zum Medizinischen Fachangestellten/zur Medizinischen Fachangestellten (MedFAngAusbV) vom 26. April 2006 (BGBl. I S. 1097).

Ausreichende Bevorratung und Lagerhaltung: Wie werden notwendige Vorratsmengen an medizinischen Materialien ermittelt und gelagert?

7.1 Logistik in Krisensituationen

Das richtige Material zur richtigen Zeit in der richtigen Menge und Qualität am richtigen Ort: Noch immer beschreibt die einfache „r-Regel" erstaunlich passend die wichtige logistische Kernaufgabe, die genau so auch im Krisenmanagement einer Gesundheitseinrichtung gilt. Egal ob die Gesundheitseinrichtung Teil der Krisenabwehr oder selbst betroffen von einer Krise ist: Materialwirtschaft und Logistik, Transport und Lagerhaltung sind wichtige materielle Elemente zur Krisenbewältigung. Sie zählen zu den wichtigen Supportfunktionen und dienen zur Sicherstellung der Verfügbarkeit sämtlicher benötigter Ressourcen (Rettungsfahrzeuge, Beatmungsgeräte, Medikamente, Personal, OP-Räume, Betten, usw.). Gleichzeitig übernimmt die **Logistik** im Krisenfall die Aufgaben der Koordinierung und Planung von Prozessabläufen beispielsweise bei der Beschaffung und Bewirtschaftung von einsatznotwendigem medizinischen Verbrauchs- und Pflegematerial, beim Transport von Opfern und Material oder bei der Lagerhaltung von Mindestvorratsmengen, wobei sie eine hohe Materialverfügbarkeit und eine hohe Einsatzflexibilität zum Ziel hat. Dazu umfasst sie auch alle Vorgänge der Bewirtschaftung von medikamentösen, medizinischen, pharmazeutischen Heilmitteln und sonstigen Stoffen sowie medizintechnischen und sonstigen Betriebsmitteln. Sie ist ein wesentlicher Bestandteil der gesamten Versorgungskette, die die Höhe der Bestände bzw. den Materialfluss planen und überwachen muss, um insbesondere durch Fragmentierung und ungenügende Abstimmung entstehende Unterbestände und Wartezeiten zu vermeiden. Dabei sind nicht nur die innerbetrieblichen Material- und Warenflüsse zu regeln, sondern auch die Material- und Warenflüsse aus den Lagern von medikamentösen, medizinischen, pharmazeutischen Heilmitteln und sonstigen Stoffen sowie medizin-technischen und sonstigen Betriebsmitteln zu den Einsatzorten im Krisenfall. Die gesamte Planung, Steuerung und Kontrolle des Material-, Informations- und Energieflusses von der

A. Frodl, *Krisenmanagement für Gesundheitseinrichtungen*, https://doi.org/10.1007/978-3-658-36374-1_7

Beschaffung, innerhalb der Gesundheitseinrichtung und zum Einsatzort lässt sich als wesentliche Aufgabe des Logistikmanagements sehen. Es hat die Logistik zielgerichtet und prozessorientiert zu planen und zu steuern, um jederzeit die Versorgung der Gesundheitseinrichtung mit den nötigen medizinischen Leistungen und Materialien sicherzustellen.

Der verstärkte Trend zu Kooperationen mit Lieferanten, Entsorgern und zusammenarbeitenden Gesundheitseinrichtungen aufgrund von verschärften Wettbewerbsbedingungen und nicht zuletzt der ökonomischen Rahmenbedingungen durch die Gesetzliche Krankenversicherung (GKV) haben in der Logistik von Gesundheitseinrichtungen in den letzten Jahren zu einer Reduzierung der eigenen Leistungstiefe und zu einer Erhöhung der Flexibilität gezwungen. Dies führt dazu, dass immer mehr Partner einrichtungsübergreifend in die Prozesse eingebunden wurden, um im Sinne eines Supply Chain Health Care Management entlang der gesamten Erstellungskette von Behandlungs- und Pflegeleistungen vom Lieferanten über die Einrichtung bis hin zum Patienten informatorische, organisatorische, funktionale und medizintechnische Schnittstellen zu reduzieren. Daher ist es wichtig, dass auch in einer Krisensituation das Netzwerk von Partnern mit ihren eigenen Kernkompetenzen und den von der Gesundheitseinrichtung fremdbezogenen Leistungen oder Medizinprodukten stabil und zuverlässig zur Verfügung steht, sodass sich die Einrichtung auf die Krisenbewältigung konzentrieren kann.

Ein weiterer wichtiger Punkt ist auch in einem Krisenfall die Sicherstellung einer möglichst hohen Qualität der medizinischen, pflegerischen und organisatorischen Leistungen. Der enge Zusammenhang zwischen der Qualität der Leistungserstellung der Gesundheitseinrichtung auch unter Krisenbedingungen wird durch einen Blick auf die **Ziele der Logistik** noch einmal besonders deutlich:

- **Informationsbereitschaft:** Fähigkeit, in allen Stadien des Kriseneinsatzes auskunftsbereit zu sein und medizinische, pflegerische und organisatorische Informationen über unterschiedliche Medien austauschen bzw. verarbeiten zu können;
- **Leistungsfähigkeit:** Grad der Übereinstimmung zwischen Leistungsanfrage und zugesagter Hilfeleistung;
- **Leistungsflexibilität:** Fähigkeit, auf Änderungen hinsichtlich Einsatzanforderungen, Lage etc. einzugehen;
- **Leistungsqualität:** Anteil der ausgeführten Leistungen im Krisenfall (Rettung, Notversorgung etc.) ohne qualitative Mängel;
- **Leistungszeit:** Begrenzung der Zeitspanne von der Bedarfsfeststellung bis zur vollständigen bzw. erfolgreichen Erbringung einer Leistung im Rahmen des Krisenmanagements;
- **Termintreue:** Grad der Übereinstimmung zwischen zugesagtem und tatsächlichem Leistungstermin (Hilfeleistung, Bereitstellung personeller und materieller Ressourcen etc.).

Auch setzt sich mehr und mehr die Erkenntnis durch, dass eine Optimierung der Ergebnisqualität im Krisenfall durch eine übergreifende Betrachtung und Optimierung
der Leistungsprozesse im Krisenmanagement in Verbindung mit einer effektiven
Organisation sowie schlanker Abläufe ermöglicht wird.

Rechtliche Grundlagen für logistische Funktionen in Krisensituationen sind beispielsweise in der auch für Krankenhäuser geltenden **Apothekenbetriebsordnung** (ApBetrO)
gegeben, nach der die Apothekenleitung die Arzneimittel und apothekenpflichtigen
Medizinprodukte, die zur Sicherstellung einer ordnungsgemäßen Arzneimittelversorgung
der Bevölkerung notwendig sind, in einer Menge vorrätig zu halten hat, die mindestens
dem durchschnittlichen Bedarf für eine Woche entspricht. Darüber hinaus sind in der
Apotheke vorrätig zu halten:

- Analgetika,
- Betäubungsmittel, darunter Opioide zur Injektion sowie zum Einnehmen mit
  unmittelbarer Wirkstofffreisetzung und mit veränderter Wirkstofffreisetzung,
- Glucocorticosteroide zur Injektion,
- Antihistaminika zur Injektion,
- Glucocorticoide zur Inhalation zur Behandlung von Rauchgas-Intoxikationen,
- Antischaum-Mittel zur Behandlung von Tensid-Intoxikationen,
- medizinische Kohle, 50 g Pulver zur Herstellung einer Suspension,
- Tetanus-Impfstoff,
- Tetanus-Hyperimmun-Globulin 250 I. E.,
- Epinephrin zur Injektion,
- 0,9 % Kochsalzlösung zur Injektion,
- Verbandstoffe, Einwegspritzen und -kanülen, Katheter, Überleitungsgeräte für
  Infusionen sowie Produkte zur Blutzuckerbestimmung.

Auch muss sichergestellt werden, dass die Arzneimittel mit folgenden Wirkstoffen entweder in der Apotheke vorrätig gehalten werden oder kurzfristig beschafft werden können:

- Botulismus-Antitoxin vom Pferd,
- Diphtherie-Antitoxin vom Pferd,
- Schlangengift-Immunserum, polyvalent, Europa,
- Tollwut-Impfstoff,
- Tollwut-Immunglobulin,
- Varizella-Zoster-Immunglobulin,
- C1-Esterase-Inhibitor,
- Hepatitis-B-Immunglobulin,
- Hepatitis-B-Impfstoff,
- Digitalis-Antitoxin,
- Opioide in transdermaler und in transmucosaler Darreichungsform.

Als Leitung einer krankenhausversorgenden Apotheke müssen die zur Sicherstellung einer ordnungsgemäßen Arzneimittelversorgung der Patienten des Krankenhauses notwendigen Arzneimittel und, soweit nach dem Versorgungsvertrag vorgesehen, Medizinprodukte in einer Art und Menge vorrätig gehalten werden, die mindestens dem durchschnittlichen Bedarf für zwei Wochen entspricht (vgl. § 15 ApBetrO). Zusätzlich gibt es eine Verpflichtung des Leiters der Krankenhausapotheke oder eines von ihm beauftragten Apothekers der Apotheke zur Überprüfung der Arzneimittelvorräte, die sich auf alle auf den Stationen und in anderen Teileinheiten des Krankenhauses vorrätig gehaltenen Arzneimittel erstreckt und die mindestens halbjährlich erfolgen muss (vgl. §32 ApBetrO).

Nach dem Zivilschutz- und Katastrophenhilfegesetz (ZSKG) stellt der Bund den Ländern für die gesundheitliche Versorgung der Bevölkerung im Verteidigungsfall ergänzend **Sanitätsmaterial** zur Verfügung. Dieses steht den Ländern für ihre Aufgaben im Bereich des Katastrophenschutzes zusätzlich zur Verfügung. Die Länder können das Sanitätsmaterial in ihre Katastrophenschutzvorsorge einplanen (vgl. § 23 ZSKG).

Die Verfügbarkeit von ausreichenden Mengen an Sanitätsmaterial für Großschadenslagen und damit für Szenarien, die mit einer hohen Anzahl von betroffenen Erkrankten oder Verletzten einhergehen, ist zwar bundeseinheitlich nicht einheitlich geregelt, da die Bundesländer im Rahmen des Katastrophenschutzes eigene Vorsorge für mögliche Großschadenslagen zu treffen haben, wobei Art und Umfang in den jeweiligen Landeskatastrophenschutzgesetzen festgelegt wird. Dennoch gibt es zur Unterstützung verfügbarer medizinischer Ressourcen bei einem Massenanfall von Verletzten (MANV) übergeordnete Vorgaben beispielsweise der Bund-Länder Arbeitsgruppe Gesundheitlicher Bevölkerungsschutz (AGGB), die Empfehlungen für die Bevorratung von Sanitätsmaterial für den präklinischen als auch den klinischen Bereich gibt, wobei Pakete für die Versorgung von jeweils 100 zu behandelnden Personen mit traumatologischen Verletzungsmustern (35 der Sichtungskategorie rot und 65 der Sichtungskategorie gelb) konzipiert wurden (vgl. Bundesamt für Bevölkerungsschutz und Katastrophenhilfe, 2012, S. 42).

> **Beispiel**
>
> Für ein einheitliches Vorgehen zur Sichtung beim Massenanfall von Verletzten (MANV) gibt es unter Federführung des BBK Konsensuskonferenzen, die Ablauf und Verteilungsschlüssel der Patienten erarbeiten. Da Rettungsdienste insbesondere bei lebensbedrohlichen Einsatzlagen wie Terroranschlägen oder Amoktaten in der ersten von drei Einsatzphasen im unsicheren Bereich nicht agieren können, ist eine Gefährdungsbeurteilung und Ersteinschätzung unter Beachtung des Eigenschutzes gemeinsam mit Polizei und Feuerwehr durchzuführen, wie viele Betroffene sich im unsicheren Bereich befinden und wie viele schwer oder lebensbedrohlich verletzt sind. Die schnelle Rückmeldung an die Einsatzleitung und die Bedarfsabschätzung hilft insbesondere dabei, die Patientenablagen zu organisieren. Danach erfolgt im zweiten Schritt die Vorsichtung durch Ärzte oder nichtärztliche Einsatzkräfte, wobei folgende Sichtungskategorien relevant sind:

- Kategorie I (rot): vital bedroht, Sofortbehandlung erforderlich, 20 % angenommener Anteil;
- Kategorie II (gelb): schwer verletzt, dringende Behandlung erforderlich, 30 % angenommener Anteil;
- Kategorie III (grün): leicht verletzt, Behandlungserfordernis nicht dringlich, 50 % angenommener Anteil
- Kategorie IV (blau): ohne Überlebenschance, palliative Versorgung, angenommener Anteil in Kat. I enthalten;
- Kategorie Ex (schwarz): Tote.

Dabei sind vital bedrohte Patienten (Kat. I, rot) schnellstmöglich zu identifizieren und in Krankenhäuser zu transportieren, wobei es bei geringem Zeitaufwand Über- und Untertriage zu vermeiden gilt. Lebensrettende Sofortmaßnahmen (LSM), wie beispielsweise Stillen lebensbedrohlicher Blutungen, Freihalten der Atemwege und Lagerung, sollten bereits während der Vorsichtung stattfinden. Auch sind durch das Einsatzteam die Betroffenen nach den Kategorien farblich zu kennzeichnen und eine prioritätsgerechte und zielgerichtete Transportkette zu initiieren. Der dritte Schritt der Sichtung erfolgt entweder noch vor Ort oder im Krankenhaus, um durch ärztliche Sichtung bisher noch nicht gesichtete Patienten algorithmenbasiert zu evaluieren, die Vorsichtungsergebnisse zu reevaluieren sowie Betroffene nach Sichtungskategorien zu versorgen und in ein Krankenhaus oder in andere Gesundheitseinrichtungen zu transportieren, wobei eine adäquate Registrierung und Dokumentation sicherzustellen sind. CBRN-Szenarien fordern aufgrund des Risikos einer Kontamination und deren Verschleppung ergänzende Maßnahmen, mit denen die Einsatzkräfte sich selbst schützen, die Betroffenen dekontaminieren oder isolieren und medizinisch versorgen müssen (vgl. Heller et al., 2018, S. A 1432 f.). ◄

Auf das durch den Bund für den Katastrophenfall zur Verfügung gestellte Sanitätsmaterial, können die Bundesländer für ihre Aufgaben im Bereich des Katastrophenschutzes über das Gemeinsame Melde- und Lagezentrum von Bund und Ländern (GMLZ) zugreifen. Es besteht aus Basispaketen von Arzneimitteln und Medizinprodukten, die die Bereiche Analgesie/Analogsedierung, Chirurgische Erstversorgung/Stabilisierung, Infektionsprophylaxe und Versorgung Leichtverletzter abdecken, jeweils für die Versorgung von 250 Verletzten (thermisch-traumatisch) über drei Tage ausgerichtet und sowohl klinisch als auch präklinisch einsetzbar sind.

Einsatz und Auswahl Persönlicher Schutzausrüstung (PSA) sind beispielsweise durch die Biostoffverordnung (BioStoffV) und die Technischen Regeln beim Umgang mit biologischen Arbeitsstoffen (TRBA) geregelt. Daher sollte in Krankenhäusern, Arztpraxen, bei Rettungsdiensten sowie bei anderen Akut- und Ersthelfern passende PSA in ausreichender Menge verfügbar sein, wobei die Regel zu beachten ist, dass in unklaren Lagen Arbeitsschutzmaßnahmen hoch anzusetzen und erst mit sinkender Unsicherheit absenkbar sind.

Die Versorgung und Bestattung von Verstorbenen kann insbesondere bei schwerwiegenden Infektionserregern oder epidemisch bedeutsamen Lagen mit einer hohen Anzahl an Todesfällen eine besondere Herausforderung darstellen. Wenn es sich um kontagiöse/infektiöse Leichen handelt ist die Übertragung der Erkrankung durch den Leichnam zu verhindern, was Seuchen- und Infektionsalarmpläne sowie die Bestattungsgesetze der Bundesländer regeln (vgl. Robert Koch Institut, 2019, S. 26 ff.).

Doch nicht nur die Bewältigung von Großschadenslagen weist beeindruckende logistische Dimensionen auf. Auch Arzt- und Zahnarztpraxen bewegen und lagern beispielsweise größere Mengen an medizinischem Material in den Bereichen Pflege, Injektion, Infusion, Verbandstoffe, Instrumente, Hygiene, Nahtmaterial, Diagnostik, Praxis- und Laborartikel, EKG, Ultraschall, Notfall und Erste Hilfe, Medizintechnik oder Therapie. In den Bereichen Human- und Zahnmedizin bieten Dental-Depots und Anbieter von Produkten und Dienstleistungen ein umfangreiches Sortiment für den Einsatz in der Arzt- oder Zahnarztpraxis an, das es auch für mögliche Krisensituationen zu lagern und zu bewirtschaften gilt.

> **Beispiel**
>
> Gemäß dem Sonderschutzplan Medizinischer Katastrophenschutz in Hessen gehört die Einbindung niedergelassener Ärztinnen und Ärzte in die Grundphilosophie und Einsatztaktik des medizinischen Katastrophenschutzes, um alle Notfallpatientinnen und Notfallpatienten so schnell und medizinisch optimal wie möglich zu versorgen und da trotz eines qualifizierten Rettungsdienstes die Einbindung geeigneter niedergelassener Ärztinnen und Ärzte mobil zur Unterstützung des Rettungsdienstes, der Sanitätszüge oder auch für den Einsatz in Krankenhäusern oder in ihrer Arztpraxis für die Versorgung von leichter verletzten, erkrankten oder sonst gesundheitlich geschädigten Personen sinnvoll und deshalb organisatorisch vorzubereiten ist. Auch kann es je nach der Struktur im Rettungsdienstbereich (beispielsweise bei weit auseinanderliegenden Notarztstandorten) sinnvoll sein, geeignete niedergelassene Ärztinnen oder Ärzte auch schon in die Erst-Alarmierung einzubeziehen, um so schnell wie möglich eine qualifizierte medizinische Versorgung sicherzustellen (vgl. Hessische Ministerium des Innern und für Sport, 2009, S. 39). ◄

Während die zu bevorratende Bestückung eines Notfall-Arztkoffers beispielsweise nach DIN 13232 geregelt ist, aus den Teil-Ausrüstungen Basis (A), Erwachsene (B) und Kinder (C) besteht und sich somit als Notfallausrüstung für Erwachsene aus A und B, für Kinder aus A und C sowie für Erwachsene und Kinder aus A und B und C zusammensetzt (siehe Tab. 7.1), ist die vorzuhaltende **Notfallausrüstung** für eine Arzt- oder Zahnarztpraxis nicht vorgegeben. Sie ist dem Leistungsspektrum, den Fähigkeiten des Arztes/ Psychotherapeuten und der Patientenklientel der Praxis anzupassen, entsprechend einer individuell erarbeiteten Liste vollständig vorhanden, funktionsfähig und für alle Praxismitarbeiter frei zugänglich zu lagern, nach jedem Notfall zu überprüfen und zu vervollständigen sowie in regelmäßigen Intervallen auf Vollständigkeit und Haltbarkeit von Verbrauchsmaterialien und Medikamenten zu überprüfen (vgl. Richter, 2014, S. 48 f.).

Tab. 7.1 Bestückung Notfall-Arztkoffer nach DIN 13232. (vgl. Deutsches Institut für Normung, 2011)

Bezeichnung	Ausführung	Menge		
		A	B	C
Absaugung und Beatmung	Absauggerät	1		
	Absaugkatheder	CH 18		1	
	Absaugkatheder	CH 16			1
	Absaugkatheder	CH 14			1
	Absaugkatheder	CH 12			1
	Baby-Schleimabsauger			1
	Beatmungsbeutel	für Erwachsene		1	
	Beatmungsbeutel	für Kinder			1
	PEEP-Ventil	1		
	Bakterienfilter für Beatmungsbeutel	1		
	Beatmungsmaske	in verschiedenen Größen		2	
	Beatmungsmaske	für Schulkinder, Kleinkinder und Säuglinge			3
	Guedel-Tubus	in verschiedenen Größen		2	
	Guedel-Tubus	für Schulkinder, Kleinkinder und Säuglinge			3
	Larynxmaske/-tubus	für Erwachsene		1	
	Larynxmaske/-tubus	für Schulkinder, Kleinkinder und Säuglinge			2
Intubation	Laryngoskopgriff	1		
	Spatel	in verschiedenen Größen		2	2
	Magillzange	für Erwachsene	1		
	Magillzange	für Kinder			1
	Trachealtubus mit Cuff	8,0 mm		1	
	Trachealtubus mit Cuff	7,0 mm		1	
	Trachealtubus mit Cuff	6,0 mm		1	
	Trachealtubus ohne Cuff	5,0 mm			1
	Trachealtubus mit Cuff	4,5 mm			1
	Trachealtubus mit Cuff	4,0 mm			1
	Trachealtubus mit Cuff	3,0 mm			1
	Führungsstab	für Erwachsene		1	
	Führungsstab	für Kinder			1

(Fortsetzung)

Tab. 7.1 (Fortsetzung)

Diagnostik	Blutdruckmessgerät		1		
	Blutdruckmanschette	für Erwachsene		1	
	Blutdruckmanschette	für Kinder			1
	Stethoskop		1		
	Diagnostikleuchte		1		
	Reflexhammer		1		
	Blutzucker-Teststreifen	Ggf. mit elektrischem Blutzucker-messgerät	5		
	Fieberthermometer		1		
Infusion	Hautdesinfektions-mittel		1		
	Venenverweilkanülen	verschiedene Größen		3	3
	Fixierpflaster		6		
	Intraossäres Punktions-gerät	für Erwachsene und Kinder	1		
	Infusionssystem		1		
	Venenstauer		1		
	Vollelektrolytlösung 500 ml	500 ml	1		
	Kolloidales Volumen-ersatzmittel	500 ml	1		
Ge- und Ver-brauchsmaterial	Pinzette	14 cm	1		
	Nadelhalter		1		
	Arterienklemme		1		
	Einmal-Skalpell		1		
	Universalschere/ Kleiderschere		1		
	Kompressen	10 × 10 cm	6		
	Fixierbinden	8 cm	2		
	Verbandpäckchen	mittel	2		
	Verbandtuch	60 × 80 cm	1		
	Verbandtuch	40 × 60 cm	1		
	Wundschnellverband	6 × 10 cm	8		
	Heftpflaster	2,5 × 5 cm	1		
	Rettungsdecke		1		

(Fortsetzung)

Tab. 7.1   (Fortsetzüng)

Händedesinfektions-mittel	mindestens 50 ml	1		
OP-Handschuhe, Paar		2		
Einmalhandschuhe	groß	4		
Einmalhandschuhe	mittel	4		
FFP3-Masken		2		
Spritzen	20 ml	2		
Spritzen	10 ml	5		
Spritzen	2 ml	5		
Kanülen	Gr. 1	10		
Kanülenabwurf-behälter		1		
Thoraxdrainage	CH 28	1		

Beispiel

Für Arztpraxen gibt es nur Empfehlungen und es ist praxisindividuell festzulegen, was in den Notfallkoffer für Notfälle in einer Vertragsarztpraxis gehört: Beispielsweise Blutdruckmessgerät, ggf. Absaugpumpe, Sauerstoffflasche, Materialien für die Notfallbeatmung (Laryngoskop, Larynxtubus oder Larynxmaske sowie Beatmungsbeutel), Materialien für den venösen Zugang (Braunüle und Infusionsmaterial sowie Stauschlaufe), Notfallmedikation (Adrenalin, Amiodaron, Atropin, Diazepam/Dormicum, Aspisol, Novalgin/Buscopan, ggf. Morphin/Fentanyl, Salbutamol-Spray, Theophillin, Nitrolingual-Spray, Tavegil, Cortison), Spritzen, Kanülen, Verbandsmaterial und zusätzlich Notfalldefibrillator oder Automatisierter Externer Defibrillator (AED) (vgl. Frank, 2012, S. 8). ◄

Auch für den Inhalt eines Notfallkoffers bei Notfällen im ärztlichen Bereitschaftsdienst gibt es nur Empfehlungen beispielsweise des Hausärzteverbandes oder der Kassenärztlichen Vereinigung. Danach sind Instrumente und Medikamente für die Basisdiagnostik und −versorgung und den häufig bestehenden Bedarf an Analgetika und Sedativa zur Behandlung akuter und chronischer Schmerzzustände, Luftnot, akuter Angstzustände und deliranter Syndrome vorzuhalten. Hingegen sind nur für wenige Notfallsituationen außerhalb der klinischen Versorgung Injektionen indiziert, wie beispielsweise zur Behandlung von kardialer Dekompensation, Asthmaanfall oder akut exazerbierter COPD, Herzinfarkt, anaphylaktischem Schock, Hypoglykämie oder Status epilepticus (vgl. Lehmke, 2016, S. A 870).

7.2   Bestandsführung zur Vermeidung von Materialengpässen

Für die in Krisenfällen notwendige und vorbereitende Materialbestandsführung zur Vermeidung von Materialengpässen ist zunächst die **Bedarfsermittlung** wichtig, die die zukünftig benötigten Materialmengen anhand unterschiedlicher Verfahren plant (vgl. Frodl, 2012, S. 58 ff.). Dabei ist allgemein davon auszugehen, dass je einsatzwichtiger, spezieller und hochwertiger die Materialien sind, desto genauer muss die Bedarfsermittlung erfolgen. So bieten sich bei hochwertigen medizintechnischen Betriebsmitteln in erster Linie Verfahren der deterministischen Bedarfsermittlung an, um eine Einzelbedarfsermittlung etwa anhand konkreter Einsatzbedarfe durchführen zu können. Eine stochastische Bedarfsfestlegung erfolgt beispielsweise anhand von Statistiken, Erfahrungswerten über Verbräuche in vorangegangenen Einsätzen oder Verbrauchsperioden. Bei medizinischen Verbrauchsmaterialien, die sich jederzeit als Massenartikel beschaffen lassen, können eher weniger aufwändige Verfahren der heuristischen Bedarfsermittlung eingesetzt werden, um eine Bedarfsfestlegung anhand von Schätzungen, wie viel Verbrauchsmaterial in einem bestimmten Krisenszenario verbraucht werden könnte, durchzuführen (siehe Abb. 7.1). Allerdings gilt es dabei jedoch auch immer die Beschaffungsmärkte im Auge zu behalten, denn auch für Massenartikel können krisenbezogen Engpässe entstehen.

> **Beispiel**
>
> Im Zuge der SARS-CoV-2-Pandemie gab es insbesondere zu Beginn Engpässe bei der Beschaffung von Schutzkleidung und Desinfektionsmitteln. Zur zentralen Beschaffung von Mundschutz und Schutzanzügen wurde dabei auf die Expertise des Verteidigungsministeriums zurückgegriffen. Um die Knappheit bei Desinfektionsmitteln zu verringern, stellten Apotheken mittels einer Ausnahmezulassung Händedesinfektionsmittel auf Alkoholbasis her und durften diese abgeben. Aufgrund einer Gefahr für die öffentliche Gesundheit wurde als Ausnahme von der EU-Biozidverordnung eine Allgemeinverfügung zur Zulassung 2-Propanol-haltiger Biozidprodukte erlassen (vgl. Fricke, 2020, S. 1). ◄

Die Aufgabe der Bedarfsermittlung besteht nun darin, zunächst anhand von Krisenszenarien, Erfahrungswerten und Schadensfällen Anzahl und Umfang der Anlässe zu bestimmen, die als Planungsgrundlage (Primärbedarf) für alle Beschaffungsvorgänge und weiteren logistischen Maßnahmen dienen (siehe Tab. 7.2). Des Weiteren muss bekannt sein, wie hoch der Bedarf je Anlass an Repetierfaktoren, wie medizintechnischen Betriebsmitteln bzw. Verbrauchsmaterialien ist. Je nach Krisenszenario und beispielsweise der Annahme eines Massenanfalls von Verletzten (MANV) kann dieser Bedarf an Repetierfaktoren (Sekundärbedarf) unterschiedlich hoch ausfallen. Der Bruttobedarf berücksichtigt keine Lagerbestände. Dagegen hat die Berechnung des Nettobedarfs

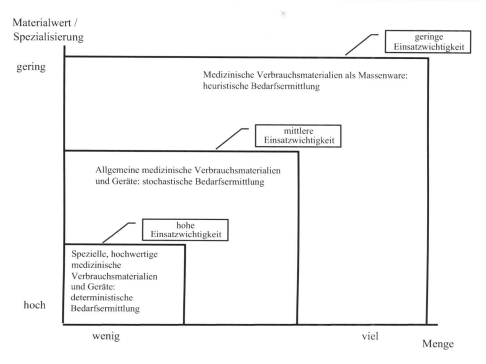

Abb. 7.1 Bedarfsermittlung für krisenrelevante Materialien

die Aufgabe, nachzuprüfen, ob der Bruttobedarf bereits durch den Lagerbestand an Materialien für den Krisenfall gedeckt ist. Ein Nettobedarf ist demnach nur vorhanden, sofern der Bruttobedarf den verfügbaren Lagerbestand übersteigt, im anderen Fall beträgt er Null. Häufig unterscheidet man neben dem Ist-Bestand der den gegenwärtigen körperlich vorhandenen Lagerbestand darstellt, Bestell-, Reservierungs- sowie Sicherheitsbestände. Der Bestellbestand ist der Bestand an offenen Bestellungen bspw. bei einem Lieferanten von medizinischen Verbrauchsmaterialien, die zu einem bestimmten Termin einem Bestand hinzugefügt werden. Ab der Periode in der ein Zugang einer beauftragten Lieferung erfolgt, ist der Bestellbestand bei der Nettobedarfsermittlung vom Bruttobedarf zu subtrahieren. Unter reserviertem Bestand sind Teile des Lagerbestands zu verstehen, die beispielsweise für Ausbildungszwecke vorgemerkt sind und zu einem vorgesehenen Termin dem Bestand entnommen werden sollen. Der Reservierungsbestand ist nicht verfügbar und muss daher in einem gesonderten Rechenschritt vom Lagerbestand abgezogen werden. Auf die gleiche Weise wird ein Sicherheitsbestand behandelt. Der Sicherheitsbestand („eiserne Reserve") stellt denjenigen Teil des Lagerbestands dar, der für außergewöhnliche Ereignisse, wie Notfälle, Komplikationen etc. reserviert ist.

Tab. 7.2 Beispiele krisenbezogener Bedarfsarten

Bedarfsart	Erläuterung	Beispiele
Primär-bedarf	Ist anhand von Krisenszenarien, Erfahrungswerten und Schadensfällen als Anzahl und Umfang der Anlässe zu bestimmen und dient als Planungsgrundlage für alle Beschaffungsvorgänge und weiteren logistischen Maßnahmen	Anzahl von Einsätzen; geschätzte Anzahl von Verletzten; Art und Umfang der Verletzungen
Sekundär-bedarf	Bedarf an Repetierfaktoren, wie medizintechnischen Betriebsmitteln bzw. Verbrauchsmaterialien zur Bewältigung der Einsätze	Menge an Arzneimitteln, Verbandsmaterial pro Verletzten
Tertiär-bedarf	Bedarf an Hilfs- und Betriebsstoffen sowie Verschleißteilen zur Deckung des Sekundär- und Primärbedarfes	Treibstoff für Notstromaggregat
Zusatz-bedarf	Bedarf für Verschleiß, Ausschuss (bspw. wg. Überlagerung), Schwund als fester oder prozentualer Mengenaufschlag	Menge an gelagerten Arzneimitteln mit abgelaufenen Haltbarkeitsdatum
Brutto-bedarf	Periodenbezogener Primär-, Sekundär- oder Tertiärgesamtbedarf	Gesamtmengen an Einsätzen, Verletzten pro Jahr
Nettobedarf	Bruttobedarf abzüglich Lagerbestand und disponierter Bestand sowie zuzüglich Zusatzbedarf, Reservierter Bestand und Sicherheitsbestand	Bruttobedarf - Lagerbestand + Zusatzbedarf + reservierter Bestand + Sicherheitsbestand = Nettobedarf

Beispiel

Die Nationale Reserve Gesundheitsschutz (NRGS) soll die zeitgerechte Verfügbarkeit von Sanitätsmaterial (Arzneimittel, Medizinprodukte und sonstiges Material zur Versorgung von Patienten) und persönlicher Schutzausrüstung (PSA) für das Gesundheitssystem – bei Bedarf für vulnerable Gruppen der Bevölkerung, Verwaltung und Wirtschaft sowie für kritische Infrastrukturen – sicherstellen. An 19 Standorten in Deutschland werden wichtige Materialien wie Schutzausrüstung, Schutzmasken, Beatmungsgeräte und Medikamente gelagert, um im Notfall Krankenhäuser, Pflegeeinrichtungen und Arztpraxen mit Ausrüstung aus der eigenen Reserve unterstützen zu können. Die Reserve soll den Bedarf des Gesundheitssektors und des Bundes für bis zu sechs Monate decken, und die Mindestbevorratung umfasst den Bedarf für einen Monat. Auch ist die Reserve dazu gedacht, humanitäre Hilfe mit Schutzausstattung an die Weltgesundheitsorganisation und Drittstaaten zu ermöglichen (vgl. Maybaum, 2020, S. 1). ◄

Zur Ermittlung des für die Beschaffung von krisenwichtigem Einsatzmaterial wichtigen Nettosekundärbedarfs sind neben der deterministischen Ableitung aus dem Primärbedarf stochastische **Prognoseverfahren** geeignet, wie beispielsweise:

- **Arithmetisches Mittel (Gleitender Mittelwert):** Verbrauchswerte aus vergangenen Perioden werden addiert und durch die Anzahl der berücksichtigten Perioden dividiert; als Ergebnis erhält man eine Durchschnittsgröße, die als Prognosewert für die zu planende Periode herangezogen werden kann ($V = (T1 + T2 + \dots + Tn) \div n$; V = Vorhersagewert für die nächste Periode; Ti = Wert der Periode i; n = Anzahl der berücksichtigten Perioden).
- **Gewichtetes arithmetisches Mittel (Gewogener Gleitender Mittelwert):** Versucht durch die Gewichtung die besondere Bedeutung und Aktualität einzelner Verbrauchswerte zum Ausdruck zu bringen. Neuere Werte können dadurch in der Prognose stärker zum Ausdruck gebracht werden, als ältere ($V = (T1G1 + T2G2 + \dots + TnGn) \div (G1 + G2 + \dots Gn)$; Gi = Gewicht der Periode i).
- **Exponentielle Glättung:** Bei ihr geht die Anzahl der Perioden nicht direkt in die Ermittlung des Prognosewertes ein, sondern nur indirekt über einen Glättungsfaktorfaktor; er gewichtet die Differenz zwischen dem letzten Prognosewert und dem tatsächlich in der letzten Periode erzielten Wert; dieser gewichtete „Prognosefehler" wird zu dem letzten Vorhersagewert addiert, um auf diese Weise zu einem genaueren neuen Prognosewert zu gelangen ($Vn = Va + \alpha*(Ti - Va)$; Vn = Vorhersagewert neu; Va = Vorhersagewert alt; Ti = Tatsächlicher Wert der letzten Periode; α = Glättungsfaktor, Annahme $\alpha = 0{,}3$).

Um Fehlmengen zu vermeiden ist im Anschluss an die Bedarfsermittlung der richtige Bestellzeitpunkt von krisenwichtigen Einsatzmaterialien zu bestimmen. Dazu ist eine **Bestandsüberwachung** anhand der unterschiedlichen Bestandsarten durchzuführen, um die die benötigten Materialien bereitzuhalten:

- **Disponierter Bestand:** Bestellungen bei Lieferanten für Einsatzmaterialien, die noch nicht eingetroffen sind.
- **Durchschnittlicher Lagerbestand:** Bestandsmenge in einem Beobachtungszeitraum als Vergleichskennzahl.
- **Lagerbestand:** Gesamter körperlich im Lager befindlicher Bestand an krisenwichtigen Einsatzmaterialien.
- **Meldebestand:** Bestellpunkt, um den verfügbaren Bestand in der erforderlichen Wiederbeschaffungszeit rechtzeitig zu decken.
- **Reservierter Bestand:** Bereits eingeplanter Bestand (beispielsweise für Ausbildungszwecke).
- **Sicherheitsbestand:** „Eiserne Reserve", die bei Störungen die jederzeitige Versorgung auch für Notfälle sichern soll.

- **Sperrbestand:** Entnahmeverbote in der Regel aufgrund von Qualitätsproblemen (bspw. gesperrte Arzneimittelchargen etc.).
- **Verfügbarer Bestand:** Lagerbestand zuzüglich disponierter Bestand und abzüglich reservierter Bestand sowie Sicherheitsbestand.

Damit der verfügbare Bestand an krisenwichtigen Einsatzmaterialien ausreicht, um den Bedarf in der erforderlichen Wiederbeschaffungszeit zu decken, ist beispielsweise im Rahmen des Bestellpunktverfahrens der geeignete Zeitpunkt der Bestellung zu ermitteln (siehe Abb. 7.2).

Hierzu gibt es unter anderem die Alternativen einer Ermittlung über Lagerreichweite, wobei die Lagerreichweite als Maßstab dient, wie lange der verfügbare Bestand an Verbrauchsmaterialien für die Behandlung und Pflege zur Bedarfsdeckung ausreicht, einer Ermittlung durch einen festen Bestellpunkt, der zu Beginn einer Periode festgelegt wird und sich insbesondere bei gleich bleibender Wiederbeschaffungszeit eignet, sowie einer Ermittlung durch einen gleitenden Bestellpunkt, bei dem die Bestellnotwendigkeit nach jeder Entnahmebuchung überprüft wird, und der insbesondere bei Veränderungen der Wiederbeschaffungszeit oder des Bedarfs geeignet ist. Hingegen geht das Bestellrhythmusverfahren von einer regelmäßigen Überprüfung der Bestellnotwendigkeit in festgelegten Zeitabständen (Kontrollzyklen) aus, wobei zu berücksichtigen sind die Bestellzeit als Zeitraum vom Erkennen der Bestellnotwendigkeit bis zur Eingang der Bestellung

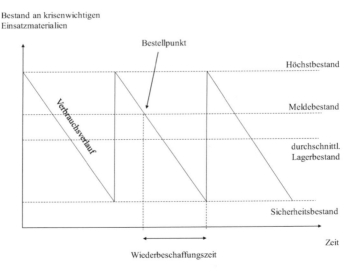

Abb. 7.2 Bestellpunktverfahren für die Wiederbeschaffung von krisenwichtigen Einsatzmaterialien

beim Lieferanten, die Wiederbeschaffungszeit als Zeitraum vom Erkennen der Bestellnotwendigkeit bis zur Verfügbarkeit der Materialien im Lager der Gesundheitseinrichtung, die Einlagerzeit als Zeitraum von der Anlieferung bis zur Verfügbarkeit im Lager der Gesundheitseinrichtung, die Auftragsvorbereitungszeit als Zeitraum für die interne Abwicklung einer Bestellung in der Gesundheitseinrichtung, sowie die Lieferzeit als Zeitraum vom Eingang der Bestellung beim Lieferanten bis zur Anlieferung an die Gesundheitseinrichtung.

7.3 Krisensichere Lagerhaltung und Kommissionierung

Ausgehend von der Bedarfsermittlung und Beschaffung von Arzneimitteln, Medizinprodukten und sonstigem Material beispielsweise zur Versorgung und zur Unterstützung verfügbarer medizinischer Ressourcen bei einem Massenanfall von Verletzten ist eine entsprechende Vorrats- und Lagerhaltung zu betreiben. Dazu gehört die Bereitstellung einer präklinischen und klinischen Bevorratung mit Arzneimitteln, Medizinprodukten und sonstigem Verbrauchsmaterial für die Krankenversorgung, da die regulären Vorräte im Rettungsdienst und den Akutkrankenhäusern bei Großschadenslagen trotz der in den Krankenhausapotheken vorzuhaltenden Reserven nach Apothekenbetriebsordnung (ApBetrO) an ihre Grenzen stoßen können. Ausgehend von den überlebenswichtigen Aufgaben Transport, notfallmedizinische/chirurgische Versorgung einschließlich Beatmung, Volumenersatz, Analgosedierung sowie Antibiose und Tetanusprophylaxe erscheint eine Lagerung und Bevorratung zweckmäßig, die auf einen durchschnittlichen Bedarf für die Versorgung von 100 traumatologisch zu versorgenden Patienten ausgerichtet ist, wobei sowohl für die präklinische notfallmedizinische Versorgung als auch für die klinische Versorgung davon auszugehen ist, dass von 100 traumatologisch zu versorgenden Patienten 35 der Triageklasse rot und 65 der Triageklasse gelb angehören (siehe Abschn. 7.1). Die Aufteilung der Bevorratung in einen präklinischen und einen klinischen Anteil hat den Vorteil, den unterschiedlichen Anforderungen an die zeitliche Verfügbarkeit des bevorrateten Materials besser gerecht werden zu können (siehe Tab. 7.3). Der präklinische **Lagervorrat**

- beschränkt sich auf das medizinisch zwingend Notwendige,
- geht von einer Zuführung an den Schadensort bzw. den Ort der präklinischen Patientenversorgung innerhalb eines Zeitraums von maximal zwei Stunden aus,
- enthält Arzneimittel und Medizinprodukte zur notfallmedizinischen Erstversorgung,
- geht davon aus, dass alle Verletzten innerhalb von 12 h präklinisch versorgt und zu einer Weiterbehandlung transportiert werden.

Tab. 7.3 Klinische und Präklinische Sanitätsmaterialbevorratung und –lagerung (vgl. Bundesministerium des Inneren, für Bauen & Heimat, 2012, S. 35 ff.)

Bevorratungs- und Lageranteile		Bezeichnung	Menge
Klinischer Anteil	Volumensubstitution	Kristalloid, Isotonische bilanzierte Lösung	5 l pro Patient/Tag
		Stärkepräparat als künstliche kolloidale Volumenersatzlösung	1 l pro Patient/Tag
		Venenverweilkanüle 14 (orange)-17 (weiß)-22G (blau) mit Mandrin	4 St. pro Patient/Tag
		Kanülenpflaster, steril (Größe wie handelsüblich)	4 St. pro Patient/Tag
		Infusionsbesteck	4 St. pro Patient/Tag; mit Filter
		3-Wege-Hahn	4 St. pro Patient/Tag
		Transfusionsbesteck plus Bedside-Testkarten	0,1 St. pro Patient/Tag
		ZVK-Multilumen	0,1 St. pro Patient/Tag; als Set vorhalten (je nach Krankenhausstandard); Verwendung von mehrlumigen ZVK (x-lumig, je nach Krankenhausstandard)
		Abwurfbehälter (Box GS)	50 St. (kalkuliert für 100 Patienten über den Versorgungszeitraum von 3 Tagen)
	Analgesie/ Analgosedierung	Sufentanil alternativ: Fentanyl	1,2 mg pro Patient/Tag (Sufentanil); alternativ 12 mg pro Patient/Tag (Fentanyl)
		Morphin oder Piritramid (=Dipidolor®)	30 mg pro Patient/Tag (Morphin) bzw. 45 mg pro Patient/Tag (Dipidolor)
		Esketamin oder Ketamin/Ketanest (Dosisanpassung!)	1200 mg pro Patient/Tag
		Midazolam (Sedativum zur Langzeit-Analgosedierung)	120 mg pro Patient/Tag
		MCP i. v	10 mg pro Patient/Tag

(Fortsetzung)

Tab. 7.3 (Fortsetzung)

Bevorratungs- und Lager-anteile	Bezeichnung	Menge
Chirurgische Erstversorgung/ Stabilisierung	Adrenalin	25 mg/25 ml (insgesamt 10 St.)
	Noradrenalin	25 mg/25 ml (insgesamt 20 St.)
	Isotonische NaCl-Lösung als Trägerlösung für Medikamente	1000 St. (100 ml zu 0,9 %; 3 St. pro Patient/Tag)
	Isotonische NaCl-Lösung als Trägerlösung für Medikamente	1000 St. (10 ml zu 0,9 %; 3 St. pro Patient/Tag)
	Einmalkanüle rosa oder gelb	5000 St. insgesamt
	Einmalspritze 2 ml	2000 St. insgesamt (6 St. pro Patient/Tag)
	Einmalspritze 5 ml	2000 St. insgesamt (6 St. pro Patient/Tag)
	Einmalspritze 10 ml	2000 St. insgesamt (6 St. pro Patient/Tag)
	Einmalspritze 20 ml	600 St. (2 St. pro Patient/Tag)
	Perfusorspritzen 50 ml	1200 St. (4 St. pro Patient/Tag)
	Perfusorleitung	1200 St. (4 St. pro Patient/Tag)
	Thoraxdrainagen-Set	10 St. (jeder zehnte Patient der 100 Patienten während des Behandlungszeitraums von 3 Tagen)
	Trokarkatheter für Thoraxdrainage Größe 28 Ch	10 St. (100 Patienten während des Behandlungszeitraums von 3 Tagen)
	Trokarkatheter für Thoraxdrainage Größe10 Ch	10 St. (100 Patienten während des Behandlungszeitraums von 3 Tagen)
	Absaugkatheter zur Sekretabsaugung (14 Ch. oder 12 Ch.; 8 Ch.)	3 St. pro Patient/Tag (14 Ch. oder 12 Ch.) plus 100 St. (8 Ch.)

(Fortsetzung)

Tab. 7.3 (Fortsetzung)

Bevorratungs- und Lager- anteile		Bezeichnung	Menge
		Kompressen (steril)	2000 Packs à 10 St
		Einmal-Bauchtücher (steril); Größe: 20 × 20 cm	50 Packs à 10 St
		Elastische Idealbinden (weiß); Größe 12–15 cm Breite	1000 St. (3 St. pro Patient/Tag) zzgl. 10 %
		Lochtuch (klebend)	im Einmalset vorhanden; sonst 50 St
		Abdecktuch (klebend)	im Einmalset vorhanden; sonst 50 St
		Polyvidon-Iod-Salbe (z. B. Betaisodona oder Braunovidon-Salbe oder alternative antiseptische Salbe)	50 Tuben (ca. 100 gr)
		Wirkstofffreie Salbengaze	500 St. (Größe 10 × 10 bzw. nach Krankenhausstandard)
		Handschuhe (S, M, L, XL, XXL)	100 Kartons à 100 St. je Größe pro Tag
		Handschuhe (steril), nicht gepudert, latexfrei; Größe 6 1/2 bis 8	4 St. pro Patient/Tag
		Nasogastrale Magensonde (einschl. Ablaufbeutel Blasenkatheter)	30 St. (18 Ch.)
		Magensonden, -sekret, Urin und andere Körperflüssigkeiten – Auf-fangbeutel	600 St. (2 St. pro Patient/Tag)
		Blasenkatheterset mit transurethralem Blasendauerkatheter	30 St. (14/16 Ch.)
		Einmal-Set „kleine Chirurgie"; Zusammensetzung laut Krankenhaus-standard	2 Set pro Patient/3 Tage
		Mund-/ Nasenschutz (normal) nach Krankenhausstandard	500 St
		OP-Haube (mit Gummi)	250 St
		Sterile OP-Einmalkittel	250 St
		Niedermolekulares Heparin	300 Behandlungs-dosen (1 Tagesdosis pro Patient/Tag) nach Krankenhausstandard

(Fortsetzung)

Tab. 7.3 (Fortsetzung)

Bevorratungs- und Lager-anteile		Bezeichnung	Menge
	Infektionspro-phylaxe und -therapie	Breitbandantibiotische Therapie nach Krankenhausstandard ggf. inkl. Solvens	1 Tagesdosis pro Patient/Tag
		Wunddesinfektionsmittel (incl. Schleim-hautdesinfektion)	50 l
		Desinfektionsmittel Hände	25 l in 100 ml-Gebinden und 25 l in 500 ml-Gebinden
		Desinfektionsmittel Haut	50 l
Prä-klinischer Anteil für 100 Verletzte (35 Rot/65 Gelb)	Infusionen/Haes 6 %		70 Flaschen a 500 ml
	Vollelektrolytlsg		400 Flaschen a 500 ml
	Infusionsset		200 x
	Braunülen/rosa (1,2) / gelb (1,4) / grau (1,7)		Jeweils 50 Stk
	Dreiwegehähne		50 Stk
	Braunülen/Kanülenfixation		200 Stk
	Kanülen (gelb)		200 Stk
	Heftpflasterrollen Breite 2,5 cm		12 Stk
	Abwurfboxen		6 Stk
	Verschlußstopfen		100 Stk
	Desinfektionsflaschen mit Sprühkopf 250 ml		5 Stk
	Stauschlauch		
	Spritzen2 ml/5 ml/10 ml		Jeweils 100 Stk
	Pharmaka	Atropin 0,5 mg	20 Amp
		Ketamin S. 250 mg/10 ml	75 Amp
		Suprarenin 1 mg/ml	20 Amp
		Fentany 110 ml	50 Amp
		Dipidolor	100 Amp
		Diazepam	100 Amp
		MCP	100 Amp
		Muskelrelax	20 Amp
	Absaugkatheter	Größe 12	020 Stk
		Größe 18	100 Stk

(Fortsetzung)

Tab. 7.3 (Fortsetzung)

Bevorratungs- und Lager-anteile	Bezeichnung	Menge
	Intubationstuben/Größe 6/Größe 7/Größe 8	Jeweils 10 Stck
	L-Tuben/Größe 3 Größe 4/Größe 5	Jeweils 10 Stck
	Rettungsdecken	100 Stk
	Handschuhe/Klein S/Mittel M/sehr Groß XL	Jeweils 1 Pkg. a 100 Stk
	Mullbinden Breite 8 cm elastisch	20 Stk
	Kompressen 10 cm × 10 cm	200 Stk
	Verbandstücher 60 × 80 cm	10 Stk
	Einmalbeatmungsbeutel z. B. Ambu	5 Stk

Der klinische Lagervorrat

- orientiert sich an den Überlegungen, dass die Erstversorgung und Erstbehandlung der Verletzten/Patienten bereits abgeschlossen ist,
- geht davon aus, dass die ersten 48 h nach dem Schadensereignis mit den Arznei-mitteln und Medizinprodukten abgedeckt, die in den Krankenhausapotheken nach ApBetrO für den durchschnittlichen Bedarf des Krankenhauses von zwei Wochen vorzuhalten sind,
- basiert auf der Annahme, dass die 100 Verletzten/Erkrankten in einem Akutkranken-haus nach 2 Tagen für eine Dauer von 3 Tagen zu behandeln sind (vgl. Bundes-ministerium des Inneren, für Bauen & Heimat, 2012, S. 27 ff.).

Die **Lagerbedingungen** für die Bevorratung mit Arzneimitteln, Medizinprodukten und sonstigem Verbrauchsmaterial für die Krankenversorgung werden durch Licht, Feuchtig-keit, Temperatur, mechanische Einwirkungen, hygienische Bedingungen und Luftsauer-stoff beeinflusst und müssen so beschaffen sein, dass Wirkstoffgehalt, Reinheit, pH- und Elektrolytwerte, Gleichförmigkeit von Masse und Gehalt des Lagergutes nicht verändert werden, es zu keiner Partikelkontamination kommt und die mikrobiologische Qualität und Virussicherheit nicht beeinträchtigt werden. Daraus ergeben sich Anforderungen an die Lagerbehältnisse (Eindosisbehältnisse, Mehrdosenbehältnisse etc.), die das Lager-gut vor Verschmutzung, Zersetzung, Lichteinfall etc. schützen, somit den Inhalt nicht verändern und gleichzeitig in geeigneter Weise eine Entnahme ermöglichen. Mithilfe von **Lagerkennzahlen** lassen sich die Kapazitätsauslastung und Kapitalbindung in den einzelnen Lagereinrichtungen überwachen und zu steuern. Es handelt sich dabei um vordefinierte Zahlenrelationen, die durch Kombination von Zahlen aus der Material-bewirtschaftung entstehen, regelmäßig ermittelt werden und aus denen sich Aussagen zu den logistischen Sachverhalten der Lagerhaltung komprimiert und prägnant ableiten lassen, wie beispielsweise

- **Bevorratungsquote** (Anzahl bevorrateter Materialien ÷ Anzahl insgesamt beschaffter Materialien): Gibt das Verhältnis der Zahl der bevorrateten zur Gesamtzahl der beschafften Verbrauchsmaterialien an;
- **Durchschnittl. Lagerbestand** [(Bestand am Jahresanfang + 12 Bestände am Monatsende) ÷ 13]: Gibt an, wie hoch die Vorräte an Verbrauchsmaterialien für Behandlung und Pflege durchschnittlich im Laufe eines Jahres sind;
- **Lagerreichweite** (durchschnittl. Lagerbestand ÷ durchschnittl. Periodenverbrauch): Zeigt auf, wie lange der durchschnittliche Lagerbestand an Verbrauchsmaterialien bei einem durchschnittlichen Verbrauch ausreicht;
- **Lieferbereitschaftsgrad** (Zeitwert): Gibt die durchschnittliche Zeitspanne zwischen der Bedarfsanforderung und der Bereitstellung der Verbrauchsmaterialien aus dem Lager an;
- **Lagerumschlagshäufigkeit** (Lagerabgänge ÷ durchschnittl. Lagerbestand): Gibt das Verhältnis aus Menge an Verbrauchsmaterialien pro Zeiteinheit und dem durchschnittlichen Lagerbestand an; geringe Werte deuten auf eine lange Verweildauer der Verbrauchsmaterialien und hohe Sicherheitsbestände hin.

Für den Umschlag des Lagerbestandes sowie die Neubefüllung nach Verbrauch sollten nur Wirkstoffgruppen vorgegeben werden, nicht jedoch konkrete Arzneimittel. Für Produkte, die schlecht umzuschlagen sind, sowie für Produkte, die eine große Lagerkapazität erfordern, ist zu überprüfen, ob eine vertragliche Vereinbarung mit einem Lieferanten geschlossen werden kann, der eine Anlieferung innerhalb einer Vorgabezeit garantiert.

Bei der **Lagerorganisation** herrschen in der Regel die Prinzipien der Festplatzlagerung (beispielsweise in einer Arztpraxis: Das medizinische Vebrauchsmaterial liegt immer auf demselben Lagerplatz) sowie die „chaotische" bzw. dynamische Lagerung (beispielsweise automatisierte Zentrallagerung in einem Großklinikum: Die Lagerorte für die Materialien werden nach Abmessungen, Lagerbedingungen, Haltbarkeit, Zugriffshäufigkeit etc. von einem Lagerverwaltungssystem immer wieder neu vergeben) vor. Entsprechend häufig kommen je nach Beschaffenheit der zu lagernden Arzneimittel und Medizinprodukte statische Lagersysteme (Schubladenregale, Block- oder Flächenlager etc.) sowie dynamische Systeme (Paternosterregale, automatisches Behälterlager, Durchlaufregale nach dem „first-in-first-out-Prinzip" (fifo) etc.) zur Anwendung. Da die Haltbarkeit von Arzneimitteln und die Überwachung von Chargen-Nummer, Laufzeit und Verfallsdatum eine besondere Rolle bei der Lagerung spielen, gewinnt das fifo-Prinzip an Bedeutung.

Da im Bereich der präklinischen Versorgung davon auszugehen ist, dass der Regelrettungsdienst für eine Zeitdauer von etwa 2 h die Versorgung mit dem Standardvorrat der Rettungsdienste bewältigen kann, muss für größere Schadensereignisse die **Nachschubversorgung** innerhalb von 2 h am Ereignisort verfügbar sein. Um dabei die zu transportierende Menge so gering wie möglich zu halten, sind nur die absolut notwendigen Inhalte auszuliefern, die über die (Rettungs-)Leitstellen abrufbar sein und rund um die Uhr transportfertig zur Verfügung stehen sollten (beispielsweise in Kisten mit Normgröße 60 × 40 × 40 cm). Der Transport kann mit geeigneten Fahrzeugen oder per Hubschrauber erfolgen, wobei als Versorgungshöchstdauer etwa 12 h angenommen werden und der schnellen Verfügbarkeit vor Ort ist absolute Priorität einzuräumen ist. Die klinische Versorgung sollte nach Abruf innerhalb von spätestens nach 48 h bei den betreffenden Gesundheitseinrichtungen sein. Wegen des Gewichtes und der Volumina des zu transportierenden Materials sollte die Planung nur Transporter oder Lkw als geeignete Transportmittel berücksichtigen. Dieser Aspekt ist bei der Wahl der Lagerung z. B. in Form einer Vorpalletierung zu berücksichtigen und gegeneinander abzuwägen. Die Lagerung der Arzneimittel und Medizinprodukte kann neben den in der Logistik-branche üblichen Regalsystemen in Zargesboxen, in Gitterboxen oder auf Paletten erfolgen, um bei der Verladung oder bei der Entladung Zeit und Personal zu sparen.

Bei den Planungen sollten über die Bevorratung von Sanitätsmaterial für die klinische Versorgung auch Aspekte berücksichtigt werden, die eine rasche Kapazitätsausweitung innerhalb der Gesundheitseinrichtungen ermöglichen. So hat sich beispielsweise in der Notfallplanung die Einlagerung von „NATO-Tragen" und Sauerstoffflaschen etabliert, um Reserveflächen (z. B. Wartebereiche, etc.) für eine notfallmäßige Patientenver-sorgung zu aktivieren. Auch sollte der Umstand berücksichtigt werden, dass in der Regel viele Produkte (Spritzen, Kanülen, Verbandmaterial, etc.) in größeren Gebinden in den Einrichtungen verteilt werden, sodass eine sinnvolle Bevorratung höher sein kann, als aus medizinischen Gründen zwingend notwendig. Bei der Versorgung mit medizinischen Gasen (z. B. Sauerstoff) sind die jeweiligen lokalen Vorkehrungen für eine Bevorratung und Regelungen für zusätzliche Lieferungen auf ihre Tauglichkeit auch bei außergewöhnlichen Großschadenslagen zu überprüfen (vgl. Bundesministerium des Inneren, für Bauen & Heimat 2012, S. 30 ff.).

Beispiel

Eine ausreichende Bevorratung ist auch für Senioren- und Pflegeeinrichtungen sowie weitere Einrichtungen der Betreuung in Krisenfällen notwendig: Hierfür wird eine Lagerhaltung bezüglich Nahrung, Hygieneartikel und Wäsche für einen Zeitraum von 3 Wochen (Pandemie und Stromausfall) als erforderlich erachtet (vgl. Tappert, 2016, S. 61). ◄

Literatur

Apothekenbetriebsordnung (ApBetrO) in der Fassung der Bekanntmachung vom 26. September 1995 (BGBl. I S. 1195), zuletzt durch Artikel 3 des Gesetzes vom 9. Dezember 2020 (BGBl. I S. 2870) geändert.
Bundesamt für Bevölkerungsschutz und Katastrophenhilfe – BBK (Hrsg.) (2012). Abschluss-bericht der Bund-Länder Arbeitsgruppe „Gesundheitlicher Bevölkerungsschutz"

(AGGB) v. 16. April 2012. Bad Neuenahr - Ahrweiler.

Bundesministerium des Inneren, für Bauen und Heimat (Hrsg.) (2012). Abschlussbericht der Bund-Länder Arbeitsgruppe „Gesundheitlicher Bevölkerungsschutz" - AGGB. Stand: April 2012. Berlin.

Deutsches Institut für Normung – DIN (Hrsg.) (2011). DIN 13232:2011 Stückliste Notfall-Arzt-koffer / -Rucksack. Berlin.

Frank, B. (2012). Notfallmanagment in der Praxis - Für den Fall der Fälle ... . In: Kassenärztlichen Vereinigung Bremen (Hrsg.): Landesrundschreiben der Kassenärztlichen Vereinigung Bremen mit den offiziellen Bekanntgaben. Ausgabe 5. Juli 2012. Bremen. S. 6 – 8.

Fricke, A. (2020). Engpässe wegen SARS-CoV-2 - Beschaffung von Schutzkleidung mithilfe des Verteidigungsministeriums. In: Ärzte Zeitung online. https://www.aerztezeitung.de/Nach-richten/Beschaffung-von-Schutzkleidung-mit-Hilfe-des-Verteidigungsministeriums-407287. html. Berlin: Springer Medizin Verlag. Zugegriffen: 24.01.2021.

Frodl, A. (2012). *Logistik und Qualitätsmanagement im Gesundheitsbetrieb*. Wiesbaden: Gabler Verlag/Springer Fachmedien.

Heller, A.; Brüne, F.; Kowalzik, B. & Wurmb, T. (2018). Großschadenslagen – Neue Konzepte zur Sichtung. In: Deutsches Ärzteblatt. Jg. 115. Heft 31–32. Berlin: Deutscher Ärzteverlag. S. A 1432 - A 1433.

Hessische Ministerium des Innern und für Sport (Hrsg.) (2009). Katastrophenschutz in Hessen – Medizinischer Katastrophenschutz, durch das Hessische Ministerium des Innern und für Sport mit Erlass vom 15.07.2003 (StAnz. S. 3007) in Kraft gesetzt und mit Erlassen vom 24.11.2008 (StAnz. S. 3193) sowie vom 17.11.2009 (StAnz. S. 2976) verlängert. Wiesbaden.

Lehmke, J. (2016). Ärztlicher Bereitschaftsdienst - Was in den Notfallkoffer gehört. In: Deutsches Ärzteblatt. Jg. 113. Heft 18. Berlin: Deutscher Ärzteverlag. S. A 870 - A 871.

Maybaum, T. (2020). Nationale Reserve für Schutzausrüstung soll in drei Phasen anlaufen. In: aerzteblatt.de. https://www.aerzteblatt.de/nachrichten/118733/Nationale-Reserve-fuer-Schutzausruestung-soll-in-drei-Phasen-anlaufen. Berlin. Zugegriffen: 31.01.2021.

Richter, C. (2014). Praxisorganisation und –führung - Notfallmanagement in der Arztpraxis. Serie, Teil 2. In: Kassenärztliche Vereinigung Sachsen-Anhalt (Hrsg.) Pro – Offizielles Mit-teilungsblatt der Kassenärztlichen Vereinigung Sachsen-Anhalt. 23. Jahrgang. Ausgabe 2/2014. Magdeburg. S. 48 – 49

Robert Koch Institut – RKI (Hrsg.) (2019). Epidemisch bedeutsame Lagen erkennen, bewerten und gemeinsam erfolgreich bewältigen - Rahmenkonzept mit Hinweisen für medizinisches Fach-personal und den Öffentlichen Gesundheitsdienst in Deutschland. Version 1.0. Stand: Okt. 2019. Berlin.

Tappert, C. (2016). Handlungsempfehlung für Senioren- und Pflegeeinrichtungen sowie weitere Einrichtungen der Betreuung im Regierungsbezirk Münster bei Krisenfällen. In: Bezirks-regierung Münster (Hrsg.) Arbeitsgruppe Handlungsempfehlungen Senioren- und Pflegeein-richtungen im Regierungsbezirk Münster. Stand: Okt. 2016. Münster.

Zivilschutz- und Katastrophenhilfegesetz (ZSKG) vom 25. März 1997 (BGBl. I S. 726), zuletzt durch Artikel 144 der Verordnung vom 19. Juni 2020 (BGBl. I S. 1328) geändert.

Organisatorische Kontinuität: Wodurch lässt sich die Aufbau- und Ablauforganisation der Gesundheitseinrichtung stabilisieren?

8

8.1 Geordnete Prozesse und Organisationsstrukturen

Geordnete Prozesse und Organisationsstrukturen schaffen in Gesundheitseinrichtungen Stabilität durch Klarheit der Zuständigkeiten und funktionierende Abläufe. Sie beugen dadurch Krisen vor und sorgen im Krisenfall für vorbereitete Strukturen zu dessen Bewältigung. Insofern haben eine geordnete Aufbau- und Ablauforganisation eine zugleich präventive und reparierende Funktion, indem sie die Gesundheitseinrichtung möglichst vor Krisen beispielsweise aufgrund mangelhafter Prozesse in der Hygieneorganisation bewahren und in einer Krise für eine möglichst gut organisierte Wiederherstellung der Arbeitsfähigkeit der Gesundheitseinrichtung sorgen. Ferner ist ihr Vorhandensein in übergeordneten Katastrophenschutzeinheiten ebenfalls strukturell vorteilhaft und erleichtert die notwendigen Koordinationsaufgaben (vgl. Frodl, 2011, S. 26ff.).

Eine stabile **Aufbauorganisation** einer Gesundheitseinrichtung setzt üblicherweise eine Stellenbildung voraus, bei der in der dazugehörigen Aufgabenanalyse eine schrittweise Zerlegung oder Aufspaltung der Gesamtaufgabe der Gesundheitseinrichtung in ihre einzelnen Bestandteile anhand von alternativen Gliederungsmerkmalen durchgeführt wird (Gliederung der Aufgaben nach Tätigkeitsarten (Verrichtung); Zuordnung der Verrichtung zu Objekten; jede Ausführungsaufgabe folgt einer vorherigen Entscheidungsaufgabe (Rang); Aufgabenerledigung erfolgt üblicherweise in den Phasen Planung, Durchführung und Kontrolle; Zerlegung der Gesamtaufgabe in Zweckaufgaben, die primär und unmittelbar den Einrichtungszielen dienen und Verwaltungsaufgaben, die nur sekundär und indirekt den Zielen nützen). In der anschließenden Aufgabensynthese werden die in der Aufgabenanalyse ermittelten Einzelaufgaben so zusammengefügt, dass sie von einer Arbeitskraft mit Normalkapazität und der erforderlichen Eignung bzw. Übung bewältigt werden können. Als Ergebnis dieser Zuordnung werden Stellen

© Der/die Autor(en), exklusiv lizenziert durch Springer Fachmedien Wiesbaden GmbH, ein Teil von Springer Nature 2022
A. Frodl, *Krisenmanagement für Gesundheitseinrichtungen,*
https://doi.org/10.1007/978-3-658-36374-1_8

gebildet, die als kleinste organisatorische Einheit zur Erfüllung von Aufgaben über Stelleneigenschaften (Aufgabe, Aufgabenträger, Dauer, Abgrenzung) verfügen, den Aufgabenbereich einer Person beinhalten und sich auf die Normalkapazität einer Arbeitskraft mit der erforderlichen Eignung und Übung, auf eine gedachte, abstrakte Person, nicht auf eine bestimmte Arbeitskraft beziehen. Ihnen sind als immaterielle Stellenelemente beispielsweise Aufgaben (Verpflichtung zur Vornahme bestimmter, der Stelle zugewiesener Verrichtungen), Befugnisse (Entscheidung, Anordnung, Verpflichtung, Verfügung, Information), und Verantwortung zuzuordnen, sowie als materielle Stellenelemente beispielsweise Mitarbeitende (Stellenbeschreibung mit Kenntnissen, Fähigkeiten und Fertigkeiten, Erfahrungen und erforderlichen Kapazitäten) und Sachmittel. Ein wichtiges Ergebnis der Stellenbildung sind einheitliche Stellenbeschreibungen, die als aufbauorganisatorische Dokumentation der Tätigkeitsdarstellung oder Arbeitsplatzbeschreibung eine formularisierte Fixierung aller wesentlichen Stellenmerkmale enthalten (Angabe von Arbeitsplatz-/Stellenbezeichnung, Rang, Unter- und Überstellungsverhältnis, Ziel des Arbeitsplatzes / der Stelle, Stellvertretungsregelung, Einzelaufgaben, sonstige Aufgaben, besondere Befugnisse, besondere Arbeitsplatz- / Stellenanforderungen etc.). Sie sorgen für Klarheit der Zuständigkeiten und tragen dazu bei, Stabilität durch möglichst eindeutige Zuordnung von Verantwortlichkeiten zu erzeugen.

Beispiel

Bei einer Stationsaufbauorganisation in einem Krankenhaus ist beispielsweise zu beschreiben, welche Leitungsstruktur die Station aufweist (Chefarzt/Chefärztin, Oberärztliche Leitung, Pflege(dienst)leitung, jeweilige Vertretungen etc.), welche Stationsbereiche sie umfasst (Einheiten, Raumpläne etc.) und wie sich die personelle Stationsbesetzung gestaltet (Rahmendienstpläne und Anzahl Stationsärzte, Pflegekräfte, ärztliche Teams, bereitschaftsdiensthabende Ärzte, fachärztlicher Hintergrunddienst etc.). ◀

Die fertige aufbauorganisatorische Gestaltung der Gesundheitseinrichtung kommt schließlich durch die Zusammenfassung von mehreren Stellen zu hierarchischen Einheiten zustande, wobei unter anderem die vorgesehene Leitungsspanne (auch: Führungs- oder Kontrollspanne) zu berücksichtigen ist, denn sie beschreibt die Anzahl der optimal betreubaren direkten Untergebenen, da jeder und jede Vorgesetzte nur eine begrenzte Zahl bestmöglich betreuen kann und ihre Größe daher von verschiedenen Merkmalen abhängig ist, wie Komplexität der Aufgaben, Qualifikation der Mitarbeitenden, Umfang und Art des Sachmitteleinsatzes etc. Die Bildung hierarchischer Einheiten erfolgt beispielsweise nach Fachabteilungen (Ambulanz, Chirurgie, Innere Medizin, Radiologie, Gynäkologie, Labor etc.), Berufsgruppen (Verwaltung, Ärzte, Pflegekräfte etc.) oder Funktionen (Untersuchung und Behandlung, Pflege, Verwaltung, Soziale Dienste, Ver- und Entsorgung, Forschung und Lehre, sonstige Bereiche), zu deren Dokumentation üblicherweise Organisationspläne und Organigramme dienen, aus denen sich die aufbauorganisatorischen Strukturen ergeben, die die Beziehungen der einzelnen

Organisationseinheiten der Gesundheitseinrichtung widerspiegeln. So veranschaulicht beispielsweise das Organigramm als grafische Darstellung der Aufbauorganisation einer Gesundheitseinrichtung das Verteilungssystem der Aufgaben und die Zuordnung von Teilaufgaben auf die einzelnen Stellen. Wichtige Funktionen, die in der Aufbauorganisation abzubilden sind, sind beispielsweise auch Beauftragte für Hygiene, Qualitätsmanagement, Medizinproduktesicherheit, Datenschutz, Brandschutz, IT-Sicherheit etc., sowie einrichtungsübergreifende Arbeitskreise und Kommissionen, deren Aufgaben und genaue Zusammensetzung mitunter sogar vorgeschrieben sind (siehe Tab. 8.1).

Beispiel

Hygienebeauftragte in der Pflege haben nach der Bayerischen Medizinhygieneverordnung (MedHygV) beispielsweise folgende Aufgaben, die aufbauorganisatorisch in Stellenbeschreibungen zu berücksichtigen und abzugrenzen sind, damit kritische Situationen im Hygienebereich möglichst verhindert werden: Mitwirkung bei der Erstellung bereichsspezifischer Hygienestandards, Umsetzung und Schulung korrekter Hygienepraktiken, frühzeitige Wahrnehmung von Ausbrüchen, Informationsweitergabe an die Hygienefachkraft sowie Mitwirkung bei der organisatorischen Bewältigung von epidemisch auftretenden Krankenhausinfektionen (vgl. § 9 MedHygV). ◄

Neben der Aufbauorganisation ist die möglichst optimale Gestaltung von Abläufen und Prozessen im Rahmen der **Ablauforganisation** für die Stabilität einer Gesundheitseinrichtung von wesentlicher Bedeutung und damit Beantwortung der Frage, wer was, wann, wie und wo macht. Dazu ist zu bestimmen, aus welchen Vorgängen sich ein Arbeitsprozess zusammensetzt und welche Arbeitsschritte jeder Vorgang einschließt (Vorgangsermittlung), in welcher Reihenfolge Arbeitsschritte und Vorgänge durchgeführt werden (Reihenfolgefeststellung), für jeden Vorgang die zugehörigen Arbeitsplätze und deren aufbauorganisatorische Einordnung (Arbeitsplatzzuordnung), für jeden Vorgang den jeweiligen Arbeitsauftrag und die Arbeits- bzw. Entscheidungsregeln für ihre Durchführung (Verarbeitungsregelung), für jeden Vorgang die notwendigen Informationseingaben (Eingaben- / Input-Definition) und Informationsausgaben (Ausgabe- / Output-Definition), die Arbeitszeit je Vorgang (Zeitbedarfsplanung), die Arbeitsmengen je Vorgang (Mengenermittlung), die notwendigen Sachmittel (Sachmittelzuordnung) sowie die benötigte Personalkapazität und -qualifikation (Personalkapazitätsermittlung).

Bei der Verknüpfung der Vorgänge zu Prozessen sollten die Kernprozesse (beispielsweise Managementprozesse, medizinische, pflegerische Leistungserstellungsprozesse oder Unterstützungsprozesse) der Gesundheitseinrichtung im Mittelpunkt stehen, da sie einen wesentlichen Beitrag zum Erfolg der Einrichtung liefern, eine starke Außenwirkung entfalten und das größte Potential für eine Prozessoptimierung bieten, sowohl durch Verbesserung der Leistungserstellung und damit des Patientenservices, der Produktivität und durch Senkung der Kosten (siehe Tab. 8.2).

Tab. 8.1 In Krankenhäusern, Vorsorge- und Rehabilitationseinrichtungen, in denen eine den Krankenhäusern vergleichbare medizinische Versorgung erfolgt, einzurichtende Hygienekommissionen nach § 4 MedHygV

Organisationsmerkmal	Vorgabe nach § 4 MedHygV
Vorsitz	Ärztliche Leitung
Mitglieder	Ärztliche Leitung, Verwaltungsleitung, Pflegedienstleitung, Krankenhaushygienikerin oder Krankenhaushygieniker, mindestens eine hygienebeauftragte Ärztin oder ein hygienebeauftragter Arzt, mindestens eine Hygienebeauftragte oder ein Hygienebeauftragter in der Pflege sowie Hygienefachkräfte;
Fakultative Mitglieder	Weitere Fachkräfte: Mikrobiologinnen und Mikrobiologen von privaten oder öffentlichen Untersuchungsstellen einschließlich der Krankenhauslaboratorien, Betriebsärztin oder Betriebsarzt, Apothekerin oder Apotheker, die oder der die Einrichtung mit Arzneimitteln versorgt, Leitung der hauswirtschaftlichen Bereiche, Technische Leitung, Wirtschaftsleitung
Aufgaben	Innerbetriebliche Verfahrensweisen zur Infektionshygiene beschließen, an deren Fortschreibung mitwirken und deren Einhaltung überwachen; anhand des Risikoprofils der Einrichtung den erforderlichen Bedarf an Fachpersonal feststellen; Empfehlungen für die Aufzeichnung von nosokomialen Infektionen, des Auftretens von Krankheitserregern mit speziellen Resistenzen und Multiresistenzen sowie des Antibiotikaverbrauchs erarbeiten; Aufzeichnungen bewerten und sachgerechte Schlussfolgerungen hinsichtlich erforderlicher Präventionsmaßnahmen und hinsichtlich des Einsatzes von Antibiotika ziehen; bei der Planung von Baumaßnahmen, der Beschaffung von Anlagegütern und der Änderung von Organisationsplänen mitwirken, soweit Belange der Krankenhaushygiene berührt sind; hausinternen Fortbildungsplan für das Personal auf dem Gebiet der Hygiene und Infektionsprävention einschließlich des Antibiotikaeinsatzes beschließen
Einberufung	Mindestens halbjährlich, im Übrigen nach Bedarf, bei gehäuftem Auftreten von nosokomialen Infektionen und bei besonderen, die Hygiene betreffenden Vorkommnissen unverzüglich
Aufzeichnungen	Geschäftsordnung; schriftliche Aufzeichnungen über die Ergebnisse der Beratungen und zehnjährige Aufbewahrung

Insbesondere in Fachkrankenhäusern für Psychiatrie und Psychotherapie und anderen Einrichtungen, bei denen auf Grund ihrer Aufgabenstellung davon ausgegangen werden kann, dass die Gefahr von nosokomialen Infektionen nur in geringem Umfang gegeben ist, kann bei der Zusammensetzung der Hygienekommission und der Sitzungshäufigkeit von den entsprechenden Vorgaben abgewichen werden.

Tab. 8.2 Prozessbeispiele im Krankenhaus

Beispielprozess	Organisationsbedarf
Patientenaufnahme Normalpatienten	Aufnahme für bestimmte Behandlungen und geplante Prozeduren nur an vorgegebenen Tagen, Uhrzeit der Einbestellung, Eintragung in den Aufnahmekalender, Begrüßung, strukturierte Abfrage von patientenbezogenen Daten / Informationen, Erfassung mitgeführter Medikamente, Eintragung ins Aufnahmebuch, Verteilung je nach Pflegeeinstufung und freier Bettenkapazität auf die Station, Patientenvorstellung, Durchführung der Anamnese, Festlegung und Ausarbeitung ärztlicher Anordnungen, Dokumentation des Aufnahmebefunds, Durchführung der Aufnahmecodierung
Patientenaufnahme Notfallpatienten	Aufnahme in der Notfallambulanz, Zuständigkeit des diensthabenden Arztes für Notfälle, Akut-/ Intensivbehandlung bzw. Durchführung von Erstgespräch und Aufnahmeuntersuchung (Vitalzeichen, Routinelabor etc.), weitere Diagnostik und ggf. Medikamentengabe und Übergabe an die Station
Patientenvisite	Häufigkeit und Zeitraum von Chef-, Ober-, Stations- und Assistenzarztvisiten, gleichzeitige Anwesenheit von Arzt und zuständiger Pflegekraft, bedarfsweise Hinzuziehung von med. Fachgruppen, Vermeidung von Unterbrechungen, vorherige Information der Visitierenden über Befunde, Heilungsverlauf, Diagnoseergebnisse etc., Einbeziehung des Patienten in das Visitengespräch, Vermeidung von fachlichen Nebengesprächen, Dokumentation der Visiteninhalte, Vermeidung von Aufklärungsgesprächen und Angehörigengesprächen während der Visite, die Ausarbeitung der Visite und fachlicher Anordnungen durch die Pflegekräfte und anderes mehr
Patientenentlassung	Art und Weise der Entlassterminierung in der Visite, Dokumentation des Termins in der Patientenakte, Information von Angehörigen und weiterversorgenden Einrichtungen (evtl. Erstellung des Pflegeüberleitungsbogens, Transportorganisation etc.), Erstellung des Arztbriefs zur Entlassung, Verabschiedung, Medikamentation des Patienten, Durchführung der Entlassungs-Codierung, Zimmer- und Bettenaufbereitung

Für Stabilität durch gut funktionierende Abläufe kann hierbei in der Aufbauorganisation die Bestimmung von Prozessverantwortlichen (Prozess-Owner) sorgen, die die Verantwortung für komplette, in sich abgeschlossene Prozesse übernehmen, die notwendigen Rahmenbedingungen schaffen, ihre Vorgehensweise mit anderen Prozessverantwortlichen koordinieren und sich um den Informationsaustausch zwischen den einzelnen Kernprozessen kümmern, um die gesamte Zielorientierung aller Abläufe in der Gesundheitseinrichtung sicherzustellen. Sie sind dazu mit den erforderlichen Kompetenzen und Befugnissen auszustatten, da eine fehlende Klärung in der Praxis häufig zu „Kompetenzgerangel" mit der Linienorganisation führt. Die Visualisierung und grafische Darstellung der Ablauf- und Prozessorganisation erfolgt beispielsweise in Form von Ablaufdiagrammen, Blockschaltbildern, Checklisten oder Flussdiagrammen (häufig an die Symbolik eines Datenflussplanes nach DIN 66001 angelehnt).

Um Stabilität zu sichern und möglichen Krisen vorzubeugen sollte die Art und Weise der Prozessoptimierung in der Gesundheitseinrichtung geregelt sein, deren Aufgaben es ist, Abläufe zu optimieren, die ablauforganisatorischen Strukturen anzupassen und Verbesserungsmaßnahmen umzusetzen. Dies kann über einen Kontinuierlichen Verbesserungsprozess (KVP) geschehen, der eine stetige Verbesserung der medizinischen Leistungserstellungs-, Prozess- und Patientenservicequalität zum Ziel hat und bei dem die Mitarbeiter regelmäßig ihren Arbeitsbereich in Teams analysieren, konkrete Verbesserungsvorschläge erarbeiten und an der Umsetzung ihrer Ideen beteiligt werden.

Auch die Umsetzung des Konzepts Klinischer Pfad (Clinical Pathway), bei dem der Patient nach einem standardisierten Behandlungsplan, der bestimmte durchzuführende Untersuchungen bzw. Behandlungen auf der Basis der Diagnosis Related Groups (DRG) (vorgegebene Zusammenfassung der Fälle, welche in Bezug auf den diagnostischen, therapeutischen und versorgungstechnischen Aufwand von Beginn an bis zum Ende des Aufenthaltes einen ähnlichen Ressourcenverbrauch aufweisen) festlegt, je nach Krankheitsbild kriterienorientiert und in der Regel interdisziplinär unter Beteiligung mehrerer Fachdisziplinen in der Gesundheitseinrichtung durchgeleitet wird, wobei eine transparente Aufgabenverteilung, die klare Festlegung von Verantwortlichkeiten, die gute Kenntnis der Mitarbeiter über den Behandlungsverlauf und klar definierte Abläufe wichtig sind.

Zur Vermeidung kritischer Situationen aufgrund möglicher Behandlungsfehler bei häufigen Interventionen trägt neben klinischen Behandlungspfaden auch die Evidenzmedizin bei, die bei jeder medizinischen Behandlung deren empirisch nachgewiesene Wirksamkeit (aus möglichst vielen randomisierten, kontrollierten Studien oder zumindest klinischen Berichten) zum Ziel hat. Hierzu ist für eine möglichst einheitliche Handhabung in der Gesundheitseinrichtung neben organisationsinternen Behandlungsrichtlinien als wichtige Stützen im Alltag der Gesundheitseinrichtung, wie etwa für Geburtshilfe oder die Neonatologie, zu regeln, wie klinische Entscheidungen auf Grundlage der besten verfügbaren Evidenz zustande kommen, die kritische Beurteilung der Relevanz der in Studien festgelegten klinischen Endpunkte erfolgt und die Beurteilung der Wirksamkeit einer Behandlung anhand von für den Patienten relevanten Kriterien durchgeführt wird.

Einige Organisationsbereiche gelten in Gesundheitseinrichtungen als besonders krisenanfällig bzw. als Verursacher von kritischen Situationen. Dazu zählt insbesondere die **Hygieneorganisation**. So haben beispielsweise nach dem Infektionsschutzgesetz (IfSG) die Leiter von Krankenhäusern, Einrichtungen für ambulantes Operieren, Vorsorge- oder Rehabilitationseinrichtungen, in denen eine den Krankenhäusern vergleichbare medizinische Versorgung erfolgt, Dialyseeinrichtungen, Tageskliniken, Entbindungseinrichtungen, mit einer der oben genannten Einrichtungen vergleichbar Behandlungs- oder Versorgungseinrichtungen, Arztpraxen, Zahnarztpraxen und Praxen sonstiger humanmedizinischer Heilberufe organisatorische Vorkehrungen zu treffen, die sicherstellen, dass die nach dem Stand der medizinischen Wissenschaft erforderlichen Maßnahmen getroffen werden, um nosokomiale Infektionen zu verhüten und die Weiterverbreitung von Krankheitserregern, insbesondere solcher mit Resistenzen, zu vermeiden

Tab. 8.3 Organisatorische Vorkehrungen bei Nosokomialen Infektionen und Resistenzen nach § 23 IfSG

Regelungsbereich	Organisatorische Vorkehrung
Aufzeichnung	Nosokomiale Infektionen und das Auftreten von Krankheitserregern mit speziellen Resistenzen und Multiresistenzen werden fortlaufend in einer gesonderten Niederschrift aufgezeichnet; die Aufzeichnungen sind zehn Jahre nach deren Anfertigung aufzubewahren
Schlussfolgerungen und Präventionsmaßnahmen	Nosokomialen Infektionen und das Auftreten von Krankheitserregern mit speziellen Resistenzen und Multiresistenzen werden bewertet und sachgerechte Schlussfolgerungen hinsichtlich erforderlicher Präventionsmaßnahmen gezogen
Antibiotikaeinsatz	Die Daten zu Art und Umfang des Antibiotika-Verbrauchs werden fortlaufend in zusammengefasster Form aufgezeichnet, unter Berücksichtigung der lokalen Resistenzsituation bewertet und sachgerechte Schlussfolgerungen hinsichtlich des Einsatzes von Antibiotika gezogen
Information und Umsetzung	Die erforderlichen Präventionsmaßnahmen sowie die erforderlichen Anpassungen des Antibiotikaeinsatzes werden dem Personal mitgeteilt und umgesetzt
Einhaltung des Standes der medizinischen Wissenschaft	Es werden die veröffentlichten Empfehlungen der Kommission für Krankenhaushygiene und Infektionsprävention beim Robert-Koch-Institut (RKI) und der Kommission Antiinfektiva, Resistenz und Therapie beim RKI beachtet

(siehe Tab. 8.3 und Abschn. 3.4). Auch sind innerbetriebliche Verfahrensweisen zur Infektionshygiene in Hygieneplänen festzulegen (vgl. § 23 IfSG).

Weitere Organisationserfordernisse lassen sich beispielsweise aus den Hygienevorschriften der einzelnen Bundesländer ableiten.

Beispiel

Nach der Bayerischen Medizinhygieneverordnung (MedHygV) sind unter anderem auf der Grundlage einer Analyse und Bewertung der jeweiligen Infektionsrisiken innerbetriebliche Verfahrensweisen zur Infektionshygiene zu erstellen, mit Regelungen zur Festlegung standardisierter Handlungsabläufe bei allen infektionsrelevanten Tätigkeiten zur Risikominimierung für Patienten und Beschäftigte unter besonderer Beachtung hierfür verfügbarer evidenzbasierter Empfehlungen, insbesondere Festlegungen zu Verantwortlichkeiten, Personalhygiene, Hygienestandards am Patienten bei Diagnostik, Pflege und Therapie, Hygienemaßnahmen in den Funktionsbereichen, zu allen Reinigungs- und Desinfektionsmaßnahmen sowie Plänen zur Abfallentsorgung, Festlegung des Ausbruchsmanagements und des strukturierten Vorgehens bei gehäuftem Auftreten nosokomialer Infektionen und multiresistenter Erreger, Festlegung von Überwachungsverfahren zur Risikominimierung mit an das einrichtungsspezifische Risiko angepasstem, vertretbarem Aufwand, Festlegung von Einzelheiten der Dokumentation und der krankenhausindividuellen Infektionsstatistik sowie Schulung des Personals (vgl. § 3 MedHygV). ◀

Zusätzliche Vorgaben, die organisatorisch in der jeweiligen Gesundheitseinrichtung umzusetzen sind, machen beispielsweise die Richtlinien für Krankenhaushygiene und Infektionsprävention des Robert-Koch-Instituts (RKI), die durch die Kommission für Krankenhaushygiene und Infektionsprävention am RKI erstellt und regelmäßig ergänzt werden, und die Empfehlungen des Bundesinstitutes für Arzneimittel und Medizinprodukte (BfArM) zu den Anforderungen an die Hygiene bei der Aufbereitung von Medizinprodukten. Weitere Vorgaben enthalten beispielsweise die

- Medizinproduktebetreiberverordnung (MPBetreibV): Voraussetzungen für die Instandhaltung, Wartung und Aufbereitung von Medizinprodukten (beispielsweise Sachkenntnis, erforderliche Mittel etc.) und die Aufbereitung von keimarm oder steril zur Anwendung kommenden Medizinprodukten, die unter Berücksichtigung der Herstellerangaben mit geeigneten Verfahren so durchzuführen ist, dass die Sicherheit und Gesundheit von Patienten oder anderer nicht gefährdet wird.
- DIN EN ISO 17664: Informationen für die Aufbereitung von resterilisierbaren Medizinprodukten; darunter fallen Medizinprodukte, die aufgrund ihrer Mehrfachverwendung eine Wiederaufbereitung erfordern, die sie erneut in einen sterilen, gebrauchsfertigen Zustand versetzt.
- Technischen Regeln für Biologische Arbeitsstoffe (Biologische Arbeitsstoffe im Gesundheitswesen und in der Wohlfahrtspflege, TRBA 250): Schutzmaßnahmen gegenüber Methicillinresistenten Staphylococcus Aureus-Stämmen (MRSA), nach denen Beschäftigte in Gesundheitseinrichtungen über den Umgang mit MRSA-kolonisierten oder infizierten Patienten sowie über die erforderlichen besonderen Hygienemaßnahmen zu unterrichten sind.
- Deutsche Gesellschaft für Hygiene und Mikrobiologie (DGHM) und Verbund für Angewandte Hygiene e. V. (VAH): Anerkannte Desinfektionsmittel und –verfahren für die Aufstellung von Hygieneplänen.

Zentrales Organisationshilfsmittel in Gesundheitseinrichtungen ist der Hygieneplan, mit dem die Maßnahmen der Desinfektion und Sterilisation schriftlich festzulegen und deren Einhaltung zu überwachen sind, wozu er Angaben zum Objekt, Art, Mittel, Zeitpunkt und Verantwortlichkeit über einzelne Hygienemaßnahmen enthält, die innerbetrieblichen Verfahrensweisen zur Infektionshygiene umfasst, auf die Situation in der jeweiligen Einrichtung angepasst und durch betriebsspezifische Details und Festlegungen ergänzt sein muss. Neben eventuell vorhandenen regionale Regelungen und Landesvorschriften ist dabei auch insbesondere zu berücksichtigen, wie der Hygieneplan aufgestellt wird, wer dafür zuständig ist und wie er verbreitet wird. Auch ist die Hygieneplanung regelmäßig im Hinblick auf ihre Aktualität zu überprüfen, durch Begehungen routinemäßig sowie bei Bedarf zu kontrollieren, für alle Beschäftigten der Gesundheitseinrichtung jederzeit zugänglich und einsehbar zur Verfügung zu stellen und diese sind mindestens einmal jährlich hinsichtlich der erforderlichen Hygienemaßnahmen zu belehren.

Die Organisation der erforderlichen Hygienearbeiten richtet sich überwiegend nach Art und Umfang der medizinischen Leistungserstellung der jeweiligen Gesundheitseinrichtung. Die zu organisierenden Reinigungs-, Desinfektions- und Sterilisationsarbeiten sind je nachdem, ob es sich beispielsweise um eine Pflegeeinrichtung handelt, in einer Hausarztpraxis nur einfache Diagnosen, in einem MVZ ambulante Eingriffe und Operationen oder aber in einem Krankenhaus der Vollversorgung Organtransplantationen vorgenommen werden, unterschiedlich aufwändig.

> **Beispiel**
>
> Die Operationsdesinfektion bei Operationen und anderen invasiven Eingriffen erfordert sicherlich den größten organisatorischen Aufwand. So sind nach den Empfehlungen der Kommission für Krankenhaushygiene und Infektionsprävention (KRINKO) zur Prävention nosokomialer Infektionen sowie zu betrieblich-organisatorischen und baulich-funktionellen Maßnahmen der Hygiene in Krankenhäusern und anderen medizinischen Einrichtungen dabei die Eingriffe nicht nur nach Ausmaß und Gefährdungsgrad, sondern auch nach Kontaminationsgrad zu differenzieren, und es ist beispielsweise zwischen nicht kontaminierten Regionen (Gr. I) bis hin zu manifest infizierte Regionen (Gr. IV) zu unterscheiden. Organisatorisch zu trennen sind unter anderem die Personalschleusen (einschl. Waschbecken, Toiletten) und Patientenübergaben in reine und unreine Seiten. Auch der Einsatz steriler Kittel, sterile Handschuhe, der Haarschutz bzw. Mund- und Nasenschutz, die chirurgische Händedesinfektion, die Zwischendesinfektion patientennaher Flächen, sichtbar kontaminierter Flächen oder des gesamten Fußbodens, die täglich nach Betriebsende vorzunehmende Enddesinfektion aller Räume im Operationsbereich sowie Maßnahmen zur Prävention postoperativer Infektionen im Operationsgebiet sind aufbau- und ablauforganisatorisch sicherzustellen, um kritische Situationen oder Folgen aufgrund unzureichender Hygiene zu vermeiden (vgl. Robert-Koch-Institut, 2021, S.1). ◄

Die erforderliche **Krisenorganisation** und damit die aufbau- und ablauforganisatorischen Maßnahmen zur Bewältigung einer Krise richtet sich nach Art und Umfang der akuten Bedrohung bzw. Gefährdung. Im Fall der wirtschaftlichen Krise einer Arztpraxis kann sich die Aufbauorganisation zur Bewältigung lediglich aus der Praxisinhaberin und m Steuerberater zusammensetzen. Im Brand- und Katastrophenfall in einem Großklinikum ist sicherlich der Einsatz eines Krisenstabs erforderlich. Erst recht im Fall einer übergeordneten Großschadenslage wie im Falle einer Pandemie, bei der beispielsweise ein Krankenhaus, seine Patienten und Beschäftigten selbst davon betroffen sein können, das aber auch wichtige, gut organisierte Versorgungsfunktionen für die Bevölkerung übernehmen muss, um die Pandemie insgesamt zu bewältigen.

Krisenarbeit ist häufig Stabsarbeit: Selbst in kleinen Gesundheitseinrichtungen wie einer Arzt- oder Zahnarztpraxis sind neben dem Praxisinhaber bzw. der Praxisinhaberin weitere Personen nötig, die unterstützen oder zumindest beratend zur Seite stehen. In größeren Gesundheitseinrichtungen besteht die Aufbauorganisation des Krisenmanagements üblicherweise aus Krisenstäben, die oft die höchste Instanz in Führungssystemen zur Gefahrenabwehr und zum Krisenmanagement darstellen (siehe Abschn. 2.1).

> **Beispiel**
>
> Einrichtungen des Gesundheitswesens müssen zu jeder Zeit darauf vorbereitet sein, eine interne oder externe Schadenslage zu bewältigen. Dazu bedarf es allgemeiner Krisenmanagementstrukturen mit einer besonderen Aufbau- und Ablauforganisation, die kontinuierliche Weiterbildung des Personals und die Durchführung regelmäßiger Übungen. Mithilfe von Alarmplänen erfolgt die Vorbereitung auf außergewöhnlichen Situationen, die Menschenleben und Sachgüter gefährden, sowie deren konkrete Bewältigung unter Nutzung von Verhaltensanweisungen und Checklisten, beispielsweise für den Fall einer Bombendrohung, den Massenanfall Verletzter und Erkrankter, der Kontamination von Patienten mit chemischen, biologischen oder radiologischen Substanzen, dem Ausfall überlebensnotwendiger, kritischer Infrastruktureinrichtungen, von Elektrizität, Trinkwasser, Informations- und Kommunikationstechnik, Transport- und Logistikdienstleistungen und von hoch spezialisiertem Personal (vgl. Bundesamt für Bevölkerungsschutz und Katastrophenhilfe, 2008, S. 11). ◄

Aufbauorganisatorisch ist im Krisenmanagement beispielsweise festzulegen, wer im Krisenfall welche Kompetenzen haben soll, das Verhältnis der Einrichtungsleitung zum Krisenstab, die Funktionsweise und Zusammensetzung des Krisenstabs, dessen Leitung und darin vertretene Spezialfunktionen sowie seine technische Ausstattung (Räumlichkeiten, redundante Informations- und Kommunikationsinfrastruktur, Erreichbarkeit, Notstromversorgung etc.). Die aufbauorganisatorische Struktur eines Krisenstabs kann sich beispielsweise aus folgenden Sachgebieten, Funktionen und Aufgaben zusammensetzen:

- **Einsatzleitung:** Einrichtungsleitung;
- **Personal (Sachgebiet 1):** Leitung der Personalabteilung bzw. Pflegedienstleitung (Bereitstellung der Einsatz- und Reservekräfte, Alarmierung hausintern und –extern, Führung des inneren Stabsdienstes);
- **Lageerkundung und -dokumentation (Sachgebiet 2):** Leitung der Patienten- bzw. Bewohnerverwaltung (Lagefeststellung und –darstellung, Einsatzdokumentation mit Einsatztagebuch);
- **Einsatz (Sachgebiet 3):** Ärztliche Leitung, Pflegeleitung (Stellvertretung der Einsatzleitung, Entscheidungen über Einsatzmaßnahmen, Auftragserteilung, Kontrolle, Einsatzsteuerung, Meldewesen, ggf. Mithilfe bei der Sicherung von Sachwerten, Ermittlung der Schadensursache, Täterermittlung, Zeugenfeststellung etc.);

- **Versorgung (Sachgebiet 4):** Leitung Verwaltung, Wirtschaftsbetriebe, Krankenhaus-apotheke (Bereitstellung Arzneimittel und Medizinprodukte, allgemeines Nachschub-wesen und technische Versorgung, Versorgung und Unterbringung der Einsatzkräfte);
- **Kommunikations- und Medienarbeit (Sachgebiet 5):** Leitung Einrichtungs-kommunikation, Pressesprecher (Presse- und Medieninformation, -betreuung, -koordination, Patienten und Beschäftigteninformation, sonstige Information an Externe);
- **Informations- und Kommunikationstechnik (Sachgebiet 6):** Leiter IT-Abteilung (Bereitstellung von Informations- und Kommunikationstechnik, IuK-Personal)(vgl. Bundesamt für Bevölkerungsschutz und Katastrophenhilfe, 2008, S. 64 f.).

Ablauforganisatorisch steht im Krisenmanagement in Anlehnung an den bekannten PDCA-Ansatz ein Handlungsprozess im Vordergrund, der als einprägsames „LADEN"-Konzept auch unabhängig vom Führungsprozess (siehe Abschn. 2) das grundsätzliche Agieren im Krisenfall beschreibt:

- L: Lageerkundung und –beurteilung,
- A: Auftragsbeschreibung und -erteilung,
- D: Durchführung,
- E: Ergebniskontrolle,
- N: ggf. Nachsteuerung.

Nicht nur für einen Krisenstab ist die Lageerkundung wichtig; auch ein Einsatzteam vor Ort muss sich erst einmal beispielsweise einen Überblick darüber verschaffen, wie groß der Schaden, die Anzahl der Verletzen und wie die Art der Verletzungen ist. Auf der Grundlage einer möglichst fundierten Beschreibung der Situation ist im Rahmen der anschließenden Lagebeurteilung zu entscheiden, welche Maßnahmen mit welcher Priorität zu ergreifen sind. Sie münden in einen möglichst genau zu beschreibenden Auf-trag und eine konkrete Auftragserteilung an einen definierten Personenkreis, der nach der erfolgten Durchführung den Erfolg der Maßnahmen kontrollieren und das Ergeb-nis rückmelden muss. Ist das gewünschte Ergebnis nicht eingetreten, muss gegebenen-falls nachgesteuert werden, was eine Wiederholung der Maßnahmen oder das Ergreifen abweichender Lösungen bedeutet. Nicht nur für den entfernt agierenden Krisenstab, sondern auch für das Einsatzteam vor Ort ist es dabei wichtig, die sich verändernde Lage permanent im Auge zu behalten und situationsbedingt zu reagieren, sodass der Hand-lungsprozess kreislaufartig immer wieder neu startet.

Checklisten und Notfallpläne (siehe auch Abschn. 8.4) als ablauforganisatorische Hilfsmittel können das Krisenmanagement unterstützen, indem sie vorbereitet für bestimmte Krisenszenarien konkrete Handlungsanleitungen beinhalten. Nicht immer reicht es aus, sie im Krisenfall lediglich abzuarbeiten. Angepasst auf die individuelle Situation bieten sie jedoch eine erste Struktur und reduzieren die Gefahr, Wesentliches zu versäumen. Sie werden in der Regel in ruhigen und stabilen Lagen erstellt, sodass

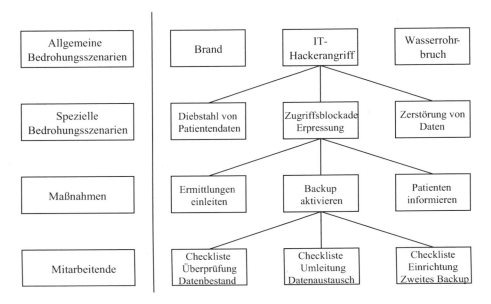

Abb. 8.1 Checklisten-Ableitung am Beispiel eines Ransomware-Angriffs in einer Zahnarztpraxis

sie gründlich, fundiert und umfassend mögliche Schadensszenarien und abgewogene Reaktionen darauf beinhalten können. Sie lassen sich durch Erkenntnisse aus Übungen und praktischen Einsätzen sukzessive vervollständigen und auf ihre Anwendbarkeit bzw. Realitätsnähe überprüfen.

Da die möglichen Bedrohungsszenarien jedoch oft vage, wenig geordnet oder komplex sind, bedarf es für die Erstellung von Krisenmanagements-Checklisten Verfahren, die eine strukturierte Vorgehensweise beinhalten. Hierzu eignet sich die Relevanzbaum-Analysetechnik insbesondere für Szenarien mit großer Komplexität, indem sie versucht, diese Szenarien zu strukturieren und in einer Baumstruktur aus den einzelnen Verästelungen Checklisten bis hinab auf die Ebene einzelner Beschäftigter abzuleiten (siehe Abb. 8.1).

8.2　Health Process Continuity Management

Um für Notfälle in zeitkritischen Aktivitäten und Prozessen von Gesundheitseinrichtungen Vorsorge zu treffen, sind Fortführungs- sowie Wiederanlaufpläne zu entwickeln, die gewährleisten, dass im Notfall zeitnah Ersatzlösungen zur Verfügung stehen und innerhalb eines angemessenen Zeitraums die Rückkehr zum Normalbetrieb ermöglichen. Die dazu notwendige Kontinuität und Stabilität versucht das an das Business Continuity Management (BCM) nach ISO 22301 angelehnte **Health Process Continuity Management** (HPCM) zu erreichen, als ein an den zeitkritischen Prozessen

der Gesundheitseinrichtung orientierter, ganzheitlicher systematischer Prozess zur Prävention und Bewältigung von plötzlichen, unvorhergesehenen negativen Ereignissen,
welche erhebliche Auswirkungen auf die Einrichtung hätten.

> „Ein BCM kann trotz perfekter Planung keinesfalls Ausfälle und Leistungsminderungen
> vollständig verhindern: Eine gute Prävention kann jedoch die Anzahl von Unterbrechungen
> reduzieren, schnelle Detektion und Reaktion können die Dauer eines Ausfalls und/oder den
> Grad der Leistungsminderung reduzieren" (Kersten & Klett, 2017, S. VI).

Das HPCM hat zum Ziel, das Gefahrenpotenzial von Risiken in Bezug zu den Kernprozessen zu identifizieren und effektive präventive und reaktive Maßnahmen zu
etablieren. Für trotz Prävention unterbrochene Prozesse, wird ein möglichst schneller
Wiederanlauf angestrebt. Es ist daher angelegt auf plötzlich eintretende betriebsunter-
brechende Ereignisse, die Sicherstellung der Weiterführung von zeitkritischen Prozessen
und Aktivitäten auf einem akzeptablen Niveau und die Gewährleistung von ununter-
brochener Verfügbarkeit von Schlüsselressourcen wie Medizinprodukten, Arzneimitteln,
Infrastruktur, Personal, IT-Systemen und Dienstleistern der Gesundheitseinrichtung.
HPCM bietet hierzu eine Rahmenstruktur, die es ermöglicht, potenzielle Bedrohungen für
die Gesundheitseinrichtung zu identifizieren und Kapazitäten aufzubauen, um geeignete
Maßnahmen zum Schutz von Patienten, Bewohnern, Beschäftigten, Besuchern, der
eigenen Reputation und den eigenen Sachwerten umzusetzen (vgl. Spörrer, 2018, S. 3)

Zweckmäßigerweise überwacht hierzu ein Health Process Continuity Manager
(Notfallmanager) das Vorhandensein der notwendigen Notfallpläne, stellt für sie eine
standardisierte Vorgehens- und Dokumentationsweise sicher, erstellt zentrale Dokumente
(beispielsweise Handylisten für kritische Einrichtungsbereiche), führt Evakuierungs-
übungen durch und stößt Notfalltests an. Er erstellt und überwacht einen Fortführungsplan, der die Reaktionen der Gesundheitseinrichtung auf eine Unterbrechung nach einem
Schadensfall auf der Prozessebene beschreibt und dazu dient, die Situation zu analysieren und geeignete Strategien zur schnellen Wiederaufnahme der kritischen Prozesse
zu entwickeln, wobei Sofortmaßnahmen wie die Rettung von Personen oder die Brandbekämpfung noch vor Einleitung der Notfallmaßnahmen aus dem Fortführungsplan zu
ergreifen sind.

Beispiel

Auszug aus einer Stellenausschreibung für die Tätigkeit als Mitarbeiter (w/m/d)
Business Continuity Manager (BCM) und Notfallmanager eines Krankenhauses: „Das
erwartet Sie bei uns:

- Identifizierung und Priorisierung von geschäftskritischen Prozessen mittels
  Business-Impact-Analysen (BIA) mit den beteiligten Fachbereichen
- Konsolidierung der Notfall- und Wiederanlaufpläne sowie die Leitung der dazu
  notwendigen interdisziplinären Arbeitstreffen
- Weiterentwicklung des Krankenhausalarm- und Einsatzplans (KAEP) ins-
  besondere der KRITIS Sonderlagen etc.

- Ausbau des IT-Service Continuity Management (ITSCM), einschließlich der gemeinsamen Weiterentwicklung integrierter Betrachtungsweisen zu Ausfall-konzepten bezüglich Prozesse und IT-Systeme
- Konzipierung und Koordination von Notfallübungen (Trainings) und Awareness-Maßnahmen ebenso wie interne Kontrollaktivitäten
- Monitoring zur Einhaltung von relevanten externen bzw. regulatorischen Anforderungen (z. B. BSIG, KRITIS, KAEP)
- Unterstützung bei der Implementierung einer neuen Alarmierungssoftware und weiterer relevanter Systeme" (vgl. jobs.kliniken.de, 2021, S. 1). ◄

Eine an die Business Impact Analyse (BIA) des BCM angelehnte **Health Process Impact Analyse** (HPIA) liefert als Folgeschädenabschätzung oder Betriebsunter-brechungsanalyse die notwendigen Informationen über die kritischen Prozesse und Ressourcen in einer Gesundheitseinrichtung und eine Risikoanalyse die nötigen Informationen über bestehende Risiken, gegen die sich die Gesundheitseinrichtung absichern sollte (siehe Abschn. 4). Es handelt sich dabei um ein Verfahren, die Wieder-anlaufpunkte der Prozesse zu definieren, eine Priorisierung für den Wiederanlauf und damit die Kritikalität der Prozesse festzulegen und die benötigten Ressourcen zu identifizieren. Auf Grundlage der HPIA lassen sich Optionen für eine Kontinuitäts-strategie und eine zugehörige Notfallplanerstellung entscheiden. Sie hat die Aufgabe zu ermitteln, welche Prozesse wichtig und damit kritisch für die Aufrechterhaltung des Betriebs der Gesundheitseinrichtung sind und welche Folgen ihr Ausfall haben kann. Sie sind besonders abzusichern und für sie eine schnellere Wiederaufnahme der Tätigkeit erforderlich, da sonst ein hoher Schaden für Patienten, Beschäftigte oder die Gesund-heitseinrichtung zu erwarten ist. Prozesse mit einer geringeren Kritikalität bedeuten, dass sie eine geringere Priorität für die Wiederherstellung haben.

Die **HPIA** lässt sich in folgende **Teilschritte** untergliedern:

- **Stammdaten und Prozesse**: Erstellung einer Übersicht über alle Stammdaten (Struktur, Örtlichkeiten etc.) und relevanten Prozesse der Gesundheitseinrichtung mit den jeweils verantwortlichen Ansprechpartnern bzw. Prozessverantwortlichen und Zuordnung zu den Einrichtungszielen sowie Darstellung der Abhängigkeiten zwischen den einzelnen Prozessen (Mindestangaben: eindeutige Bezeichnung, kurze Beschreibung, benötigter Input, Output, Verknüpfungen zu anderen internen wie auch ausgelagerten Geschäfts-prozessen (Vorgänger und Nachfolger), Abhängigkeiten der zu unterstützenden Prozessen, Grad der Abhängigkeit der Geschäftsprozesse, Prozessverantwortliche).
- **Einzubeziehende Organisationseinheiten und Prozesse:** Definition der zu berück-sichtigenden Prozesse unter Aussparung derjenigen, die offensichtlich eine sehr geringe Bedeutung für das Erreichen der Einrichtungsziele und Aufrechterhaltung des Betriebs der Gesundheitseinrichtung haben.
- **Schadensanalyse:** Untersuchung des Schadens, den der Ausfall einzelner Prozesse verursachen könnte; Berücksichtigung der zeitlichen Entwicklung des

Schadenverlaufs; Festlegung von Schadenskategorien und Schadensszenarien (siehe Tab. 8.4); Definition von Bewertungsperioden (zur Berücksichtigung der Schadensentwicklung in Abhängigkeit von der Zeitdauer) sowie die Strategie zur Behandlung besonderer Termine, an denen die Verfügbarkeitsanforderung eines Prozesses von dessen Durchschnitt abweicht; Bewertung des entstehenden Schadens bei Ausfall für jeden einzelnen Prozess und jede Bewertungsperiode.

- **Festlegung der Wiederanlaufparameter**: Festlegung der maximal tolerierbaren Ausfallzeit (MTA; Zeitrahmen, in der der Wiederanlauf spätestens erfolgen muss, damit die Einrichtung nicht in eine Phase gerät, in der kurz- oder langfristig ihre Überlebensfähigkeit bzw. die Unversehrtheit der Patienten gefährdet ist), die Wiederanlaufzeit (WAZ; angestrebte Zeit, in der der Wiederanlauf des Prozesses erfolgen soll; setzt sich aus der Zeit bis zur Entdeckung des Notfalls, der Reaktionszeit (von der Meldung, über die Eskalation bis zur Einleitung der Maßnahmen zum Wiederanlauf) und der benötigten Zeit für den eigentlichen Wiederanlauf zusammen, wobei WAZ kleiner als MTA sein muss) und das Wiederanlauf-Niveau für einen stabilen Notbetrieb und für jeden Geschäftsprozess anhand des zeitlichen Schadenverlaufs und der zu erwartenden Schadenshöhe; der Wiederanlauf kann gegebenenfalls in einem Notbetrieb mit Abstufung in der Kapazität und Ressourcen sowohl in der ursprünglichen Umgebung des Normalbetriebs oder auf Ausweichressourcen (beispielsweise an einem Ausweichstandort) erfolgen sowie unter Umständen auch durch einen Alternativprozess mit andersartigen Ressourcen und anderen Abläufen; da der Wiederanlauf in den seltensten Fällen sofort in den Normalbetrieb erfolgt, ist es sinnvoll, die maximal tolerierbare Notbetriebszeit (MTN) festzulegen bzw. die maximal tolerierbare Wiederherstellungszeit (MTW), die sich aus der Wiederanlaufzeit plus der maximal tolerierbaren Notbetriebszeit zusammensetzt; sie kann auch größer als die maximal tolerierbare Ausfallzeit (MTA) sein, da das Eintreten einer existenzgefährdenden Schieflage durch den Notbetrieb zeitlich verschoben wird.
- **Berücksichtigung von Abhängigkeiten:** Feinabstimmung der Wiederanlaufparameter in Bezug auf Prozessabhängigkeiten und Einrichtungszielen.
- **Priorisierung und Kritikalität der Prozesse:** Festlegung der Reihenfolge für den Wiederanlauf und die Kritikalität der Prozesse anhand der vorliegenden Daten für den Wiederanlauf und den Schadensverlauf unter Definition und Abgrenzung der Kritikalitätskategorien (siehe Tab. 8.5).
- **Erhebung der Ressourcen für Normal- und Notbetrieb:** Identifizierung der von den kritischen Prozessen genutzten Ressourcen (Art der Ressourcen (Personal, Medizinprodukte, Arzneimittel, IT etc.), benötigte Kapazität für den Normalbetrieb und den Notbetrieb, für Informationen zusätzlich der sich im sogenannten Wiederherstellungspunkt widerspiegelnde jeweils maximal zulässige Datenverlust).
- **Kritikalität und Wiederanlaufzeiten der Ressourcen:** Ermittlung der Wiederanlauf- und Wiederherstellungszeiten sowie der Kritikalität der von den kritischen Prozessen verwendeten Ressourcen (vgl. Bundesamt für Sicherheit in der Informationstechnik, 2008, S. 28 ff.).

Tab. 8.4 Beispiele für Schadenskategorien in Gesundheitseinrichtungen. (vgl. Bundesamt für Sicherheit in der Informationstechnik, 2008, S. 35)

Kategorie	Beeinträchtigung der medizinischen / pflegerischen Aufgabenerfüllung	Finanzielle Auswirkungen	Verstoß gegen Gesetze, etc.	Negative Innen- und Außenwirkung
Niedrig	Keine nennenswerten Auswirkungen auf die medizinische / pflegerische Aufgabenerfüllung	Keine nennenswerten Auswirkungen	Keine nennenswerten Auswirkungen	Keine nennenswerten Auswirkungen / keine Wahrnehmung bei Patienten und Vertragspartnern
Normal	Beeinträchtigung wird von Patienten und Beschäftigten toleriert / andere Tätigkeiten können vorgezogen werden / Nacharbeit behindert die Aufgabenerfüllung nicht merklich / andere Organisationseinheiten oder Vertragspartner werden in ihrer Arbeit nicht wesentlich gestört	Finanzieller Schaden bleibt für die Einrichtung tolerabel	Verstöße gegen Gesetze und Bestimmungen mit geringen Konsequenzen / Verstöße werden nur intern bemerkt	Störungen bzw. Ausfälle werden nur in Einzelfällen bemerkt und von Patienten und Vertragspartnern als bedeutungslos eingeschätzt / Patienten und Vertragspartner ziehen keine Konsequenzen / das grundsätzliche Vertrauen in die Einrichtung ist nicht beeinträchtigt / keine wahrnehmbaren Verluste von Marktanteilen

(Fortsetzung)

Tab. 8.4   (Fortsetzung)

Kategorie	Beeinträchtigung der medizinischen / pflegerischen Aufgabenerfüllung	Finanzielle Auswirkungen	Verstoß gegen Gesetze, etc.	Negative Innen- und Außenwirkung
Noch	Gefahr für die Unversehrtheit von Patienten / nicht tolerierbare Unterbrechungen bzw. Einschränkungen / Minderung der Behandlungs- bzw. Pflegequalität / Rückstandsaufholung nicht innerhalb der normalen Arbeitszeit möglich / andere Organisationseinheiten oder Vertragspartner werden in ihrer Arbeit erheblich gestört, auch dort müssen Rückstände aufgeholt werden	Beachtliche finanzielle Verluste, jedoch nicht existenzbedrohend	Verstoß gegen Gesetze und Bestimmungen mit tolerierbaren Konsequenzen / Verstöße werden auch außerhalb der Einrichtung bemerkt	Störungen bzw. Ausfälle werden von Patienten und Vertragspartnern deutlich bemerkt und in der Branche wahrgenommen / Image und Vertrauen in die Einrichtung sind bei einzelnen Patienten und Vertragspartnern beeinträchtig / Image- bzw. Vertrauensverluste sind mit hohem Aufwand wieder auszugleichen / einzelne Patienten und Vertragspartner wandern ab / merkliche Verluste von Marktanteilen / Verluste sind mit Aufwand wieder zurückzugewinnen

(Fortsetzung)

Tab. 8.4 (Fortsetzung)

Kategorie	Beeinträchtigung der medizinischen / pflegerischen Aufgabenerfüllung	Finanzielle Auswirkungen	Verstoß gegen Gesetze, etc.	Negative Innen- und Außenwirkung
Sehr hoch	Hohe Gefahr für die Unversehrtheit der Patienten / gravierende Beeinträchtigung der medizinischen / pflegerischen Aufgabenerfüllung / Rückstände können nur mit externer Hilfe oder gar nicht aufgeholt werden / Verzögerte und fehlerhafte Ergebnisse werden extern deutlich bemerkt / schwerwiegende Minderung der Behandlungs- bzw. Pflegequalität / die Arbeit anderer Organisationseinheiten oder Vertragspartner ist nicht möglich / hohe Haftungsansprüche	Existenzgefährdend	Verstoß gegen Gesetze mit Konsequenzen für die Einrichtung und einzelne Beschäftigte	Erheblicher Teil der Patienten und Vertragspartner wandert ab / Image, Vertrauen und Zuverlässigkeit der Einrichtung sind stark beeinträchtigt und werden grundsätzlich in Zweifel gezogen / Image- und Vertrauensverluste sind schwer oder nicht mehr auszugleichen / starke Verluste von Marktanteilen / Verluste sind schwer oder nicht auszugleichen

Wichtige Ergebnisse der HPIA (Prozesse, deren Abhängigkeiten und Beitrag zu den Einrichtungszielen, betrachtete Organisationseinheiten und eventuell ausgeschlossene Prozesse, Einzelbewertungen der Prozesse, Liste der kritischen Prozesse mit Priorisierung für den Wiederanlauf, Ressourcenübersicht der kritischen Prozesse und Anforderungen für den Wiederanlauf) sollten dokumentiert und von der Einrichtungsleitung freigegeben werden.

8.3 Medizinische und pflegerische Qualitätssicherung

Gerade das Qualitätsmanagement (QM) in Gesundheitseinrichtungen ist dazu da, für die notwendige Stabilität bei der medizinischen und pflegerischen Leistungserstellung zu sorgen und Krisen vorzubeugen, die durch unzureichende Qualität entstehen können.

Tab. 8.5 Beispiel für Prozesskritikalitätskategorien in einer Pflegeeinrichtung. (vgl. Bundesamt für Sicherheit in der Informationstechnik, 2008, S. 44)

Kategorie	Wiederanlauf in Stunden (h)	MTA in Stunden (h)	Gesamtschaden nach x Stunden	Auswirkungen Prozessausfall
Unkritisch	≤ 144	≤ 168	Niedrig	Keine oder nur minimale Auswirkungen
Wenig kritisch	≤ 48	≤ 72	Normal	Auswirkungen werden von Bewohnern und Beschäftigten bemerkt
Kritisch	≤ 12	≤ 24	Hoch	Beträchtliche Auswirkungen; Unversehrtheit der Bewohner ist gefährdet
Hoch kritisch	< 0,3	≤ 0,5	Sehr hoch	Existentiell bedrohliche Auswirkungen; Unversehrtheit der Bewohner ist unmittelbar gefährdet

Es ist im Sozialgesetzbuch (SGB) vorgeschrieben, wonach die Leistungserbringer zur Sicherung und Weiterentwicklung der Qualität der von ihnen erbrachten Leistungen verpflichtet sind. Vertragsärzte, medizinische Versorgungszentren, zugelassene Krankenhäuser, Erbringer von Vorsorgeleistungen oder Rehabilitationsmaßnahmen sind verpflichtet, sich an einrichtungsübergreifenden Maßnahmen der Qualitätssicherung zu beteiligen, die insbesondere zum Ziel haben, die Ergebnisqualität zu verbessern und einrichtungsintern ein Qualitätsmanagement einzuführen und weiterzuentwickeln, wozu in Krankenhäusern auch die Verpflichtung zur Durchführung eines patientenorientierten Beschwerdemanagements gehört (vgl. § 135a SGB V). Daneben gibt es für die einzelnen Sektoren weitere Vorgaben, aus denen sich Anforderungen an ein Qualitätsmanagement ableiten lassen, wie beispielsweise für Krankenhäuser und den vertragsärztlichen Sektor die Qualitätsmanagement-Richtlinie Krankenhäuser (KQM-RL) des Gemeinsamen Bundesausschusses (G-BA), für den Vorsorge- und Rehabilitationssektor die Qualitätssicherung bei der ambulanten und stationären Vorsorge oder Rehabilitation (vgl. § 137d SGB V) und die Qualitätssicherung (vgl. § 20 SGB IX), für den Pflegesektor die Zulassung zur Pflege durch Versorgungsvertrag (vgl. § 72 SGB XI), die Qualitätsverantwortung (vgl.§ 112 SGB XI) und die Qualitätsprüfungen (vgl., § 114 SGB XI) sowie für den Bereich therapeutischer Leistungen die Heilmittel-Richtlinie (HeilM-RL) des G-BA (vgl. Hensen, 2016, S. 51 ff.).

Während sich die medizinische Qualität in Anlehnung an DIN EN ISO 8402 definieren lässt als Gesamtheit von Merkmalen (und Merkmalswerten) medizinischer Leistungen und Produkte bezüglich ihrer Eignung, festgelegte und vorausgesetzte Erfordernisse zu erfüllen, trägt das QM dazu bei, die Qualität der Behandlungsleistungen permanent zu verbessern und zu sichern, wozu es aus der Planung und Verwirklichung aller Maßnahmen besteht, die notwendig sind, die Leistungen des Gesundheitsbetriebs und deren Entstehung so zu gestalten, dass die Patientenbedürfnisse erfüllt werden. Diese Erfordernisse bedeuten eine patienten- und bedarfsgerechte medizinische Versorgung, die unter Beachtung wirtschaftlicher Gesichtspunkte fachlich qualifiziert erfolgt, sich an der Lebensqualität orientiert und zu den gewünschten Behandlungsergebnissen führt. Ein **Qualitätsmanagementsystem** (QMS) für eine Gesundheitseinrichtung besteht somit aus der Organisationsstruktur, den Verfahren, Prozessen und Mitteln, die dazu notwendig sind, die medizinischen Qualitätsforderungen zu erfüllen. Es setzt voraus, die Organisationsstruktur und Prozesse der Einrichtung eindeutig und transparent zu machen, um Fehlerquellen zu erkennen, was gleichzeitig die Voraussetzung für ihre Beseitigung darstellt. Die Sicherstellung einer hohen Qualität bedeutet, dass Fehler nicht nur in jedem Fall korrigiert werden, sondern, dass ihrer Wiederholung vorgebeugt wird. Somit hilft ein praktiziertes medizinisches Qualitätsmanagementsystem durch Beherrschen der medizintechnischen, organisatorischen und menschlichen Faktoren, welche die Qualität der Behandlungsleistungen und medizinischen Produkte beeinflussen, Fehler durch ein transparentes System klarer Abläufe und Zusammenhänge zu vermeiden, wobei Aufbau und Aufrechterhaltung eines medizinischen Qualitätsmanagementsystems einen nicht unerheblichen Aufwand bedeuten, denn die einrichtungsinternen Organisationsstrukturen müssen kritisch hinterfragt und erforderliche Änderungen konsequent durchgesetzt werden.

Die Qualität von Behandlungs- und Serviceleistungen in den Gesundheitseinrichtungen wird insbesondere durch folgende Faktoren beeinflusst:

- Sie ist abhängig von der Qualifikation und Motivation der Einrichtungsangehörigen, die die Leistungen ausführen.
- Es besteht in der Regel keine Möglichkeit, eine Behandlungsleistung, bevor sie der Patient erhält, einer Endprüfung zu unterziehen, um sicherzustellen, dass sie die gewünschten Qualitätsmerkmale aufweist; umso wichtiger ist in Gesundheitseinrichtungen Qualität auf Anhieb.
- Ist die Behandlungsleistung erbracht, können Behandlungsfehler oder Qualitätsabweichungen in diesem Augenblick nicht mehr rückgängig gemacht und erst nachträglich verbessert werden.
- Medizinische Behandlungsleistungen, die von ihrem Wesen her überwiegend immaterieller Natur sind und individuell dem einzelnen Patienten erbracht werden, neigen zu unterschiedlichen Qualitätsniveaus.
- Die Fehleranfälligkeit ist umso höher, je mehr Zeit es in Anspruch nimmt, eine Behandlungs- und Serviceleistung zu erbringen und je mehr Mitarbeiter der Gesundheitseinrichtung daran beteiligt sind.

Für die **Qualitätssicherung** in der Gesundheitseinrichtung müssen die Abläufe daher möglichst so gestaltet sein, dass sie reproduzierbar sind, um ein einheitliches Qualitätsniveau zu garantieren, andererseits aber auch so, dass potentielle Fehler durch den Ablauf antizipiert werden und damit im Einrichtungsalltag möglichst gar nicht mehr auftreten können. Das bedeutet, medizinische Leistungen und Produkte in unveränderter, gleichbleibender Qualität zu erbringen bzw. zu erstellen, womit zunächst keine Qualitätssteigerung zwangsläufig verbunden ist. Der Einsatz eines QMS hat vielmehr das Ziel, die Qualität medizinischer Leistungen und Produkte der Gesundheitseinrichtung verlässlich zu erhalten, sie langfristig sicherzustellen und damit einen Qualitätsverlust zu vermeiden (siehe Tab. 8.6).

> **Beispiel**
>
> Zum 12.02.2021 verfügten 2374 Krankenhäuser, 240 Praxen und MVZ, 297 Rehabilitationseinrichtungen, 106 Pflegeeinrichtungen, Hospize und alternative Wohnformen sowie 15 Rettungsdienste über ein KTQ-Zertifikat (vgl. Kooperation für Transparenz und Qualität im Gesundheitswesen, 2021, S. 1). ◄

Weitere organisatorische Maßnahmen, die über QMS hinaus für Stabilität durch die Qualitätssicherung in Gesundheitseinrichtungen sorgen, sind beispielsweise

- **Qualitätszirkel (quality circle):** Regelmäßige Gespräche mit allen Beschäftigten über mögliche Qualitätsverbesserungen zur Optimierung der betrieblichen Abläufe und der Patientenzufriedenheit; alle Mitarbeiter befassen sich in kleinen Gruppen mit der Optimierung ihres Aufgabengebiets, beschränken sich dabei nicht nur auf eine einzelne Behandlungsleistung, sondern auch mit dem Aufzeigen aller Schwachstellen in diesem Bereich;
- **Total Quality Management (TQM):** Ganzheitliche Durchdringung der Gesundheitseinrichtung mit Qualitätsdenken; Aufbau eines Qualitätsmanagementsystems als Zwischenziel auf dem Weg, die Qualitätsphilosophie über alle Einrichtungsbereiche und -aktivitäten auszudehnen; übergreifender Ansatz und eine auf der Mitwirkung aller Mitarbeiter beruhenden Führungsmethode, die Qualität in den Mittelpunkt stellt;
- **Qualitätsberichte der zugelassenen Krankenhäuser nach SGB V § 136b:** Angaben zu Struktur- und Leistungsdaten des Krankenhauses bzw. des Krankenhausstandorts und der Organisationseinheiten/Fachabteilungen sowie Angaben zur Qualitätssicherung;
- **Critical Incident Reporting-Systeme (CIRS):** Anonymisierte Fehlerberichtssysteme, welche durch die Meldung kritischer Ereignisse dazu beitragen, die eigenen Prozesse zu überprüfen, um die gemeldeten Fehler zu vermeiden (z. B. CIRSmedical des Ärztlichen Zentrums für Qualität in der Medizin (ÄZQ), im Bereich der Altenpflege das Fehlervermeidungssystem CIRSplus des Kuratoriums Deutsche Altershilfe (KDA), länderspezifische Reportingsysteme wie cirs.bayern oder das Fehlerberichts- und Lernsystem für Hausarztpraxen unter www.jeder-fehler-zaehlt.de);

Tab. 8.6 Beispiele für Qualitätsmanagementsysteme im Gesundheitswesen

System	Beschreibung	Wesentliche Elemente
Qualitäts-management nach ISO 9000/9001	Normenfamilie der International Organization for Standardization (ISO); stellt eine Gruppe von Managementsystem-normen dar, die sich auch auf Gesund-heitseinrichtungen übertragen lassen; das umfangreichste Modell bildet die ISO 9001; sie umfasst alle Stufen der Leistungserstellung, von der Entwicklung neuer medizinischer Produkte oder Behandlungs-leistungen über die Leistungserbringung selbst bis zum Einsatz beim Patienten	• Einrichtungsleitung: Festlegung von Zuständigkeiten, Verantwortlichkeiten und Befugnissen • Qualitätsmanagementhandbuch: Beschreibt das Qualitätsmanagementsystem der Einrichtung • Verfahrensbeschreibungen: Dokumentieren die Art und Weise, Tätigkeiten in der Einrichtung auszu-führen • Neu- und Weiterentwicklung: Festlegung der Weiterentwicklungsorganisation von Behandlungs-leistungen, medizinischen Produkten oder Therapien • Dokumenten und Patientendaten: Überwachungsver-fahren für die Herausgabe, Änderung Vollzähligkeit und –ständigkeit der Patientenunterlagen • Rückverfolgbarkeit: Gewährleistung der Nach-vollziehbarkeit einer Behandlungsleistung • Prozesssteuerung: Durchführung aller Abläufe unter beherrschten Bedingungen (Arbeitsanweisungen, regelmäßige Instandhaltungsmaßnahmen Beachtung einschlägiger Gesetze, Verordnungen und Normen etc.) • Prüfungen: u. a. Nachweise darüber, dass alle zur Anwendung gelangenden medizinischen Produkte, geprüft und zugelassen sind • Messeinrichtungen: Medizinisch-technische Messein-richtungen sind mit der erforderlichen Genauigkeit auszuwählen, regelmäßig zu überwachen, zu warten und zu kalibrieren • Prüfzustand: Prüfstatus einer Leistung muss jederzeit erkennbar sein (z. B. Untersuchungsstatus von Blut- oder Urinproben) • Korrektur- und Vorbeugungsmaßnahmen: Verfahren, um Fehler zu entdecken, zu analysieren und zu beseitigen • Qualitätsaufzeichnungen: Aufzeichnungen und Unterlagen, aus denen die Behandlungs- und Service-qualität hervorgeht • Interne Qualitätsprüfungen: Überprüfung der zu einem Qualitätsmanagementsystem gehörenden Elemente regelmäßig auf Wirksamkeit und Eignung zur Erfüllung der Qualitätsziele • Aus- und Weiterbildung: Ausreichende Quali-fizierung und Schulung der Beschäftigten • Nachbetreuung: Verfahren für eine medizinisch not-wendige Nachbetreuung und Rückmeldungen von Patienten über die Behandlungsleistung

(Fortsetzung)

Tab. 8.6   (Fortsetzung)

System	Beschreibung	Wesentliche Elemente
Kooperation für Transparenz und Qualität im Gesundheitswesen (KTQ)	Ein im Krankenhausbereich weit verbreitetes Zertifizierungsverfahren zur Darlegung und Begutachtung von Qualitätsmanagementsystemen im Gesundheitswesen; eingetragenes Warenzeichen für die gleichnamige Gesellschaft und das von ihr angewendete Verfahren; Gesellschafter sind Verbände der Kranken- und Pflegekassen auf Bundesebene, die Bundesärztekammer (BÄK), die Deutsche Krankenhausgesellschaft (DKG) e.V. und der Deutsche Pflegerat (DPR) e.V.; mittlerweile sind nicht nur eine Vielzahl von Krankenhäusern nach dem KTQ-Verfahren zertifiziert, sondern auch Arztpraxen, MVZ, Pflege- und Rehabilitationseinrichtungen, Rettungsdienste, Hospize etc.	Zertifizierungsverfahren, das im Krankenhausbereich mit der Übermittlung von Strukturdaten, wie Leitbild, Organigramm, Lageplan, vorhandener KTQ-Visitationsberichte etc. und mit einer Selbstbewertung, bei der die Mitarbeiter ihre Leistungen anhand eines Kriterienkatalogs im Sinne einer Analyse des Ist-Zustands beurteilen, beginnt; Kriterien sind • Patientenorientierung: Klassischer Weg eines Patienten durch die Gesundheitseinrichtung (Aufnahme, Ersteinschätzung, Behandlungsplanung und -durchführung, Entlassung etc.) • Mitarbeiterorientierung: Wird durch die Unterthemen Personalplanung, Mitarbeiterqualifikation und Mitarbeiterintegration abgebildet • Sicherheit: Gewährleistung sicherer Arbeitsbedingungen, betriebliche Hygiene und Umgang mit medizinischen Materialien (Umweltschutz, Arbeitsschutz, Hygienerichtlinien etc.) • Informations- und Kommunikationssysteme: Umgang mit Patientendaten, Informationsweiterleitung, Nutzung von IuK-Technologien • Führung: Unterthemen sind Entwicklung eines Leitbildes, eines Zielsystems, sowie die Erfüllung ethischer Aufgaben • Qualitätsmanagement: Einbindung aller Einrichtungsbereiche in das Qualitätsmanagement, Durchführung qualitätssichernder Maßnahmen, Entwicklung von Leitlinien und Standards sowie die Sammlung und Pflege qualitätsrelevanter Daten Einheitliche Bewertungssystematik für die Planung der Prozesse, auf die sich das jeweilige Kriterium bezieht, sowie die geregelten Verantwortlichkeiten (Plan), der „Ist-Zustand" bzw. die Umsetzung der Prozesse, auf die sich das Kriterium bezieht, (Do), die regelmäßige, nachvollziehbare Überprüfung und Bewertung der Zielerreichung der zuvor dargestellten Prozesse anhand von Messzahlen (Check) und die in eine erneute Prozessplanung eingehenden Verbesserungsmaßnahmen aufgrund der zuvor dargestellten Prozesse (Act); Erreichungsgrad bewertet Qualität der Kriterienerfüllung; Durchdringungsgrad bewertet Breite der Umsetzung in allen für die entsprechende Einrichtung zutreffenden Bereiche; anschließende Fremdbewertung mit Überprüfung durch Visitoren einer KTQ-Zertifizierungsstelle anhand der Ergebnisse der Selbstbewertung, dialogorientierten Befragungen und Begehungen. erfolgreiche Auditierung endet mit der Übergabe des Zertifikats sowie der Veröffentlichung eines Qualitätsberichts der Gesundheitseinrichtung

(Fortsetzung)

Tab. 8.6 (Fortsetzung)

System	Beschreibung	Wesentliche Elemente
Qualität und Entwicklung in Praxen (QEP)	Wurde von den Kassenärztlichen Vereinigungen und der Kassenärztlichen Bundesvereinigung (KBV) in Zusammenarbeit mit niedergelassenen Ärzten und Psychotherapeuten sowie mit Qualitätsmanagementexperten unter Einbeziehung von Berufsverbänden und Arzthelferinnen speziell für Arztpraxen entwickelt	Besteht im Wesentlichen aus den Bausteinen Qualitätsziel-Katalog mit Kernzielen und Erläuterungen, Manual mit Umsetzungsvorschlägen und Musterdokumenten sowie Einführungsseminare für niedergelassene Ärzte und deren Personal; Qualitätsziel-Katalog besteht aus den Kapiteln Patientenversorgung, Patientenrechte und Patientensicherheit, Mitarbeiter und Fortbildung, Praxisführung und –organisation sowie Aufgaben der Qualitätsentwicklung, die prozessorientiert in Anlehnung an den Ablauf der Patientenversorgung gestaltet sind; Manual umfasst insbesondere Vorschläge zur Umsetzung der Kernziele des Qualitätsziel-Kataloges: Muster-Dokumente und Checklisten, zur Anpassung für das eigene individuelle Praxishandbuch, Hinweise zu Art und Umfang der Dokumentation für eine eventuelle Zertifizierung, Tipps und Hilfen zu organisatorischen Aspekten wie Terminplanung und Datensicherheit oder zur Beschreibung von Behandlungsabläufen, Maßnahmenpläne und Selbstbewertungslisten für den Aufbau des QM-Systems in der Praxis, Beispiele für interne Regelungen, Checkliste für die Selbst- und Fremdbewertung als Vorbereitung auf eine eventuelle Zertifizierung; Einführungsseminare für Ärzte, Psychotherapeuten und Mitarbeiter werden von den Kassenärztlichen Vereinigungen und den Berufsverbänden nach einem einheitlichen Curriculum angeboten und vermitteln Grundvoraussetzungen für die Einführung von QEP in der eigenen Praxis; QEP sieht ebenfalls die Möglichkeit einer Zertifizierung vor

(Fortsetzung)

Tab. 8.6 (Fortsetzung)

System	Beschreibung	Wesentliche Elemente
Europäisches Praxisassessment (EPA)	Qualitätsmanagement für Arztpraxen des AQUA-Instituts für angewandte Qualitätsförderung und Forschung im Gesundheitswesen GmbH, das im Rahmen einer Kooperation von Wissenschaftlern der Universitäten Göttingen und Hannover aus der 1993 gegründeten Arbeitsgemeinschaft Qualitätssicherung in der ambulanten Versorgung entstand	Sieht neben einem Grundmodell für Hausärzte spezielle, modifizierte Systeme für Kinder- und Jugendmediziner, Zahnmediziner, Medizinische Versorgungszentren (MVZ) und Ärzte sonstiger Fachrichtungen vor; beispielsweise stellt EPA MVZ eine Weiterentwicklung des Europäischen Praxisassessment für ambulante Arztpraxen dar: Anhand von rund 80 MVZ-spezifischen Qualitätsindikatoren werden Potenziale zur Verbesserung der Organisation und medizinischen Qualität für jede medizinische Einheit des MVZ sowie für die Gesamteinrichtung ermittelt; eine Zertifizierung durch die Stiftung Praxissiegel e. V. lässt sich optional erwerben, wenn das jeweilige MVZ das EPA-Verfahren vollständig durchlaufen hat, die Basisanforderungen zur Einführung von EPA erfüllt, jede medizinische Einheit des MVZ mit Zertifizierungskriterien für Einzel- bzw. Gemeinschaftspraxen die festgelegten Anforderungen erfüllen und zusätzlich für das gesamte MVZ zehn MVZ-spezifische Zertifizierungskriterien eingehalten werden
Europäische Stiftung für Qualitätsmanagement (EFQM)	Wurde 1988 als gemeinnützige Organisation von 14 führenden Unternehmen mit dem Ziel, treibende Kraft für nachhaltiges Qualitätsmanagement in Europa zu sein, gegründet; Eigentümerin des EFQM-Modells für Qualitätsmanagement; Werkzeug, das der Gesundheitseinrichtung Hilfestellung gibt und zugleich aufzeigt, wo sie sich auf dem Weg zu einem Qualitätsmanagementsystem befindet; die EFQM hält das Modell mithilfe bewährter Vorgehensweisen einer Vielzahl von Organisationen aktuell und versucht dadurch sicherzustellen, dass sich das Modell mit dem jeweils aktuellen Managementwissen in Einklang befindet	Grundlage des Modells bilden die Grundprinzipien Patientenorientierung, Lieferantenorientierung, Mitarbeiterorientierung, Prozessorientierung, Innovationsorientierung, Zielorientierung, gesellschaftliche Orientierung, Ergebnisorientierung; Modell umfasst die drei Elemente Menschen, Prozesse und Ergebnisse, was zum Ausdruck bringen soll, dass die Mitarbeiter im Gesundheitsbetrieb (Menschen) in Prozessen und Abläufen (Prozesse) Behandlungsergebnisse (Ergebnisse) erzeugen, die den Patienten (Menschen) zugutekommen sollen; erweitertes Modell besteht aus neun Kriterien (und deren Unterkriterien), die sich aus fünf Voraussetzungen und vier Ergebniskriterien zusammensetzen: Voraussetzungen (enablers): Führung, Strategie, Mitarbeiter, Partnerschaften/Ressourcen, Prozesse; Ergebniskriterien (results): Mitarbeiter, -Kundenergebnisse, gesellschaftsbezogene Ergebnisse, wichtige Ergebnisse der Organisation; Selbstbewertung des Gesundheitsbetriebs, bei der jeweils 500 Punkte in den fünf Voraussetzungen und in den vier Ergebniskriterien erreichbar sind; nächste Stufe (Committed to Excellence) erfordert eine Selbstbewertung, eine Priorisierung der Verbesserungspotentiale, mindestens drei erfolgreich umgesetzte Verbesserungsprojekte sowie die Begutachtung durch einen Prüfer; nächsthöhere Stufe (Recognized for Excellence) erfordert eine noch umfangreichere Selbstbewertung bzw. Datenerhebung durch Prüfer vor Ort

(Fortsetzung)

Tab. 8.6 (Fortsetzung)

System	Beschreibung	Wesentliche Elemente
IQMP-Reha	IQMP-Reha des Instituts für Qualitätsmanagement im Gesundheitswesen GmbH (IQMP) bietet ein Instrumentarium für eine reha-spezifische externe Begutachtung, auf deren Basis das Zertifikat "Exzellente Qualität in der Rehabilitation" (EQR) oder kombinierte Zertifikate verliehen werden können; beinhaltet einen prozessbezogenen modularen Konzeptaufbau, wodurch IQMP-Reha vollständig bis hin zur Zertifizierung, aber auch nur in Teilen genutzt werden kann; orientiert sich am biopsychosozialen Modell der ICF, das von der WHO entwickelt wurde, und darauf gerichtet ist, nicht nur Krankheiten zu erkennen, zu behandeln und zu heilen, sondern von Behinderung bedrohten oder betroffenen Personen unter Einbeziehung der Kontextfaktoren dazu zu verhelfen, ihre Teilhabe am beruflichen und sozialen Leben zu sichern bzw. wiederherzustellen	Im IQMP-Reha ist die EFQM-Grundstruktur durch konkrete rehabilitationsspezifische Inhalte unterlegt; Struktur und Systematik des IQMP-Reha hat die 9 Kriterien des EFQM-Modells übernommen; ab der Gliederungsebene der Teilkriterien bis zu den Indikatoren wurde das IQMP-Reha inhaltlich und textlich auf das Gesundheitswesen ausgerichtet; Bewertung auf der Ebene der Qualitätsstufen findet erst auf der Ebene der Teilkriterien statt; Anforderungen an die medizinische Rehabilitation werden im IQMP-Reha zunächst indikationsübergreifend beschrieben und ergänzt um das Angebot spezifischer Kataloge für die quantitativ bedeutsamsten Indikationen der medizinischen Rehabilitation: Kardiologie-Katalog, Psychosomatik-Katalog, Onkologie-Katalog, Neurologie-Katalog, MSK-Katalog, Abhängigkeitserkrankungen-Katalog, Mutter-Vater-Kind-Katalog; als Hilfsmittel für die praxisnahe, indikationsspezifische Ausgestaltung des IQMP-Reha sind die Kataloge von indikationsspezifischen Expertengruppen (Fachgruppen des BDPK sowie Mitgliedern von Fachgesellschaften) konsentiert; Kataloge werden mit dem IQMP-Reha zusammengeführt, sodass Kliniken mit der entsprechenden Indikation nur ein IQMP-Reha-Manual für den Aufbau und die Weiterentwicklung ihres Qualitätsmanagementsystems benötigen; Selbstbewertung der Reha-Einrichtung ist fester Bestandteil und unabdingbare Voraussetzung der Zertifikatsvergabe; externe Bewertung durch die vom IQMG akkreditierten Zertifizierungsunternehmen erfolgt in mehreren Schritten: Überprüfung des Selbstbewertungsberichts, Visitation mit Kontrolle, ob die Praxis in der Einrichtung dem entspricht, was im Selbstbewertungsbericht dargestellt wurde und ob das Qualitätsmanagementsystem der Klinik den IQMP-Reha Kriterien für eine erfolgreiche Zertifizierung genügt

- **Beschwerdemanagement:** Umgang mit Patientenbeschwerden, Zuständigkeit der Beschwerdebearbeitung, Bearbeitungsprozess (besonderer Augenmerk auf Beschwerden mit erhöhter Brisanz wegen Klageerhebung, drohendenden Reputationsschadens, Drohung mit Weitergabe an Presse etc., Beschwerden, die auf das Vorliegen unerlaubter Handlungen durch Mitarbeiter, krimineller Hintergründe etc. hindeuten), Analyse der Beschwerdedaten, Umsetzung von Maßnahmen zur zukünftigen Fehlervermeidung.

8.4   Funktionierende Notfallkonzepte und –pläne

Die **Notfallvorsorge** bildet die Grundlage für die Fortführungs- und Wiederanlaufpläne im Rahmen des Health Process Continuity Management (HPCM), als Prozess zur Bewältigung von plötzlichen, unvorhergesehenen negativen Ereignissen, welche erhebliche Auswirkungen auf die Gesundheitseinrichtung hätten (siehe Abschn. 8.2). Sie beinhaltet die organisatorischen und konzeptuellen Aspekte sowie alle Maßnahmen und Tätigkeiten des Notfallmanagements, die nicht zur direkten Bewältigung eines Notfalls beitragen, wie beispielsweise vorbeugende Maßnahmen, die den Schaden oder die Eintrittswahrscheinlichkeit von Risiken reduzieren und die Widerstandsfähigkeit der Gesundheitseinrichtung durch Anheben der Krisenschwelle erhöhen, sowie Maßnahmen, um ein schnelles und sinnvolles Reagieren auf einen Vorfall zu ermöglichen (siehe Tab. 8.7). Direkt für die Bewältigung eines Notfalls benötigte Informationen wie beispielsweise Kontaktinformationen oder Handlungsanweisungen sind in einem Notfallhandbuch zu beschreiben, das zusammen mit der Notfallvorsorge das Notfallkonzept bildet (vgl. Bundesamt für Sicherheit in der Informationstechnik, 2008, S. 57).

Das **Notfallkonzept** einer Gesundheitseinrichtung legt somit fest, wie für Notfälle in kritischen Aktivitäten und Prozessen Vorsorge getroffen und durch welche Maßnahmen das Ausmaß möglicher Gefahren für Patienten, Beschäftigte und Sachwerte reduziert und Schäden verhindert werden können.

Die Wirksamkeit und die Angemessenheit eines Notfallkonzepts sind regelmäßig durch Notfalltests zu überprüfen, um die Handlungsfähigkeit im Notfall sicherzustellen. Ferner ist beispielsweise festzulegen, für welche Art von Notfällen Vorkehrungen zu treffen sind (Patienten-, Personal-, IT-, Brand-, Wasser-, Stromversorgungsnotfälle etc.) und wodurch sie sich von Betriebsstörungen unterscheiden. Auch sind Sicherstellungspläne mit zeitnahen Ersatzlösungen für die medizinische Versorgung bzw. Patientenversorgung zu entwickeln und Wiederherstellungspläne (Desaster Recovery) für die Rückkehr zum Normalbetrieb innerhalb eines angemessenen Zeitraums. Zudem sind z. B. zu bestimmen Zahl und Ort von Ausweichbehandlungsplätzen, temporäre Versorgungs- und Unterbringungsmöglichkeiten, Anzahl und Verfügbarkeit für im Notfall benötigte Kräfte, Überwachung der Aktualität der Notfallpläne, Zusammensetzung des Krisenstabs, Standards für die Notfallplangestaltung, Zuständigkeiten bei Eintritt eines Notfalls (Notfallmanager, Feststellung des Notfalls, Auslösen von Alarmierungen,

Tab. 8.7 Inhalte eines Notfallvorsorgekonzepts. (vgl. Bundesamt für Sicherheit in der Informationstechnik, 2008, S. 59 f.)

Gliederung	Einzelne Inhalte
Allgemeines	Festlegung des Dokumentverantwortlichen; Klassifizierung des Dokuments und des Genehmigungsverfahrens; Geltungsbereich, Versionsbezeichnung; Dokumentenempfänger und Verteilungswege; Dokumentenstruktur und Zusammenhänge mit anderen relevanten Dokumenten; Abkürzungsverzeichnis, Glossar
Organisation und Vorgehensmodell	Definition Störung, Notfall, Krise; Übernahme von Verantwortung durch die Leitungsebene; Ziele, Zuständigkeiten, Kompetenzen und Einordnung in andere Managementsysteme der Gesundheitseinrichtung; Integration des Notfallmanagements in alle relevanten Einrichtungsprozesse bzw. Fachverfahren und Projekte; Beschreibung der Notfallvorsorge- und Notfallbewältigungsorganisation; Beschreibung der Ablauforganisation und der Umsetzung
Geschäftsprozess- und Schadensanalyse	Notfallszenarien und ihre Auswirkungen; Kritische Prozesse und deren Wiederanlauf-Anforderungen; Prioritätenliste; Kontinuitätsstrategien; Kosten für die Notfallvorsorge; verbleibende Restrisiken
Organisatorische und technische Vorsorgemaßnahmen	Festlegung von generellen Ausweichstandorten und deren Anforderungen; Alarmierungsverfahren; Beschreibung risiko-reduzierender Maßnahmen; Datensicherung; Meldetechnik; Vereinbarungen mit externen Dienstleistern etc.
Nachhaltiges Einbinden des Notfallmanagements in die Einrichtungskultur	Sensibilisierung und Schulung der Beschäftigten; Einbindung von Wartungs-, Test- und Monitoringprozesse in die bestehende interne Prozesswelt
Aufrechterhaltung und Kontrolle	Kontinuierliche Verbesserung des Notfallmanagements durch Übungen und Testläufe; Pflege und Überarbeitung der Notfallvorsorge- und Notfallbewältigungsmaßnahmen; Beschreibung der Steuerung und Kontrolle des Notfallmanagements

Rettungshelfer etc.), Durchführung von Räumungsübungen, Tests der Unterbrechungsfreien Stromversorgung (USV), Prüfung der Alarmierungskette, Festlegen von Sammelstellen und vieles anderes mehr.

Beispiel

Notfallkonzepte sind nicht nur für Großkliniken und Krankenhäuser wichtig. Auch Arzt- und Zahnarztpraxen müssen vorbereitet sein. Hierzu ist beispielsweise zu klären, welche Art von Notfällen in einer Praxis auftreten können, wer im Notfall was macht und wer wen informiert, wo der Notfallkoffer steht und wer dessen Inhalt regelmäßig kontrolliert. Regelmäßige theoretische Auffrischungen der Notfallabläufe mit dem gesamten Praxisteam und praktische Simulationen von Notfällen unter realistischen Bedingungen möglichst in der eigenen Praxis sollten Gegenstand von Schulungs- und Trainingsmaßnahmen sein (vgl. Frank, 2012, S. 7). ◄

Für die Anforderungen an Notfallkonzepte für Gesundheitseinrichtungen ist beispielsweise auch die Arbeitsstättenverordnung (ArbStättV) maßgeblich, nach der die Sicherheitseinrichtungen, insbesondere Sicherheitsbeleuchtung, Brandmelde- und Feuerlöscheinrichtungen, Signalanlagen, Notaggregate und Notschalter sowie raumlufttechnische Anlagen instand zu halten und in regelmäßigen Abständen auf ihre Funktionsfähigkeit zu prüfen sind, Verkehrswege, Fluchtwege und Notausgänge ständig frei gehalten werden müssen, damit sie jederzeit benutz werden können, Vorkehrungen so zu treffen sind, dass die Beschäftigten bei Gefahr sich unverzüglich in Sicherheit bringen und schnell gerettet werden können, Flucht- und Rettungspläne aufzustellen sind, wenn Lage, Ausdehnung und Art der Benutzung der Arbeitsstätte dies erfordern, diese Pläne an geeigneten Stellen in der Arbeitsstätte ausgelegt oder ausgehängt werden müssen und in angemessenen Zeitabständen entsprechend diesen Plänen zu üben ist sowie Mittel und Einrichtungen zur Ersten Hilfe zur Verfügung gestellt werden und regelmäßig auf ihre Vollständigkeit und Verwendungsfähigkeit überprüft werden müssen (vgl. § 4 ArbStättV). Auch sind den Beschäftigten ausreichende und angemessene Informationen anhand der Gefährdungsbeurteilung in einer für die Beschäftigten verständlichen Form und Sprache zur Verfügung zu stellen, die sich über Maßnahmen im Gefahrenfall erstrecken, insbesondere die Bedienung von Sicherheits- und Warneinrichtungen, die Erste Hilfe und die dazu vorgehaltenen Mittel und Einrichtungen und den innerbetrieblichen Verkehr. Die Unterweisung hat sich auf Maßnahmen der Brandverhütung und Verhaltensmaßnahmen im Brandfall erstrecken, insbesondere auf die Nutzung der Fluchtwege und Notausgänge. Diejenigen Beschäftigten, die Aufgaben der Brandbekämpfung übernehmen, sind in der Bedienung der Feuerlöscheinrichtungen zu unterweisen. Die Unterweisungen müssen vor Aufnahme der Tätigkeit stattfinden und sind danach mindestens jährlich zu wiederholen (vgl. § 6 ArbStättV). Das gesamte Notfallkonzept einer Gesundheitseinrichtung sollte zentral einsehbar hinterlegt sein und gemäß der Unterweisungspflicht kommuniziert werden.

Die Inhalte von **Notfallplänen** für Gesundheitseinrichtungen richten sich beispielsweise nach der DIN 14096, wonach sie wesentliche Informationen für den Brandfall gemäß der Brandschutzordnung enthalten müssen. Auch die DIN ISO 23601 ist für die Gestaltung von Flucht- und Rettungsplänen eine wesentliche Grundlage. Weitere hierfür relevante Normen sind beispielsweise

- DIN 14095 Feuerwehrpläne für bauliche Anlagen,
- DIN 14094 Feuerwehrwesen – Notleiteranlagen,
- DIN 14090 Flächen für Feuerwehr auf Grundstücken,

- DIN 33404-3 Gefahrensignale – Akustische Gefahrensignale (Teil 3: Einheitliches Notfallsignal),
- DIN 4066 Hinweisschilder für die Feuerwehr,
- DIN 18799 Ortsfeste Steigleitern an baulichen Anlagen,
- DIN EN 50172 Sicherheitsbeleuchtungsanlagen,
- DIN EN ISO 7010 Graphische Symbole – Sicherheitsfarben und Sicherheitszeichen.

Nach der Technischen Regelung für Arbeitsstätten ASR A 2.3 „Fluchtwege, Notausgänge, Flucht- und Rettungsplan" müssen Flucht- und Rettungspläne aktuell, übersichtlich, gut lesbar und farblich unter Verwendung von Sicherheitsfarben und Sicherheitszeichen gestaltet sein (siehe auch ASR A 1.3). Sie müssen unter anderem enthalten:

- graphische Darstellungen über den Gebäudegrundriss oder Teilen davon,
- den Verlauf der Fluchtwege,
- die Lage der Erste-Hilfe-Einrichtungen,
- die Lage der Brandschutzeinrichtungen,
- die Lage der Sammelstellen und
- den Standort des Betrachters.

Ferner sind Regeln für das Verhalten im Brandfall und das Verhalten bei Unfällen eindeutig und in kurzer, prägnanter Form und in hinreichender Schriftgröße in jeden Flucht- und Rettungsplan zu integrieren, die Inhalte der Verhaltensregeln den örtlichen Gegebenheiten anzupassen und Flucht- und Rettungspläne in ausreichender Zahl an geeigneten Stellen auszuhängen (vgl. Bundesanstalt für Arbeitsschutz und Arbeitsmedizin, 2017, S. 9).

Auch müssen Notfallpläne von Gesundheitseinrichtungen spezielle Risiken berücksichtigen, wie beispielsweise das Risiko von Systemausfällen, und Regelungen für die Wiederherstellung der Betriebsbereitschaft vorsehen. So sind beispielsweise bei einem Ausfall des Stromnetzes unter anderem die USV durch Notstromaggregate, insbesondere für die Patientenversorgung, ein akustischer und optischer Alarm, sowie die Funktionsfähigkeit der Kommunikationseinrichtungen sicherzustellen, das automatische Herunterfahren und unkontrollierte Neustarten wichtiger IT-Systeme zu vermeiden, alle kritischen Systeme (z. B. Patientenversorgungssysteme, Applikationsserver, Datenbankserver etc.) koordiniert zu stabilisieren, einsatzwichtige Mitarbeiter und Mitarbeiterinnen zu alarmieren, die beschäftigten zu informieren, alle Systeme bei Wiederanlauf zu überprüfen sowie nach Stabilisierung der Stromversorgung die Betriebsbereitschaft festzustellen und freizugeben.

Zu den speziellen Notfallplanungen für bestimmte Gesundheitseinrichtungen zählt beispielsweise der **Krankenhausalarm- und -einsatzplan** (KAEP), für den die Deutsche Arbeitsgemeinschaft Krankenhaus-Einsatzplan (DAKEP), deren Ziel es ist, als Forum die Steuerung von Schadens- oder Großschadenslagen in

Krankenhäusern, Pflegeheimen, Kurkliniken etc. verbessern und die Resilienz der einzelnen Organisationen zu stärken, entsprechende Empfehlungen gibt (vgl. Deutsche Arbeitsgemeinschaft Krankenhaus-Einsatzplan, 2018, S. 2). Das Bundesamt für Bevölkerungsschutz und Katastrophenhilfe (BBK) gibt mit dem Handbuch zur Kranken-hausalarm- und -einsatzplanung (Handbuch KAEP) allen Krankenhäusern in Deutsch-land eine ausführliche und fundierte Hilfe an die Hand, um sich individuell auf größere Notfälle vorzubereiten. Danach beschreibt ein individuell erarbeiteter Krankenhaus-alarm- und -einsatzplan, wie die Strukturen, Prozesse und Funktionen innerhalb der Klinik anzupassen sind, wenn es beispielsweise zu einem Stromausfall, zu einem Massenanfall von Verletzten, einem Cyberangriff oder zu einer Pandemie kommt. Da die Krankenhausalarm- und –einsatzplanung grundsätzlich in der Gesetzgebungszuständig-keit der Bundesländer liegt, gibt es rechtliche Vorgaben für den klinischen Bereich mit zum Teil unterschiedlichen Inhalten, nicht einheitlicher fachlicher Tiefe, unterschied-lichen Begriffen, Strukturen und Verfahrensweisen. Somit ist das Handbuch KAEP des BBK als Handlungsempfehlung zu verstehen, die Krankenhäuser bei der Erstellung eines eigenen Krankenhausalarm- und –einsatzplans unterstützen soll, um durch eine möglichst einheitliche Krankenhausalarmplanung im Schadensfall sowohl reibungslose Abläufe innerhalb der Krankenhäuser, als auch in der Zusammenarbeit mit beteiligten Behörden und Organisationen der Gefahrenabwehr zu ermöglichen (vgl. Bundesamt für Bevölkerungsschutz und Katastrophenhilfe, 2021, S. 1).

> **Beispiel**
>
> Für Niedersachsen haben Vertreter der mit den Inhalten von Krankenhaus-Alarm- und –Einsatzplänen befassten Ministerien und Institutionen (Deutsches Rotes Kreuz – Landesverband Niedersachsen und Kreisverband Osnabrück-Stadt, Ärzte-kammer Niedersachsen, Deutsches Rotes Kreuz, Forum Leitender Notärzte Niedersachsen, Medizinische Hochschule Hannover, Niedersächsische Kranken-hausgesellschaft, Niedersächsisches Landesgesundheitsamt, Niedersächsisches Ministerium für Inneres, Sport und Integration, Niedersächsisches Ministerium für Soziales, Frauen, Familie und Gesundheit) in einem Musterplan konzeptionelle Vor-stellungen und Umsetzungsempfehlungen erarbeitet, um den Krankenhäusern für die medizinische Bewältigung von Katastrophenfällen oder größeren Notfällen eine Hilfestellung an die Hand zu geben (vgl. Schenk & Deutsches Rotes Kreuz – Landes-verband Niedersachsen, 2008, S. 0.4 ff.). ◄

Aus Sicht der Notfallplanung und insbesondere des Brandschutzes gelten ebenso wie Krankenhäuser auch Seniorenpflegeeinrichtungen als kritische Objekte, dabei einem Brand viele Bewohner mit eingeschränkter Bewegungs- und Reaktionsfähigkeit in Sicherheit gebracht werden müssen und diese Maßnahme der Rettung aus dem Brand-raum bzw. die Räumung von Brandabschnitten zeitnah von statten gehen muss, um sie vor toxischen Brandrauch zu bewahren, der bereits nach wenigen Atemzügen zum Tod führen kann. So wird beispielsweise für die Räumungsplanung die Anschaffung spezieller Räumungshilfen wie Evakuierungstücher oder dauerhaft unter der Matratze befestigte Evakuierungsdecken empfohlen, mit deren Hilfe immobile Bewohner in einen sicheren Bereich gebracht werden können (vgl. Bezirksregierung Münster, 2016, S. 16 ff.).

Bei der Notfallplanung ist in Betriebsstätten des Gesundheitswesens grundsätzlich darauf zu achten, dass Fluchtwege barrierefrei gestaltet sind oder Treppenräume genügend Platz für Evakuierungsmaßnahmen bieten. Zum Ausgleich einer nicht ausreichend vorhandenen motorischen Fähigkeit sind barrierefrei gestaltete alternative Maßnahmen vorzusehen, wie das selbsttätige Öffnen einer Tür mittels Taster bzw. durch Näherungsschalter zusätzlich zum mechanischen Öffnen mittels Türgriff oder das Überwinden eines Höhenunterschiedes mittels einer Rampe oder eines Aufzuges zusätzlich zur Treppe (vgl. Deutsche Gesetzliche Unfallversicherung, 2019, S. 19).

Bei der Notfallplanung zur Bewältigung von Großschadenslagen kommt der Vernetzung von Gesundheitseinrichtungen, beispielsweise Krankenhäusern mit Rettungsdiensten, Leitstellen und (landesweiten) Leitungsstäben eine besondere Bedeutung zu.

Beispiel

Rechtliche Vorgaben wie beispielsweise das Landeskrankenhausgesetz Baden-Württemberg (LKHG BW) sehen vor, dass Krankenhäuser durch geeignete Vorkehrungen, insbesondere durch die Erstellung und Fortschreibung von Alarm- und Einsatzplänen, auch bei einem Massenanfall von Verletzten oder Erkrankten eine ordnungsgemäße Versorgung der Patienten gewährleisten. Dazu sind sie im Rahmen ihrer Aufgabenstellung und Leistungsfähigkeit zur Aufnahme und Versorgung von Patientinnen und Patienten verpflichtet. Ist das Krankenhaus belegt, so hat es einen Patienten, dessen sofortige Aufnahme und Versorgung notwendig und durch ein anderes geeignetes Krankenhaus nicht gesichert ist, einstweilen aufzunehmen. Es sorgt nötigenfalls für eine Verlegung des Patienten (vgl. § 28 LKHG BW). ◄

Webbasierte Echtzeitsysteme können hierzu Ressourcen transparent darstellen und lassen sich für die Lagebeurteilung und Entscheidungsfindung einbeziehen. Hierfür lässt sich beispielsweise die Anwendungsplattform IVENA eHealth® (Interdisziplinärer Versorgungsnachweis) der mainis-IT Service GmbH einsetzen, die in einer transparenten Echtzeitübersicht über die fach- und intensivmedizinischen Ressourcen die Steuerung durch die Rettungsleitstelle beziehungsweise eine direkte Klinikauswahl durch die angeschlossenen Rettungsdienste ermöglicht (vgl. Flemming et al., 2020, S. A 1206).

8.5   Schutz vor Cyber-Risiken durch IT- und Datensicherheit

Gesundheitseinrichtungen sind in hohem Maße von der Informations- und Kommunikationstechnik und ihrem sicheren, zuverlässigen Funktionieren abhängig. Patienten- und Beschäftigtendaten, aber auch medizintechnische Daten sind wertvolle Ressourcen, deren Schutz für das Ansehen und die medizinische bzw. pflegerische Aufgabenerfüllung von Gesundheitseinrichtungen von zentraler Bedeutung sind. Häufig werden Informationen und Daten verarbeitet, die einen hohen Schutzbedarf aufweisen und die vor Störungen, unautorisierten Zugriff und der unberechtigten Kenntnisnahme durch Dritte besonders zu schützen sind. Daher spielen der Datenschutz und die Sicherheit der Informationsverarbeitung eine wichtige Rolle für die Stabilität, Krisenfestigkeit und Aufgabenerfüllung der Gesundheitseinrichtungen.

> **Beispiel**
>
> Unzureichend gesicherte Patientendaten sind nicht selten Auslöser für handfeste Krisen in Gesundheitseinrichtungen. So wurde über einen konkreten Fall in Bayern berichtet, in dem es um die unrechtmäßige Zugriffsmöglichkeit auf 7200 Patientendatensätze in einer Arztpraxis ging, deren IP-Adresse ermittelt werden konnte. Als Ursache wurde ein falsch konfigurierter PC festgestellt. Zugänglich seien die Daten auf sogenannten PACS-Servern (Picture Archiving and Communication Systems) gewesen, die unter anderem von Radiologen zur Archivierung von Bilddaten genutzt werden, wobei Daten in einem Volumen von mehreren Gigabyte pro Patient verarbeitet werden. Anwender solcher Systeme sind häufig auch Orthopäden und andere Fachärzte, die viele Bilddaten nutzen (vgl. Gerlof & Urbanek 2019, S. 1). ◄

Für den **Datenschutz** von Patienten-, Bewohnern- und Beschäftigtendaten sind die Datenschutzgrundverordnung (DSGVO) und das Bundesdatenschutzgesetz (BDSG) maßgeblich (siehe auch Abschn. 3.3). Danach hat die Verarbeitung personenbezogener Daten in Gesundheitseinrichtungen gemäß den Grundsätzen der DS-GVO zu erfolgen (siehe Tab. 8.8).

Die Verarbeitung der Daten in Gesundheitseinrichtungen ist rechtmäßig, wenn mindestens eine der nachstehenden Bedingungen erfüllt ist:

- Die betroffene Person hat ihre Einwilligung zu der Verarbeitung der sie betreffenden personenbezogenen Daten für einen oder mehrere bestimmte Zwecke gegeben;
- die Verarbeitung ist für die Erfüllung eines Vertrags, dessen Vertragspartei die betroffene Person ist, oder zur Durchführung vorvertraglicher Maßnahmen erforderlich, die auf Anfrage der betroffenen Person erfolgen;
- die Verarbeitung ist zur Erfüllung einer rechtlichen Verpflichtung erforderlich, der der Verantwortliche unterliegt;

Tab. 8.8 Grundsätze für die Verarbeitung personenbezogener Daten nach der DSGVO (vgl. Art. 5 DSGVO)

Prinzip	Beschreibung: Personenbezogene Daten müssen…
Rechtmäßigkeit, Verarbeitung nach Treu und Glauben, Transparenz	…auf rechtmäßige Weise, nach Treu und Glauben und in einer für die betroffene Person nachvollziehbaren Weise verarbeitet werden
Zweckbindung	…für festgelegte, eindeutige und legitime Zwecke erhoben werden und dürfen nicht in einer mit diesen Zwecken nicht zu vereinbarenden Weise weiterverarbeitet werden; eine Weiterverarbeitung für im öffentlichen Interesse liegende Archivzwecke, für wissenschaftliche oder historische Forschungszwecke oder für statistische Zwecke gilt nicht als unvereinbar mit den ursprünglichen Zwecken
Datenminimierung	…dem Zweck angemessen und erheblich sowie auf das für die Zwecke der Verarbeitung notwendige Maß beschränkt sein
Richtigkeit	…sachlich richtig und erforderlichenfalls auf dem neuesten Stand sein; es sind alle angemessenen Maßnahmen zu treffen, damit personenbezogene Daten, die im Hinblick auf die Zwecke ihrer Verarbeitung unrichtig sind, unverzüglich gelöscht oder berichtigt werden
Speicherbegrenzung	…in einer Form gespeichert werden, die die Identifizierung der betroffenen Personen nur so lange ermöglicht, wie es für die Zwecke, für die sie verarbeitet werden, erforderlich ist; personenbezogene Daten dürfen länger gespeichert werden, soweit die personenbezogenen Daten vorbehaltlich der Durchführung geeigneter technischer und organisatorischer Maßnahmen, die von dieser Verordnung zum Schutz der Rechte und Freiheiten der betroffenen Person gefordert werden, ausschließlich für im öffentlichen Interesse liegende Archivzwecke oder für wissenschaftliche und historische Forschungszwecke oder für statistische Zwecke gemäß DS-GVO verarbeitet werden
Integrität und Vertraulichkeit	…in einer Weise verarbeitet werden, die eine angemessene Sicherheit der personenbezogenen Daten gewährleistet, einschließlich Schutz vor unbefugter oder unrechtmäßiger Verarbeitung und vor unbeabsichtigtem Verlust, unbeabsichtigter Zerstörung oder unbeabsichtigter Schädigung durch geeignete technische und organisatorische Maßnahmen
Rechenschaftspflicht	Der Verantwortliche ist für die Einhaltung dieser Grundsätze verantwortlich und muss dessen Einhaltung nachweisen können

- die Verarbeitung ist erforderlich, um lebenswichtige Interessen der betroffenen Person oder einer anderen natürlichen Person zu schützen;
- die Verarbeitung ist für die Wahrnehmung einer Aufgabe erforderlich, die im öffentlichen Interesse liegt oder in Ausübung öffentlicher Gewalt erfolgt, die dem Verantwortlichen übertragen wurde;
- die Verarbeitung ist zur Wahrung der berechtigten Interessen des Verantwortlichen oder eines Dritten erforderlich, sofern nicht die Interessen oder Grundrechte und

Grundfreiheiten der betroffenen Person, die den Schutz personenbezogener Daten erfordern, überwiegen, insbesondere dann, wenn es sich bei der betroffenen Person um ein Kind handelt (diese Bedingung gilt nicht für die von Behörden in Erfüllung ihrer Aufgaben vorgenommene Verarbeitung) (vgl. Art. 6 DSGVO).

Personenbezogene Daten der Beschäftigten von Gesundheitseinrichtungen dürfen für Zwecke des Beschäftigungsverhältnisses verarbeitet werden, soweit dies für die Begründung, Durchführung oder Beendigung des Beschäftigungsverhältnisses erforderlich ist, wobei auch die Verarbeitung von Beschäftigtendaten auf der Grundlage von Kollektivvereinbarungen zulässig ist (vgl. § 26 BDSG).

Zur Sicherheit der Datenverarbeitung und, um ein dem Risiko angemessenes Schutzniveau zu gewährleisten, sind technische und organisatorische Maßnahmen zu treffen, die folgendes einschließen:

- die Pseudonymisierung und Verschlüsselung personenbezogener Daten;
- die Fähigkeit, die Vertraulichkeit, Integrität, Verfügbarkeit und Belastbarkeit der Systeme und Dienste im Zusammenhang mit der Verarbeitung auf Dauer sicherzustellen;
- die Fähigkeit, die Verfügbarkeit der personenbezogenen Daten und den Zugang zu ihnen bei einem physischen oder technischen Zwischenfall rasch wiederherzustellen;
- ein Verfahren zur regelmäßigen Überprüfung, Bewertung und Evaluierung der Wirksamkeit der technischen und organisatorischen Maßnahmen zur Gewährleistung der Sicherheit der Verarbeitung.

Bei der Beurteilung des angemessenen Schutzniveaus sind insbesondere die Risiken zu berücksichtigen, die mit der Verarbeitung verbunden sind, insbesondere durch auch unbeabsichtigte oder unrechtmäßige Vernichtung, Verlust, Veränderung oder unbefugte Offenlegung von beziehungsweise unbefugten Zugang zu personenbezogenen Daten, die übermittelt, gespeichert oder auf andere Weise verarbeitet wurden (vgl. Artikel 32 DSGVO).

In Abhängigkeit davon, ob personenbezogene Daten direkt bei der betroffenen Person (vgl. Art. 13 DSGVO) oder indirekt bei Dritten (vgl. Art. 14 DSGVO) erhoben werden, sind die Informations- bzw. Transparenzpflichten der Gesundheitseinrichtung gegenüber der betroffenen Person geregelt.

Die Pflicht zur Löschung von personenbezogenen Daten und die Voraussetzungen hierzu sind ebenso vorgegeben (vgl. Art. 17 DSGVO), wie die Einschränkung der Verarbeitung (vgl. Art. 18 DSGVO), die im Fall nicht automatisierter Datenverarbeitung und unter den weiteren dort genannten Voraussetzungen statt des Löschungsanspruchs der betroffenen Person durchgeführt werden kann. Auch ist eine Datenschutzfolgeabschätzung durchzuführen, wenn die Verarbeitung zu einem Risiko für die Rechte und Freiheiten natürlicher Personen führt (vgl. § 35 BDSG).

Die Videoüberwachung ist in Gesundheitseinrichtungen bei öffentlich zugänglichen Räumen zulässig zur Wahrnehmung des Hausrechts und zur Wahrnehmung berechtigter Interessen für konkret festgelegte Zwecke, wenn keine Anhaltspunkte bestehen, dass schutzwürdige Interessen der Betroffenen überwiegen und der Umstand der Beobachtung und die dafür verantwortliche Stelle durch geeignete Maßnahmen erkennbar gemacht werden (vgl. § 4 BDSG).

Die Bestellung von Datenschutzbeauftragten für Gesundheitseinrichtungen richtet sich ebenfalls nach den maßgeblichen Bestimmungen (vgl. Art. 37 DSGVO bzw. § 38 BDSG).

Der Datenschutzbeauftragte führt in der Regel auch das Verarbeitungsverzeichnis, das auf der Schutzbedarfsanalyse aufbaut und sämtliche ganz oder teilweise automatisierten Verarbeitungen sowie nichtautomatisierte Verarbeitungen personenbezogener Daten erfasst, die in einem Dateisystem gespeichert sind oder gespeichert werden sollen, sodass für jede Verarbeitungstätigkeit eine Beschreibung anzufertigen ist (vgl. Art. 30 DSGVO).

Meldungen über Datenschutzverletzungen und damit der Verletzung des Schutzes personenbezogener Daten sind unverzüglich und möglichst binnen 72 h nachdem der Gesundheitseinrichtung die Verletzung bekannt wurde der zuständigen Aufsichtsbehörde mitzuteilen, es sei denn, dass die Verletzung des Schutzes personenbezogener Daten voraussichtlich nicht zu einem Risiko für die Rechte und Freiheiten natürlicher Personen führt. Erfolgt die Meldung an die Aufsichtsbehörde nicht binnen 72 h, so ist ihr eine Begründung für die Verzögerung beizufügen. Alle Verletzungen des Schutzes personenbezogener Daten einschließlich aller im Zusammenhang mit der Verletzung des Schutzes personenbezogener Daten stehenden Fakten, von deren Auswirkungen und der ergriffenen Abhilfemaßnahmen sind zu dokumentieren (vgl. Art 33 DSGVO).

Erfolgt eine Auftragsverarbeitung im Auftrag einer Gesundheitseinrichtung, so arbeitet diese nur mit Auftragsverarbeitern, die hinreichend Garantien dafür bieten, dass geeignete technische und organisatorische Maßnahmen so durchgeführt werden, dass die Verarbeitung im Einklang mit den Anforderungen dieser Verordnung erfolgt und den Schutz der Rechte der betroffenen Person gewährleistet. Die Verarbeitung durch einen Auftragsverarbeiter erfolgt auf der Grundlage eines Vertrags oder eines anderen Rechtsinstruments nach dem Unionsrecht oder dem Recht der Mitgliedstaaten, der bzw. das den Auftragsverarbeiter in Bezug auf den Verantwortlichen bindet und in dem Gegenstand und Dauer der Verarbeitung, Art und Zweck der Verarbeitung, die Art der personenbezogenen Daten, die Kategorien betroffener Personen und die Pflichten und Rechte des Verantwortlichen festgelegt sind (vgl. Art. 28 DS-GVO).

Der Schutz digitaler Angebote wie das E-Rezept oder die elektronische Patientenakte wird insbesondere mit dem Patientendaten-Schutz-Gesetz (PDSG) geregelt. Es soll zugleich sensible Gesundheitsdaten bestmöglich schützen, denn jeder Nutzer der Telematikinfrastruktur – ob Arzt/Ärztin, Krankenhaus oder Apotheker/in – ist für den Schutz der von ihm verarbeiteten Patientendaten verantwortlich. Betreiber von Diensten und Komponenten innerhalb der Telematikinfrastruktur müssen Störungen und

Sicherheitsmängel unverzüglich an die Gesellschaft für Telematikanwendungen der Gesundheitskarte mbH (gematik) melden, andernfalls droht ihnen ein Bußgeld (vgl. Bundesministerium für Gesundheit, 2021, S. 1).

Neben viele Vorteile bringt die Digitalisierung für Gesundheitseinrichtungen auch Sicherheitsrisiken mit sich. So werden beispielsweise Krankenhäuser angegriffen, um sie dann zu erpressen. Doch auch andere Bereiche des Gesundheitswesens bieten potenzielle Ziele für Cyberkriminalität: die Leitstellen von Rettungsdiensten, mit WLAN-Schnittstellen ausgestattete Rettungswagen, die Telemedizin, aber auch Praxen (vgl. Osterloh, 2018, S. A38). IT-Sicherheit stellt zwar keine primäre Wertschöpfung im medizinischen Bereich dar, dennoch ist es wichtig, proaktiv zu wirken, denn entsprechende Schadensszenarien können auch im Hinblick auf Reputationsverluste und Ersatzansprüche große Schäden verursachen (vgl. Darms et al., 2019, S. 3). So ist beispielsweise zu fragen, ob

- die Präventionsmaßnahmen ausreichen,
- zumindest manche Arten von Cyber-Risiken verringert werden können,
- kurzfristig die unterschiedlichsten Arten von Cyber-Risiken bewältigt werden können,
- eine professionelle Krisenkommunikation gewährleistet ist,
- das Stakeholdermanagement in der Krise ausreichend berücksichtigt wird,
- die Krisennachsorge bedacht wird (vgl. Kaschner, 2020, S. 8).

Zum Schutz von Informationen und der zur Verarbeitung von Informationen eingesetzten Prozessen in Gesundheitseinrichtungen trägt das **Informationssicherheitsmanagement** (ISM) mit seinen Aufgaben bei, die Informationssicherheit dauerhaft zu definieren, zu steuern, zu kontrollieren, aufrechtzuerhalten und fortlaufend zu verbessern, wozu die Schutzziele Vertraulichkeit, Verfügbarkeit, Integrität und Authentizität in Bezug auf Informationen und Ressourcen betrachtet werden (siehe auch Abschn. 3.3):

- **Vertraulichkeit**: Schutz vor unbefugter Preisgabe von Informationen, wobei vertrauliche Daten und Informationen ausschließlich Befugten in der zulässigen Weise zugänglich sein dürfen;
- **Verfügbarkeit:** Ist für Dienstleistungen, Funktionen eines IT-Systems, IT-Anwendungen oder IT-Netzen oder auch von Informationen vorhanden, wenn diese von den Anwendern stets wie vorgesehen genutzt werden können;
- **Integrität:** Sicherstellung der Korrektheit (Unversehrtheit) von Daten bzw. Informationen und der korrekten Funktionsweise von Systemen, wobei verhindert wird, dass diese unerlaubt verändert, Angaben zum Autor verfälscht oder Zeitangaben zur Erstellung manipuliert wurden;
- **Authentizität:** Eigenschaft, die gewährleistet, dass ein Kommunikationspartner tatsächlich derjenige ist, der er vorgibt zu sein und Sicherstellung bei authentischen Informationen, dass sie von der angegebenen Quelle erstellt wurden (gilt somit nicht nur für die Identitätsprüfung von Personen, sondern auch bei IT-Komponenten oder Anwendungen) (vgl. Bundesamt für Sicherheit in der Informationstechnik, 2021a, S. 1).

Die Risiken für diese Ziele sollen dabei durch angemessene Maßnahmen auf ein akzeptierbares Maß reduziert werden, wozu der Informationssicherheitsbegriff neben der Sicherheit der IT-Systeme und der darin gespeicherten Informationen auch die Sicherheit von nicht elektronisch verarbeiteten und gespeicherten Informationen von Gesundheitseinrichtungen umfasst. Zur Unterstützung der Umsetzung dieser Maßnahmen tragen Informationssicherheitsmanagementsysteme (ISMS) bei (siehe Tab. 8.9)

Darüber hinaus die enthalten die IT-Grundschutz-Methodik und die dazugehörigen Standards des Bundesamts für Sicherheit in der Informationstechnik (BSI) Empfehlungen zu Methoden, Prozessen und Verfahren sowie Vorgehensweisen und Maßnahmen zu unterschiedlichen Aspekten der Informationssicherheit, um Prozesse und Daten sicherer gestalten. Der IT-Grundschutz ist Methode, Anleitung, Empfehlung und Hilfe zur Selbsthilfe und verfolgt einen ganzheitlichen Ansatz zur Informationssicherheit, denn neben technischen Aspekten werden auch infrastrukturelle, organisatorische und personelle Themen betrachtet. Zugleich ermöglicht er es, durch ein systematisches Vorgehen notwendige Sicherheitsmaßnahmen zu identifizieren und umzusetzen, wobei das IT-Grundschutz-Kompendium konkrete Anforderungen und die BSI-Standards hierzu bewährte Vorgehensweisen liefern:

- BSI-Standard 200-1: Definiert allgemeine Anforderungen an ein Managementsystem für Informationssicherheit (ISMS), ist kompatibel zum ISO-Standard 27001 und berücksichtigt die Empfehlungen der anderen ISO-Standards wie beispielsweise ISO 27002.
- BSI-Standard 200-2: Bildet die Basis der bewährten BSI-Methodik zum Aufbau eines soliden Informationssicherheitsmanagements (ISMS).
- BSI-Standard 200-3: Beinhaltet alle risikobezogenen Arbeitsschritte bei der Umsetzung des IT-Grundschutzes und bietet den Vorteil eines deutlich reduzierten Aufwands, um ein angestrebtes Sicherheitsniveau zu erreichen; eignet sich, wenn bereits erfolgreich mit der IT-Grundschutz-Methodik gearbeitet wird und möglichst direkt eine Risikoanalyse an die IT-Grundschutz-Analyse angeschlossen werden soll.
- BSI-Standard 200-4: Praxisnahe Anleitung, um ein Business Continuity Management System (BCMS) in der Gesundheitseinrichtung aufzubauen und zu etablieren.

Einen kompakten und übersichtlichen Einstieg zum Aufbau eines Informationssicherheitsmanagementsystems (ISMS) liefert der „Leitfaden zur Basis-Absicherung nach IT-Grundschutz: In 3 Schritten zur Informationssicherheit", der besonders für kleine und mittlere Gesundheitseinrichtungen geeignet ist (vgl. Bundesamt für Sicherheit in der Informationstechnik, 2021b, S. 1).

Tab. 8.9 Inhalte des Informationssicherheitsmanagementsystems nach DIN 27001. (vgl. Deutsches Institut für Normung, 2017)

Inhalte		
Einleitung	Allgemeines	
	Kompatibilität mit anderen Normen für Managementsysteme	
Anwendungsbereich		
Normative Verweisungen		
Begriffe		
Kontext der Organisation	Verstehen der Organisation und ihres Kontextes	
	Verstehen der Erfordernisse und Erwartungen interessierter Parteien	
	Festlegen des Anwendungsbereichs des Informationssicherheitsmanagementsystems	
	Informationssicherheitsmanagementsystem	
Führung	Führung und Verpflichtung	
	Politik	
	Rollen, Verantwortlichkeiten und Befugnisse in der Organisation	
Planung	Maßnahmen zum Umgang mit Risiken und Chancen	Allgemeines
		Informationssicherheitsrisikobeurteilung
		Informationssicherheitsrisikobehandlung
	Informationssicherheitsziele und Planung zu deren Erreichung	
Unterstützung	Ressourcen	
	Kompetenz	
	Bewusstsein	
	Kommunikation	
	Dokumentierte Information	Allgemeines
		Erstellen und Aktualisieren
		Lenkung dokumentierter Information
Betrieb	Betriebliche Planung und Steuerung	
	Informationssicherheitsrisikobeurteilung	
	Informationssicherheitsrisikobehandlung	
Bewertung der Leistung	Überwachung, Messung, Analyse und Bewertung	
	Internes Audit	
	Managementbewertung	
Verbesserung	Nichtkonformität und Korrekturmaßnahmen	
	Fortlaufende Verbesserung	

Beispiel

Eine Risikoanalyse der Krankenhaus-IT hilft, Gefährdungen für das störungsfreie Funktionieren der Krankenhaus-IT zu erkennen und angemessene Entscheidungen zur Behandlung der sich aus ihnen ergebenden Risiken zu treffen. Zu diesem Zweck waren das Fraunhofer-Institut für Sichere Informationstechnologie (Fraunhofer-SIT) gemeinsam mit den Firmen adesso und EHealth Experts Auftragnehmer des Projekts „RiKrIT – Risikoanalyse Krankenhaus-IT", das in den Jahren 2011 und 2012 unter Federführung des Bundesamts für Sicherheit in der Informationstechnik (BSI) und mit Beteiligung des Bundesamts für Bevölkerungsschutz und Katastrophenhilfe (BBK), der Senatsverwaltung für Gesundheit und Soziales des Landes Berlin sowie dem Unfallkrankenhaus Berlin (ukb) durchgeführt und in dem eine Methode entwickelt wurde, mit der kritische IT-Abhängigkeiten in einem Krankenhaus und daraus erwachsende Risiken für die Patientenversorgung und weitere wichtige Prozesse identifiziert und bewertet werden können. Die Methode führt zu einer Übersicht potenzieller Risiken, die es erleichtert, Entscheidungen für Maßnahmen zur Erhöhung der Ausfallsicherheit des Krankenhauses zu treffen, und wird mit konkreten Handlungsanleitungen und ergänzenden Informationen zur praktischen Umsetzung in einem Leitfaden beschrieben, wobei auch dargestellt wird, wie sich die Risikoanalyse zur Krankenhaus-IT in ein umfassendes Risikomanagement eines Krankenhauses einordnet (vgl. Fraunhofer-Institut für Sichere Informationstechnologie, 2021, S.1). ◄

8.6   Physische Gefahrenabwehr durch Bewachung und Zutrittsschutz

Um kritische Situationen zu vermeiden, fordern Sicherheitsstandards in der medizinischen Versorgung den physischen **Gebäudeschutz**, in denen Kernsysteme der kritischen Dienstleistungen (kDL) untergebracht sind. So sollten beispielsweise Rechenzentren, medizinische Behandlungsräume bis hin zu Operationseinheiten in Containerbauweise bereits bei der Konzeption, über die Einrichtung bis hin zur Nutzung Teil des Informationssicherheitskonzeptes sein, und angemessen vor physischen Schäden (z. B. Hochwasserschutz, wasserführende Leitungen etc.) geschützt werden. Der Zutritt zu zentralen Infrastrukturdiensten und -Komponenten (insbesondere Server bzw. Datenbanken) darf nur durch autorisiertes Personal erfolgen, ein angemessener Zutrittsschutz muss eingerichtet werden, der eine angemessene Protokollierung mit einschließt, ein Zonenkonzept für unterschiedliche Sicherheitsbereiche sollte entlang der Anforderungen an Kritikalität und Schutzwürdigkeit konzipiert und angewendet werden und in öffentlich zugänglichen Bereichen von Gesundheitseinrichtungen befindliche IT-Systeme sind angemessen durch technische oder organisatorische Maßnahmen vor unbefugtem Zugriff zu schützen (vgl. Deutsche Krankenhausgesellschaft, 2019, S. 67).

Da Krankenhäuser, Pflegeeinrichtungen oder Arztpraxen zu den Einrichtungen mit mehr oder weniger starkem Publikumsverkehr durch Patienten, deren Angehörige oder Besucher zählen, sind Maßnahmen durch Zutrittsschutz und Bewachung notwendig, die insbesondere auch Gefährdungen durch Angriffe auf Pflegekräfte, Amokläufe, Diebstähle, erweiterte Suizide, Geiselnahmen, Spionage, terroristische Anschläge, Vandalismus etc. möglichst ausschließen sollen.

Beispiel

Die Süddeutsche Zeitung berichtete in ihrem Online Portal von organisierter Kriminalität in Zusammenhang mit Einbrüchen in Arztpraxen: So wurde eine Frau verhaftet, die als Komplizin gestohlene medizinische Geräte in Empfang genommen und nach Serbien gebracht haben soll. Wie Ermittler aus mehreren Bundesländern unter Federführung eines Münchner Kriminalkommissariats herausgefunden hatten, steckte bei einer Serie von Einbrüchen in Arzt- und Zahnarztpraxen im Münchner Osten möglicherweise eine Bande der Organisierten Kriminalität (OK) aus Serbien dahinter, die medizinischen Geräte im Wert von 200.000 Euro gestohlen haben und dort an medizinische Betriebe verkauft haben soll (vgl. Bernstein, 2021, S.1). ◄

Für die Absicherung gegen unbefugten Zutritt kann das Prinzip des Außenhautschutzes zugrunde gelegt werden, das auch das Erkennen von unautorisierten Zutrittsversuchen beispielsweise durch Detektion von Glasbruch, Magnetkontakte etc. zum Ziel hat:

- **Außenhautsicherung:** Schutz durch bauliche bzw. mechanische Vorkehrungen.
- **Außenhautbewachung:** Schutz durch elektronische, organisatorische oder personelle Vorkehrungen bzw. Detektionsmaßnahmen (siehe Abb. 8.2).

Beim Außenhautschutz sind beispielsweise innerhalb der Gebäude und Umzäunungen tagsüber alle Bereiche grundsätzlich zugänglich und nur nachts werden bestimmte Gebäudeeingänge abgeschlossen. Hingegen sind Bereiche mit erhöhter Gefährdung durch geeignete Maßnahmen und ergänzende Sicherheitsvorkehrungen besonders zu schützen, wie beispielsweise durch bauliche Maßnahmen, 24-stündige Besetzung der Pforte bzw. Notaufnahme, private Wachdienste, erschwerte Zugangsregelungen, Videoüberwachung, Alarmüberwachung, Bewegungsmelder, verstärkte allgemeine Aufmerksamkeit und Sensibilisierung des Posteingangs im Hinblick auf verdächtige Gegenstände, Amtshilfe durch die Polizei etc.

Die Gefahrenabwehr durch **Bewachung** gewinnt auch an Bedeutung, da Übergriffe durch alkoholisierte, aggressive, drogenabhängige oder psychisch auffällige Patienten auf Ärzte und Pflegekräfte ein zunehmendes Sicherheitsproblem darstellen. Insbesondere in Notaufnahmen nimmt bei der Vielzahl von Patientenkontakten die Zahl der Attacken zu. Zu treffende Vorkehrungen zur Gefährdungsreduzierung können hier beispielsweise sein der Einsatz von Wachpersonal, ein Alarmknopf zur Polizei, der verstärkte Einsatz

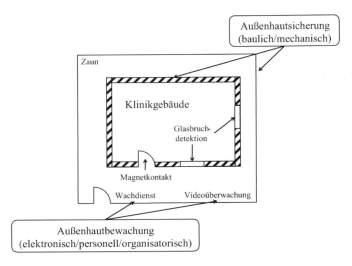

Abb. 8.2 Beispiel für das Außenhautschutzprinzip

von männlichem Personal in der Notaufnahme oder das Verbleiben von Rettungs-sanitätern und Polizei in der Notaufnahme, solange noch eine Gefährdung besteht (vgl. Beneker, 2009, S. 1).

Der Einsatz eines Wachdienstes sollte durch eine einrichtungsinterne Wachordnung geregelt sein, die beispielsweise dessen Aufgaben, die Dienstzeiten der Wachschicht, die personelle Schichtbesetzung, Anzahl, Frequenz und Strecke von Rundgängen, Anzahl und Aufsuchshäufigkeit der Kontrollorte, die Dokumentation der Kontrollen in einem Wachbuch, die Kontrolltätigkeiten (abgeschlossene Türen, geschlossene Fenster, Freihaltung von Fluchtwegen, Licht, brennende Kerzen, Einhaltung Rauchverbot und Besuchszeiten etc.), das Verhalten bei Auffälligkeiten, die Alarmierungswege und die Übergabe der Wachschicht festlegt.

Eine im Rahmen der Bewachung stattfindende Videoüberwachung hat die Regelungen des Bundesdatenschutzgesetzes (BDSG) bzw. der Datenschutz- Grundverordnung (DSGVO) zu berücksichtigen (siehe auch Abschn. 8.5). Danach ist die Beobachtung öffentlich zugänglicher Räume mit optisch-elektronischen Einrichtungen (Videoüberwachung) nur zulässig, soweit sie zur Aufgabenerfüllung öffentlicher Stellen, zur Wahrnehmung des Hausrechts oder zur Wahrnehmung berechtigter Interessen für konkret festgelegte Zwecke erforderlich ist und keine Anhaltspunkte bestehen, dass schutzwürdige Interessen der Betroffenen überwiegen. Der Umstand der Beobachtung und der Name und die Kontaktdaten des Verantwortlichen sind durch geeignete Maßnahmen zum frühestmöglichen Zeitpunkt erkennbar zu machen. Die Speicherung oder Verwendung der erhobenen Daten ist zulässig, wenn sie zum Erreichen des verfolgten Zwecks erforderlich ist und keine Anhaltspunkte bestehen, dass schutzwürdige Interessen der Betroffenen überwiegen. Für einen anderen Zweck dürfen sie nur weiterverarbeitet werden, soweit dies zur Abwehr von Gefahren für die staatliche und öffentliche Sicherheit sowie zur Verfolgung von Straftaten erforderlich ist. Werden durch Videoüberwachung erhobene Daten einer bestimmten Person zugeordnet, so besteht die Pflicht zur Information der betroffenen Person über die Verarbeitung. Die Daten sind unverzüglich zu löschen, wenn sie zur Erreichung des Zwecks nicht mehr erforderlich sind oder schutzwürdige Interessen der Betroffenen einer weiteren Speicherung entgegenstehen (vgl. § 4 BDSG).

Auch in Gesundheitseinrichtungen ist unabhängig von Arzt- und Patientengeheimnis und dem entsprechenden Schutz der Patientendaten das Thema gezielter, von externen Nachrichtendiensten, aber auch von inländischen Angreifern ausgeübt **Spionage** bzw. Ausspähung etwa aufgrund von Korruption, Erpressung, persönlichen Motiven etc. nicht völlig auszuschließen. Nicht immer wird sich mit der Beschaffung frei verfügbarer Informationen zufriedengegeben, und es wird versucht Erkenntnisse zu erlangen, die nicht für die Öffentlichkeit bestimmt sind, um einen Wissensvorsprung zu erwerben oder wirtschaftliche Vorteile zu erlangen. Neben menschlichen Quellen werden immer öfter auch technische Mittel eingesetzt, wobei insbesondere die Überwachung und Ausspähung von Kommunikationsverbindungen (Telefonie und Internetverkehr) sowie elektronische Angriffe auf IT-Infrastrukturen zu nennen sind. Da sie einen umfassenden Zugriff auf die gewünschten Informationen ermöglichen und das Risiko einer Entdeckung für den Angreifer gering ist, gewinnen diese Methoden der Informationsbeschaffung zunehmend an Bedeutung (siehe Tab. 8.10):

- die passive Überwachung wird von Kommunikationsverbindungen kaum erkannt, weil die hierfür genutzte Empfangstechnik keine aktiven Funksignale aussendet;
- der Inhalt von E-Mails mit der für die Ausspähung genutzten Schadsoftware ist passgenau auf die Aufgaben oder Interessen der Zielperson zugeschnitten;
- die gefälschten Absenderadressen sind meist an tatsächlich existierende, den Zielpersonen bekannte E-Mail-Adressen angeglichen, sodass diese nicht misstrauisch werden;
- die Schadsoftware selbst wird von technisch hochwertigen Virenschutzprogrammen häufig nicht erkannt (vgl. Bundesamt für Verfassungsschutz, 2014, S. 7).

Hinzu kommt die Gefahr des Ausspähens durch **Social Engineering**, bei dem der „Faktor Mensch" als vermeintlich schwächstes Glied der Sicherheitskette ausgenutzt wird, um kriminelle Absichten zu verwirklichen. Dabei wird versucht, Anwender auf andere Weise zur Installation von Schadsoftware oder Herausgabe sensibler Daten zu bewegen, beispielsweise durch die Vortäuschung einer persönlichen Beziehung zur betreffenden Person oder durch Gewinnversprechen. Es werden menschliche Eigenschaften wie Hilfsbereitschaft, Vertrauen, Angst oder Respekt vor Autorität ausgenutzt, um Beschäftigte von Gesundheitseinrichtungen geschickt zu manipulieren und sie zu verleiten, vertrauliche Informationen preiszugeben, Sicherheitsfunktionen auszuhebeln, Überweisungen zu tätigen oder Schadsoftware auf dem privaten Gerät oder einem Computer im Firmennetzwerk zu installieren. Zentrales Merkmal hierbei ist die

Tab. 8.10 Gefährdung durch Spionagemethoden (vgl. Bundesamt für Verfassungsschutz, 2014, S. 9 ff.)

Einsatzform	Methode	Beschreibung
Menschliche Quellen	Legal-residenturen	Bemühen fremder Nachrichtendienste Kontakte mit Personen zu knüpfen, die über besondere Kenntnisse oder Zugangsmöglichkeiten in interessanten Zielbereichen verfügen, durch Unterhalt verdeckter Stützpunkte Botschaften und Generalkonsulaten ihrer Staaten oder an halboffiziellen Vertretungen
	Zentral gesteuerte Operationen	Nutzen der im eigenen Land vorhandenen Möglichkeiten der Informationsbeschaffung über ausländische Staatsangehörige durch die Grenzkontrollen ein- und ausreisender Personen, die Überwachung von Auslandsvertretungen sowie die Zusammenarbeit im wirtschaftlichen und wissenschaftlichen Bereich durch gezielte nachrichtendienstliche Ansprachen, mit dem Ziel, ihre Zielperson für sich einzunehmen und auf freundschaftlicher Basis zu werben; Einsatz von „Illegalen" als hauptamtliche Mitarbeiter eines fremden Nachrichtendienstes, die mit einer Falschidentität ausgestattet in Zielländer eingeschleust werden und dort entweder langfristige Spionageeinsätze erfüllen oder vorübergehend bestimmte nachrichtendienstliche Aufträge erledigen.
Technische Mittel	Fernmelde-aufklärung	Abhörung von Kommunikationsverbindungen, beispielsweise von Kommunikations- und Internetverkehren, die über Server oder Internetknoten im Ausland geführt werden, von über Funk geführten Kommunikationsverbindungen, darunter Gespräche mit Mobiltelefonen sowie WLAN- und Bluetooth-Verbindungen, von gespeicherte Informationen auf Laptops oder Tablet-PCs, wenn die Geräte über Funk vernetzt sind.
	Elektronische Angriffe	Gezielte Maßnahmen mit und gegen IT-Infrastrukturen, die auf eine Informationsbeschaffung oder auf eine Schädigung bzw. Sabotage der attackierten Systeme abzielen, wozu das Ausspähen, Kopieren oder Verändern von Daten, die Übernahme einer fremden elektronischen Identität, der Missbrauch oder die Sabotage fremder IT-Infrastrukturen sowie die Übernahme von computergesteuerten netzgebundenen Produktions- und Steuereinrichtungen gehören.

Täuschung über die Identität und die Absicht des Täters, beispielsweise als Techniker/Technikerin, Mitarbeiter/Mitarbeiterin eines Telekommunikationsunternehmens, vorgeblicher Systemadministrator, oder aber auch durch Phishing-E-Mails, um zum Klicken auf fingierte Bestätigungs-Links zu verleiten. Bei dem Spear Phishing werden die E-Mails nach vorausgegangener Recherche speziell auf kleine Gruppen oder einzelne Personen bzw. Mitarbeiter zugeschnitten und beim CEO Fraud (CEO-Betrug) wird versucht, Entscheidungsträger bzw. für Zahlungsvorgänge befugte Mitarbeiter oder Mitarbeiterinnen in der Gesundheitseinrichtung so zu manipulieren, dass diese vermeintlich im Auftrag der Einrichtungsleitung Überweisungen von hohen Geldbeträgen veranlassen. Um diesen Gefahren vorzubeugen sollte verantwortungsvoll mit sozialen Netzwerken umgegangen und genau überlegt werden, welche persönlichen Informationen dort offen zugänglich sind. In privaten und beruflichen sozialen Netzwerken dürfen keine vertraulichen Informationen über die Gesundheitseinrichtung oder die Arbeit dort preisgegeben werden. Ebenso dürfen Passwörter oder Zugangsdaten auf Nachfrage niemals per Telefon oder E-Mail mitgeteilt und auf E-Mails von unbekannten Absendern sollte bei Verdacht im Zweifelsfall besser gar nicht reagiert werden (vgl. Bundesamt für Sicherheit in der Informationstechnik, 2021c, S. 1).

8.7   Change Management: Anpassung der Gesundheitseinrichtung an veränderte Gegebenheiten

Nach einer durchstanden Krise ist manches nicht mehr, wie es vorher einmal war. Es gilt, sich auf veränderte Situationen, Rahmenbedingungen oder Gegebenheiten einzustellen, vieles zu überprüfen und neu zu organisieren. Gleichzeitig ist dabei für Stabilität und Widerstandsfähigkeit zu sorgen, damit es möglichst nicht erneut zu kritischen Situationen kommt.

Die Anpassungs- und Veränderungsfähigkeit in Gesundheitseinrichtungen wird als **Change Management** bezeichnet, worunter die Institutionalisierung der organisatorischen Weiterentwicklung zu verstehen ist und damit alle Aufgaben, Maßnahmen und Tätigkeiten, die eine umfassende, bereichsübergreifende und inhaltlich weit reichende Veränderung zur Umsetzung von neuen Strukturen, Strategien, Systemen, Prozessen oder Verhaltensweisen leisten sollen. Change Management befasst sich also mit dem Wandel, der häufig einer unmittelbaren Reaktion auf krisenhafte Erscheinungen entspringt, oder der proaktiv veranlasst sein kann, um künftigen Herausforderungen erfolgreich zu trotzen (vgl. Lauer, 2019, S. 6). Legt man das weithin bekannte Modell von K. Lewin (1890–1947) zugrunde, ist davon auszugehen, dass der Veränderungsprozess in der Regel in drei Phasen abläuft:

- **Phase des „Auftauens" (Unfreezing):** Einsicht, dass Veränderungen in der Gesundheitseinrichtung notwendig sind; alte Verhaltensweisen werden in Frage gestellt; die nach Veränderung strebenden Kräfte werden unterstützt, um ein Veränderungsbewusstsein auszulösen; Vorbereitung der Veränderung werden getroffen, Pläne entwickelt und die von den Änderungen Betroffenen in die Diskussion einbezogen.
- **Veränderungs- oder Bewegungsphase (Moving):** Problemlösungen werden entwickelt und ausprobiert, durch Trainingsmaßnahmen verstärkt und der Prozess wird überwacht.
- **Phase des „Einfrierens" (Refreezing):** Erfolgreiche Implementierung der gefundenen Problemlösungen werden dauerhaft integriert, wozu die Veränderungen vollständig eingepasst und auch über die Einführungsphase hinaus weiterhin überwacht werden müssen, ob sie auch nachhaltig funktionieren.

Die fachliche Veränderung umfasst somit die Planung, Umsetzung und Evaluation und lässt sich in folgende Kernthemen unterteilen:

- **Vision:** Entwicklung von Zielvorstellungen als Startschuss für den Veränderungsprozess.
- **Kommunikation:** Information und Diskussion der geplanten Veränderungen.
- **Beteiligung:** Einbeziehung von Führungskräften und Mitarbeitern in den Veränderungsprozess.
- **Qualifizierung:** Weiterbildung der Betroffenen für die veränderte Aufgabenwahrnehmung (vgl. Stolzenberg & Heberle, 2013, S. 6).

Beispiel

Bei der Gestaltung von Veränderungsprozessen gibt es in der Gesundheitswirtschaft einen erheblichen Reformstau und punktuelle Veränderungserfolge beruhen meist auf einer akuten Notwendigkeit. Sie sind hingegen nur selten auf einen strukturierten Change-Management-Prozess zurückzuführen. Wichtigste Voraussetzung für einen erfolgreichen Veränderungsprozess ist ein strukturiertes Projektmanagement (vgl. Fleischer, 2012, S. A 501). ◄

Eine überwundene Krise steckt häufig allen Betroffenen eine ganze Weile in den Knochen, und die Einsicht in die Notwendigkeit von Veränderungen, um die Folgen zu bewältigen und zukünftig besser gewappnet zu sein, ist deshalb in der Regel vorhanden. Dennoch gilt es häufig Widerstände zu überwinden und Überzeugungsarbeit zu leisten. Dabei gilt für die Führungskräfte: Nur, wenn die eigene Überzeugung deutlich wird, lassen sich auch andere überzeugen. Sie müssen versuchen, ihren Veränderungswillen den Beschäftigten zu vermitteln. Sie sind ein wertvolles Potenzial und deshalb muss erreicht werden, dass möglichst alle Mitarbeiter und Mitarbeiterinnen Ihre Ideen einbringen können. Wenn nur das ernst genommen wird, was die Einrichtungsführung vorschlägt und Ideen der Beschäftigten ignoriert werden, bedeutet das einen völligen Verzicht auf ihre Erfahrung und ihr Potenzial. Die gesamte Belegschaft ist insbesondere dann über ein Mittelmaß hinaus leistungsfähig, wenn eine echte Diskussion und Dialogbereitschaft entsteht, wozu ein Klima gegenseitiger Wertschätzung gehört, einander zuzuhören, frei seine Ansichten darlegen und kreative Vorschläge machen zu können sowie die Vorstellungen anderer Beteiligter in die Problemlösung einzubeziehen. Die Beschäftigten dürfen von Veränderungsentscheidungen nicht einfach nur betroffen sein, sondern vielmehr ist zu versuchen, sie zu beteiligen, damit sie bereit sind, ihre Erfahrung, ihre Kenntnisse, ihre Ideen und damit ihr Potenzial zu entfalten und in den Dienst der Gesundheitseinrichtung und der gemeinsamen Vision zu stellen. Wesentliche organisatorische Veränderungen werden nur wirksam, wenn sie auf die Interessen und Bedürfnisse der Beschäftigten Rücksicht nehmen, weil sie sie mit ihrer Arbeit und ihrem Denken letztlich realisieren müssen.

Häufig führt eine Krise dazu, bisherige Annahmen, Regelungen und Prozesse grundlegend in Frage zu stellen. Im bekannten Veränderungskonzept des **Business Process Reengineering** (BPR), das von den Amerikanern M. Hammer und J. Champy geprägt wurde, stehen nicht die verschiedenen organisatorischen Einheiten einer Gesundheitseinrichtung im Vordergrund, sondern deren Prozesse. BPR bedeutet eine grundlegende, radikale Neugestaltung und Flexibilisierung aller in einer Gesundheitseinrichtung ablaufenden Prozesse, wobei es beispielsweise um die Verkürzung der Patientendurchlaufzeiten und der Lieferzeiten von medizinischem Verbrauchsmaterial, der Beschränkung der Leistungserstellung der Gesundheitseinrichtung auf ihre Kernkompetenzen, die Steigerung von Qualität, Patientenservice und Produktivität, sowie die Beschleunigung der Leistungsprozesse durch Abbau von Hierarchien geht. Die Neugestaltung erfolgt dabei nach bestimmten Grundregeln, wie der Neugestaltung und Änderung des Leistungsportfolios (Restrukturierung), Verbesserung der Schulung und organisatorischen Einbindung der Beschäftigten durch Erwerb von Fertigkeiten und Fähigkeiten sowie verbesserter Motivation (Erneuerung), Überwindung herkömmlicher Denkmuster durch neue Visionen und Entschlusskraft (Einstellungsänderungen) sowie der grundlegenden Neugestaltung aller Prozesse (Revitalisierung).

Beispiel

BPR ist ein radikaler Ansatz, der voraussetzt, dass ein Großteil der organisatorischen Weisheiten über Bord geworfen wird, die über einen langen Zeitraum überliefert wurden. Kernstück ist ein diskontinuierliches Denken, das überkommene Regeln und fundamentale Annahmen erkennt, die der heutigen Tätigkeit zugrunde liegen und sich von ihnen abwendet, wobei davon ausgegangen wird, dass auch in vielen Gesundheitseinrichtungen unausgesprochene Regeln gelten, die Relikte früherer Jahrzehnte sind (vgl. Hammer & Champy, 2003, S. 13). ◄

Im Hinblick auf möglichst nachhaltige Stabilität sind die Prozesse und Arbeitsabläufe in einer Gesundheitseinrichtung aufgrund immer neuer Entwicklungen und Erfahrungen häufig anzupassen, mit dem Ziel, sie besser zu gestalten. Die Bedeutung der organisatorischen Weiterentwicklung ist vor diesem Hintergrund nicht zu unterschätzen, denn gerade Veränderungsresistenz und mangelnde Anpassung führen oft zu kritischen Situationen sowie zu Unzufriedenheit bei den Patienten und den Beschäftigten. Eine in diesen Fällen oft festzustellende Erhöhung des Arbeitstempos ersetzt nicht wichtige organisatorische Maßnahmen und mündet nicht in grundlegenden Änderungen. Zudem führen Normen wie Autorität und strikte Arbeitsteilung zu Verhaltensanpassungen der Beschäftigten. Als Folge davon ist schwindendes Engagement, Konformität, Gleichgültigkeit und Flucht in Routinetätigkeiten zu beobachten. Die Bereitschaft zu Kooperation und vertrauensvoller Zusammenarbeit leiden darunter. Konkurrenzdenken und Existenzangst führen regelrecht zu dysfunktionalem Verhalten. Auch ist der Nutzeneffekt nur vereinzelter, hier und da durchgeführter organisatorischer

Optimierungsmaßnahmen nicht sehr hoch. Dauerhafte und möglichst erfolgreiche Organisationsveränderungen lassen sich nicht durch aufgezwungene Einzelmaßnahmen und stärkerem Druck auf die Mitarbeiter erreichen. Wenn gute Ideen nicht in die Tat umgesetzt werden, sind oft Vorbehalte, Ängste und Unsicherheiten der Grund dafür. Werden sie nicht hinterfragt und überwunden, bleibt alles so, wie es immer war. Begeisterungsfähigkeit für Veränderungen ist notwendig, eine gemeinsame Vision, wie die Organisation in der Zukunft ausschauen soll. Nur wenn dieses Vorhaben von allen Beschäftigten gemeinsam getragen wird, lassen sich auch alle organisatorische Aktivitäten auf ein gemeinsames Ziel ausrichten.

Literatur

Arbeitsstättenverordnung (ArbStättV) vom 12. August 2004 (BGBl. I S. 2179), zuletzt durch Artikel 4 des Gesetzes vom 22. Dezember 2020 (BGBl. I S. 3334) geändert.

Bayerische Medizinhygieneverordnung (MedHygV) vom 1. Dezember 2010 (GVBl. S. 817, BayRS 2126–1–2-G), zuletzt durch Verordnung vom 5. Dezember 2016 (GVBl. S. 391; 2017 S. 36) geändert.

Beneker, C. (2009). Kliniken setzen immer öfters Sicherheitsdienste ein. In: Ärzte Zeitung online. https://www.aerztezeitung.de/Politik/Kliniken-setzen-immer-oefter-Sicherheitsdienste-ein-370129.html. Berlin: Springer Medizin Verlag. Zugegriffen: 13.03.2021.

Bernstein, M. (2021). Organisierte Kriminalität: Einbrüche in Arztpraxen - Komplizin geschnappt. In: Süddeutsche Zeitung Online-Ausgabe vom 09.03.2021. https://www.sueddeutsche.de/muenchen/muenchen-organisierte-kriminalitaet-einbruchserie-arztpraxen-komplizin-1.5229541. München. Zugegriffen: 13.03.2021.

Bezirksregierung Münster (Hrsg.) (2016). Handlungsempfehlung für Senioren- und Pflegeeinrichtungen sowie weitere Einrichtungen der Betreuung im Regierungsbezirk Münster bei Krisenfällen. Stand: Okt. 2016. Münster.

Bundesamt für Bevölkerungsschutz und Katastrophenhilfe – BBK (Hrsg.) (2021). Krankenhausalarm- und –einsatzplanung. https://www.bbk.bund.de/DE/AufgabenundAusstattung/Schutz_der_Gesundheit/Krankenhausalarmplanung/krankenhausalarmplanung_node.html.   Bonn. Zugegriffen: 27.02.2021.

Bundesamt für Bevölkerungsschutz und Katastrophenhilfe – BBK (Hrsg.) (2008). Schutz Kritischer Infrastruktur: Risikomanagement im Krankenhaus Leitfaden zur Identifikation und Reduzierung von Ausfallrisiken in Kritischen Infrastrukturen des Gesundheitswesens. In: Bundesamt für Bevölkerungsschutz und Katastrophenhilfe (Hrsg.) Praxis im Bevölkerungsschutz. Band 2. Bonn.

Bundesamt für Sicherheit in der Informationstechnik – BSI (Hrsg.) (2021a). Cyber-Glossar. https://www.bsi.bund.de/DE/Service-Navi/Cyber-Glossar/Functions/glossar.html?nn=520190&cms_lv2=132780. Bonn. Zugegriffen: 28.02.2021.

Bundesamt für Sicherheit in der Informationstechnik – BSI (Hrsg.) (2021b). BSI-Standards. https://www.bsi.bund.de/DE/Themen/Unternehmen-und-Organisationen/Standards-und-Zertifizierung/IT-Grundschutz/BSI-Standards/bsi-standards_node.html. Zugegriffen: 07.03.2021.

Bundesamt für Sicherheit in der Informationstechnik – BSI (Hrsg.) (2021c). Social Engineering – Der Mensch als Schwachstelle. https://www.bsi.bund.de/DE/Themen/Verbraucherinnen-und-Verbraucher/Cyber-Sicherheitslage/Methoden-der-Cyber-Kriminalitaet/Social-Engineering/social-engineering_node.html. Zugegriffen: 13.03.2021.

Bundesamt für Sicherheit in der Informationstechnik – BSI (Hrsg.) (2008). BSI-Standard 100–4 Notfallmanagement. Version 1.0. Bonn.

Bundesamt für Verfassungsschutz – BfV (Hrsg.) (2014). Spionage – Ihre Ziele, ihre Methoden. Broschüre. Stand: Mai 2014. Köln.

Bundesanstalt für Arbeitsschutz und Arbeitsmedizin (BAuA) – Ausschuss für Arbeitsstätten (Hrsg.) (2017). Technischen Regelung für Arbeitsstätten Fluchtwege und Notausgänge, Flucht- und Rettungsplan (ASR A 2.3). Stand: Aug. 2017. Dortmund.

Bundesdatenschutzgesetz (BDSG) vom 30. Juni 2017 (BGBl. I S. 2097), zuletzt durch Artikel 12 des Gesetzes vom 20. November 2019 (BGBl. I S. 1626) geändert.

Bundesministerium für Gesundheit (Hrsg.) (2021). Patientendaten-Schutz-Gesetz. https://www.bundesgesundheitsministerium.de/patientendaten-schutz-gesetz.html. Berlin. Zugegriffen: 28.02.2021.

Darms, M., Fedtke, S., & Haßfeld, S. (2019). *IT-Sicherheit und Datenschutz im Gesundheitswesen – Leitfaden für Ärzte, Apotheker, Informatiker und Geschäftsführer in Klinik und Praxis*. Springer Vieweg/Springer Fachmedien.

Datenschutzgrundverordnung (DS-GVO): Verordnung (EU) 2016/679 des Europäischen Parlaments und des Rates vom 27. April 2016 zum Schutz natürlicher Personen bei der Verarbeitung personenbezogener Daten, zum freien Datenverkehr und zur Aufhebung der Richtlinie 95/46/EG (ABl. L 119 vom 4. Mai 2016, S. 1–88)

Deutsche Arbeitsgemeinschaft Krankenhaus-Einsatzplan – DAKEP (Hrsg.) (2018). Über uns. Informationsflyer. Köln.

Deutsche Gesetzliche Unfallversicherung – DGUV (Hrsg.) (2019). DGUV Grundsatz 205–033 Alarmierung und Evakuierung. Stand: Okt. 2019. Berlin.

Deutsche Krankenhausgesellschaft – DKG (Hrsg.) (2019). Branchenspezifischer Sicherheitsstandard für die Gesundheitsversorgung im Krankenhaus. Version: 1.1. Stand: Okt. 2019. Berlin.

Deutsches Institut für Normung e. v. (Hrsg.) (2017). DIN EN ISO/IEC 27001:2017–06 Informationstechnik – Sicherheitsverfahren – Informationssicherheitsmanagementsysteme – Anforderungen. Berlin.

Fleischer, W. (2012). Change Management – Veränderungsprozesse erfolgreich gestalten. In: Deutsches Ärzteblatt. Jg. 109. Heft 10. Berlin: Deutscher Ärzteverlag. S. A 501 - A 502.

Flemming, A.; Hoeper, M. M.; Welte, T.; Roesler, P. & Ringe, B. (2020). Rettungsdienst – Schneller in die richtige Klinik. In: Deutsches Ärzteblatt. Jg. 117. Heft 24. Berlin: Deutscher Ärzteverlag. S. A 1206 - A 1207.

Frank, B. (2012). Notfallmanagment in der Praxis - Für den Fall der Fälle ... In: Kassenärztlichen Vereinigung Bremen – KV Bremen (Hrsg.) Landesrundschreiben der Kassenärztlichen Vereinigung Bremen mit den offiziellen Bekanntgaben. Ausgabe 5 v. 24.07.2012. Bremen. S. 6 – 8.

Fraunhofer-Institut für Sichere Informationstechnologie – Fraunhofer-SIT (Hrsg.) (2021). RiKrIT - Risikoanalyse Krankenhaus-IT. https://www.sit.fraunhofer.de/de/angebote/projekte/rikrit/. Darmstadt. Zugegriffen: 07.03.2021.

Frodl, A. (2011). *Organisation im Gesundheitsbetrieb*. Gabler Verlag/Springer Fachmedien.

Gerlof, H. & Urbanek, M. (2019). Daten-Skandal - Befunde von Millionen Patienten offen im Internet. In: Ärzte-Zeitung online. https://www.aerztezeitung.de/Wirtschaft/Millionen-Patientendaten-auf-ungesicherten-Servern-401247.html. Veröffentlicht: 17.09.2019, 12:59 Uhr. Berlin: Springer Medizin Verlag. Zugegriffen: 27.02.2021.

Hammer, M. & Champy, J. (2003). Business Reengineering – Die Radikalkur für das Unternehmen. 7. Auflg. Frankfurt/New York: Campus-Verlag.

Hensen, P. (2016). *Qualitätsmanagement im Gesundheitswesen – Grundlagen für Studium und Praxis*. Springer Gabler/Springer Fachmedien.

Infektionsschutzgesetz (IfSG) vom 20. Juli 2000 (BGBl. I S. 1045), zuletzt durch Artikel 4a des Gesetzes vom 21. Dezember 2020 (BGBl. I S. 3136) geändert.

jobs.kliniken.de (2021). Stellenausschreibung Mitarbeiter (w/m/d) Business Continuity Manager (BCM) und Notfallmanager. https://www.medizinische-berufe.de/job/75748. VIVAI Software AG (Hrsg.) Dortmund. Zugegriffen: 13.02.2021.

Kaschner, H. (2020). *Cyber Crisis Management – Das Praxishandbuch zu Krisenmanagement und Krisenkommunikation*. Springer Vieweg/Springer Fachmedien.

Kersten, H., & Klett, G. (2017). *Business Continuity und IT-Notfallmanagement – Grundlagen, Methoden, Konzepte*. Springer Vieweg/Springer Fachmedien.

Kooperation für Transparenz und Qualität im Gesundheitswesen GmbH – KTQ (Hrsg.) (2021). KTQ-Zertifikate in verschiedenen Bereichen. https://www.ktq.de/index.php?id=169. Berlin. Zugegriffen 21.02.2021.

Landeskrankenhausgesetz Baden-Württemberg (LKHG BW) in der Fassung vom 29. November 2007, zuletzt durch Gesetz vom 24. Juli 2018 (GBl. S. 277) geändert.

Lauer, T. (2019). *Change Management – Grundlagen und Erfolgsfaktoren*. 3. Auflg. Berlin: Springer Gabler.

Osterloh, F. (2018). Cyberkriminalität - Kliniken sollten digitale Daten schützen. In: Deutsches Ärzteblatt. Jg. 115. Heft 1–2. Berlin: Deutscher Ärzteverlag. S. A 38.

Patientendaten-Schutz-Gesetz (PDSG) - Gesetz zum Schutz elektronischer Patientendaten in der Telematikinfrastruktur vom 14. Oktober 2020 (BGBl. I S. 2115).

Robert-Koch-Institut – RKI (Hrsg.) (2021). Empfehlungen der Kommission für Krankenhaushygiene und Infektionsprävention (KRINKO). https://www.rki.de/DE/Content/Infekt/Krankenhaushygiene/Kommission/kommission_node.html;jsessionid=152E135270C1CBA1871FD864950F9121.internet091. Berlin. Zugegriffen: 06.02.2012.

Schenk, H. D. & Deutsches Rotes Kreuz -Landesverband Niedersachsen (Hrsg.) (2008). Krankenhaus-Alarm – und Einsatzplan (KAEP) – Niedersächsisches Muster. Version 1.3. Stand: Aug. 2008. Hannover.

Spörrer, S. (2018). *Business Continuity Management – ISO 22301 und weitere Normen im Rahmen der Informationstechnologie*. Springer Gabler/Springer Fachmedien.

Sozialgesetzbuch (SGB) V – Fünftes Buch: Gesetzliche Krankenversicherung – (Artikel 1 des Gesetzes vom 20. Dezember 1988, BGBl. I S. 2477, 2482), zuletzt durch Artikel 12d des Gesetzes vom 11. Februar 2021 (BGBl. I S. 154) geändert.

Sozialgesetzbuch (SGB) XI –Elftes Buch: Soziale Pflegeversicherung (Artikel 1 des Gesetzes vom 26. Mai 1994, BGBl. I S. 1014, 1015), zuletzt durch Artikel 3 des Gesetzes vom 15. Februar 2021 (BGBl. I S. 239) geändert.

Stolzenberg, K. & Heberle, K. (2013). *Change Management – Veränderungsprozesse erfolgreich gestalten, Mitarbeiter mobilisieren*. 3. Auflg. Berlin/Heidelberg: Springer Medizin.

Kostenmanagement und Betriebswirtschaft: Welche betriebswirtschaftlichen Instrumente schaffen Kosten- und Umsatzstabilität?

9

9.1 Instrumente zur Kostenstabilität

Im Hinblick auf die Entstehung wirtschaftlich kritischer Situationen sind die betrieblichen Kosten in Krankenhäusern, Arzt- und Zahnarztpraxen, Medizinischen Versorgungszentren oder Pflegeeinrichtungen ein Dauerthema, denn die Personal-, Material- oder Energiekosten steigen in der Regel und wirken sich negativ auf die wirtschaftlichen Ergebniszahlen aus. Um stabilisierend zu wirken, ist es daher gerade vor dem Hintergrund von Erlösbudgetierungen, Honorardeckelungen und begrenzter Einnahmeerzielungsmöglichkeiten wichtig, die vorhandenen Potenziale auf der Aufwandseite zu nutzen und die Ausgaben im Griff zu behalten. Dabei gilt es die Balance zu halten, zwischen dem medizinisch Notwendigen und dem wirtschaftlich Sinnvollen, denn bei allen Kostenüberlegungen steht im Vordergrund immer das Patientenwohl, dessen Sicherstellung es allerdings leistungsfähiger und wirtschaftlich stabiler Gesundheitseinrichtungen bedarf.

Während die allgemeine **Kostenentwicklung** beispielsweise geprägt wird durch die inflationsbedingten Preissteigerungsraten oder die Höhe von Tarifabschlüssen im Gesundheitswesen, wirkt sich das Niedrigzinsumfeld ebenso auf die wirtschaftliche Situation von Gesundheitseinrichtungen aus, wie steigende Miet- und Immobilienpreise. Wenn sich gleichzeitig auch die Einnahmenerzielung verbessert, sodass das wirtschaftliche Ergebnis zumindest stabil bleibt, sind Kostensteigerungen verkraftbar. Daher ist es für die einzelne Gesundheitseinrichtung wichtig zu beobachten, wie sich einzelne Kosten entwickeln:

- **zunehmender Fixkostenblock:** Birgt die Gefahr, in Zeiten geringerer Einnahmen nicht kurzfristig genug gegensteuern zu können, denn Fixkosten wie Personalaufwendungen oder Mieten entstehen weitgehend unabhängig von Auslastungsgraden

© Der/die Autor(en), exklusiv lizenziert durch Springer Fachmedien Wiesbaden GmbH, ein Teil von Springer Nature 2022
A. Frodl, *Krisenmanagement für Gesundheitseinrichtungen*,
https://doi.org/10.1007/978-3-658-36374-1_9

und somit prinzipiell auch dann, wenn kein einziger Behandlungsfall vorliegt, mit dem Einnahmen erzielt werden könnten.

- **progressiver Kostenverlauf:** Kann ohne Gegenmaßnahmen zu Problemen führen, wenn die Kosten stärker als die Einnahmen steigen, denn im Gegensatz zu einer linearen Entwicklung ist er schwieriger berechenbar und damit hinsichtlich mittel- und langfristiger Planungen schwerer einzuschätzen.
- **einzelne Kostenarten:** Rückgang des Aufwands für Fremdkapitalzinsen kann beispielsweise auf eine günstige allgemeine Zinsentwicklung zurückzuführen sein oder aber auch auf eine verringerte Investitionstätigkeit hinweisen.

Es ist daher wichtig, die Kostenentwicklung zu beobachten und insbesondere sprunghafte Abweichungen genau zu analysieren.

Die **Kostensteuerung** in Gesundheitseinrichtungen ist Gegenstand in allen Führungsbereichen, denn für sie sind Prozesse, Rahmenbedingungen und Strukturen zu gestalten, und sie ist umzusetzen sowohl im operativen Tagesgeschäft als auch in Form langfristig strategischer Planungen. Echte Führungserfolge im Bereich der Kostensteuerung stellen sich allerdings nur dann ein, wenn die Rolle der Führungskraft auch mit Führungskompetenz, der Anwendung geeigneter Führungsstile und Vorbildfunktionen ausgefüllt werden. Je höher die Führungsebene in einer Gesundheitseinrichtung ist, desto mehr wird die jeweilige Führungsrolle von Managementaufgaben, wie strategischer Kostenplanung, Grundsatzentscheidungen, Rahmenkonzeptionen und der Schaffung von Kostenstrukturen dominiert. Auf das Thema Kostensteuerung sind medizinische und pflegerische Fachkräfte jedoch häufig nur unzureichend vorbereitet. Oft werden ihnen entsprechende Aufgaben übertragen, ohne dass sie sich vorher darin hätten üben und Erfahrung sammeln können. Da die Kostenbeeinflussung komplexe Vorgänge umfassen, ist eine Vorbereitung darauf durch Seminare, Schulungs- und Trainingsmaßnahmen allerdings auch eher nur im Grundlagenbereich möglich.

Eine wichtige Voraussetzung für den Einsatz von Instrumenten zur Kostenstabilität ist das Vorhandensein einer funktionierenden **Kosten- und Leistungsrechnung** (KLR), die als Bestandteil des internen Rechnungswesens einer Gesundheitseinrichtung unter anderem der Informationsbereitstellung für die kurzfristige Planung der Kosten, deren Kontrolle anhand von Ist-Daten und zur Erfassung bzw. Planung der Erlössituation dient. Sie erhält die Kostendaten, die nach bestimmten Kriterien der Kostenentstehung und –aufteilung aufbereitet und abgegrenzt werden müssen, überwiegend aus der Buchhaltung, was üblicherweise in drei Stufen nach der Kostenartenrechnung (plant, erfasst, gliedert und kontrolliert alle für die Erstellung und Verwertung gesundheitsbetrieblicher Leistungen innerhalb einer bestimmten Periode anfallenden Kosten), der Kostenstellenrechnung (plant, erfasst und kontrolliert die Kosten am Ort ihres Entstehens) und der Kostenträgerrechnung (klärt, für welche Leistungen der Gesundheitseinrichtung die Kosten entstanden sind) geschieht (vgl. Macha, 2011, S. 14).

Das nach diesen Stufen aufbereitete Zahlenmaterial wird anschließend in ein Kostenrechnungssystem übernommen (siehe Tab. 9.1).

Tab. 9.1 Kostenstabilität durch die Anwendung von Kostenrechnungssystemen

System	Beschreibung	
Vollkostenrechnung	Sämtliche Kosten werden berücksichtigt und über die Kostenartenrechnung auf die Kostenstellen und –träger als jeweilige Bezugsgrößen verteilt, was den Vorteil hat, dass bspw. falsche Investitionsentscheidungen aufgrund fehlender oder unberücksichtigter Kosteninformationen vermieden werden können	
Teilkostenrechnung	Nur die für den jeweiligen Zweck der Kostenrechnung relevanten Kosten werden berücksichtigt, wobei nur einen Teil der insgesamt angefallenen Kosten auf den Kostenträger verrechnet wird (bspw. variable Kosten, Einzelkosten) und dadurch im Vergleich zur Vollkostenrechnung die Verrechnung von bestimmten Kostenarten (bspw. fixe Kosten, Gemeinkosten) vermieden wird	
Deckungsbeitragsrechnung	Spezielle Form der Teilkostenrechnung bei der die Erlöse des Kostenträgers mit einbezogen werden, wobei die Differenz zwischen den zurechenbaren Erlösen und Kosten des Kostenträgers den Deckungsbeitrag bilden und die Deckungsbeiträge so groß sein sollten, dass die nicht zugerechneten Kosten gedeckt werden, damit die Gesundheitseinrichtung keinen Verlust erleidet	
Plankostenrechnung	Zukunftsbezogenes Kostenrechnungsverfahren, das als klassische Plankostenrechnung eine Vollkostenrechnung darstellt, sich in die starre und flexible Plankostenrechnung einteilen lässt und sich insbesondere zur Lösung von Planungs- und Kontrollaufgaben (bspw. Soll-Ist-Vergleiche) eignet, wobei die darin eingehenden Kostendaten geschätzt oder berechnet werden	
	Starre Plankostenrechnung	Kosten werden nicht auf die tatsächliche Beschäftigung umgerechnet, weshalb ihre Aussagefähigkeit eher gering und auch keine wirksame Kostenkontrolle möglich, da manche Kosten in einer Gesundheitseinrichtung beispielsweise vom Patientenaufkommen abhängen
	Flexible Plankostenrechnung	Berücksichtigt die tatsächlichen Verhältnisse, indem beispielsweise Beschäftigungsabweichungen und Verbrauchsabweichungen ermittelt werden, wodurch eine wirksame Kostenkontrolle ermöglicht wird
Grenzplankostenrechnung	Weiterentwicklung der Plankostenrechnung unter Berücksichtigung von Teilkosten, wobei das Verursacherprinzip verwendet wird, um die Grenzkosten (Kosten, die aufgrund der Durchführung eines zusätzlichen Behandlungsfalles bzw. Pflegemaßnahme entstehen) auf die Kostenträger umzurechnen	

(Fortsetzung)

Tab. 9.1 (Fortsetzung)

System	Beschreibung
Istkostenrechnung	Ist vergangenheitsorientiert, gibt Aufschluss darüber, welche Kostenarten in welcher Höhe in einer abgeschlossenen Periode angefallen sind und unterliegt dabei auch der Gefahr zufälliger Schwankungen; liefert Informationen über die im Rahmen des externen Rechnungswesens gesetzlich nachzuweisenden tatsächlichen Aufwendungen und ermöglicht Soll-Ist-Vergleiche zur Wahrnehmung der Kontroll- und Steuerungsfunktion der Gesundheitseinrichtung; kann auf Voll- oder Teilkostenbasis erfolgen
Normalkostenrechnung	Versucht die Nachteile der Istkostenrechnung, wie Vergangenheitsorientierung oder Zufallsschwankungen, auszugleichen, indem sie durchschnittliche Istkosten mehrerer vergangener Perioden berücksichtigt, wobei erwartete Kostenveränderungen in die Kostenrechnung einfließen können; lässt sich ebenfalls auf Vollkosten- oder Teilkostenbasis durchführen

Die den Regelungen der Krankenhaus-Buchführungsverordnung (KHBV) unterliegenden Krankenhäuser haben eine Kosten- und Leistungsrechnung zu führen, die eine betriebsinterne Steuerung sowie eine Beurteilung der Wirtschaftlichkeit und Leistungsfähigkeit ermöglicht (vgl. § 8 KHBV). Entsprechende Regelungen gelten für die den Vorgaben der Pflege-Buchführungsverordnung (PBV) unterliegenden Pflegeeinrichtungen: Sie haben eine Kosten- und Leistungsrechnung zu führen, die eine betriebsinterne Steuerung sowie eine Beurteilung der Wirtschaftlichkeit und Leistungsfähigkeit erlaubt. Die Kosten- und Leistungsrechnung muss die Ermittlung und Abgrenzung der Kosten der jeweiligen Betriebszweige sowie die Erstellung der Leistungsnachweise nach den Vorschriften des Sozialgesetzbuchs ermöglichen (vgl. § 7 PBV). Arzt- und Zahnarztpraxen oder Medizinische Versorgungszentren (MVZ) sind bei der Ausgestaltung ihrer Kostenrechnungssysteme hingegen weitestgehend frei von mit der KHBV oder PBV vergleichbaren rechtlichen Vorgaben. Jedoch können beispielsweise für MVZ in der Trägerschaft von zugelassenen Krankenhäusern oder anderer gemeinnütziger Trägerorganisationen entsprechende Auflagen vorhanden sein.

Das **Kostencontrolling** und damit eine erfolgreiche wirtschaftliche Steuerung einer Gesundheitseinrichtung ist eingebettet in die allgemeinen Controllingaufgaben, die eine erforderliche Unterstützung infragen der Planung, Steuerung und Kontrolle darstellt, um auf veränderte Situationen vorbereitet zu sein bzw. sich darauf einstellen und die notwendigen strategischen Weichenstellungen vornehmen zu können. Dazu werden die Prozess-, Struktur- und Ergebnisqualität der Leistungserstellung, mit dem Ziel der Erhöhung der Transparenz, der Kostenoptimierung und der Wirtschaftlichkeit überwacht. Zudem dient es in Gesundheitseinrichtungen häufig als Schnittstelle zwischen den medizinischen, pflegerischen und administrativen Bereichen, um die medizinische und die ökonomische Sichtweise der Patientenbehandlung zusammen zu führen (vgl. Frodl, 2012, S. 13 ff.). Die Koordination von Kostenplanung und -kontrolle mit der Steuerung der Kosten wird vom Kostencontrolling wahrgenommen, dessen Aufgabe es ist, die

Leitung der Einrichtung mit Informationen zu versorgen, die für die Planung, Steuerung und Kontrolle der Kosten erforderlich sind.

Im Rahmen des Kostencontrollings liefern **Kostenvergleiche** in Form von Kosteninformationen und –daten aus Einrichtungsvergleichen und Benchmarkings wichtige Grundlagen für den operativen und strategischen Planungs-, Steuerungs- und Kontrollprozess von Gesundheitseinrichtungen. Sie bieten vielfältige Möglichkeiten, im Rahmen des Kostencontrollings realisierbare Ziele zu setzen, deren Einhaltung zu überwachen und gegebenenfalls korrigierend einzugreifen. Bei einem Kostenvergleich werden aktuellen Kostenzahlen der Gesundheitseinrichtung Vergangenheitswerte, Werte anderer Einrichtungen oder Sollwerte gegenübergestellt, um positive oder negative Differenzen zu ermitteln und diese zum Maßstab für Maßnahmen zu machen:

- **Kosteneinrichtungsvergleich:** Gegenüberstellung von Kostenzahlen der eigenen Gesundheitseinrichtung und Vergleichszahlen einer oder mehrerer anderer Einrichtungen (direkt: die Kostenzahlen von zwei oder mehreren Gesundheitseinrichtungen werden unmittelbar einander gegenübergestellt; indirekt: die Kostenzahlen einer Gesundheitseinrichtung werden beispielsweise mit branchenübergreifenden Durchschnittswerten verglichen);
- **Kosten-Soll-/Ist-Vergleich:** Planvorgabe von aus den Einrichtungszielen abgeleiteten Kosten-Sollwerten, mit denen die am Ende der Vergleichsperiode erreichten Kosten-Istwerte verglichen werden;
- **Kostenzeitvergleich:** Vergleich entlang der Zeitachse anhand absoluter oder relativer Kostenwerte.
- **Kostenbenchmarking:** Besondere Form des Kosteneinrichtungsvergleichs, welches bedeutet, dass sich die Gesundheitseinrichtung an den besten Konkurrenten oder an den besten einrichtungsinternen Prozessen orientiert und versucht, deren Leistungsniveau in einen oder mehreren Teilbereichen der Einrichtung zu erreichen, wobei es dabei Ziel ist, Defizite zum Kostenbenchmark als Vergleichsmaßstab aufzudecken und Anregungen für Verbesserungen der eigenen Kostensituation zu gewinnen.

Beispiel

Das Benchmarking im Krankenhausbereich mit den Kostendaten des Instituts für das Entgeltsystem im Krankenhaus (InEK) kann als ein Instrument aufgefasst werden, um Schwachstellen und Defizite innerhalb einer DRG aufzudecken und Hinweise zu geben, in welchen Bereichen Optimierungsbedarf besteht. Zudem kann es aufgrund der hohen Überzeugungskraft der InEK-Kostendaten wichtigen Einfluss auf das Mitarbeiterverhalten ausüben. Für die sinnvolle Nutzung des Kostenbenchmarkings als Ergänzung zur fachabteilungsbezogenen Deckungsbeitragsrechnung (DBR) sollte das Modellkrankenhaus neben der fachabteilungsbezogenen DBR zusätzlich die krankenhausindividuelle Soll-/Ist-Kostenmatrix auf Basis der InEK-Kalkulationsergebnisse der Top-10-DRGs zur Verfügung stellen, was einen schnellen Überblick über die handlungsbedürftigen DRG-Bereiche ermöglicht. (vgl. Hesse et al., 2013, S. 73 f.). ◄

Ein weiteres gebräuchliches Instrument im Rahmen des Kostencontrollings sind **Kosten-kennzahlen** in Form vordefinierter Zahlenrelationen, die durch Kombination von Kostendaten des Rechnungswesens entstehen, regelmäßig ermittelt werden und aus denen sich Aussagen zu kostenrelevanten Sachverhalten der Gesundheitseinrichtung komprimiert und prägnant ableiten lassen. Sie können dazu beitragen, Kostenplanung, -steuerung und -kontrolle mit dem Ziel optimierter Zuordnungen zu ermöglichen, Störgrößen und Engpässe zu erkennen und Vorgänge zu beurteilen. Dazu liefern sie

- konkrete Zahlenwerte zur Analyse des Ist-Zustands der Gesundheitseinrichtung und dem Aufdecken von Schwachstellen,
- Orientierungswerte zur Entwicklung neuer Ziele gegenüber der bisherigen Ist-Situation sowie
- Sollwerte und Planvorgaben bei der Entwicklung von entsprechenden Maßnahmen und der Kontrolle eines Aktionsplans bis zu einer optimalen Lösung.

Ihre Aufgabe ist es, aus der Fülle des Zahlenmaterials wesentliche Auswertungen herauszufiltern, die Einrichtungssituation zutreffend widerzuspiegeln und einen schnellen und komprimierten Überblick über die Kostenstrukturen der Gesundheitseinrichtung zu vermitteln. Auch werden sie dazu verwendet, um bewusst auf einen größtmöglichen Detaillierungsgrad zu verzichten und nur einen möglichst aussagekräftigen Ausschnitt des insgesamt in der Gesundheitseinrichtung erfassbaren Zahlenwerks tatsächlich auch abzubilden. Es handelt sich dabei überwiegend um absolute Kostenkennzahlen, wie beispielsweise Kostensummen, –differenzen, -mittelwerte oder relative Kostenkennzahlen, wie beispielsweise Gliederungszahlen (Anteil an einer übergeordneten Kostengröße), Beziehungszahlen (setzen verschiedene Kostengrößen zueinander ins Verhältnis) oder Indexzahlen (gleichartige Kostengrößen, die zu verschiedenen Zeitpunkten oder an verschiedenen Orten gemessen werden) (vgl. Steger, 2017, S. 4). Gebräuchliche Kostenkennzahlen sind beispielsweise die Anteile fixer oder variabler Kosten an den Gesamtkosten der Gesundheitseinrichtung oder den Kosten der medizinischen oder pflegerischen Leistungserstellung. Der Anteil der Weiterbildungskosten an den gesamten Personalkosten lässt eine Aussage über die Weiterbildungsintensität der Gesundheitseinrichtung zu. Kostendeckungsraten geben Auskunft über den Grad der Kostendeckung insgesamt oder für einzelne medizinische oder pflegerische Leistungen. Kosteninformationen gehen beispielsweise auch ein den Return on Investment (RoI), der die Rentabilität des gesamten Kapitaleinsatzes beschreibt und darstellt, wie das eingesetzte Kapital durch die Leistung der Gesundheitseinrichtung verzinst wird, oder auch in den Cash-flow als gebräuchliche, sehr aussagefähige Kennzahl zur Beurteilung der Finanzlage einer Gesundheitseinrichtung, bei der es sich um den Umsatzüberschuss oder Finanzüberschuss einer Gesundheitseinrichtung handelt, der sich als Nettozugang an flüssigen Mitteln aus der Umsatztätigkeit innerhalb eines Zeitraums darstellt.

9.2 Umsatzerzielung in Krisenzeiten

Das in Krisensituationen oft verlorengegangene Vertrauen in geordnete Verhältnisse einer Gesundheitseinrichtung ist unabhängig von der Ursache oft nur schwer wiederherzustellen und kann zu einer Abwanderung von Patienten und damit zu einer Abwärtsspirale führen (siehe auch Abschn. 5.2). Auch können ungünstige Rahmenbedingungen dafür sorgen, dass sich die Möglichkeiten zur Erzielung von Einnahmen verschlechtern.

> **Beispiel**
>
> In einer Pressemitteilung berichtete die Kassenärztliche Vereinigung Niedersachen (KVN), dass es aus Furcht vor Covid-19 zu stark verminderten Patientenbesuchen in Arztpraxen gekommen sei. Die Corona-Pandemie habe zu einer Verunsicherung der Bevölkerung geführt. Aufgrund der berechtigten Empfehlungen zur Vermeidung von Kontakten sei eine deutliche Verminderung von Arztkontakten eingetreten (vgl. Kassenärztliche Vereinigung Niedersachen, 2020, S. 1). ◄

Grundsätzlich richten sich die Möglichkeiten der Erlöserzielung im Gesundheitswesen nach den Regeln durch das System der Versicherungsleistungen von GKV und PKV bzw. außerhalb der Versicherungsleistungen im Gesundheitsmarkt für Individuelle Gesundheitsleistungen (IGeL) überwiegend nach marktwirtschaftlichen Gesichtspunkten. Die Gebührenordnung für Ärzte (GOÄ) regelt die Abrechnung aller medizinischen Leistungen außerhalb der gesetzlichen Krankenversicherung und stellt damit die Abrechnungsgrundlage für selbstzahlende Privatpatienten, als auch für alle anderen ärztlichen Leistungen dar. Nach dem Berufsrecht und der Sozialrechtsprechung dürfen für ärztliche Leistungen somit keine selbst kalkulierten Preise in Rechnung gestellt werden, sondern müssen Gebühren nach der GOÄ, bzw. GOZ für Zahnärzte erhoben werden. So darf beispielsweise ein Zahnarzt oder eine Zahnärztin **Vergütungen** nur für Leistungen berechnen, die nach den Regeln der zahnärztlichen Kunst für eine zahnmedizinisch notwendige zahnärztliche Versorgung erforderlich sind. Leistungen, die über das Maß einer zahnmedizinisch notwendigen zahnärztlichen Versorgung hinausgehen, dürfen nur berechnet werden, wenn sie auf Verlangen der Zahlungspflichtigen erbracht worden sind (vgl. § 1 GOZ). Die Abrechnung vertragsärztlich erbrachter, ambulanter Leistungen der gesetzlichen Krankenversicherung basiert auf dem Einheitlichen Bewertungsmaßstab (EBM), bzw. dem Bewertungsmaßstab zahnärztlicher Leistungen (BEMA). Stationäre und mitunter auch teilstationäre Krankenhausleistungen werden gemäß den Regelungen des Krankenhausfinanzierungsgesetzes (KHG) nach dem Vergütungssystem G-DRG (German Diagnosis Related Groups) abgerechnet und damit nach einheitlich festgelegten Fallgruppen und deren Bewertungsrelationen, die als Relativgewichte auf eine Bezugsleistung definiert sind und die für Leistungen, bei denen in erhöhtem Maße wirtschaftlich begründete Fallzahlsteigerungen vorliegen oder erwartet werden, gezielt abzusenken oder in Abhängigkeit von der Fallzahl bei diesen Leistungen abgestuft vorzugeben sind (vgl. § 17b KHG).

Nicht nur in Krisenzeiten kann die Erlöserzielung außerhalb der Versicherungsleistungen im Gesundheitsmarkt beabsichtigen, mithilfe der Vergütungsgestaltung Anreize für eine Inanspruchnahme durch die Patientenzielgruppe zu setzen. Die Vergütungsobergrenze richtet sich nicht selten durch eine krisenbedingt reduzierte Nachfrage nach dem Leistungsangebot der Gesundheitseinrichtung, während die Festlegung der Untergrenze ein Entscheidungsproblem darstellt: Eine kurzfristige Vergütungsuntergrenze berücksichtigt lediglich die Deckung der variablen Kosten der Leistungserstellung (Kosten für medizinisches Verbrauchsmaterial, Personalaufwand, Energiekosten etc.), während eine langfristige Untergrenze zusätzlich die fixen Kosten der Leistungserstellung (Abschreibungen für Behandlungseinrichtungen, Miete von Praxisräumen etc.) einbezieht und somit die Gewinnschwelle kennzeichnet, was eine wesentliche Auskunft darüber gibt, ob das Behandlungsangebot nur Kostendeckungsbeiträge erwirtschaftet oder auch Gewinne abwirft. Denn gerade in einer Krise, wenn etwa Patientinnen und Patienten ausbleiben, ist es auch wichtig zu wissen, wie weit man mit dem „Preis" hinuntergehen darf, um zusätzliche Umsatzanreize zu erzielen. Mithilfe der Preiselastizität der Nachfrage lässt sich ermitteln, in welchem Ausmaß Patienten auf unterschiedliche Preisänderungen reagieren: Bei niedriger Elastizität können sich die verlangten Vergütungen ändern, ohne dass die Patienten übermäßig reagieren. Patientenpräferenzen führen auch bei Erhöhungen dazu, dass sie nicht abwandern, sondern bereit sind, eine höhere Vergütung zu zahlen, was den Gestaltungsspielraum für die Gesundheitseinrichtung vergrößert.

Für die Steigerung der Umsatzerzielung von Leistungen außerhalb der Versicherungsleistungen bestehen auf der Grundlage der vorherigen Annahmen somit unterschiedliche strategische Möglichkeiten, auch und gerade in Krisensituationen:

- niedrige Anfangsvergütungen, die zu einem steigenden Marktanteil führen, um später bei dadurch reduzierter Konkurrenz höhere Honorare am Patientenmarkt durchzusetzen;
- nachgängige Anpassung der Vergütung an die Konkurrenz;
- planmäßige, sukzessive Absenkung anfänglich hoher Vergütungen, um für jede Patientenzielgruppe das maximale Honorar abzuschöpfen;
- Forderung unterschiedlicher Vergütungen für gleiche Leistung, beispielsweise auf Patiententeilmärkten mit spezifischem Nachfrageverhalten, auf Patientenmärkten mit reduzierter Markttransparenz, zur Versorgung von Patientenmärkten, die sonst ohne Angebot blieben;
- Steigerung der Strategie niedriger Vergütungen, um die konkurrenzlos niedrigsten Honorare zur Umsatzsteigerung, Steigerung von Patientenzahlen, Behauptung in einem Verdrängungswettbewerb etc.;
- Gesamthonorar für mehrere Leistungen, die bei einer Einzelhonorierung teurer wären, um beispielsweise den Gesamtumsatz zu erhöhen.

Auch einsetzbar sind Mittel der Rabattgewährung (beispielsweise Mengen-, Treue-rabatte), Zahlungsmodalitäten etc., die vorzugsweise für Leistungen in den Bereichen Hautästhetik, Schönheitschirurgie, Zahnästhetik, Wellness, Anti-Aging, Massagen usw. in Frage kommen.

Zur Umsatzerzielung in Krisenzeiten tragen auch GKV-unabhängige Leistungsan-gebote im Rahmen der **Selbstzahlermedizin** bei,

- die versucht, auf Patientenbedürfnisse einzugehen, die von der GKV nicht oder nur zum Teil gedeckt werden,
- die auf der Grundlage von medizinischen Leistungsangeboten basiert, die außerhalb der gesetzlichen Krankenversicherung erbracht und privat liquidiert werden,
- zu der in erster Linie medizinische Maßnahmen gehören, die nicht Gegenstand der GKV sind und damit auch nicht zur kassenärztlichen oder –zahnärztlichen Ver-sorgung zählen,
- die den Patienten ermöglicht, gezielte Wahlentscheidungen zur Realisierung individueller Gesundheitsbedürfnisse zu treffen und solche Leistungen auszuwählen, die zwar nicht zum Leistungsumfang der GKV gehören, die aber medizinisch empfehlens-wert oder zumindest vertretbar erscheinen.

Typische Leistungsangebote im Rahmen der Selbstzahlermedizin sind beispielsweise reisemedizinische Vorsorgen mit Impfberatungen und Impfungen, sportmedizinische Check-up-Untersuchungen, Glaukomfrüherkennung mittels Perimetrie, Ophthalmo-skopie und/oder Tonometrie, Behandlung der androgenetischen Alopezie bei Männern, umweltmedizinische Erst- und Folgeanamnese, psychotherapeutische Verfahren zur Selbsterfahrung ohne medizinische Indikation, Untersuchung auf Helicobacter pylori-Besiedlung mittels 13 C-Harnstoff-Atemtest als Primärdiagnostik, auflichtmikro-skopische Untersuchung zur Differentialdiagnose von Hautveränderungen etc.

Zu den Leistungen, die Gesundheitseinrichtungen ihren Patienten gegen Selbst-zahlung anbieten können, zählen auch die Individuellen Gesundheitsleistungen (IGeL) als nicht der Leistungspflicht der GKV unterliegende Leistungen, die aus ärzt-licher Sicht erforderlich oder empfehlenswert, zumindest aber vertretbar sind und von Patientinnen und Patienten ausdrücklich gewünscht werden. Die Leistungen lassen sich nicht abschließend auflisten, zumal Gesundheitseinrichtungen Zusatzleistungen anbieten können, ohne sie als IGeL zu bezeichnen. IGeL lassen sich unterscheiden in

- Leistungen, die von der GKV nicht gezahlt werden, weil derzeit nach Ansicht des GBA keine ausreichenden Belege für ihren Nutzen vorliegen (z. B. neuartige Leistungen, die im Krankenhaus von der GKV übernommen werden aber nicht im ambulanten Bereich);
- ärztliche Leistungen außerhalb des Versorgungsumfangs der GKV wie z. B. medizinische Beratungen oder gutachterliche Bescheinigungen;

- Leistungen, für die kein Nutzenbeleg vorliegt, die aber auch keine bedeutsamen Schäden erwarten lassen (Verhältnis von Nutzen und Schaden ist mindestens ausgeglichen);
- von Patienten gewünschte Leistungen, die keine medizinische Zielsetzung haben, aber aus ärztlicher Sicht zumindest vertretbar sind.

Obwohl sie nicht zum Leistungskatalog der GKV gehören, zahlen einige Gesetzliche Krankenkassen auch bestimmte IGeL bzw. bieten sie im Rahmen privater Zusatzversicherungen an (Bundesärztekammer und Kassenärztliche Bundesvereinigung, 2015, S. 6 f.).

Die Verdeutlichung, dass eine gewünschte Leistung keine Kassenleistung ist, sondern privat finanziert werden muss, kann aber auch dazu führen, dass die Bereitschaft zur Inanspruchnahme dieser Wunschleistung allerdings möglicherweise nachlassen wird. Auch sind individuelle Gesundheitsleistungen im Rahmen des Kostenerstattungsverfahrens, bei dem in Zusammenhang mit privatärztlicher Behandlung die Krankenkassen den "wirtschaftlichen" Teil der für eine gewünschte Art der Behandlung entstehenden Behandlungskosten übernehmen, vom Grundsatz her nicht erstattungsfähig, da sie als Wunsch- und Komfortleistungen ausschließlich in die Eigenverantwortung des Patienten fallen.

Obwohl die Selbstzahlermedizin sowohl für die Gesundheitseinrichtung als auch für die Patienten von Freiwilligkeit geprägt ist, lohnt sich gerade in Krisenzeiten in diesem Bereich der Versuch, durch Vertrauen, Seriosität und Fairness Patienten zurück zu gewinnen, die Kosten für die Leistungsangebote im Rahmen der Selbstzahlermedizin transparent und klar auszuweisen und mit den Patienten rechtssichere Vereinbarungen über die Leistungserstellung zu schließen. Hierzu sollte seitens der Gesundheitseinrichtung folgendes erfolgen: Sie sollte

- erklären, warum die IGeL notwendig oder empfehlenswert ist;
- informieren, ob es für den Nutzen der IGeL wissenschaftliche Belege gibt und wie verlässlich diese sind;
- verständlich zu Nutzen und möglichen Risiken oder Nebenwirkungen der IGeL beraten;
- sachlich und ohne anpreisende Werbung informieren;
- eine schriftliche Vereinbarung zur geplanten IGeL und deren voraussichtlichen Kosten treffen;
- eine Entscheidungshilfe oder Hinweise auf weiterführende Informationen zu IGeL zukommen lassen;
- das Gefühl vermitteln, dass die Patienten frei für oder gegen eine vorgeschlagene IGeL entscheiden können;
- eine angemessene Bedenkzeit einräumen;
- darüber informieren, dass eine Zweitmeinung eingeholt werden kann;
- im Anschluss an die Behandlung eine nachvollziehbare Rechnung erstellen (Bundesärztekammer und Kassenärztliche Bundesvereinigung, 2015, S. 9 f.).

Die Rückgewinnung von Verlässlichkeit, Seriosität und Vertrauen ist in Krisensituationen für Gesundheitseinrichtungen von elementarer Bedeutung. Insofern ist die **Patientenkommunikation** mit der planmäßigen Gestaltung und Übermittlung der auf den Patientenmarkt gerichteten Informationen, mit dem Zweck, die Meinungen, Einstellungen und Verhaltensweisen der Patientenzielgruppe im Sinne der Zielsetzung der Gesundheitseinrichtung zu beeinflussen, ein wichtiges Instrument für einen zielgerichteten Dialog zwischen Patienten und Gesundheitseinrichtung zur Verbesserung der Einstellungen gegenüber der Gesundheitseinrichtung und ihrem Image, zur neuen Positionierung der Einrichtung am Gesundheitsmarkt neben den Wettbewerbern, zur Erhöhung des Bekanntheitsgrads bei der Patientenzielgruppe und zur Erhöhung der Absicht bei den Patienten, die Gesundheitseinrichtung für Behandlungsmaßnahmen oder Pflegeleistungen auszuwählen. Dazu muss die Patientenkommunikation insbesondere die kommunikative Herstellung von Vertrauen in die Gesundheitseinrichtung, die kommunikative Steuerung der Patientennachfrage und der Erschließung neuer Patientenmärkte, die Definition der Wege, über die die Patienten kommunikativ erreicht werden sollen, den kommunikativen Umgang mit Behandlungsfehlern, Störungen, Reklamationen sowie die Kommunikation mit der Umwelt der Gesundheitseinrichtung über den eigentlichen Dialog mit den Patienten hinaus (Coporate Communication) umfassen.

Dabei nimmt die Patientenbindung einen hohen Stellenwert ein, da die Gewinnung neuer Patienten einen wesentlich höheren Aufwand verursachen kann, als ihre langfristige Bindung an die Gesundheitseinrichtung. Zu den wesentlichen Aufgaben im Rahmen der Patientenbindung zählen daher die Verbesserung der allgemeinen Patientenorientierung der Gesundheitseinrichtung, die Analyse des Patientenverhaltens im Hinblick auf veränderte Bedürfnisse, die Bindung der Patienten durch individuelle, ihren Bedürfnissen entsprechende Angebote, die Schaffung von Mehrwerten für die Patienten, das Ausschöpfung des Patientenpotentials sowie die Gewinnung von Neupatienten durch das Wecken von Interesse. Eine nachhaltige Patientenbindung wird üblicherweise durch regelmäßigen Kontakt erzeugt, auch nach dem Abschluss von Behandlungsmaßnahmen, durch Beratung und Hilfestellungen, Patienteninformationen über Hauszeitschriften oder Newsletter, Einräumen besonderer Konditionen, sowie Öffentlichkeits- und Pressearbeit.

Die in oder nach Beendigung einer Krise wichtige Patientengewinnung gelingt in erster Linie die persönliche Ansprache und die Fortführung des Dialogs aufgrund erster Kontakte oder Befragungen, woraus sich Schlüsse auf das mögliche Potenzial von Patientengruppen, ihre Anforderungen oder die mögliche Inanspruchnahme von Behandlungs- oder Pflegeleistungen schließen lassen. Das gezielte Ansprechen ehemaliger Patienten und die Hinterfragung ihrer Wechselgründe ist Gegenstand der Patientenrückgewinnung. Dabei ist das Patientenbeschwerdemanagement von besonderer Bedeutung, denn es umfasst alle Maßnahmen, die die Zufriedenheit der Patienten wiederherstellen und Stabilität in die gefährdete Patientenbeziehung bringen sollen. Es gibt wichtige Hinweise auf Stärken und Schwächen der Gesundheitseinrichtung, sodass es sinnvoll ist, nicht nur die artikulierte Unzufriedenheit dabei zu berücksichtigen, sondern auch Folgebeschwerden, Anfragen oder Verbesserungsvorschläge. Auf diese Weise lässt sich das Feedback der Patienten erfassen und für den Lernprozess der Gesundheitseinrichtung nutzen. Dadurch lassen sich Leistungsmängel feststellen, durch Fehler oder deren Folgen entstehende Kosten reduzieren, Fehler von Mitarbeitern aufdecken, unzufriedene Patienten identifizieren, die sich ansonsten abwenden würden, die Servicequalität der Gesundheitseinrichtung steigern, negative Auswirkungen aufgrund von Unzufriedenheiten der Patienten begrenzen, die Patientenbindung langfristig positiv beeinflussen und das einrichtungsinterne Risikomanagement verbessern. Zudem trägt die dadurch erzielte Patientenbindung zumindest zur Stabilisierung des Umsatzes bei.

9.3   Rechtzeitig und richtig investieren

Ausbleibende **Investitionen** in das Anlagevermögen können bei Gesundheitseinrichtungen beispielsweise zur Überalterung der medizinisch-technischen Ausstattung oder zum Substanzverzehr bei den Einrichtungsimmobilien führen.

Beispiel

Das Deutsche Krankenhausinstitut warnte in einer Pressemitteilung vor einem Investitionsstau in deutschen Krankenhäusern. Ursache für die schwache Investitionsfähigkeit sei eine nicht hinreichende Finanzierung der Investitionskosten der Krankenhäuser durch die Bundesländer, weshalb sie gezwungen seien, die betriebswirtschaftlich erforderlichen Investitionen selbst zu finanzieren. Allerdings würden eigenmittelfinanzierte Investitionen das Betriebsergebnis bis hin zum Verlustrisiko schmälern und eine unzureichende Investitionsquote eine Überalterung und Substanzverzehr bei der baulich-technischen Infrastruktur der Krankenhäuser bedingen mit möglicherweise abträglichen Folgen für die Patientenversorgung. Auch würden dadurch für eine umfassende Digitalisierung die finanziellen Mittel fehlen und die IT-Infrastruktur sei dadurch teilweise veraltet und intern wie extern zu wenig vernetzt (Deutsches Krankenhausinstitut, 2020, S. 1). ◄

Ein Investitionsstau deutet in der Regel auf eine Unterfinanzierung hin, was in keinerlei Hinsicht eine gute Grundlage ist, weder für erfolgreiches Wirtschaften, noch als Vorbereitung auf mögliche Krisensituationen. Vielmehr werden gerade in einer Krise die zur Verfügung stehenden Finanzmittel für andere Zwecke benötigt. Daher dienen rechtzeitige und zielgerichtete Investitionen auch der Prävention, um mögliche Krisen vorzubeugen und in schwierigen Phasen möglichst gut gerüstet zu sein.
Investitionen in Gesundheitseinrichtungen erfolgen beispielsweise in neue Pflege- oder Behandlungseinrichtungen, die Erneuerung von veralteter Medizintechnik, die

Automatisierung von Labortechnik, Energiespareinrichtungen, die Renovierung oder zusätzliche Räumlichkeiten, aber auch in Werbung, Ausbildung etc. Jede Investition in Gesundheitseinrichtungen ist daher auch unter betriebswirtschaftlichen Gesichtspunkten zu beurteilen, denn sie bedeutet die Bindung von Kapital, wirft unter Umständen Finanzierungsprobleme auf, erzeugt Folgekosten für Wartung und Instandhaltung und stellt mitunter auch nur mittel- bis langfristig erreichbare Vorteile in Aussicht. Sie ist gekennzeichnet durch ausgehende Zahlungen (z. B. die Anschaffungszahlung für den Kaufpreis eines medizintechnischen Gerätes oder die Folgekosten für Wartung, Reparatur und Ersatzteile), denen tatsächlich oder fiktiv eingehende Zahlungen gegenüberstehen (beispielsweise der Verwertungserlös aufgrund der Veräußerung des Gerätes am Ende seiner Nutzungsdauer oder Rechnungsstellungen gegenüber Krankenkassen und Patienten für die Nutzung des Gerätes im Rahmen der Behandlung). In Form der über die Nutzungsdauer verteilten Abschreibungen wird die Wertminderung berücksichtigt, der das Investitionsobjekt aufgrund seiner Alterung unterliegt, und die durch die Einnahmen aus den damit erbrachten Behandlungsleistungen mindestens ausgeglichen werden muss, damit am Ende der Nutzungsdauer eine Ersatzbeschaffung durchgeführt werden kann. Um den steuerpflichtigen Gewinn der Gesundheitseinrichtung zu ermitteln sind die Abschreibungen als gewinnmindernde Ausgaben von den insgesamt erzielten Einnahmen abzuziehen.

Aussagen über die Wirtschaftlichkeit einer Investition in der Gesundheitseinrichtung oder mehrerer Investitionsalternativen liefern die verschiedenen Arten der **Investitionsrechnung**, die hinsichtlich der quantifizierbaren Faktoren Verfahren zur Beurteilung eine Grundlage von Investitions- und Finanzierungsentscheidungen darstellen. Es handelt sich dabei überwiegend um finanzmathematische Instrumente, die sich als Planungsrechnung vor der Entscheidung und als Kontrollrechnung während und nach der Entscheidungsdurchführung anwenden lassen. Anzumerken ist dabei allerdings, dass qualitative Entscheidungsfaktoren nicht berücksichtigt werden und auch die medizintechnische Beurteilung von Investitionsalternativen bereits erfolgt ist, sodass jene Investitionsalternativen rechnerisch ermittelt werden, die je nach Fragestellung etwa die geringsten Kosten verursachen, den größten Beitrag zum Gewinn der Gesundheitseinrichtung leisten oder die höchste Rentabilität erzielen. Daraus ergibt sich: je genauer sich die Ausgaben für die Investition und die Einnahmen aus der Nutzung des Investitionsgutes bestimmen lassen, desto wirklichkeitsnaher sind auch die Ergebnisse der Investitionsrechnung.

Bei einer **statischen Betrachtung** geht nur eine Periode oder ein Durchschnittsjahr in die Berechnung ein, und es wird von durchschnittlichen Jahreswerten ausgegangen. Sie berücksichtigt auch weder die Rendite der zu vergleichenden Anlagen, noch zeitlich später liegende, die Investitionsentscheidung betreffende Ereignisse, weil nur auf die Anfangsinvestition abgestellt wird. Zu ihren wichtigsten Verfahren zählen:

- **Kostenvergleichsrechnung:** Vergleich der mit der Erbringung der Behandlungsleistung anfallenden Kosten bei verschiedenen Investitionsobjekten.
- **Gewinnvergleichsrechnung:** Vergleich der zurechenbaren Gewinne der Gesundheitseinrichtung.
- **Rentabilitätsrechnung:** Ermittlung und Gegenüberstellung der Rentabilität für verschiedene Investitionsobjekte.

Bei einer **dynamischen Betrachtung** wird der gesamte Investitionszeitraum dadurch berücksichtigt, dass in den jeweiligen Perioden die unterschiedlich anfallenden Einnahmen und Ausgaben in das Ergebnis eingehen. Zu ihren wichtigsten Verfahren zählen:

- **Kapitalwertmethode:** Abzinsung sämtlicher erwarteten Gewinne über die Lebensdauer mit einem Zinsfuß auf den Zeitpunkt unmittelbar vor der Investition.
- **Interner Zinsfuß:** Ermittlung der Verzinsung des angelegten Kapitals der Gesundheitseinrichtung bei einem Kapitalwert $= 0$.
- **Annuitätenmethode:** Berechnung der durchschnittlichen jährlichen Einnahmen und Ausgaben unter Verwendung der Zinseszinsrechnung (Annuitäten).
- **Vermögensendwertverfahren**: Aufzinsung sämtlicher Zahlungen auf das Ende des Planungszeitraumes, ansonsten analog Kapitalwertmethode.
- **Sollzinssatzverfahren:** Aufzinsung sämtlicher Zahlungen auf den Finalwert, ansonsten analog Methode Interner Zinsfuß.

Sowohl dynamische als auch statische Aspekte von Investitionsbewertungen lassen sich mit der Amortisationsrechnung berücksichtigen. Im Zentrum steht dabei die Frage, wie lange die Wiedergewinnung der Investitionssumme aus den Einnahmeüberschüssen der Investition dauert, wobei durch einen Vergleich der Soll-Amortisationsdauer mit der Ist-Amortisationsdauer die Vorteilhaftigkeit einer Investition in der Gesundheitseinrichtung bewertet werden kann.

Es ist zweckmäßig, bei Investitionsentscheidungen zusätzlich qualitative Argumente zu berücksichtigten, etwa unter Einbeziehung von Verfahren wie der Nutzwertanalyse (NWA) zur Einbeziehung nicht quantifizierbarer Größen, da bei einer Investitionsrechnung nur quantifizierbare Größen und Ereignisse für einzelne Investitionsvorhaben erfasst und sichere Erwartungen unterstellt werden (vgl. Beschorner & Peemöller, 2006, S. 353 ff.).

Auch für Investitionen mit sehr komplexen Auswirkungen und aufwendigeren Risikobetrachtungen sollte nicht auf eine ökonomische Analyse verzichtet werden. So lassen sich beispielsweise mithilfe von IT-Sicherheitsinvestitionen deutliche Einsparpotentiale durch Optimierung von Sicherheitsprozessen erzielen. Durch die Nutzung der aufgezeigten klassischen Investitionsrechenverfahren, mit der Lösungsalternativen bewertet werden, lassen sie sich auf ihre Ertragsrelevanz hin analysieren. Auch bieten IT-Sicherheitsverfahren vielfältige Chancen als Enabling-Technology zur Prozessoptimierung und Erschließung neuer Märkte, sodass selbst aufwendige IT-Sicherheitslösungen wirtschaftlich sinnvoll sein können. Insbesondere bei IT-Sicherheitsinvestitionen wird in Zukunft der wertschöpfende Aspekt von Sicherheitsverfahren und -technologien an Bedeutung gewinnen und ihr Beitrag zum wirtschaftlichen Erfolg zunehmend wichtiger werden, auch wenn der Aspekt der Risikominimierung immer stark im Blickpunkt der Betrachtung stehen wird (vgl. Fraunhofer-Institut für Sichere Informationstechnologie, 2011, S. 26).

Die Förderung von Investitionsvorhaben in die IT-Sicherheit von Krankenhäusern regelt beispielsweise die Krankenhausstrukturfonds-Verordnung (KHSFV). Sie können nach dem Krankenhausfinanzierungsgesetz (KHG) gefördert werden, wenn die Beschaffung, Errichtung, Erweiterung oder Entwicklung informationstechnischer oder kommunikations-technischer Anlagen, Systeme oder Verfahren oder bauliche Maßnahmen erforder-lich sind, um die Informationstechnik der Krankenhäuser, die die Voraussetzungen der BSI-Kritisverordnung erfüllen, an die Vorgaben des BSI-Gesetzes anzupassen (vgl. § 11 KHSFV). Werden die Investitionsvorhaben nicht bereits durch diese Regelung erfasst, können auch die Beschaffung, Errichtung, Erweiterung oder Entwicklung informations-technischer oder kommunikationstechnischer Anlagen, Systeme oder Verfahren, um die nach dem Stand der Technik angemessenen organisatorischen und technischen Vor-kehrungen zur Vermeidung von Störungen der Verfügbarkeit, der Integrität und der Ver-traulichkeit der informationstechnischen Systeme, Komponenten oder Prozesse des Krankenhausträgers zu treffen, die für die Funktionsfähigkeit des jeweiligen Kranken-hauses und die Sicherheit der verarbeiteten Patienteninformationen maßgeblich sind, gefördert werden (vgl. 19 KHSFV).

Literatur

Beschorner, D. & Peemöller, H. (2006). *Allgemeine Betriebswirtschaftslehre – Grundlagen und Konzepte*. Herne: NWB-Verlag.

Bundesärztekammer und Kassenärztliche Bundesvereinigung (Hrsg.) (2015). Selbst zahlen? - Ein Ratgeber zu Individuellen Gesundheitsleistungen (IGeL) für Patientinnen und Patienten sowie Ärztinnen und Ärzte. 2. Auflage (2012). Stand: Juni 2015. Berlin.

Deutsches Krankenhausinstitut – DKI (Hrsg.) (2020). Investitionsstau und Digitalisierungs-probleme in deutschen Krankenhäusern -Konjunkturprogramm sollte Kliniken einbeziehen. Pressemitteilung vom 02.06.2020. https://www.dki.de/pressemitteilung/pressemitteilung-investitionsstau-und-digitalisierungsprobleme-in-deutschen-krankenhaeusern. Düsseldorf. Zugegriffen: 27.03.2020.

Fraunhofer-Institut für Sichere Informationstechnologie – Fraunhofer-SIT (Hrsg.) (2011). Werte schützen, Kosten senken, Erträge steigern - Beispiele für die Wirtschaftlichkeit von Informationssicherheit. White Paper. Version: 1.0. Darmstadt / St. Augustin.

Frodl, A. (2012). *Controlling im Gesundheitsbetrieb*. Wiesbaden: Gabler/Springer Fachmedien.

Gebührenordnung für Zahnärzte (GOZ) vom 22. Oktober 1987 (BGBl. I S. 2316), zuletzt durch Artikel 1 der Verordnung vom 5. Dezember 2011 (BGBl. I S. 2661) geändert.

Hesse, S.; Leve, J.; Goerdeler, P. & Zapp, W. (2013). Benchmarking im Krankenhaus – Controlling auf der Basis von InEK-Kostendaten. Wiesbaden: Gabler/Springer Fachmedien.

Kassenärztliche Vereinigung Niedersachen – KVN (Hrsg.) (2020). Kein Patient muss aus Furcht vor Covid-19 den Arztbesuch scheuen. Pressemitteilung vom 05. Juni 2020. https://www.kvn. de/Presse/Kein+Patient+muss+aus+Furcht+vor+Covid-19+den+Arztbesuch+scheuen-press-7051-p-7051.html. Hannover. Zugegriffen: 20.03.2021.

Krankenhaus-Buchführungsverordnung (KHBV) in der Fassung der Bekanntmachung vom 24. März 1987 (BGBl. I S. 1045), zuletzt durch Artikel 2 der Verordnung vom 21. Dezember 2016 (BGBl. I S. 3076) geändert.

Krankenhausfinanzierungsgesetz (KHG) in der Fassung der Bekanntmachung vom 10. April 1991 (BGBl. I S. 886), zuletzt durch Artikel 14 des Gesetzes vom 24. Februar 2021 (BGBl. I S. 274) geändert.

Krankenhausstrukturfonds-Verordnung (KHSFV) vom 17. Dezember 2015 (BGBl. I S. 2350), zuletzt durch Artikel 2b des Gesetzes vom 22. Dezember 2020 (BGBl. I S. 3299) geändert.

Macha, R. (2011). *Grundlagen der Kosten- und Leistungsrechnung.* München: Verlag Franz Vahlen.

Pflege-Buchführungsverordnung (PBV) vom 22. November 1995 (BGBl. I S. 1528), zuletzt durch Artikel 1 der Verordnung vom 21. Dezember 2016 (BGBl. I S. 3076) geändert

Steger, J. (2017). *Kennzahlen und Kennzahlensysteme.* 3. Auflg. Herne: NWB Verlag.

Kommunikation in der Krise: Wer ist wann und wie zu informieren?

10

10.1 Organisation der Krisenkommunikation und Austausch mit Behörden und Organisationen mit Sicherheitsaufgaben (BOS)

Bei einem Massenanfall von Verletzen werden die Kapazitäten des Gesundheitswesens nicht selten bis an die Grenzen gefordert. Hierfür lassen sich nicht immer die rechnerisch erforderlichen Kapazitäten in einzelnen Gesundheitseinrichtungen vorhalten. Lokale und regionale Konzepte müssen daher miteinander abgestimmt sein, sich flexibel ergänzen können, um so die vorhandenen Ressourcen möglichst effektiv ausnutzen zu können (vgl. Franke, 2021, S. 62).

Insofern kann es im Krisenfall notwendig sein, externe Stellen, die auch ebenfalls davon betroffen sein könnten, darüber zu informieren und mit ihnen zusammenzuarbeiten, um die Schadensausbreitung zu verhindern. Damit die Sicherheitsprobleme und Gegenmaßnahmen zur Eindämmung der Auswirkungen behandelt werden können, sind Informationsweitergaben und Kooperationen erforderlich, auch um eine erforderliche konstruktive Zusammenarbeit nicht nachhaltig zu stören und das bestehende Vertrauensverhältnis nicht zu beeinträchtigen, wenn die Behörden und Organisationen mit Sicherheitsaufgaben (BOS) durch andere Quellen über die Sicherheitsprobleme informiert werden.

Häufig ist an der Bewältigung einer Schadenslage über die einzelne Gesundheitseinrichtung hinaus ein gesamtgesellschaftliches Netzwerk von öffentlichen und privaten Krisenstäben auf den verschiedenen Ebenen und gesellschaftlichen Bereichen beteiligt. Der dazu notwendige Informationsfluss auf der Basis von erprobten Melde- und Informationsverfahren ist eng verknüpft mit organisations- und bereichsübergreifenden Informations- und Kommunikationsprozessen und der Notwendigkeit

A. Frodl, *Krisenmanagement für Gesundheitseinrichtungen*,
https://doi.org/10.1007/978-3-658-36374-1_10

einer abgestimmten Entscheidungsfindung mit der Koordination von Maßnahmen und Fähigkeiten. Daher ist die Sicherstellung der notwendigen wechselseitigen Information und zielgerichteten Kommunikation innerhalb dieses Netzwerkes eine wesentliche Voraussetzung für eine erfolgreiche Krisenbewältigung. Auch muss die organisationsübergreifende Zusammenarbeit bei der Krisenbewältigung zwischen den am Krisenmanagement Beteiligten vorbereitet und geübt werden, beispielsweise durch Übungsserien wie die Länderübergreifende Krisenmanagement Exercise (LÜKEX) für die Krisenstäbe von Bund, Ländern und Kommunen sowie unter Einbindung von Unternehmen, Organisationen und Verbänden als bewährte Möglichkeit, die Aufgaben, Ressourcen, Arbeitsweisen und Fachtermini der Beteiligten im Krisenmanagement aufeinander abzustimmen (vgl. Bundesministerium des Innern, 2014, S. 9).

Die **Krisenkommunikation** der Gesundheitseinrichtung mit den verschiedenen Interessensgruppen während und nach einer Krise ist somit als einer der zentralen Erfolgsfaktoren des Krisenmanagements anzusehen und verfolgt das Ziel, die Krise zu bewältigen, weiteren Schaden zu verhindern, zu informieren und Vertrauens- und Imageverluste zu vermeiden.

> „Die Krisenkommunikation gehört zur unternehmerischen Verantwortung, auch wenn ihr Wert wirtschaftlich zunächst nur schwer messbar scheint. Den Controllern sei gesagt: Es gibt kein Krisenmanagement zum Nulltarif." (Höbel & Hofmann, 2014, S. 28).

Während die einrichtungsinterne Krisenkommunikation jegliche Kommunikation umfasst, die der Bewältigung des Notfalls oder der Krise dient, hat die externe Krisenkommunikation in erster Linie die Aufgabe, Zielgruppen innerhalb der Gesundheitseinrichtung sowohl als auch außerhalb zu informieren. Dazu gehören die Meldung, Eskalation und Alarmierung, aber auch sämtliche Kommunikation zur Informationsbeschaffung, der Koordinierung der Notfallteams oder die Kooperation mit externen Stellen wie Geschäftspartner, Kunden, Rettungsdienste, Hilfsorganisationen, Feuerwehr, Polizei oder Technisches Hilfswerk zur Bewältigung der Krise.

Um für eine in Krisenfällen benötigte zuverlässige und sichere Kommunikation zu sorgen, sind eine hohe Verfügbarkeit der Kommunikationssysteme in der Krise sicherzustellen und dazu beispielsweise festzulegen sowie zu klären:

- wer für die einzelnen Informationsflüsse zwischen den verschiedenen Beteiligten bei der Notfall- und Krisenbewältigung zuständig ist,
- wer, wem, wann meldet, eskaliert, alarmiert und informiert,
- in welcher Art und Weise die Kommunikation erfolgt (beispielsweise der Informationsfluss vom Schadensort oder den Notfallteams zum Krisenstab und zurück),
- wann und in welchen zeitlichen Abständen berichtet wird,
- wie die erforderlichen Kommunikationsprozesse zur Bewältigung des Notfalls gestaltet sind (Sprache, Text, Daten, Video und Bilder),

- welche Kommunikationssysteme (Endgeräte und Verbindungen) grundsätzlich und alternativ an den verschiedenen Lokationen zur Verfügung stehen,
- welche Anzahl von Endgeräten benötigt wird,
- wie die Stromversorgung der Endgeräte sichergestellt wird,
- welche Ausfall-Risiken für die einzelnen Kommunikationslösungen bestehen,
- welche Maßnahmen hinsichtlich der Verfügbarkeit der in Notfällen benötigten Kommunikationssysteme zu ergreifen sind,
- wie die Bereitstellung alternativer Kommunikationswege (z. B. Internet, Festnetz, Mobilkommunikation, Satellitenkommunikation) erfolgt.
- wie sich die Aspekte der Vertraulichkeit und Integrität der Kommunikation und der Authentizität der Kommunikationspartner in die Betrachtung und die Auswahl der Systeme einbeziehen lassen (vgl. Bundesamt für Sicherheit in der Informationstechnik, 2008, S. 76 f.).

Üblicherweise ist die Krisenkommunikation eine Aufgabe des Krisenstabes, wobei in Abhängigkeit von der Größe der betroffenen Gesundheitseinrichtung und vom Ausmaß der Krise innerhalb des Stabes auch eine eigene Aufbauorganisation gebildet wird. Neben dem Austausch mit Behörden und Organisationen mit Sicherheitsaufgaben (BOS) und vergleichbaren Funktionen anderer Krisenstäbe, die an der Krise beteiligt sind, zählen beispielsweise auch die Analyse der Medienberichterstattung und der Bevölkerungsreaktionen, die Unterstützung und Zuarbeit für die Medienkommunikation, sowie das Erstellen von Informationen für die Presse und anderen Medien sowie zur Unterrichtung der Bevölkerung und der eigenen Beschäftigten. Dabei geht es insbesondere darum, Informationen für die Bevölkerung über die Schadenslage und eventuelle Handlungsanweisungen verständlich aufzubereiten und die Personen zu instruieren und permanent über gravierende Veränderungen zu informieren, die vor die Medien bzw. die Bevölkerung treten. Neben den kommunikativen Fähigkeiten werden hierzu auch einrichtungsspezifische Kenntnisse benötigt, die neben den arbeitstäglichen Strukturen und Prozessen auch die Aufgaben und Arbeitsweisen des Krisenmanagements umfassen. Ebenfalls kann es notwendig sein, auch über die üblichen Pressesprecherfunktionen hinaus Personal aus anderen Funktionsbereichen einberufen oder rekrutieren zu können. Auch kann es erforderlich sein, externe Krisenkommunikationsexperten in der Krise hinzuziehen (vgl. Bundesministerium des Innern, 2014, S. 16).

So trägt beispielsweise ausschließlich der im Krisenstab vertretene Leiter der Krisenkommunikation die Verantwortung für die externe Krisenkommunikation, und alle Medienkontakte sollten ausschließlich über ihn laufen bzw. von ihm koordiniert werden. Er überprüft und genehmigt sämtliche Informationen zur Krise, die als offizielle Verlautbarungen und Statements weitergegeben werden. Dazu muss er über ausreichende Informationen zum Krisenfall, über die möglichen Schäden, die durchgeführten sowie geplanten Gegenmaßnahmen und über die bereits benachrichtigten Stellen verfügen.

Weitere Spezialaufgaben, wie den Kontakt zu den Medien halten, Pressekonferenzen leiten oder die Redaktion der Online-Information übernehmen, können beispielsweise übernommen werden durch:

- **Krisensprecher/in:** Information der Öffentlichkeit und der Medien,
- **Fachexperten:** Klärung und Bewertung wissenschaftlicher Fragen und Sachfragen des Krisenmanagements,
- **Juristische Experten:** Klärung und Bewertung juristischer Sachfragen, insbesondere auch von schriftlichen Verlautbarungen,
- **Experten für Presse- und Öffentlichkeitsarbeit:** Beobachtung der Medien und Social Media Networking.

Da Krisenkommunikation als anspruchsvolle und komplexe Aufgabe gilt, ist eine professionelle Vorbereitung durch Medientraining erforderlich, damit

- auch auf unvorhergesehene Fragen angemessen reagiert,
- extremen Zeitdruck und Stress standgehalten,
- sich kritischen Fragen, die oftmals das eigene Versagen thematisieren, gestellt,
- Ruhe bewahrt,
- Provokationen zu unüberlegten Äußerungen widerstanden und
- niemals aggressiv reagiert

werden kann (vgl. Bundesamt für Sicherheit in der Informationstechnik, 2008, S. 76 f.).

10.2   Kommunikation mit Beteiligten

Es gibt üblicherweise viele Beteiligte an einer Krise, die von ihren Auswirkungen direkt oder indirekt betroffen sind: Neben den mit der Krisenbewältigung direkt Beschäftigten können dies beispielsweise Patientinnen und Patienten oder Mitarbeiterinnen und Mitarbeiter der Gesundheitseinrichtung sein; es gibt je nach Krisenart und –ausmaß möglicherweise aber auch Opfer und deren Angehörige, die zu berücksichtigen sind.

Aufgabe der **Krisenintervention** ist es, unmittelbar nach einer Krise Betroffene professionell zu betreuen und durch die Psychosoziale Notfallversorgung für Betroffene (PSNV-B) die seelische Überlastung von Überlebenden, Angehörigen, Hinterbliebenen, Zeugen, Vermissenden etc. zu mindern (siehe auch Abschn. 6.2). Die PSNV-B umfasst insbesondere die psychosoziale Akuthilfe mit dem Ziel der Krisenintervention im Notfall sowie der Vermittlung in das soziale Netzwerk (Familie, Freunde etc.) oder in mittel- und längerfristige psychosoziale Hilfen (vgl. Deutsche Gesetzliche Unfallversicherung, 2020, S. 14). Die behutsame und respektvolle Kommunikation mit Menschen nach hoch belastenden Ereignissen ist hierbei eine wesentliche Aufgabe.

Beispiel

Die Vollausbildung „Psychosoziale Notfallversorgung für Betroffene" (PSNV-B) an der Kriseninterventionsteam (KIT) -Akademie des Arbeiter-Samariter-Bundes (ASB) Regionalverband München/Oberbayern. e. V. umfasst Kenntnisse der Psychotraumatologie in der Akut-Situation als auch Wissen im Umgang mit Stress. Ferner findet eine Einführung in die Kommunikation mit Menschen nach hoch belastenden Ereignissen und in den Umgang mit fremden Kulturen und Religionen statt (vgl. Arbeiter-Samariter-Bund Regionalverband München/Oberbayern, 2021, S. 1). ◀

Der Ablauf einer strukturierten Betreuung im Rahmen der Krisenintervention besteht insbesondere aus

- dem Schutz vor weiterer Traumatisierung,
- der Vermittlung von Orientierung,
- einer emotionalen Stabilisierung,
- dem Aktivieren sozialer Ressourcen,
- gegebenenfalls dem Anbahnen bzw. der Durchführung des Abschiednehmens,
- der Vernetzung zu psychosozialen Betreuungsangeboten,
- dem Abschluss der Betreuung mit Übergabe an soziale Ressourcen oder Anschlusshilfe (vgl. Bayerisches Rotes Kreuz Kreisverband München, 2021, S. 1).

Im Zentrum der Krisenintervention steht das Erzeugen einer Verbundenheit zu den Betroffenen, deren Begleitung und ihre Vorbereitung auf weitere Schritte (siehe Tab. 10.1).

Zur Betreuung der Zielgruppe der Überlebenden, Angehörigen, Hinterbliebenen, Zeugen und/oder Vermissenden gehören unter anderen die Kräfte der psychosozialen Akuthilfe sowie die Kräfte der psychologischen Hilfen und ärztlichen sowie psychotherapeutischen Frühintervention aus Hintergrunddiensten:

- **Kräfte der psychosozialen Akuthilfe:** Verfügen über fachlich fundierte Kenntnisse der PSNV sowie über Feldkompetenz in der PSNV; sie sind ehrenamtlich oder im Rahmen ihrer dienstlich geregelten Aufgaben (z. B. im öffentlichen Dienst, den Kirchen oder Hilfsorganisationen) tätig; Einsatzzeitraum ist die Akutphase (erste Stunden bis Tage nach Notfallereignis); Anforderung erfolgt im Einsatzfall über die Leitstelle bzw. Einsatzzentrale; Einsatzbereiche sind alltagsnahe Notfallereignisse an der Einsatz-bzw. Schadenstelle und weiteren Orten mit Betreuungsbedarf, komplexe Gefahren- und Schadenslagen, insbesondere MANV, an der Schadenstelle und weiteren Bereichen mit Betreuungsbedarf; primär an (Akut-)Sammel- und Betreuungsstellen/-plätzen, vereinzelt auch an Behandlungsplätzen (BHP) und Totenablagen.

Tab. 10.1 Kommunikation mit Betroffenen anhand des Basismodells der Krisenintervention (vgl. Krisenintervention und Notfallseelsorge Dresden, 2012, S. 1)

Phasen		Erläuterung
Beschaffung von Kommunikations-grundlagen		Vor jedem Betreuungsbeginn Beschaffung von aus-reichenden Informationen bei Leitstellen, Rettungskräften etc., die für die Betreuung notwendig sind
Verbundenheit als Kommunikations-voraussetzung	Aufbau eines Vertrauens-ver-hältnisses	Aufbau eines Vertrauensverhältnisses als Grundlage für die Betreuung (Vorstellung der Betreuenden, persönliche Zugewandtheit und Widmung ohne zeitliche Begrenzung, Zusicherung des Nichtalleinelassens etc.)
	Unterbrechung der Über-wältigungs-situation	Behutsame Vermeidung der Belastung, Suchen eines von der Situation wegführenden Gesprächseinstiegs, nach Möglichkeit Durchführung eines Wechsels vom Ort des Erlebten
	Besprechung des Erlebten	Sofern die Betroffenen dies auch möchten und in Abhängigkeit von der Akutsituation: Strukturierung und Förderung des Erzählens über das Erlebte, vorsichtiger Umgang mit Detailfragen
	Akzeptanz von Abwehr-reaktionen	Respektvoller Umgang mit Schwankungen zwischen Abwehr und Überwältigung; Einräumung von Zeit, sich mit der Situation auseinanderzusetzen
	Klärung der Anwesenheits-erfordernis	Individuelle Klärung der Notwendigkeit des Dableibens oder Zurückziehens unter Vermeidung des Aufdrängens bzw. eines zu frühzeitigen Rückzugs
Einschätzung und kommunikative Förderung der Selbständigkeit		Erkunden der Bedürfnisse der Betroffenen, Förderung ihrer eigenen Ressourcen, Wiederherstellen und Erhaltung ihrer Handlungsfähigkeit (z. B. Ver-abschiedung von Verstorbenen als wichtiger Schritt zu Trauerbewältigung)
Strukturierung der Situation durch Kommunikation	Einleitung von nächsten Hand-lungsschritten	Zusicherung der Unterstützung, Vermittlung von Zuver-sicht und Verlässlichkeit, Besprechung und Erklärung formeller Schritte und notwendiger Behördengänge
	Förderung positiver Empfindungen	Förderung positiver Bewältigung durch positive Empfindungen der Betroffenen
	Vorausschauendes Agieren	Vorausplanungen durch die Betreuenden und frühzeitige Wahrnehmung von Veränderungen, um steuernd ein-greifen zu können
	Ehrliches Informieren	Vorenthaltungen vermeiden, da ansonsten Vertrauens-verlust droht; Verhalten und Reaktionen den Betroffenen ehrlich widerspiegeln
Kommunikationsabschluss und Nach-betreuung		Organisieren von Auffangnetzen für die Betroffenen; Sicherstellen der weiterführenden Betreuung; Unter-breitung von Angeboten, wo die Betroffenen sich hin-wenden können

- **Kräfte der psychologischen Hilfen und ärztlichen sowie psychotherapeutischen Frühintervention in Hintergrunddiensten:** Sind speziell in PSNV qualifizierte Mitarbeiter und Mitarbeiterinnen im öffentlichen Gesundheitsdienst, in Krisendiensten, Traumaambulanzen und vergleichbaren Einrichtungen; verfügen über Grundkenntnisse der regionalen und überregionalen PSNV-Struktur sowie über fachlich fundierte Kenntnisse, insbesondere in den Bereichen Notfall- und Gesundheitspsychologie bzw. in klinischer Psychologie und Psychotraumatologie; Einsatzzeitraum ist die Akutphase (erste Stunden bis Tage nach dem Notfallereignis); Anforderung erfolgt im Einsatzfall über die Leitstelle bzw. Einsatzzentrale.

Zu den PSNV-Führungskräften zählen Fachberater PSNV, der Leiter PSNV und der Führungsassistent PSNV:

- **Fachberater PSNV (FB PSNV) im operativ-taktischen Stab:** Berät im operativ-taktischen Stab und unterstützt den Stab, dabei insbesondere den Leiter des Stabes (Einsatzleiter), die Sachgebietsleiter (insbesondere Personal und Einsatz) und die Fachberater Rettungsdienst, Sanitätsdienst, Betreuungsdienst (sofern eingesetzt) infragen der PSNV.
- **Fachberater PSNV (FB PSNV) im politisch-administrativen Stab (Verwaltungsstab):** Berät und unterstützt den Stab, dabei insbesondere den Leiter des Stabes (Bürgermeister, Oberbürgermeister, Landrat, etc.), die Sachgebietsleiter und den Öffentlichen Sozial- und Gesundheitsdienst in Fragen der PSNV.
- **Leiter PSNV (L PSNV):** Leitet alle psychosozialen Maßnahmen/Einsatzabschnitte im Schadengebiet bzw. an der Einsatzstelle und übernimmt dort psychosoziale Führungs- und Koordinationsaufgaben; wird durch die zuständige Behörde berufen und hat Führungs- und Einsatzleitbefugnisse.
- **PSNV-Führungsassistent (FüAss PSNV):** Unterstützt den Leiter PSNV im Schadengebiet bzw. an der Einsatzstelle durch logistisches Management und Kommunikation zu den unterstellten Einheiten und Einsatzkräften und der übergeordneten Einsatzleitung; wird durch die zuständige Behörde berufen und hat Weisungsbefugnisse, wenn der Leiter PSNV ihn mit der Wahrnehmung von Führungsaufgaben beauftragt (vgl. Bundesamt für Bevölkerungsschutz und Katastrophenhilfe, 2012, S. 46 ff.).

Für Deutsche, die im Ausland von schweren Unglückfällen und Katastrophen betroffen sind, hat die Koordinierungsstelle Nachsorge, Opfer- und Angehörigenhilfe (NOAH) als Aufgabe, nach dem Schadensereignis eine akute und längerfristige psychosoziale Versorgung für die unmittelbar Betroffenen, deren Angehörige und weitere nahestehende Personen aufzubauen und umzusetzen. Zu den häufigen Ereignisarten zählen dabei Terroranschläge, Entführungen, Evakuierungen, Flugzeug-, Schiffs- und Busunglücke sowie Naturkatastrophen. In enger Abstimmung mit den im Inland zuständigen Bundes- und Länderbehörden, Kommunen und diversen Anbietern psychosozialer Dienste sowie weiteren Partnern werden die im Ausland eingeleiteten Hilfen mit Rückkehr der

Betroffenen nach Deutschland aufgegriffen und fortgesetzt, wobei parallel dazu psycho-soziale Hilfe für die Angehörigen im Inland angeboten werden. Dazu zählen beispiels-weise eine Hotline zur telefonischen Beratung, die Vermittlung von wohnortnahen psychosozialen Akuthilfen (Notfallseelsorge, Krisenintervention, Notfallpsychologie etc.), die Traumaberatung und Vermittlung längerfristiger professioneller Hilfen (psycho-soziale Beratungsstellen, Psychotherapie etc.), die Vermittlung von Begleitpersonen für an den Unglücksort reisende Angehörige, Hilfen bei administrativen und rechtlichen Fragen und Problemen sowie Organisation von Treffen für Überlebende, Angehörige und Hinterbliebene (vgl. Bundesamt für Bevölkerungsschutz und Katastrophenhilfe, 2015, S. 1 f.).

10.3   Information von Aufsichtsbehörden, Trägern und Öffentlichkeit

Die laufende Kommunikation einer Gesundheitseinrichtung nach innen und außen ist als die beste Vorbereitung auf die kommunikative Vermittlung außergewöhnlicher Ereignisse anzusehen. Dadurch lassen sich Beziehungsnetzwerke aufbauen, Vertrauen erzielen und Verfahren standardisieren, die sich in Krisensituationen nützlich und hilfreich erweisen können (vgl. Immerschitt, 2015, S. 2).

Eine Pflicht zur Information und Meldung an **Kontroll- und Aufsichtsbehörden** kann sich in kritischen Situationen oder in Zusammenhang mit einrichtungsüber-greifenden Krisen aufgrund rechtlicher Vorgaben ergeben. Meldepflichten an Auf-sichtsbehörden bestehen beispielsweise nach dem Arzneimittelgesetz (AMG). So haben z. B. Blut- und Plasmaspendeeinrichtungen oder die Gewebeeinrichtungen bei nicht zulassungs- oder genehmigungspflichtigen Blut- oder Gewebezubereitungen sowie bei Blut und Blutbestandteilen und bei Gewebe jeden Verdacht eines schwer-wiegenden Zwischenfalls und jeden Verdacht einer schwerwiegenden unerwünschten Reaktion zu dokumentieren und unverzüglich der zuständigen Behörde zu melden. Die Meldung muss alle notwendigen Angaben wie Name oder Firma und Anschrift der Spende- oder Gewebeeinrichtung, Bezeichnung und Nummer oder Kennzeichnungs-code der Blut- oder Gewebezubereitung, Tag und Dokumentation des Auftretens des Ver-dachts des schwerwiegenden Zwischenfalls oder der schwerwiegenden unerwünschten Reaktion, Tag der Herstellung der Blut- oder Gewebezubereitung sowie Angaben zu der spendenden Person enthalten. Bei Geweben und Gewebezubereitungen sowie bei hämatopoetischen Stammzellen und Stammzellzubereitungen aus dem peripheren Blut oder aus dem Nabelschnurblut ist außerdem der EU-Gewebeeinrichtungs-Code, sofern vorhanden, und ist bei der Meldung eines Verdachts einer schwerwiegenden unerwünschten Reaktion ferner der Einheitliche Europäische Code, sofern vorhanden, anzugeben (vgl. § 63i AMG). Behandelnde Personen, die nicht zulassungs- oder genehmigungspflichtige Arzneimittel für neuartige Therapien bei einem Patienten anwenden, haben Unterlagen über alle Verdachtsfälle von Nebenwirkungen zu führen und unverzüglich jeden Verdachtsfall einer schwerwiegenden Nebenwirkung der zuständigen Behörde elektronisch anzuzeigen. Die Anzeige muss alle notwendigen Angaben enthalten, insbesondere den Namen und die Anschrift der Einrichtung, in der der Patient behandelt wurde, den Tag des Auftretens der schwerwiegenden Nebenwirkung, die Art der schwerwiegenden Nebenwirkung, den Tag der Herstellung des Arzneimittels, Angaben zur Art des Arzneimittels sowie Initialen, Geschlecht und Geburtsjahr des Patienten, der mit dem Arzneimittel behandelt wurde. Die behandelnde Person hat die angezeigten Nebenwirkungen auf ihre Ursache und Auswirkung zu untersuchen und zu bewerten und die Ergebnisse der Bewertung der zuständigen Behörde unverzüglich mitzuteilen, ebenso die von ihr ergriffenen Maßnahmen zum Schutz des Patienten (vgl. § 63j AMG).

Nach der Medizinprodukte-Sicherheitsplanverordnung (MPSV) haben Ärzte und Zahnärzte, denen im Rahmen der Diagnostik oder Behandlung von mit Medizinprodukten versorgten Patienten Vorkommnisse bekannt werden, diese der zuständigen Bundesoberbehörde zu melden (vgl. § 3 MPSV). Die Meldungen und Mitteilungen haben unverzüglich zu erfolgen. Dies gilt auch für Meldungen von schwerwiegenden unerwünschten Ereignissen, für die ein Zusammenhang mit dem zu prüfenden Medizinprodukt, einem Vergleichsprodukt oder den in der klinischen Prüfung angewandten therapeutischen oder diagnostischen Maßnahmen oder den sonstigen Bedingungen der Durchführung der klinischen Prüfung nicht ausgeschlossen werden kann. Alle anderen schwerwiegenden unerwünschten Ereignisse sind vollständig zu dokumentieren und in zusammenfassender Form vierteljährlich oder auf Aufforderung der zuständigen Bundesoberbehörde zu melden (vgl. § 3 MPSV).

Umfassende Meldeverpflichtungen ergeben sich auch aus dem Infektionsschutzgesetz (IfSG) (siehe Tab. 10.2).

Zur Meldung verpflichtet sind im Falle meldepflichtiger Krankheiten unter anderen der feststellende Arzt sowie bei der Anwendung patientennaher Schnelltests bei Dritten die feststellende Person, wenn sie zu solchen Schnelltests befugt ist. In Krankenhäusern ist für die Einhaltung der Meldepflicht neben dem feststellenden Arzt auch der leitende Arzt, in Krankenhäusern mit mehreren selbständigen Abteilungen der leitende Abteilungsarzt, in Einrichtungen ohne leitenden Arzt der behandelnde Arzt verantwortlich. Im Falle der meldepflichtigen Nachweise von Krankheitserregern sind zur Meldung verpflichtet unter anderen die Leiter von Medizinaluntersuchungsämtern und sonstigen privaten oder öffentlichen Untersuchungsstellen einschließlich von Arztpraxen mit Infektionserregerdiagnostik und Krankenhauslaboratorien sowie Zahnärzte, wenn sie befugt sind, im Rahmen einer Labordiagnostik den direkten oder indirekten Nachweis eines Krankheitserregers zu führen (vgl. § 8 IfSG).

Im Falle von wirtschaftlichen Krisen von Gesundheitseinrichtungen können Melde-pflichten nach der Insolvenzordnung (InsO) vorliegen (siehe auch Abschn. 5.2). So sieht die InsO beispielsweise eine Antragspflicht bei juristischen Personen und Gesellschaften ohne Rechtspersönlichkeit vor, nach der bei Zahlungsunfähigkeit oder Überschuldung der juristischen Person die Mitglieder des Vertretungsorgans oder die Abwickler ohne schuldhaftes Zögern, spätestens aber drei Wochen nach Eintritt der Zahlungsunfähig-keit oder Überschuldung, einen Eröffnungsantrag zu stellen haben. Das Gleiche gilt für die organschaftlichen Vertreter der zur Vertretung der Gesellschaft ermächtigten Gesellschafter oder die Abwickler bei einer Gesellschaft ohne Rechtspersönlichkeit, bei der kein persönlich haftender Gesellschafter eine natürliche Person ist; dies gilt nicht, wenn zu den persönlich haftenden Gesellschaftern eine andere Gesellschaft gehört, bei der ein persönlich haftender Gesellschafter eine natürliche Person ist. (vgl. § 15a InsO).

Berichtspflichten an die **Träger** bzw. Eigentümer von Gesundheitseinrichtungen und deren Vertretungsorgane ergeben sich beispielsweise nach dem Aktiengesetz (AktG). Danach hat der Vorstand dem Aufsichtsrat unter anderem zu berichten über den Gang der Geschäfte, die Lage der Gesellschaft und über Geschäfte, die für die Rentabili-tät oder Liquidität der Gesellschaft von erheblicher Bedeutung sein können. Außerdem ist dem Vorsitzenden des Aufsichtsrats aus sonstigen wichtigen Anlässen zu berichten. Die Berichte sind regelmäßig zu erstatten, wenn nicht Änderungen der Lage oder neue Fragen eine unverzügliche Berichterstattung gebieten. Der Aufsichtsrat kann vom Vorstand jederzeit einen Bericht verlangen über Angelegenheiten der Gesellschaft, die auf die Lage der Gesellschaft von erheblichem Einfluss sein können (vgl. § 90 AktG).

Entsprechende Berichtspflichten an Verwaltungsräte gibt es beispielsweise auch auf kommunaler Ebene aufgrund von rechtlichen Regelungen über Gesundheitseinrichtungen als Kommunalunternehmen. Sie werden aufgrund von Gemeindeordnungen und Eigen-betriebsgesetze durch Satzungen konkretisiert.

Da sich durch die zunehmende Digitalisierung vor allen Dingen auch negative Informationen in der **Öffentlichkeit** rasch und mit einer enormen Reichweite verbreiten, ist schnelles und entschlossenes Handeln in der Krisenkommunikation erforderlich. Dies zeigen typische Kommunikationsdefizite im Krisenverlauf:

- Das Krisenereignis tritt ein, wobei das Risiko zuvor mitunter nicht beachtet oder unterschätzt wurde,
- die gefährliche und existenzbedrohende Lage der Gesundheitseinrichtung wird erkannt und es muss rasch gehandelt bzw. es müssen weitreichende Entscheidung unter Zeitdruck getroffen werden;
- da Ursachen und Schäden noch nicht genau geklärt sind, mangelt es an Informationen;
- die Ereignisse eskalieren und die Medien beginnen zu recherchieren;
- emotionale Reaktionen von Betroffenen verschärfen die Situation, umso mehr, je direkter sie von der Krise betroffen sind;

Tab. 10.2 Beispiele für Meldepflichten nach dem IfSG (vgl. §§ 6 und 7 IfSG)

Meldeart	Meldeanlass	Krankheit/Krankheitserreger
Namentlich	Verdacht einer Erkrankung, die Erkrankung sowie der Tod in Bezug auf nebenstehende Krankheiten	Botulismus, Cholera, Diphtherie, humane spongiforme Enzephalopathie (außer familiär-hereditärer Formen), akute Virushepatitis, enteropathisches hämolytisch-urämisches Syndrom (HUS), virusbedingtes hämorrhagisches Fieber, Keuchhusten, Masern (meldepflichtig ist auch wenn Personen an einer subakuten sklerosierenden Panenzephalitis infolge einer Maserninfektion erkranken oder versterben), Meningokokken-Meningitis oder -Sepsis, Milzbrand, Mumps, Pest, Poliomyelitis, Röteln einschließlich Rötelnembryopathie, Tollwut, Typhus abdominalis oder Paratyphus, Windpocken, zoonotische Influenza, Coronavirus-Krankheit-2019 (COVID-19)
	Erkrankung und der Tod in Bezug auf nebenstehende Krankheiten	Behandlungsbedürftige Tuberkulose, auch wenn ein bakteriologischer Nachweis nicht vorliegt (meldepflichtig ist auch wenn Personen, die an einer behandlungsbedürftigen Lungentuberkulose erkrankt sind, eine Behandlung verweigern oder abbrechen); Clostridioides-difficile-Infektion mit klinisch schwerem Verlauf (liegt vor; wenn der Erkrankte zur Behandlung einer ambulant erworbenen Clostridioides-difficile-Infektion in eine medizinische Einrichtung aufgenommen wird, der Erkrankte zur Behandlung der Clostridioides-difficile-Infektion oder ihrer Komplikationen auf eine Intensivstation verlegt wird, ein chirurgischer Eingriff, zum Beispiel Kolektomie, auf Grund eines Megakolons, einer Perforation oder einer refraktären Kolitis erfolgt oder der Erkrankte innerhalb von 30 Tagen nach der Feststellung der Clostridioides-difficile-Infektion verstirbt und die Infektion als direkte Todesursache oder als zum Tode beitragende Erkrankung gewertet wurde)
	Verdacht auf und die Erkrankung	Mikrobiell bedingten Lebensmittelvergiftung oder akute infektiösen Gastroenteritis, wenn Personal beim Umgang mit Lebensmitteln nach § 42 Abs. 1 IfSG betroffen ist oder zwei oder mehr gleichartige Erkrankungen auftreten, bei denen ein epidemischer Zusammenhang wahrscheinlich ist oder vermutet wird
	Verdacht einer über das übliche Ausmaß einer Impfreaktion hinausgehenden gesundheitlichen Schädigung	
	Verletzung eines Menschen durch ein tollwutkrankes, -verdächtiges oder -ansteckungsverdächtiges Tier sowie die Berührung eines solchen Tieres oder Tierkörpers	
	Verdacht einer Erkrankung, die Erkrankung sowie der Tod, in Bezug auf eine bedrohliche übertragbare Krankheit, die nicht bereits nach den vorgenannten Meldeanlässen meldepflichtig ist	

(Fortsetzung)

Tab. 10.2 (Fortsetzung)

Meldeart	Meldeanlass	Krankheit/Krankheitserreger
	Direkter oder indirekter Nachweis nebenstehender Krankheitserreger, soweit die Nachweise auf eine akute Infektion hinweisen und soweit nicht anders bestimmt ist	Adenoviren, Meldepflicht nur für den direkten Nachweis im Konjunktivalabstrich; Bacillus anthracis; Bordetella pertussis, Bordetella parapertussis, humanpathogene Bornaviren, Meldepflicht nur für den direkten Nachweis; Brucella sp.; Campylobacter sp., darmpathogen, Chikungunya-Virus; Chlamydia psittaci; Clostridium botulinum oder Toxinnachweis; Corynebacterium spp., Toxin bildend; Coxiella burnetii, Dengue-Virus; humanpathogene Cryptosporidium sp.; Ebolavirus, Escherichia coli, entero-hämorrhagische Stämme (EHEC), Escherichia coli, sonstige darmpathogene Stämme; Francisella tularensis; FSME-Virus; Gelbfiebervirus; Giardia lamblia; Haemophilus influenzae, Meldepflicht nur für den direkten Nachweis aus Liquor oder Blut; Hantaviren; Hepatitis-A-Virus; Hepatitis-B-Virus, Meldepflicht für alle Nach-weise; Hepatitis-C-Virus, Meldepflicht für alle Nachweise; Hepatitis-D-Virus, Meldepflicht für alle Nach-weise; Hepatitis-E-Virus; Influenzaviren, Meldepflicht nur für den direkten Nachweis; Lassavirus; Legionella sp.; humanpathogene Leptospira sp.; Listeria monocytogenes, Meldepflicht nur für den direkten Nachweis aus Blut, Liquor oder anderen normalerweise sterilen Substraten sowie aus Abstrichen von Neugeborenen; Marburgvirus; Masernvirus, Middle-East-Respiratory-Syndrome-Coronavirus (MERS-CoV); Mumpsvirus; Mycobacterium leprae; Mycobacterium tuberculosis/africanum, Mycobacterium bovis; Meldepflicht für den direkten Erregernachweis sowie nachfolgend für das Ergebnis der Resistenzbestimmung; vorab auch für den Nachweis säurefester Stäbchen im Sputum; Neisseria meningitidis; Meldepflicht nur für den direkten Nachweis aus Liquor, Blut, hämorrhagischen Hautinfiltraten oder anderen normalerweise sterilen Substraten; Norovirus; Poliovirus; Rabiesvirus; Rickettsia prowazekii; Rotavirus; Rubellavirus; Salmonella Paratyphi, Meldepflicht für alle direkten Nachweise; Salmonella Typhi, Meldepflicht für alle direkten Nachweise; Salmonella, sonstige, Severe-Acute-Respiratory-Syndrome-Coronavirus (SARS-CoV) und Severe-Acute-Respiratory-Syndrome-Coronavirus-2 (SARS-CoV-2); Shigella sp.; Streptococcus pneumoniae; Meldepflicht nur für den direkten Nachweis aus Liquor, Blut, Gelenkpunktat oder anderen normalerweise sterilen Substraten; Trichinella spiralis; Varizella-Zoster-Virus; Vibrio spp., humanpathogen; soweit ausschließlich eine Ohrinfektion vorliegt, nur bei Vibrio cholerae, West-Nil-Virus; Yersinia pestis; Yersinia spp., darmpathogen, Zika-Virus und sonstige Arboviren; andere Erreger hämorrhagischer Fieber

(Fortsetzung)

Tab. 10.2 (Fortsetzung)

Meldeart	Meldeanlass	Krankheit/Krankheitserreger
	Direkter Nachweis nebenstehender Krankheitserreger	Staphylococcus aureus, Methicillin-resistente Stämme; Meldepflicht nur für den Nachweis aus Blut oder Liquor; Enterobacterales bei Nachweis einer Carbapenemase-Determinante oder mit verminderter Empfindlichkeit gegenüber Carbapenemen außer bei natürlicher Resistenz, Meldepflicht nur bei Infektion oder Kolonisation; Acinetobacter spp. bei Nachweis einer Carbapenemase-Determinante oder mit verminderter Empfindlichkeit gegenüber Carbapenemen außer bei natürlicher Resistenz, Meldepflicht nur bei Infektion oder Kolonisation
	In Bezug auf Infektionen und Kolonisationen Nachweise von im IfSG nicht genannten Krankheitserregern, wenn unter Berücksichtigung der Art der Krankheitserreger und der Häufigkeit ihres Nachweises Hinweise auf eine schwerwiegende Gefahr für die Allgemeinheit bestehen	Auftreten von zwei oder mehr nosokomialen Infektionen, bei denen ein epidemischer Zusammenhang wahrscheinlich ist oder vermutet wird
Nicht namentlich	Direkter oder indirekter Nachweis nebenstehender Krankheitserreger	Treponema pallidum; HIV; Echinococcus sp.; Plasmodium sp.: Toxoplasma gondii, Meldepflicht nur bei konnatalen Infektionen; Neisseria gonorrhoeae mit verminderter Empfindlichkeit gegenüber Azithromycin, Cefixim oder Ceftriaxon

- durch mangelnde oder widersprüchliche Informationen entstehen Informationschaos, Gerüchte und Spekulationen;
- der Kontrollverlust über wird immer größer, der Druck steigt, die Informationshoheit der Gesundheitseinrichtung geht zunehmend verloren;
- als mögliche Stressreaktion auf die außergewöhnlichen Anforderungen schottet sich die Einrichtung gegenüber der Öffentlichkeit ab;
- es beginnen intensive Untersuchungen durch die Medien, oft begleitet durch polizeiliche oder staatsanwaltschaftliche Ermittlungen;
- die Einrichtung ergreift kurz- und mittelfristige Aktivitäten, um die Handlungsfähigkeit zurückzugewinnen;
- sind die Aktivitäten erfolgreich, stabilisiert sich die Situation (vgl. Klapproth, 2016, S. 49 f.).

Das Reagieren auf Eskalationen reicht dabei nicht aus. Vielmehr sind Prävention und proaktives Agieren in der Krisenkommunikation notwendig (siehe Tab. 10.3).

Die Wahrnehmung der Krise, der Krisenbewältigung und des Managementverhaltens in der Öffentlichkeit ist für eine erfolgreiche Krisenkommunikation ausschlaggebend. Da dies über das Ausmaß einer Krise mitentscheidet, gilt es, einen Flächenbrand zu vermeiden, Emotionen zu kanalisieren und Ängste nicht entstehen zu lassen bzw. abzubauen.

Tab. 10.3 Beispiele für Trends einer zeitgemäßen Krisenkommunikation (vgl. Fiederer & Ternès, 2017, S. 5)

Trend	Erläuterungen
Multimedialität	Ausgehend von sozialen Netzwerken verbreiten sich Nachrichten über Blogs, digitale Kanäle bzw. Online-Plattformen aller Ausrichtungen und Größenordnungen in die Online-Medien und klassischen Medien; um die Dynamik einzugrenzen ist eine aktive Präsenz bereits in den Netzwerken notwendig
Realtime-Kommunikation	Informationen gehen innerhalb kürzester Zeit ungeprüft und ungefiltert um die Welt; daher ist es wichtig, sofort zu reagieren, Medien Unterstützung zuzusagen und proaktiv Handlungszenarien vorzubereiten
Social Networking	Viele Nachrichten, die gepostet und ohne Verifizierung verbreitet werden, verleihen Krisen eine eigene Dynamik; da eine schnelle Reaktion oft nicht ausreicht, ist der Aufbau einer eigenen Community erforderlich, die aktiv versorgt und für die Gesundheitseinrichtung gewonnen wird, kann in Krisensituationen für wichtige Unterstützung in den Netzwerken sorgen
Visualisierung	Krisenkommunikation wird zunehmend mit Bildern verknüpft; die Geschwindigkeit der Verbreitung von Bildnachrichten, des Teilens und der Verbreitung in sozialen Netzwerken steigt; professionell gestaltete und realisierte Videos können dabei wichtige Statements authentisch unterstützen

Jede Gesundheitseinrichtung hat ein Netzwerk zur Medienbeobachtung: Mitarbeiter und Mitarbeiterinnen, Beschäftigte im Ruhestand, Patientinnen und Patienten, Lieferanten etc. kennen die Einrichtung und filtern sie betreffende Nachrichten heraus. Dieses Netzwerk wertet nicht nur Medien aus, sondern hat auch feinfühlige Antennen für Krisenthemen und Alarmsignale (vgl. Steinke, 2018, S. 17). ◄

Es ist daher wichtig, Netzwerke und Kontakte zu Multiplikatoren zu pflegen. Wesentlich ist auch, dass eine klare Kommunikationsstrategie, die den Rahmen und die Grundsätze für die Kommunikation sowie Sprachregelungen vorgibt, ein inhaltlich und argumentativ einheitliches Auftreten in der Krise garantiert. Dadurch wird festgelegt,

- wer die Informationen für die Krisenkommunikation erstellt,
- welche Zielgruppen welche Informationen erhalten und
- zu welchem Zeitpunkt der Krise diese in welcher Informationstiefe auf welchen Weg bzw. über welches Medium verteilt werden.

Dazu ist es hilfreich, die in der Krise relevanten Interessensgruppen, deren Bedürfnisse, Werte, Ziele und mögliches Interesse an den Informationen zu identifizieren Zu ihnen zählen beispielsweise Patienten, Träger der Einrichtung, Eigentümer, Anteilseigner, Investoren, Management, Mitarbeitende, Lieferanten, aber auch Familienmitglieder, Anwohner, nicht direkt betroffene Öffentlichkeit, Aufsichtsbehörden, politische Vertreter, Konkurrenten, Umweltverbände, Bürgerinitiativen, Protestgruppen und insbesondere die verschiedenen Medien (siehe Tab. 10.4.).
   Dabei ist es wichtig

- den Einfluss der verschiedenen Interessensgruppen,
- deren Möglichkeiten für Sanktionen (z. B. Protestaktionen, Boykott, rechtliche Schritte) und
- die daraus zu erwartenden Implikationen für die Gesundheitseinrichtung

zu berücksichtigen (vgl. Bundesamt für Sicherheit in der Informationstechnik, 2008, S. 77 f.). Eine Kommunikationsverweigerung und der Versuch, abzutauchen oder sich zu verstecken, ist hingegen sicherlich keine gute Lösung: Wenn eine Gesundheitsein-richtung in schwierigen Zeiten nicht zum Dialog bereit ist, bekommt sie die Meinung eines stimmgewaltigen Teils der Öffentlichkeit zu spüren, der zahlenmäßig in der Regel weit überlegen ist (vgl. Steinke, 2018, S. 26). Zur Unterstützung und Entwicklung einer geeigneten Risiko- und Krisenkommunikation werden im Gesundheitsbereich bei-spielsweise Grundlagen und Trainings von der Weltgesundheitsorganisation (WHO) und dem European Centre for Disease Prevention and Control (ECDC) in Form von Risikokommunikations-Guidelines bzw. Literaturübersichten zu Risikokommunikation und angeboten (vgl. Robert-Koch-Institut, 2019, S. 30).

Tab. 10.4 Beispiele für die zielgruppenorientierte Aufbereitung von Informationen (vgl. Bundesamt für Sicherheit in der Informationstechnik, 2008, S. 78 f.)

Gruppierung	Informationsaufbereitung
Öffentlichkeit	Rechtzeitige Information, da jede größere Krise früher oder später öffentlich wird; Wahrheit der gemachten Aussagen; Faktenkommunikation, die bis zu einem bestimmten Maße auch Empathie und die innere Anteilnahme ausdrückt; der Situation angemessene Kommunikation; Vermeidung von Mutmaßungen und Spekulationen; Verzicht auf das Verschweigen negativer Nachrichten, da sie sich nur begrenzt verstecken lassen; Vermeidung von Defensive durch Halbwahrheiten, Verschwiegenes, kleinlaute oder erzwungene Rückzieher; vereinfachte Darstellung der Ereignisse ohne sie zu verfälschen und durch Unverständnis Angst zu erzeugen; Informationen so weit abstrahieren, dass keine Nachahmer animiert werden oder Konkurrenten Vorteile daraus ableiten können; Einrichtung einer zentralen Anlaufstelle (auch Internetseite), bei der in der Krise alle externen Anfragen gebündelt angenommen und nach Vorgaben beantwortet werden können (z. B. Einrichtung einer kostenfreien telefonischen Krisen-Hotline)
Medien	Überlegter und frühzeitig erfolgender Kontakt zu den Medien, um die Wahrnehmung der Krise und des Krisenmanagements in der Öffentlichkeit möglichst im eigenen Sinne beeinflussen zu können; Vorbereitung von Wegen durch Kontakte zu Journalisten oder Pressekonferenzen, um Informationen über die Krise und deren Bewältigung proaktiv verbreiten zu können; Kanalisierung des Ansturms von Medienvertreter vor Ort; schnellstmögliche Versorgung der Medienvertreter mit Informationen und regelmäßige Aktualisierung; Erheben und Pflegen von Kontaktdaten und eines Kontaktnetzwerk zu lokalen wie auch regionalen oder gar nationalen Medien im Vorfeld; Pflege von persönlichen und belastbaren Kontakten zu Journalisten und Fachmedien; Information über den aktuellen Status durch vorbereitete und in der Krise angepasste und frei geschaltete Informationsseiten im Internet; Vorbereitung von Kriseninformationsseiten (Vorlagen, vorformulierte Ausführungen und Textfragmente für zu erwartende Situationen) als sogenannte „Dark–Sites" für den Webserver der Gesundheitseinrichtung im Vorfeld, um in der Krise kein Fachpersonal für die Erstellung von Webseiten zu benötigen; Vorbereitung von ausgesuchtem Hintergrundmaterial, um es individuell und situationsangepasst in Pressemappen den Medien zukommen lassen zu können; Vermeidung, in die Defensive zu gehen; Sicherstellung, dass der Zugriff auf spezielle, zielgruppenorientiert geschaltete Seiten beispielsweise im Intranet für Mitarbeiter oder im Internet für deren Angehörige oder Medien nur autorisiert erfolgen kann

Literatur

Aktiengesetz (AktG) vom 6. September 1965 (BGBl. I S. 1089), zuletzt durch Artikel 15 des Gesetzes vom 22. Dezember 2020 (BGBl. I S. 3256) geändert.

Arzneimittelgesetz (AMG) in der Fassung der Bekanntmachung vom 12. Dezember 2005 (BGBl. I S. 3394), zuletzt durch Artikel 5 des Gesetzes vom 9. Dezember 2020 (BGBl. I S. 2870) geändert.

Arbeiter-Samariter-Bund (ASB) Regionalverband München/Oberbayern. e.V. (Hrsg.) (2021). KIT-Vollausbildung "Psychosoziale Notfallversorgung für Betroffene" (PSNV-B). https://www.asb-muenchen.de/unsere-angebote1/kit-akademie/vollkurs-theorie. München. Zugegriffen: 28.03.2021.

Bayerisches Rotes Kreuz (BRK) Kreisverband München (Hrsg.) (2021). Krisenintervention: Hilfe für Betroffene (PSNV-B). https://www.bereitschaften.brk-muenchen.de/ueber-uns/psycho-soziale-notfallversorgung/psnv-b-krisenintervention/. München. Zugegriffen: 28.03.2021.

Bundesamt für Bevölkerungsschutz und Katastrophenhilfe – BBK (Hrsg.) (2015). Nachsorge, Opfer- und Angehörigenhilfe – Koordinierungsstelle NOAH. Informationsflyer. Bonn.

Bundesamt für Bevölkerungsschutz und Katastrophenhilfe – BBK (Hrsg.) (2012). Psycho-soziale Notfallversorgung - Qualitätsstandards und Leitlinien Teil I und II. In: Bundesamt für Bevölkerungsschutz und Katastrophenhilfe – BBK (Hrsg.) Praxis im Bevölkerungsschutz. Bd. 7. 3. Auflg. Bonn.

Bundesamt für Sicherheit in der Informationstechnik – BSI (Hrsg.) (2008). BSI-Standard 100–4 - Notfallmanagement .Version 1.0. Bonn.

Bundesministerium des Innern – BMI (Hrsg.) (2014). Leitfaden Krisenkommunikation. Broschüre. Berlin.

Deutsche Gesetzliche Unfallversicherung – DGUV (Hrsg.) (2020). Leitfaden Psychosoziale Not-fallversorgung für Einsatzkräfte - Psychosoziale Notfallversorgung in Einsatzorganisationen. DGUV Information 205–038. Stand: Nov. 2020. Berlin.

Fiederer, S. & Ternès, A. (2017). *Effiziente Krisenkommunikation – transparent und authentisch.* Wiesbaden. Springer Gabler/Springer Fachmedien.

Franke, D. (2021). Die Bedeutung der Konzeption Zivile Verteidigung für die kommunale Ebene. In: Freudenberg, D. & Kuhlmey, H. (Hrsg.). Krisenmanagement, Notfallplanung, Zivilschutz – Festschrift anlässlich 60 Jahre Zivil- und Bevölkerungsschutz in Deutschland. Berlin: Berliner Wissenschaftsverlag – BWV. S. 55 – 66.

Höbel, P. & Hofmann, T. (2014). *Krisenkommunikation.* 2. Auflg. Köln: Herbert von Halem Verlag.

Immerschitt, W. (2015). *Aktive Krisenkommunikation – Erste Hilfe für Management und Krisen-stab.* Wiesbaden. Springer Gabler/Springer Fachmedien.

Infektionsschutzgesetz (IfSG) vom 20. Juli 2000 (BGBl. I S. 1045), zuletzt durch Artikel 1 des Gesetzes vom 29. März 2021 (BGBl. I S. 370) geändert.

Insolvenzordnung (InsO) vom 5. Oktober 1994 (BGBl. I S. 2866), zuletzt durch Artikel 2 des Gesetzes vom 22. November 2020 (BGBl. I S. 2466) geändert.

Klapproth, J. (2016). *Der Tag X - Vorbereitung auf den Ernstfall – Handbuch für Krisen-management und Krisenkommunikation.* Norderstedt: BoD - Books on demand.

Krisenintervention und Notfallseelsorge Dresden e. V. (Hrsg.) (2012). Umgang mit Krisen. https://kit-dresden.de/umgang-mit-krisen/. Dresden. Zugegriffen: 28.03.2021.

Medizinprodukte-Sicherheitsplanverordnung (MPSV) vom 24. Juni 2002 (BGBl. I S. 2131), zuletzt durch Artikel 11a des Gesetzes vom 28. April 2020 (BGBl. I S. 960) geändert.

Robert-Koch-Institut – RKI (Hrsg.) (2019). Epidemisch bedeutsame Lagen erkennen, bewerten und gemeinsam erfolgreich bewältigen - Rahmenkonzept mit Hinweisen für medizinisches Fachpersonal und den Öffentlichen Gesundheitsdienst in Deutschland. Broschüre. Version 1.0. Stand: Okt. 2019. Berlin.

Steinke, L. (2018). *Kommunizieren in der Krise – Nachhaltige PR-Werkzeuge für schwierige Zeiten.* 2. Auflg. Wiesbaden. Springer Gabler/Springer Fachmedien.

Glossar

Ablauforganisation Ist für die Stabilität einer Gesundheitseinrichtung von wesentlicher Bedeutung und beantwortet die Frage, wer was, wann, wie und wo macht, wozu zu bestimmen sind, aus welchen Vorgängen sich ein Arbeitsprozess zusammensetzt und welche Arbeitsschritte jeder Vorgang einschließt (Vorgangsermittlung), in welcher Reihenfolge Arbeitsschritte und Vorgänge durchgeführt werden (Reihenfolgefeststellung), für jeden Vorgang die zugehörigen Arbeitsplätze und deren aufbauorganisatorische Einordnung (Arbeitsplatzzuordnung), für jeden Vorgang den jeweiligen Arbeitsauftrag und die Arbeits- bzw. Entscheidungsregeln für ihre Durchführung (Verarbeitungsregelung), für jeden Vorgang die notwendigen Informationseingaben (Eingaben- / Input-Definition) und Informationsausgaben (Ausgabe- / Output-Definition), die Arbeitszeit je Vorgang (Zeitbedarfsplanung), die Arbeitsmengen je Vorgang (Mengenermittlung), die notwendigen Sachmittel (Sachmittelzuordnung) sowie die benötigte Personalkapazität und -qualifikation (Personalkapazitätsermittlung).

Abzahlungsdarlehen Zurückzahlung des Kredits durch fallende Jahresleistungen (gleich bleibender Tilgungsanteil, aber fallender Zinsanteil).

Agio Aufgeld, das beispielsweise bei Kreditfinanzierungen zu entrichten ist, beispielsweise um einen günstigeren Zinssatz zu erreichen.

Anlagendeckungsgrad Summe aus Eigenkapital und langfristigem Fremdkapital, dividiert durch das Anlagevermögen; gibt an, in welchem Umfang das Anlagevermögen (Behandlungseinrichtungen, Bettenhäuser, Praxisgebäude, Grundstücke etc.) durch Kapital langfristig finanziert ist, wobei die Höhe der Überschreitung der 100 %-Grenze die finanzielle Stabilität widerspiegelt.

Anlagenintensität Verhältnis zwischen Anlagevermögen und Gesamtvermögen.

Annuitätendarlehen Häufigste Art der Kredittilgung in Form eines Darlehens, das durch gleich bleibende Jahresleistungen (Annuitäten) zurückzahlt wird, wobei die Jahresleistung, die in halb-, vierteljährlichen oder monatlichen Raten gezahlt wird, aus einem Zinsanteil und einem Tilgungsanteil besteht und durch Tilgungsverrechnung mit fortschreitender Darlehenslaufzeit der zu verzinsende Darlehensbetrag geringer wird, sodass aufgrund der unverändert bleibenden Annuität die jährlichen Tilgungsbeträge um die so genannten "ersparten" Zinsen steigen.

Aufbauorganisation Setzt üblicherweise eine Stellenbildung voraus, bei der in der dazugehörigen Aufgabenanalyse eine schrittweise Zerlegung oder Aufspaltung der Gesamtaufgabe der Gesundheitseinrichtung in ihre einzelnen Bestandteile anhand von alternativen Gliederungsmerkmalen durchgeführt wird, in der anschließenden Aufgabensynthese die in der Aufgabenanalyse ermittelten Einzelaufgaben so zusammengefügt werden, dass sie von einer Arbeitskraft mit Normalkapazität und der erforderlichen Eignung bzw. Übung bewältigt werden können und als Ergebnis dieser Zuordnung Stellen gebildet werden, die als kleinste organisatorische Einheit zur Erfüllung von Aufgaben über Stelleneigenschaften (Aufgabe, Aufgabenträger, Dauer, Abgrenzung) verfügen, den Aufgabenbereich einer Person beinhalten und sich auf die Normalkapazität eines Mitarbeiters mit der erforderlichen Eignung und Übung, auf eine gedachte, abstrakte Person, nicht auf eine bestimmte Arbeitskraft beziehen.

Ausfallzeit Als maximal tolerierbare Ausfallzeit (MTA) Zeitrahmen, in der der Wiederanlauf spätestens erfolgen muss, damit die Einrichtung nicht in eine Phase gerät, in der kurz- oder langfristig ihre Überlebensfähigkeit bzw. die Unversehrtheit der Patienten gefährdet ist.

Außenhautschutz Absicherungsprinzip gegen unbefugten Zutritt mithilfe von Außenhautsicherung (Schutz durch bauliche bzw. mechanische Vorkehrungen) und Außenhautbewachung (Schutz durch elektronische, organisatorische oder personelle Vorkehrungen bzw. Detektionsmaßnahmen).

Authentizität Eigenschaft, die gewährleistet, dass ein Kommunikationspartner tatsächlich derjenige ist, der er vorgibt zu sein und Sicherstellung bei authentischen Informationen, dass sie von der angegebenen Quelle erstellt wurden (gilt somit nicht nur für die Identitätsprüfung von Personen, sondern auch bei IT-Komponenten oder Anwendungen).

Bedrohung siehe Gefährdung.

Beleihungsgrenze Gibt üblicherweise in Form einer Prozentzahl bei der Beleihung von Sicherheiten an, bis zu welchem Teilbetrag des Beleihungswertes ein Pfandrecht unter Berücksichtigung eventuell vorgehender Belastungen als erststellige Sicherheit zur Verfügung steht.

Beschwerdemanagement Organisation des Umgangs mit Patientenbeschwerden, der Zuständigkeit der Beschwerdebearbeitung, des Bearbeitungsprozesses (besonderer Augenmerk auf Beschwerden mit erhöhter Brisanz wegen Klageerhebung, drohendenden Reputationsschadens, Drohung mit Weitergabe an Presse etc., Beschwerden, die auf das Vorliegen unerlaubter Handlungen durch Mitarbeiter, krimineller Hintergründe etc. hindeuten), der Analyse der Beschwerdedaten sowie der Umsetzung von Maßnahmen zur zukünftigen Fehlervermeidung.

Bestellpunktverfahren Ermittlung des optimalen Bestellzeitpunkts unter anderem über die Alternativen einer Ermittlung über Lagerreichweite, wobei die Lagerreichweite als Maßstab dient, wie lange der verfügbare Bestand an Verbrauchsmaterialien für die Behandlung und Pflege zur Bedarfsdeckung ausreicht, einer Ermittlung durch einen festen Bestellpunkt, der zu Beginn einer Periode festgelegt wird und sich insbesondere bei gleich bleibender Wiederbeschaffungszeit eignet, sowie einer Ermittlung durch einen gleitenden Bestellpunkt, bei dem die Bestellnotwendigkeit nach jeder Entnahmebuchung überprüft wird, und der insbesondere bei Veränderungen der Wiederbeschaffungszeit oder des Bedarfs geeignet ist.

Bestellrhythmusverfahren Geht von einer regelmäßigen Überprüfung der Bestellnotwendigkeit in festgelegten Zeitabständen (Kontrollzyklen) aus, wobei zu berücksichtigen sind die Bestellzeit als Zeitraum vom Erkennen der Bestellnotwendigkeit bis zur Eingang der Bestellung beim Lieferanten, die Wiederbeschaffungszeit als Zeitraum vom Erkennen der Bestellnotwendigkeit bis zur Verfügbarkeit der Materialien im Lager der Gesundheitseinrichtung, die Einlagerzeit als Zeitraum von der Anlieferung bis zur Verfügbarkeit im Lager der Gesundheitseinrichtung, die Auftragsvorbereitungszeit als Zeitraum für die interne Abwicklung einer Bestellung in der Gesundheitseinrichtung, sowie die Lieferzeit als Zeitraum vom Eingang der Bestellung beim Lieferanten bis zur Anlieferung an die Gesundheitseinrichtung.

Betriebliches Gesundheitsmanagement Hat die Aufgabe, verschiedene gesundheitsbezogene Maßnahmen zu planen, zu organisieren und in den Handlungsfeldern Arbeits- und Gesundheitsschutz, Betriebliches Eingliederungsmanagement (BEM) sowie verhaltens- und verhältnisorientierte Gesundheitsförderung zu koordinieren.

Bevorratungsquote Gibt das Verhältnis der Zahl der bevorrateten zur Gesamtzahl der beschafften Verbrauchsmaterialien an.

Bruttobedarf Periodenbezogener Primär-, Sekundär- oder Tertiärgesamtbedarf.

Business Process Reengineering Grundlegende, radikale Neugestaltung und Flexibilisierung aller in einer Gesundheitseinrichtung ablaufenden Prozesse, wobei es beispielsweise um die Verkürzung der Patientendurchlaufzeiten und der Lieferzeiten von medizinischem Verbrauchsmaterial, der Beschränkung der Leistungserstellung der Gesundheitseinrichtung auf ihre Kernkompetenzen, die Steigerung von Qualität, Patientenservice und Produktivität, sowie die Beschleunigung der Leistungsprozesse durch Abbau von Hierarchien geht.

Cash-Flow Summe aus Jahresüberschuss und nicht liquiditätswirksamen Aufwendungen (bspw. Abschreibungen, Wertberichtigungen etc.), abzüglich nicht liquiditätswirksamer Erträge (bspw. Rückstellungsauflösungen).

CEO Fraud (CEO-Betrug) Versuch, Entscheidungsträger bzw. für Zahlungsvorgänge befugte Mitarbeiter oder Mitarbeiterinnen in der Gesundheitseinrichtung so zu manipulieren, dass diese vermeintlich im Auftrag der Einrichtungsleitung Überweisungen von hohen Geldbeträgen veranlassen.

Change Management Institutionalisierung der organisatorischen Weiterentwicklung und damit alle Aufgaben, Maßnahmen und Tätigkeiten, die eine umfassende, bereichsübergreifende und inhaltlich weitreichende Veränderung zur Umsetzung von neuen Strukturen, Strategien, Systemen, Prozessen oder Verhaltensweisen leisten sollen.

Crew-Ressource-Management Briefing vor einer wichtigen Behandlungsmaßnahme mit allen Beteiligten, Vorbesprechen spezieller Patienteneigenschaften, Besprechen zu erwartender kritischer Punkte während des Verlaufs, Abfragen von Bedenken, kurze Dokumentation des Briefings

Critical Incident Reporting-System Offenes, anonymes und frei zugängliches Berichts- und Lernsystem, das sich an alle Mitarbeiterinnen und Mitarbeiter des Gesundheitswesens richtet und ermöglichen soll, aus den kritischen Ereignissen und Fehlern anderer zu lernen.

Critical Incident Stress Management International anerkanntes Konzept – häufig mit der Stressbearbeitung nach belastenden Ereignissen (SbE) gleichgesetzt -, wurde unter anderem durch das BBK angepasst und basiert auf Peers als Angehörige der Einsatzorganisation mit spezieller Ausbildung im Bereich Psychosoziale Notfallversorgung, die den Einsatzkräften als unmittelbare Ansprechpersonen zur Verfügung stehen und durch Psychosozialen Fachkräfte unterstützt und geführt werden.

Datenschutz Technische und organisatorische Maßnahmen zur Sicherheit der Datenverarbeitung und zur Gewährleistung eines dem Risiko angemessenen Schutzniveaus, die insbesondere die Pseudonymisierung und Verschlüsselung personenbezogener Daten, die Fähigkeit, die Vertraulichkeit, Integrität, Verfügbarkeit und Belastbarkeit der Systeme und Dienste im Zusammenhang mit der Verarbeitung auf Dauer sicherzustellen, die Fähigkeit, die Verfügbarkeit der personenbezogenen Daten und den Zugang zu ihnen bei einem physischen oder technischen Zwischenfall rasch wiederherzustellen sowie ein Verfahren zur regelmäßigen Überprüfung, Bewertung und Evaluierung der Wirksamkeit der Maßnahmen zur Gewährleistung der Sicherheit der Verarbeitung umfassen.

Delegation Schlüsseltätigkeit jeder Führungskraft im Krisenmanagement und eine Möglichkeit, Zeit einzusparen, wobei für Routineaufgaben, aber auch anspruchsvolle Tätigkeiten Entscheidungsfreiheit und Verantwortung konsequent auf Angehörige des Krisenteams übertragen werden, unter Berücksichtigung klarer Abgrenzung von Kompetenz und Verantwortung der übertragenen Aufgabenbereiche, um mögliche Konflikte zu vermeiden.

Disagio Unterschiedsbetrag zwischen dem Rückzahlungs- und dem Ausgabebetrag von Krediten, der häufig bei Festzinsvereinbarungen in Darlehensverträgen vereinbart wird, sodass der Kreditausgabebetrag geringer ist als die tatsächliche Kredithöhe, was durch einen verringerten Nominalzinssatz beglichen wird.

Disponierter Bestand Bestellungen bei Lieferanten für Einsatzmaterialien, die noch nicht eingetroffen sind.

Durchschnittlicher Lagerbestand Bestandsmenge in einem Beobachtungszeitraum als Vergleichskennzahl, die angibt, wie hoch die Vorräte an Verbrauchsmaterialien für Behandlung und Pflege durchschnittlich im Laufe eines Jahres sind.

Effektivzins Zinssatz, mit dem sich der Kredit bei regelmäßigem Kreditverlauf auf der Grundlage taggenauer Verrechnung aller Leistungen und nachschüssiger Zinsbelastung staffelmäßig (360-Tage-Methode) abrechnen lässt, wobei er als anfänglicher effektiver Jahreszins insbesondere bei Darlehen mit veränderbaren Konditionen (vollvariabler Zinssatz, Zinsbindungsfrist (Zinsfestschreibung für einen bestimmten Zeitraum) von Bedeutung ist und beispielsweise angibt, wann preisbestimmende Faktoren geändert werden können und auf welchen Zeitraum Belastungen, die sich aus einer nicht vollständigen Auszahlung des Kreditbetrags oder aus einem Zuschlag hierzu ergeben, zum Zweck der Preisangabe verrechnet worden sind.

Eigenfinanzierungsgrad (Eigenkapitalquote) Verhältnis zwischen Eigenkapital und Bilanzsumme; zeigt die finanzielle Abhängigkeit auf, wobei mit steigendem Wert auch von einer zunehmenden finanziellen Krisenfestigkeit und Stabilität ausgegangen werden kann.

Eigenkapitalrentabilität Verhältnis zwischen Jahresüberschuss und Eigenkapital; zeigt auf, wie sich das eingesetzte Eigenkapital verzinst, wobei der Wert bei einer rentablen Einrichtung über dem marktüblichen Zinssatz liegen sollte.

Eins-zu-Eins-Regel Besagt, dass das Eigenkapital mindestens so hoch sein sollte wie das Fremdkapital, damit, um Überschuldungen zu vermeiden, eine möglichst ausgewogene Kapitalstruktur vorliegen sollte, wobei allerdings Unterschiede in der Kapitalintensität unberücksichtigt bleiben.

Fehleranalysen Tragen im Rahmen des Risikomanagements dazu bei, mögliche Fehler bei der Entwicklung und organisatorischen Umsetzung der Leistungsangebote oder bei den Abläufen in Gesundheitseinrichtungen vermeiden, indem deren Wahrscheinlichkeit bewertet und Maßnahmen zur Verhinderung ergriffen werden.

Festdarlehen Kredit, der erst am Ende der Laufzeit in einer Summe zurückgezahlt wird (Fälligkeitsdarlehen bzw. Darlehen mit Endfälligkeit).

Finanzplanung Verfahren des Abgleichs von der Beschaffung und Verwendung finanzieller Mittel, das zugleich die systematische Erfassung, die Gegenüberstellung und den gestaltenden Ausgleich zukünftiger Zu- und Abnahmen liquider Mittel darstellt.

Frühwarnsysteme Tragen zur Identifizierung von Risiken in Gesundheitseinrichtungen bei, indem sie die bereits latent und verdeckt vorhandene Gefährdungen durch Informationen mit zeitlichem Vorlauf vor einem möglichen Schadenseintritt signalisieren.

Führungsqualifikation Gesamtheit von Fähigkeiten, Fertigkeiten, Kenntnissen und Eigenschaften, die eine Führungskraft aufweisen sollte, um positive Ergebnisse im Rahmen ihrer Führungsaufgaben im Krisenmanagement zu erzielen.

Gefährdung Möglichkeit, dass in einer Gesundheitseinrichtung aus einer Gefahr ein Ereignis mit einer bestimmten Intensität erwächst, das Schaden an einem Schutzgut verursachen kann.

Gesamtkapitalrentabilität Verhältnis zwischen Jahresüberschuss und Gesamtkapital; verdeutlicht, wie rentabel das Kapital eingesetzt wird.

„Goldene" Finanzierungsregel Besagt als Fristenkongruenz, dass die Investitionsdauer nicht länger sein soll als die Finanzierungsdauer, wodurch die zeitliche Übereinstimmung zwischen Kapitalaufnahme und dessen Verwendung als Vermögen gefordert wird und die Dauer der Kapitalbindung im Vermögen dabei nicht länger sein sollte, als die Dauer der Kapitalüberlassung.

Grundschuld Grundpfandrecht, wonach das belastete Grundstück für die Zahlung einer bestimmten Geldsumme haftet, das im Rahmen der banküblichen Beleihungsgrenzen für die Kreditinstitute eine bevorzugte, wenig arbeitsaufwändige Sicherheit ist, da es bei erforderlichen Krediterhöhungen sofort durch Tilgungen freigewordener Grundschuldteile wieder als Sicherheit herangezogen werden kann, als Eigentümergrundschuld sich von Kreditnehmern rasch an die Bank abtreten lässt und damit als Kreditsicherheit mobilisiert werden kann.

Health Process Continuity Management An den zeitkritischen Prozessen der Gesundheitseinrichtung orientierter, ganzheitlicher systematischer Prozess zur Prävention und Bewältigung von plötzlichen, unvorhergesehenen negativen Ereignissen, welche erhebliche Auswirkungen auf die Einrichtung hätten, mit dem Ziel, das Gefahrenpotenzial von Risiken, in Bezug den Kernprozessen zu identifizieren und effektive präventive und reaktive Maßnahmen zu etablieren.

Health Process Impact-Analyse Liefert als Folgeschädenabschätzung oder Betriebsunterbrechungsanalyse die notwendigen Informationen über die kritischen Prozesse und Ressourcen in einer Gesundheitseinrichtung, ist ein Verfahren, um die Wiederanlaufpunkte der Prozesse zu definieren, eine Priorisierung für den Wiederanlauf und damit die Kritikalität der Prozesse festzulegen und die benötigten Ressourcen zu identifizieren und hat die Aufgabe zu ermitteln, welche Prozesse wichtig und damit kritisch für die Aufrechterhaltung des Betriebs der Gesundheitseinrichtung sind, und welche Folgen ihr Ausfall haben kann.

Hygieneplan Zentrales Hilfsmittel der Hygieneorganisation in Gesundheitseinrichtungen mit dem die Maßnahmen der Desinfektion und Sterilisation schriftlich festzulegen und deren Einhaltung zu überwachen sind, wozu er Angaben zum Objekt, Art, Mittel, Zeitpunkt und Verantwortlichkeit über einzelne Hygienemaßnahmen enthält, die innerbetrieblichen Verfahrensweisen zur Infektionshygiene umfasst, auf die Situation in der jeweiligen Einrichtung angepasst und durch betriebsspezifische Details und Festlegungen ergänzt sein muss.

Individuelle Gesundheitsleistungen Zählen zu den Leistungen, die Gesundheitseinrichtungen ihren Patienten gegen Selbstzahlung anbieten können als nicht der Leistungspflicht der GKV unterliegenden Leistungen, die aus ärztlicher Sicht erforderlich oder empfehlenswert, zumindest aber vertretbar sind und von Patientinnen und Patienten ausdrücklich gewünscht werden.

Informationssicherheit Umfasst neben der Sicherheit der IT-Systeme und der darin gespeicherten Informationen auch die Sicherheit von nicht elektronisch verarbeiteten und gespeicherten Informationen von Gesundheitseinrichtungen.

Informationssicherheitsmanagement Trägt zum Schutz von Informationen und der zur Verarbeitung von Informationen eingesetzten Prozessen mit seinen Aufgaben bei, die Informationssicherheit dauerhaft zu definieren, zu steuern, zu kontrollieren, aufrechtzuerhalten und fortlaufend zu verbessern, wozu die Schutzziele Vertraulichkeit,

Verfügbarkeit, Integrität und Authentizität in Bezug auf Informationen und Ressourcen betrachtet werden.

Integrität Sicherstellung der Korrektheit (Unversehrtheit) von Daten bzw. Informationen und der korrekten Funktionsweise von Systemen, wobei verhindert wird, dass diese unerlaubt verändert, Angaben zum Autor verfälscht oder Zeitangaben zur Erstellung manipuliert wurden.

Interdisziplinärer Versorgungsnachweis Ermöglicht in einer transparenten Echtzeit-übersicht über die fach- und intensivmedizinischen Ressourcen die Steuerung durch die Rettungsleitstelle, bzw. eine direkte Klinikauswahl durch die angeschlossenen Rettungsdienste.

Investition Ist gekennzeichnet durch ausgehende Zahlungen (z. B. die Anschaffungs-zahlung für den Kaufpreis eines medizintechnischen Gerätes oder die Folgekosten für Wartung, Reparatur und Ersatzteile), denen tatsächlich oder fiktiv eingehende Zahlungen gegenüberstehen (beispielsweise der Verwertungserlös aufgrund der Veräußerung des Gerätes am Ende seiner Nutzungsdauer oder Rechnungsstellungen gegenüber Krankenkassen und Patienten für die Nutzung des Gerätes im Rahmen der Behandlung), wobei in Form der über die Nutzungsdauer verteilten Abschreibungen die Wertminderung berücksichtigt wird, der das Investitionsobjekt aufgrund seiner Alterung unterliegt, und die durch die Einnahmen aus den damit erbrachten Behandlungsleistungen mindestens ausgeglichen werden muss, damit am Ende der Nutzungsdauer eine Ersatzbeschaffung durchgeführt werden kann.

Investitionsrechnung Liefert Aussagen über die Wirtschaftlichkeit einer Investition in der Gesundheitseinrichtung oder mehrerer Investitionsalternativen und stellt hin-sichtlich der quantifizierbaren Faktoren ein Verfahren zur Beurteilung eine Grundlage von Investitions- und Finanzierungsentscheidungen dar, wozu überwiegend finanz-mathematische Instrumente eingesetzt werden, die sich als Planungsrechnung vor der Entscheidung und als Kontrollrechnung während und nach der Entscheidungsdurch-führung anwenden lassen.

Investitionsregel Bedeutet, dass die Summe aller mit einem Investitionsgut getätigten Einnahmen über die gesamte Nutzungsdauer mindestens der Summe aller Aus-zahlungen entsprechen muss und sich das abgenutzte Investitionsgut zuvor seine Abschreibungen und damit den Werteverzehr „verdienen" muss, um später eine Ersatzbeschaffung durchführen zu können.

Investitionsverhältnis Verhältnis zwischen Umlaufvermögen und Anlagevermögen.

IT-Grundschutz Methodik und dazugehörige Standards des Bundesamts für Sicher-heit in der Informationstechnik (BSI) mit Empfehlungen zu Methoden, Prozessen und Verfahren sowie Vorgehensweisen und Maßnahmen zu unterschiedlichen Aspekten der Informationssicherheit, um Prozesse und Daten sicherer gestalten, wobei IT-Grundschutz zugleich Methode, Anleitung, Empfehlung und Hilfe zur Selbsthilfe ist und einen ganzheitlichen Ansatz zur Informationssicherheit verfolgt, denn neben technischen Aspekten werden auch infrastrukturelle, organisatorische und personelle Themen betrachtet.

Kapitalflussrechnung Zeigt den Zu- und Abfluss von finanziellen Mitteln, deren Herkunft und Verwendung auf.

Katastrophe Großschadensereignis, das zeitlich und örtlich kaum begrenzbar ist, das großflächige Auswirkungen hat, das die Existenz der Gesundheitseinrichtung oder das Leben und die Gesundheit von Personen gefährdet, das zu sehr hohen, signifikanten Personen- und/oder Sachschäden führt, deren Behebung erheblichen Zeitbedarf und umfangreiche Mittel erfordern, das nicht durch die Gesundheitseinrichtung alleine bewältigt werden kann und deshalb in der Regel Maßnahmen des überbehördlichen Katastrophenschutzes erforderlich macht.

Katastrophenmedizin Teil des Bevölkerungsschutzes, hat als Basis gesundheitlich Geschädigten auch dann nach besten Kräften zu helfen, wenn die Zahl der Opfer es nicht erlaubt, mit den Zielen, einer möglichst großen Anzahl von Betroffenen die bestmögliche Hilfe zu leisten (utilitaristischer Ansatz) und baldmöglichst zur individualmedizinischen Versorgung zurückzukehren, wobei die medizinische Hilfe grundsätzlich nach den Regeln der Notfallmedizin erfolgt, jedoch meist durch äußere Umstände zu Verzicht und zeitlichem Hinausschieben bestimmter Maßnahmen gezwungen ist und dies unter Wahrung des für den Einzelnen Günstigsten im Gesamtgefüge der Hilfemaßnahmen berücksichtigen muss.

Kernprozesse Liefern einen wesentlichen Beitrag zum Erfolg der Einrichtung, entfalten eine starke Außenwirkung und bieten das größte Potential für eine Prozessoptimierung, sowohl durch Verbesserung der Leistungserstellung und damit des Patientenservices, der Produktivität und durch Senkung der Kosten.

Klinischer Lagervorrat Orientiert sich an den Überlegungen, dass die Erstversorgung und Erstbehandlung der Verletzten/Patienten bereits abgeschlossen ist, geht davon aus, dass die ersten 48 h nach dem Schadensereignis mit den Arzneimitteln und Medizinprodukten abgedeckt, die in den Krankenhausapotheken nach ApBetrO für den durchschnittlichen Bedarf des Krankenhauses von zwei Wochen vorzuhalten sind und basiert auf der Annahme, dass die 100 Verletzten/Erkrankten in einem Akutkrankenhaus nach 2 Tagen für eine Dauer von 3 Tagen zu behandeln sind.

Kommunikationsstrategie Gibt den Rahmen und die Grundsätze für die Kommunikation sowie Sprachregelungen vor, damit ein inhaltlich und argumentativ einheitliches Auftreten in der Krise garantiert wird, und legt dazu fest, wer die Informationen für die Krisenkommunikation erstellt, welche Zielgruppen welche Informationen erhalten und zu welchem Zeitpunkt der Krise diese in welcher Informationstiefe auf welchen Weg bzw. über welches Medium verteilt werden.

Konflikthandhabung Hat das Ziel, Konflikte durch Schlichtung zwischen den konträren Seiten zumindest für die Dauer des Krisenmanagements beizulegen, ihre Ursachen zu ermitteln und diese soweit möglich zum Zwecke einer Beruhigung der Situation zu beseitigen.

Koordinierungsstelle Nachsorge, Opfer- und Angehörigenhilfe hat als Aufgabe für Deutsche, die im Ausland von schweren Unglücksfällen und Katastrophen betroffen sind, nach dem Schadensereignis eine akute und längerfristige psychosoziale

Versorgung für die unmittelbar Betroffenen, deren Angehörige und weitere nahestehende Personen aufzubauen und umzusetzen.

Kostencontrolling Dient in Gesundheitseinrichtungen häufig als Schnittstelle zwischen den medizinischen, pflegerischen und administrativen Bereichen, um die medizinische und die ökonomische Sichtweise der Patientenbehandlung zusammen zu führen und ist eingebettet in die allgemeinen Controllingaufgaben, die eine erforderliche Unterstützung infragen der Planung, Steuerung und Kontrolle darstellen, um auf veränderte Situationen vorbereitet zu sein, sich darauf einstellen und die notwendigen strategischen Weichenstellungen vornehmen zu können, wozu die Prozess-, Struktur- und Ergebnisqualität der Leistungserstellung, mit dem Ziel der Erhöhung der Transparenz, der Kostenoptimierung und der Wirtschaftlichkeit überwacht werden.

Kostenkennzahlen Gebräuchliches Instrument im Rahmen des Kostencontrollings in Form vordefinierter Zahlenrelationen, die durch Kombination von Kostendaten des Rechnungswesens entstehen, regelmäßig ermittelt werden und aus denen sich Aussagen zu kostenrelevanten Sachverhalten der Gesundheitseinrichtung komprimiert und prägnant ableiten lassen, wodurch sie dazu beitragen, Kostenplanung, -steuerung und -kontrolle mit dem Ziel optimierter Zuordnungen zu ermöglichen, Störgrößen und Engpässe zu erkennen und Vorgänge zu beurteilen.

Kostensteuerung Ist in Gesundheitseinrichtungen Gegenstand in allen Führungsbereichen, denn für sie sind Prozesse, Rahmenbedingungen und Strukturen zu gestalten, und sie ist umzusetzen sowohl im operativen Tagesgeschäft als auch in Form langfristig strategischer Planungen.

Kosten- und Leistungsrechnung Dient als Bestandteil des internen Rechnungswesens einer Gesundheitseinrichtung unter anderem der Informationsbereitstellung für die kurzfristige Planung der Kosten sowie deren Kontrolle anhand von Ist-Daten und zur Erfassung bzw. Planung der Erlössituation und erhält die Kostendaten, die nach bestimmten Kriterien der Kostenentstehung und –aufteilung aufbereitet und abgegrenzt werden müssen, überwiegend aus der Buchhaltung, was üblicherweise in drei Stufen nach der Kostenartenrechnung (plant, erfasst, gliedert und kontrolliert alle für die Erstellung und Verwertung gesundheitsbetrieblicher Leistungen innerhalb einer bestimmten Periode anfallenden Kosten), der Kostenstellenrechnung (plant, erfasst und kontrolliert die Kosten am Ort ihres Entstehens) und der Kostenträgerrechnung (klärt, für welche Leistungen der Gesundheitseinrichtung die Kosten entstanden sind) geschieht.

Kostenvergleich Liefert im Rahmen des Kostencontrollings in Form von Kosteninformationen und –daten aus Einrichtungsvergleichen und Benchmarkings wichtige Grundlagen für den operativen und strategischen Planungs-, Steuerungs- und Kontrollprozess von Gesundheitseinrichtungen, bietet vielfältige Möglichkeiten, im Rahmen des Kostencontrollings realisierbare Ziele zu setzen, deren Einhaltung zu überwachen und gegebenenfalls korrigierend einzugreifen und stellt dazu aktuellen Kostenzahlen der Gesundheitseinrichtung Vergangenheitswerte, Werte anderer

Einrichtungen oder Sollwerte gegenüber, um positive oder negative Differenzen zu ermitteln und diese zum Maßstab für Maßnahmen zu machen.

Krankenhausalarm- und –einsatzplan Spezielle Notfallplanung zur Steuerung von Schadens- oder Großschadenslagen in Krankenhäusern, Pflegeheimen, Kurkliniken, zur Verbesserung der Zusammenarbeit mit beteiligten Behörden und Organisationen der Gefahrenabwehr, zur Sicherstellung reibungsloser Abläufe innerhalb der Krankenhäuser im Schadensfall sowie zur Stärkung der Resilienz der einzelnen Organisationen, durch Anpassung von Strukturen, Prozesse und Funktionen, wenn es beispielsweise zu einem Stromausfall, zu einem Massenanfall von Verletzten, einem Cyberangriff oder zu einer Pandemie kommt.

Kreditprolongation Verlängerung bis auf weiteres oder zunächst bis zu einem bestimmten Datum der bisherigen Befristung einer Kreditlinie.

Kreditwürdigkeit Ist gerade in wirtschaftlichen Krisensituationen für die Gesundheitseinrichtung ein wichtiger Ausdruck ihrer Bonität und damit der von ihr als Kreditnehmerin erwarteten Eigenschaften und Fähigkeiten, insbesondere den sich aus Kreditverträgen ergebenden Verpflichtungen nachkommen zu können.

Krise Abweichung von der Normalsituation, die mit den üblichen Strukturen allein nicht mehr bewältigt werden kann und deshalb besondere Organisationsmaßnahmen greifen müssen, um den Normalzustand wiederherzustellen, was unabhängig vom Auslöser einer Krise alle Anstrengungen zum Ziel haben.

Krisenintervention Hat die Aufgabe, unmittelbar nach einer Krise Betroffene professionell zu betreuen und durch die Psychosoziale Notfallversorgung für Betroffene (PSNV-B) die seelische Überlastung von Überlebenden, Angehörigen, Hinterbliebenen, Zeugen, Vermissenden etc. zu mindern.

Krisenkommunikation Verfolgt das Ziel, die Krise zu bewältigen, weiteren Schaden zu verhindern, zu informieren, Vertrauens- und Imageverluste zu vermeiden, umfasst als einrichtungsinterne Krisenkommunikation jegliche Kommunikation, die der Bewältigung des Notfalls oder der Krise dient, und hat als externe Krisenkommunikation in erster Linie die Aufgabe, Zielgruppen innerhalb der Gesundheitseinrichtung sowohl als auch außerhalb zu informieren, wozu die Meldung, Eskalation und Alarmierung, aber auch sämtliche Kommunikation zur Informationsbeschaffung, der Koordinierung der Notfallteams oder die Kooperation mit externen Stellen wie Geschäftspartner, Kunden, Rettungsdienste, Hilfsorganisationen, Feuerwehr, Polizei oder Technisches Hilfswerk zur Bewältigung der Krise gehören.

Krisenmanagement Umfasst als systematischer Umgang mit Krisensituationen konzeptionelle und organisatorische sowie operative Fallmaßnahmen, die insgesamt eine schnellstmögliche Rückkehr in den Normalzustand erreichen sollen.

Kritische Infrastrukturen Sind nach dem BSI-Gesetz Einrichtungen, Anlagen oder Teile davon, die den Sektoren Energie, Informationstechnik und Telekommunikation, Transport und Verkehr, Gesundheit, Wasser, Ernährung sowie Finanz- und Versicherungswesen angehören und von hoher Bedeutung für das Funktionieren des Gemeinwesens sind, weil durch ihren Ausfall oder ihre Beeinträchtigung erhebliche

Versorgungsengpässe oder Gefährdungen für die öffentliche Sicherheit eintreten würden.

Kurzarbeitergeld Wird gewährt, wenn in Gesundheitseinrichtungen als Betrieben oder Betriebsabteilungen die regelmäßige betriebsübliche wöchentliche Arbeitszeit infolge wirtschaftlicher Ursachen oder eines unabwendbaren Ereignisses vorübergehend verkürzt wird und soll den Einrichtungen die eingearbeiteten Arbeitnehmer/-innen und den Arbeitnehmern/-innen die Arbeitsplätze erhalten sowie ihnen einen Teil des durch die Kurzarbeit bedingten Lohnausfalls ersetzen.

Lagebeurteilung Entscheidung auf der Grundlage einer möglichst fundierten Beschreibung der Situation, welche Maßnahmen mit welcher Priorität zu ergreifen sind, die in einen möglichst genau zu beschreibenden Auftrag und eine konkrete Auftragserteilung an einen definierten Personenkreis mündet, der nach der erfolgten Durchführung den Erfolg der Maßnahmen kontrollieren und das Ergebnis rückmelden muss.

Lageerkundung Ist nicht nur für einen Krisenstab, sondern auch für ein Einsatzteam vor Ort wichtig und hat zur Aufgabe, sich erst einmal beispielsweise einen Überblick darüber verschaffen, wie groß der Schaden, die Anzahl der Verletzten und wie die Art der Verletzungen ist.

Lagerbestand Gesamter körperlich im Lager befindlicher Bestand an krisenwichtigen Einsatzmaterialien.

Lagerreichweite Zeigt auf, wie lange der durchschnittliche Lagerbestand an Verbrauchsmaterialien bei einem durchschnittlichen Verbrauch ausreicht.

Lagerumschlagshäufigkeit Gibt das Verhältnis aus Menge an Verbrauchsmaterialien pro Zeiteinheit und dem durchschnittlichen Lagerbestand an; geringe Werte deuten auf eine lange Verweildauer der Verbrauchsmaterialien und hohe Sicherheitsbestände hin.

Leadership Beschreibt die erstrebenswerte Eigenschaft von Führungskräften, in Extremsituationen über das Planen, Organisieren und Kontrollieren hinaus in der Lage zu sein, mit Kreativität und Innovation zu motivieren und zu inspirieren.

Leitbild Gibt als dokumentierter Handlungsrahmen Selbstverständnis, Grundprinzipen und gemeinsame Ziele wieder sowie den Handlungsrahmen für alle medizinische und pflegende Hilfeleistungen.

Lieferbereitschaftsgrad Gibt die durchschnittliche Zeitspanne zwischen der Bedarfsanforderung und der Bereitstellung der Verbrauchsmaterialien aus dem Lager an.

Liquiditätsregel Bedeutet, dass Liquidität vor Rentabilität geht, Rentabilitätsziele und andere Ziele dem Liquiditätsziel unterzuordnen sind und damit die Sicherstellung der jederzeitigen Zahlungsbereitschaft das Ziel der Finanz- und Liquiditätsplanung einer Gesundheitseinrichtung sein muss, denn bereits länger andauernde Zahlungsverzögerungen und daraus entstehende Gerüchte setzen oftmals bereits eine Abwärtsspirale in Gang, die in wirtschaftlichen Schwierigkeiten münden.

Logistik Übernimmt im Krisenfall die Aufgaben der Koordinierung und Planung von Prozessabläufen beispielsweise bei der Beschaffung und Bewirtschaftung von einsatznotwendigem medizinischen Verbrauchs- und Pflegematerial, beim Transport von

Opfern und Material oder bei der Lagerhaltung von Mindestvorratsmengen, wobei sie eine hohe Materialverfügbarkeit und eine hohe Einsatzflexibilität zum Ziel hat.

Logistikmanagement Hat die Logistik zielgerichtet und prozessorientiert zu planen und zu steuern, um jederzeit die Versorgung der Gesundheitseinrichtung mit den nötigen medizinischen Leistungen und Materialien sicherzustellen.

Masseverbindlichkeiten Sind die Verbindlichkeiten, die durch Handlungen des Insolvenzverwalters oder in anderer Weise durch die Verwaltung, Verwertung und Verteilung der Insolvenzmasse begründet werden, ohne zu den Kosten des Insolvenzverfahrens zu gehören, ferner die Verbindlichkeiten aus gegenseitigen Verträgen, soweit deren Erfüllung zur Insolvenzmasse verlangt wird oder für die Zeit nach der Eröffnung des Insolvenzverfahrens erfolgen muss sowie Verbindlichkeiten aus einer ungerechtfertigten Bereicherung der Masse.

Meldebestand Bestellpunkt, um den verfügbaren Bestand in der erforderlichen Wiederbeschaffungszeit rechtzeitig zu decken.

Nettobedarf Bruttobedarf abzüglich Lagerbestand und disponierter Bestand sowie zuzüglich Zusatzbedarf, Reservierter Bestand und Sicherheitsbestand.

Notfall Schadensereignis, bei dem die Verfügbarkeit der entsprechenden Prozesse oder Ressourcen innerhalb einer geforderten Zeit nicht wiederhergestellt werden kann, das den Einrichtungsbetrieb stark beeinträchtigt, mit hohem bis sehr hohem Schaden, der sich schwerwiegend auf das Gesamtjahresergebnis oder die Aufgabenerfüllung der Gesundheitseinrichtung auswirkt, das nicht mehr im allgemeinen Betriebsablauf abgewickelt werden kann und das daher eine gesonderte Organisation zur Bewältigung erfordert.

Notfall-Arztkoffer Seine Bestückung ist beispielsweise nach DIN 13232 geregelt, besteht aus den Teil-Ausrüstungen Basis (A), Erwachsene (B) und Kinder (C) und setzt sich somit als Notfallausrüstung für Erwachsene aus A und B, für Kinder aus A und C sowie für Erwachsene und Kinder aus A und B und C zusammen.

Notfallkonzept Legt fest, wie für Notfälle in kritischen Aktivitäten und Prozessen Vorsorge getroffen und durch welche Maßnahmen das Ausmaß möglicher Gefahren für Patienten, Beschäftigte und Sachwerte reduziert und Schäden verhindert werden können.

Notfallmedizin Befasst sich mit der sachgerechten Behandlung drohender oder eingetretener medizinischer Notfälle mit der Aufrechterhaltung oder Wiederherstellung von Vitalfunktionen und Transportfähigkeit im klinischen Bereich (Notfallpatienten) oder präklinischen Bereich (Rettungsdienst), wobei die zu erbringende Leistung ausschließlich von der Schwere der Erkrankung oder des Traumas bestimmt wird.

Patientenbeschwerdemanagement Umfasst alle Maßnahmen, die die Zufriedenheit der Patienten wiederherstellen und Stabilität in die gefährdete Patientenbeziehung bringen sollen, denn es gibt wichtige Hinweise auf Stärken und Schwächen der Gesundheitseinrichtung, sodass es sinnvoll ist, nicht nur die artikulierte Unzufriedenheit dabei zu berücksichtigen, sondern auch Folgebeschwerden, Anfragen oder Verbesserungsvorschläge.

Patientenkommunikation Panmäßige Gestaltung und Übermittlung der auf den Patientenmarkt gerichteten Informationen, mit dem Zweck, die Meinungen, Einstellungen und Verhaltensweisen der Patientenzielgruppe im Sinne der Zielsetzung der Gesundheitseinrichtung zu beeinflussen, und ist damit ein wichtiges Instrument für einen zielgerichteten Dialog zwischen Patienten und Gesundheitseinrichtung zur Verbesserung der Einstellungen gegenüber der Gesundheitseinrichtung und ihrem Image, zur neuen Positionierung der Einrichtung am Gesundheitsmarkt neben den Wettbewerbern, zur Erhöhung des Bekanntheitsgrads bei der Patientenzielgruppe und zur Erhöhung der Absicht bei den Patienten, die Gesundheitseinrichtung für Behandlungsmaßnahmen oder Pflegeleistungen auszuwählen.

Phishing-EMails Kriminelle EMails, um zum Klicken auf fingierte Bestätigungs-Links zu verleiten.

Posttraumatische Belastungsstörung Behandlungsbedürftige psychische Störung, die sich beispielsweise durch das Wiedererleben (Intrusionen) der Situation, die Vermeidung an das belastende Ereignis erinnernde Dinge, die Entfremdung von zuvor als wichtig empfundenen Aktivitäten oder die Übererregung (Hyperarousal) in Form von Konzentrationsschwierigkeiten bzw. Schlafstörungen äußert.

Präklinischer Lagervorrat Beschränkt sich auf das medizinisch zwingend Notwendige, geht von einer Zuführung an den Schadensort bzw. den Ort der präklinischen Patientenversorgung innerhalb eines Zeitraums von maximal zwei Stunden aus, enthält Arzneimittel und Medizinprodukte zur notfallmedizinischen Erstversorgung und geht davon aus, dass alle Verletzten innerhalb von 12 h präklinisch versorgt und zu einer Weiterbehandlung transportiert werden.

Primärbedarf Ist anhand von Krisenszenarien, Erfahrungswerten und Schadensfällen als Anzahl und Umfang der Anlässe zu bestimmen und dient als Planungsgrundlage für alle Beschaffungsvorgänge und weiteren logistischen Maßnahmen.

Prozessverantwortliche Sorgen für Stabilität durch gut funktionierende Abläufe in der Aufbauorganisation, indem sie die Verantwortung für komplette, in sich abgeschlossene Prozesse übernehmen, die notwendigen Rahmenbedingungen schaffen, ihre Vorgehensweise mit anderen Prozessverantwortlichen koordinieren und sich um den Informationsaustausch zwischen den einzelnen Kernprozessen kümmern, um die gesamte Zielorientierung aller Abläufe in der Gesundheitseinrichtung sicherzustellen.

Psychosoziale Notfallversorgung für Betroffene Umfasst insbesondere die psychosoziale Akuthilfe mit dem Ziel der Krisenintervention im Notfall sowie der Vermittlung in das soziale Netzwerk (Familie, Freunde etc.) oder in mittel- und längerfristige psychosoziale Hilfen.

Psychosoziale Notfallversorgung für Einsatzkräfte Umfasst alle Aktionen und Vorkehrungen, die getroffen werden, um Einsatzkräften im Bereich der psychosozialen Be- und Verarbeitung von belastenden Notfällen bzw. Einsatzsituationen zu helfen und gliedert sich in einsatzvorbereitende, einsatzbegleitende und einsatznachsorgende Maßnahmen.

Psychotrauma Psychische Verletzung bzw. seelische Wunde, die entstehen kann, wenn Menschen eine außergewöhnliche, nicht alltägliche Belastungssituation erleben, die ihre psychischen Bewältigungsmöglichkeiten übersteigt und Betroffene dabei Angst, Hilflosigkeit und Kontrollverlust erleben.

Qualitätsmanagementsystem Besteht aus der Organisationsstruktur, den Verfahren, Prozessen und Mitteln, die dazu notwendig sind, die medizinischen Qualitätsforderungen zu erfüllen.

Qualitätszirkel Regelmäßige Gespräche mit allen Beschäftigten über mögliche Qualitätsverbesserungen zur Optimierung der betrieblichen Abläufe und der Patientenzufriedenheit; alle Mitarbeiter befassen sich in kleinen Gruppen mit der Optimierung ihres Aufgabengebiets, beschränken sich dabei nicht nur auf eine einzelne Behandlungsleistung, sondern auch mit dem Aufzeigen aller Schwachstellen in diesem Bereich.

Regelwerke Stellen die fixierte Ordnung einer Gesundheitseinrichtung dar, haben den Zweck die Erfordernisse der Behandlungs-, Pflege- und Geschäftstätigkeit zu erfüllen und stellen sicher, dass die Prozesse sowie die damit verbundenen Verantwortlichkeiten, Kompetenzen, Aufgaben und Kommunikationswege aufeinander abgestimmt sowie klar definiert sind.

Reputationsrisiko Risiko negativer wirtschaftlicher Auswirkungen, die oftmals Folgeerscheinungen anderer Risikoarten sind und sich daraus ergeben, dass der Ruf der Gesundheitseinrichtung Schaden nimmt und deshalb beispielsweise Patienten abwandern und die Einrichtung meiden.

Reservierter Bestand Bereits eingeplanter Bestand (beispielsweise für Ausbildungszwecke).

Resilienz Fähigkeit, erfolgreich mit belastenden Situationen und negativen Stressfolgen umgehen zu können und sich trotz gravierender Belastungen oder widriger Umstände psychisch gesund zu entwickeln.

Return on Investment Beschreibt die Rentabilität des gesamten Kapitaleinsatzes und stellt dar, wie das eingesetzte Kapital durch die Leistung der Gesundheitseinrichtung verzinst wird.

Risiko Kombination aus der Eintrittswahrscheinlichkeit aus einem Ereignis und dessen negativen Folgen für die Gesundheitseinrichtung.

Risikobewertung Systematische Beurteilung der identifizierten Risiken mittels Bewertungsverfahren zur Einschätzung von Eintrittswahrscheinlichkeiten und möglichen Schadenshöhen sowie von Bedeutung und Wirkungsgrad von Steuerungsmaßnahmen.

Risikoidentifikation Regelmäßige und systematische Analyse (Risikoinventur) von internen und externen risikorelevanten Entwicklungen im Verhältnis zu den festgelegten Zielen der Gesundheitseinrichtung.

Risikomanagement Kontinuierlich ablaufendes, systematisches Verfahren der Gesundheitseinrichtung zum zielgerichteten Umgang mit Risiken, das die Analyse und

Bewertung von Risiken sowie die Planung und Umsetzung von Maßnahmen insbesondere zur Risikovermeidung/-minimierung und -akzeptanz beinhaltet.

Risikosteuerung Maßnahmen zur Risikosteuerung mit dem Ziel einer Risikovermeidung, Risikoreduktion, Risikoteilung bzw. -transfer sowie Risikoakzeptanz.

Sachwalter Hat im Rahmen einer Eigenverwaltung nach der Insolvenzordnung die wirtschaftliche Lage des Schuldners zu prüfen und die Geschäftsführung sowie die Ausgaben für die Lebensführung zu überwachen.

Sekundärbedarf Bedarf an Repetierfaktoren, wie medizintechnischen Betriebsmitteln bzw. Verbrauchsmaterialien zur Bewältigung der Einsätze.

Sicherheitsbestand „Eiserne Reserve", die bei Störungen die jederzeitige Versorgung auch für Notfälle sichern soll.

Sicherheitsmanagementsystem Legt fest, mit welchen Instrumenten und Methoden die Leitungsebene der Gesundheitseinrichtung die auf Sicherheit ausgerichteten Aufgaben und Aktivitäten nachvollziehbar lenkt und damit plant, einsetzt, durchführt, überwacht und verbessert, wobei es als grundlegenden Elemente die Managementprinzipien, die Ressourcen, die Mitarbeiter und den Sicherheitsprozess, der die Leitlinie zur Sicherheit, in der die Sicherheitsziele und die Strategie zu ihrer Umsetzung dokumentiert sind, das Sicherheitskonzept und die Sicherheitsorganisation beinhaltet, umfasst.

Sicherungsübereignung Sachsicherheit, die aus einer Übertragung von treuhänderischem Eigentum an Sachen durch die Gesundheitseinrichtung als Sicherungsgeber an die Bank als Sicherungsnehmer zur Absicherung von Kreditforderungen besteht.

Sichtungskategorien Dienen für ein einheitliches Vorgehen zur Ersteinschätzung und Organisation der Patientenablagen beim Massenanfall von Verletzten (MANV) und wurden unter Federführung des BBK in Konsensuskonferenzen erarbeitet:

- Kategorie I (rot): vital bedroht, Sofortbehandlung erforderlich, 20 % angenommener Anteil;
- Kategorie II (gelb): schwer verletzt, dringende Behandlung erforderlich, 30 % angenommener Anteil;
- Kategorie III (grün): leicht verletzt, Behandlungserfordernis nicht dringlich, 50 % angenommener Anteil
- Kategorie IV (blau): ohne Überlebenschance, palliative Versorgung, angenommener Anteil in Kat. I enthalten;
- Kategorie Ex (schwarz): Tote.

Social Engineering Nutzt den „Faktor Mensch" als vermeintlich schwächstes Glied der Sicherheitskette aus, um kriminelle Absichten zu verwirklichen, wobei versucht wird, Anwender auf andere Weise zur Installation von Schadsoftware oder Herausgabe sensibler Daten zu bewegen, beispielsweise durch die Vortäuschung einer persönlichen Beziehung zur betreffenden Person oder durch Gewinnversprechen.

Spear Phishing Kriminelle Angriffe mit EMails, die nach vorausgegangener Recherche speziell auf kleine Gruppen oder einzelne Personen bzw. Mitarbeiter zugeschnitten sind und mit denen versucht wird, Vertrauen zu erwecken, um Interna, Zugangsmöglichkeiten etc. auszukundschaften.

Sperrbestand Entnahmeverbote in der Regel aufgrund von Qualitätsproblemen (bspw. gesperrte Arzneimittelchargen etc.)

Stabilitätsmanagement Summe der festgelegten Aktivitäten, Instrumente und Methoden, mit denen die Leitungsebene der Gesundheitseinrichtung die auf Stabilität und damit Kontinuität und Sicherheit ausgerichteten Aufgaben und Maßnahmen nachvollziehbar lenkt und damit plant, einsetzt, durchführt, überwacht und verbessert.

Störung Situation, in der Prozesse oder Ressourcen in der Gesundheitseinrichtung nicht wie vorgesehen funktionieren, die einen geringen, im Verhältnis zum Gesamtjahresergebnis zu vernachlässigenden oder die Aufgabenerfüllung nur unwesentlich beeinträchtigenden Schaden aufweist und die durch die im allgemeinen Betriebsablauf der Gesundheitseinrichtung integrierte Störungsbehebung beseitigt wird.

Tertiärbedarf Bedarf an Hilfs- und Betriebsstoffen sowie Verschleißteilen zur Deckung des Sekundär- und Primärbedarfs.

Total Quality Management Ganzheitliche Durchdringung der Gesundheitseinrichtung mit Qualitätsdenken durch den Aufbau eines Qualitätsmanagementsystems als Zwischenziel auf dem Weg, die Qualitätsphilosophie über alle Einrichtungsbereiche und -aktivitäten auszudehnen, sowie durch einen übergreifenden Ansatz und eine auf der Mitwirkung aller Mitarbeiter beruhenden Führungsmethode, die Qualität in den Mittelpunkt stellt.

Traumatisches Ereignis Plötzlich auftretende Extremsituationen (beispielsweise Betriebsunfälle, tätliche Übergriffe, Raubüberfälle, Bedrohungen, Verkehrsunfälle, Rettungseinsätze), die die Konfrontation mit tatsächlichem oder drohendem Tod, ernsthaften Gesundheitsschäden oder sonstigen Gefahren für die Unversehrtheit der eigenen oder anderer Person(en) beinhalten und für die Betroffenen eine massive Beanspruchung darstellen.

Überschuldung Liegt vor, wenn das Vermögen des Schuldners die bestehenden Verbindlichkeiten nicht mehr deckt, es sei denn, die Fortführung des Unternehmens ist nach den Umständen überwiegend wahrscheinlich.

Umsatzrentabilität Verhältnis zwischen Jahresüberschuss und Umsatzerlösen; gibt an, wie viel Gewinn bezogen auf den Umsatz erzielt wird.

Verarbeitungsverzeichnis Wird in der Regel vom Datenschutzbeauftragten geführt, baut auf der Schutzbedarfsanalyse auf und erfasst sämtliche ganz oder teilweise automatisierten Verarbeitungen sowie nichtautomatisierte Verarbeitungen personenbezogener Daten, die in einem Dateisystem gespeichert sind oder gespeichert werden sollen, sodass für jede Verarbeitungstätigkeit eine Beschreibung anzufertigen ist.

Verbindlichkeiten Schulden der Gesundheitseinrichtung, die prinzipiell dem Grunde und der Höhe nach gewiss sind und kurzfristig fällig werden.

Verfügbarer Bestand Lagerbestand zuzüglich disponierter Bestand und abzüglich reservierter Bestand sowie Sicherheitsbestand.

Verfügbarkeit Ist für Dienstleistungen, Funktionen eines IT-Systems, IT-Anwendungen oder IT-Netzen oder auch von Informationen vorhanden, wenn diese von den Anwendern stets wie vorgesehen genutzt werden können.

Verschuldungsquote Verhältnis zwischen Fremdkapital und Eigenkapital; zeigt auf, in welchem Verhältnis Eigen- und Fremdkapital zueinander stehen, wobei ein einigermaßen ausgewogenes Verhältnis durch eine Quote zwischen 1 und 2 weitestgehend gegeben ist.

Vertraulichkeit Schutz vor unbefugter Preisgabe von Informationen, wobei vertrauliche Daten und Informationen ausschließlich Befugten in der zulässigen Weise zugänglich sein dürfen.

Videoüberwachung Ist nach dem BDSG in Gesundheitseinrichtungen bei öffentlich zugänglichen Räumen zulässig zur Wahrnehmung des Hausrechts und zur Wahrnehmung berechtigter Interessen für konkret festgelegte Zwecke, wenn keine Anhaltspunkte bestehen, dass schutzwürdige Interessen der Betroffenen überwiegen und der Umstand der Beobachtung und die dafür verantwortliche Stelle durch geeignete Maßnahmen erkennbar gemacht werden.

Vorfälligkeitsentschädigung Betrag, der bei vorzeitiger, nicht im Kreditvertrag vereinbarter Rückzahlung eines langfristigen Kredits in Rechnung gestellt wird und der den dadurch der Bank entstehenden Zinsschaden (Zinsmargenschaden, Zinsverschlechterungsschaden) und üblicherweise eine Bearbeitungsgebühr, abzüglich der Einsparungen der Bank an Verwaltungsgeldern und an Risikokosten umfasst.

Vorratsintensität Verhältnis zwischen Vorratsvermögen und Gesamtvermögen.

Wachordnung Regelt den Einsatz eines Wachdienstes durch einrichtungsinterne Anweisungen, die beispielsweise dessen Aufgaben, die Dienstzeiten der Wachschicht, die personelle Schichtbesetzung, Anzahl, Frequenz und Strecke von Rundgängen, Anzahl und Aufsuchshäufigkeit der Kontrollorte, die Dokumentation der Kontrollen, die Kontrolltätigkeiten (abgeschlossene Türen, geschlossene Fenster, Freihaltung von Fluchtwegen, Licht, brennende Kerzen, Einhaltung Rauchverbot und Besuchszeiten etc.), das Verhalten bei Auffälligkeiten, die Alarmierungswege und die Übergabe der Wachschicht festlegen.

Wertstellung Festsetzung des Tages, mit dem die Verzinsung (Valutierung) für einen neuen, durch einen Zahlungsein- oder -ausgang veränderten Saldo auf den Konten der Gesundheitseinrichtung beginnt, sodass sich zwischen Belastungs-Wertstellung und Gutschrift-Wertstellung nachteilige Differenzen ergeben können, die nach den Bestimmungen des BGB möglichst klar und verständlich offen zu legen sind.

Wiederanlaufzeit Angestrebte Zeit, in der der Wiederanlauf des Prozesses erfolgen soll; setzt sich aus der Zeit bis zur Entdeckung des Notfalls, der Reaktionszeit (von der Meldung, über die Eskalation bis zur Einleitung der Maßnahmen zum Wiederanlauf) und der benötigten Zeit für den eigentlichen Wiederanlauf zusammen, wobei die Wiederanlaufzeit kleiner als die maximal tolerierbare Ausfallzeit sein muss.

Wiederherstellungszeit Setzt sich als maximal tolerierbare Wiederherstellungszeit (MTW) aus der Wiederanlaufzeit plus der maximal tolerierbaren Notbetriebszeit zusammen, wobei sie auch größer als die maximal tolerierbare Ausfallzeit (MTA) sein kann, da das Eintreten einer existenzgefährdenden Schieflage durch den Notbetrieb zeitlich verschoben wird.

Zahlungsunfähigkeit Liegt vor, wenn der Schuldner nicht in der Lage ist, die fälligen Zahlungspflichten zu erfüllen, und ist in der Regel anzunehmen, wenn der Schuldner seine Zahlungen eingestellt hat.

Zivilschutz Bewahrung durch nichtmilitärische Maßnahmen der Bevölkerung, ihrer Wohnungen und Arbeitsstätten, lebens- oder verteidigungswichtiger ziviler Dienststellen, Betriebe, Einrichtungen und Anlagen sowie des Kulturguts vor Kriegseinwirkungen und Beseitigung oder Milderung deren Folgen.

Zusatzbedarf Bedarf für Verschleiß, Ausschuss (bspw. wg. Überlagerung), Schwund als fester oder prozentualer Mengenaufschlag.

Zwangsvollstreckung Durchsetzung privatrechtlicher, vollstreckbarer Ansprüche durch staatliche Zwangsmaßnahmen in das Vermögen der Gesundheitseinrichtung.

Stichwortverzeichnis

© Der/die Herausgeber bzw. der/die Autor(en), exklusiv lizenziert durch Springer
Fachmedien Wiesbaden GmbH, ein Teil von Springer Nature 2022
A. Frodl, *Krisenmanagement für Gesundheitseinrichtungen*,
https://doi.org/10.1007/978-3-658-36374-1

Printed in the United States
by Baker & Taylor Publisher Services